株洲高新区天元区年鉴

ZHU ZHOU GAO XIN QU TIAN YUAN QU NIAN JIAN

2017

株洲高新区·天元区年鉴编辑委员会 编

方志出版社
Publishing House of Local Records

图书在版编目（CIP）数据

株洲高新区 · 天元区年鉴 .2017/《株洲高新区 · 天元区年鉴》编辑委员会编 .-- 北京：方志出版社，2017.8

ISBN 978—7—5144—2481—2

Ⅰ. ①株… Ⅱ. ①株… Ⅲ. ①区（城市）—株洲—2017—年鉴 Ⅳ. ① Z526. 44

中国版本图书馆 CIP 数据核字（2017）第 187856 号

株洲高新区 · 天元区年鉴（2017）

编　　者：《株洲高新区 · 天元区年鉴》编辑委员会

责任编辑：齐　笑

出 版 人：冀祥德

出 版 者：方志出版社

地址　北京市朝阳区潘家园东里 9 号（国家方志馆 4 层）

邮编　100021

网址　http://www.fzph.org

发　　行：方志出版社图书经销中心

电话（010）67110500

经　　销：各地新华书店

印　　刷：株洲学园印刷有限公司

开　　本：889 × 1194　　1/16

印　　张：25.625

字　　数：592 千字

版　　次：2017 年 8 月第 1 版　　2017 年 8 月第 1 次印刷

印　　数：0001 ~ 1000 册

ISBN　978-7-5144-2481-2　　定价：268.00 元

《株洲高新区·天元区年鉴》编辑委员会

（排名不分先后）

株洲高新区、天元区年鉴编辑部

主　　编	杨　宇	蒋　智		
执行主编	田江萍			
副 主 编	李立新	张卫华	梁　胜	
编辑部主任	刘建军			
编　　辑	刘建军	何卫红	彭立地	刘　辉
审　　稿	田江萍	李立新	张卫华	梁　胜
校　　对	田江萍	李立新	张卫华	梁　胜
	刘建军	何卫红	曾令华	李　程
	刘献忠	全落平	李碧云	彭　皓
编　　务	刘献忠	全落平	李碧云	彭　皓

编　辑　说　明

一、《株洲高新区·天元区年鉴》坚持以马克思列宁主义、毛泽东思想、邓小平理论、“三个代表”重要思想、科学发展观为指导，贯彻落实习近平总书记系列重要讲话精神和治国理政新理念新思想新战略，坚持辩证唯物主义和历史唯物主义的立场观点和方法，全面、系统、真实地记载2016年株洲高新区、天元区政治、经济、军事、文化和社会生活的基本情况和重大事件。

二、本年鉴采用条目式记事，分类编纂，基本结构为类目、分目、条目3个层次，类目与上部年鉴相同。设特载、重大事件纪要、大事记、综述、株洲高新区工委·天元区委、天元区人大常委会、株洲高新区管委·天元区人民政府、政协天元区委员会、群团·工商联、法治、国防、经济监督管理、农业与农村工作、工业、商贸·招商·金融、财税审计、建设·环境保护、园区建设、社会事业、街道·镇、人物、荣誉谱、重要文件选登、统计资料24个部类，另加附录，共59万字。

三、本年鉴所载内容特载外，主要记述内容为2016年1月1日至2016年12月31日范围之内。其篇目在上部年鉴基础上有所调整，增设工业部类，将产业发展、规模企业合并列入其中；增加金融、科技等类目，使之更趋合理。

四、本年鉴文稿均由各部门、各单位专人撰写，领导审核、签字，单位盖章，年鉴编辑部编辑人员加工整理和编辑。“人物”部类内容由区委组织部提供。统计资料由区统计部门提供。

五、本年鉴照片多数为区委宣传部提供，其余为各有关单位提供。为防疏漏错误，照片一律不署作者姓名。

目录

特载

重大事件纪要

大事记

综述

株洲高新区工委·天元区委

天元区人大常委会

株洲高新区管委·天元区人民政府

政协天元区委员会

群团・工商联

法　治

国　防

经济监督管理

商贸・招商・金融

财税审计

建设・环境保护

园区建设

社会事业

街道·镇

人　物

荣誉谱

重要文件选登

统计资料

索　引

Catalogues

Features

Major Event Summary

Major Events

Summary

The Work Committee of High Tech Zone & Tianyuan District

People's Congress Standing Committee of Tianyuan District

Tianyuan District Committee of The CPPCCCommunity & Federation of Industry and Commerce

Politics and Law

National Defense

Economic and Social Management

Agriculture and Rural Work

Industry

Trade and Business & Attract Investment & Finance

Finance and Taxation Audit

Urban Construction and Environmental Protection

Garden Area Construction

Social Undertakings

Town and Street Office

Character

Honor List

Selected Important Documents

Statistical Information

Index

新区名片

- 中国综合实力(科学发展)百强区
- 全国义务教育发展基本均衡县市区
- 全国科技进步先进县市区
- 国家慢性病综合防控示范区
- 中国中小城市新型城镇化质量百强区
- 长株潭国家自主创新示范区
- 长江经济带国家级转型升级示范开发区
- 国家高端装备(轨道交通装备)制造业标准化试点
- 国家第二批科技服务业区域试点
- 国家级科技企业孵化器
- 国家级众创空间
- 湖南省首批实现小康社会县市区
- 湖南省文明城区
- 湖南省平安区
- 湖南省社会管理综合治理先进区
- 湖南省创新创业带动就业示范区
- 湖南省计划生育优质服务区
- 湖南省教育信息试点区

新区辉煌

XING QU HUI HUANG

¤ 地区生产总值	722.19亿元
¤ 工业总产值	1817.46亿元
¤ 农业林牧渔总产值	14.55亿元
¤ 社会消费品零售总值	134.46亿元
¤ 高新技术企业	125家
¤ 高新技术产品产值	1519.73亿元
¤ 公共财政收入	70.06亿元
¤ 固定资产投资	660.15亿元
¤ 城镇居民人均可支配收入	44887元
¤ 农村居民人均可支配收入	23032元

事件·会议·活动

SHI JIAN HUI YI HUO DONG

◆ 9月20—22日，中共天元区第五次党代会在高新大厦会议中心召开。周建光代表中共天元区第四届委员会向大会作题为《凝聚中国动力 建设幸福天元 为率先实现基本现代化而努力奋斗》的工作报告；许剑鸣作题为《聚焦中心任务 突出主业主责 为率先实现基本现代化提供可靠保证》的纪委工作报告。会议选举周建光为天元区委书记，董巍、张见平为天元区委副书记，周建光、董巍、张见平、许剑鸣、谢维红、李征兵、刘铁华、文忠于、杨宇、何登科、周玉智为天元区委常委，选举许剑鸣为天元区纪委书记

◆ 9月22日，中国共产党天元区五届一次会议新当选的委员会全体常委

◆ 11月28—30日，天元区人民代表大会第五届会议在高新大厦会议中心举行。会议听取和审议区人大常委会主任马光辉关于天元区人民代表大会常务委员会《人大工作报告》，听取和审议区人民政府区长董巍关于《政府工作报告》；选举程燕为天元区人大常委会主任，王太培、黄白玉、谭红德、李海泉、董运喜为天元区人大常委会副主任；选举董巍为天元区人民政府区长，李征兵、蒋智、黄芳、文树忠、刘建南、包剑、周天浩为天元区人民政府副区长

◆ 11月30日，天元区人大第五届一次会议新当选的区人大常委会主任、副主任

◆ 11月30日，区委书记周建光与天元区第五届人大代表会议选举产生的人民政府区长、副区长合影

◆ 11月27—29日，政协天元区第五届委员会会议在高新大厦会议中心举行。会议听取和审议政协天元区第四届委员会主席程燕作的《政协工作报告》。选举谈志明为政协天元区第五届委员会主席，曾天青、郭飞、李铭、彭炯、谈培蕾为副主席，李炜为秘书长

◆ 11月29日，政协天元区第五届一次会议选举产生的委员会主席、副主席、秘书长

◆ 1月22日，天元区发放第二批特殊救助金143万元，惠及68户特困家庭，其中个人救助金额最高20万元

◆ 1月21日，天元区召开2016年老干部春节座谈会，听取老干部对新区建设的意见建议

◆ 4月7日，天元区召开“企业帮扶年”动员大会，全区32名领导对口联系区内160家企业，正式开启企业帮扶活动

◆ 4月13日，天元区召开居民健康卡普及应用工作推进会，全面启动居民健康卡普及应用工作

◆ 5月13日，株洲高新区、天元区召开“两学一做”学习教育工作部署会

◆ 6月29日，株洲高新区、天元区召开庆祝中国共产党建党95周年大会，对一批“动力先锋”——优秀共产党员，“动力先锋”——优秀党务工作者，“动力引擎”——先进基层党组织进行表彰，并组织党员干部听取株洲新区红色讲堂之“党建领航、动力新区”微型党课现场宣讲

◆ 8月17日，天元区召开领导干部大会。市委组织部副部长周雪峰宣布省委、市委关于天元区委主要领导调整的决定，任命周建光为天元区委书记

◆ 10月9日，天元区委书记周建光、天元区人民政府区长董巍、区委副书记张见平、区纪委书记许剑鸣、区委宣传部长谢维红等携新一届区委班子成员看望慰问离退休老干部，向老干部们致以节日祝福和美好的祝愿

◆ 10月11日，工委、区委领导班子开展“讲道德、有品行”专题学习讨论

◆ 12月2日，天元区召开建设全国文明城市工作推进会，对全区创文工作进行再动员、再部署。株洲高新区管委会主任李智，天元区委书记周建光，天元区人民政府区长董巍出席会议

◆ 11月3日，天元区召开党报党刊发行大会

◆ 12月2日，天元区举行第四届道德模范表彰会

◆ 12月24日，湖南省委副书记、省长许达哲，国防科技大学校长杨学军，湖南省副省长张剑飞，中国电子董事长、党组书记芮晓武，株洲市委书记毛腾飞为长城电脑整机下线仪式揭幕

◆ 5月16日，位于天元区的万丰湖生态景观公园正式开园。市委书记毛腾飞宣布开园，市委副书记、代市长阳卫国，市领导刘力量、黄曙光、刘光跃、周晓理，株洲高新区管委会主任李智等领导参加开园仪式

◆ 6月29日，汽车博览园核心项目之一，株洲 · 汽车展示交易综合平台正式开工。市委副书记、市长阳卫国，株洲高新区工委书记、天元区委书记谢高进，管委会主任李智，天元区区长董巍参加开工仪式

◆ 9月26日，位于天元区新马工业园的重点项目株洲松和设备生产基地建设项目奠基开工。市领导何剑波、贺夏盛，株洲高新区管委会主任李智、天元区委书记周建光出席开工仪式

◆ 8月1日，湖南澳维环保科技有限公司反渗透膜项目实现量产。市领导刘柏生、何剑波，株洲高新区管委会主任李智参加量产庆祝仪式

◆ 3月30日，国内首款量产纯电动SUV在北汽株洲基地下线

◆ 12月5日，株洲市首家实体化青年服务平台“青年之家”落户株洲留学人员创业园。市委常委、宣传部部长聂方红，株洲高新区管委会主任李智出席揭牌仪式

◆ 3月28日，天元区义务植树活动在万丰湖生态景观公园沙滩广场进行。全区300多名机关干部参加，种下450株桂花、香樟、茶梅等树

◆ 5月27日，株洲高新区在中国长城计算机深圳股份有限公司举行长城电脑株洲基地配套企业招商对接会，并携手长城电脑正式启动长城伙伴发展计划

◆ 7月27日，湖南振邦氢能科技有限公司签约落户株洲新区，将在中国动力谷自主创新园建设金属双极板氢燃料电池产业化项目。株洲高新区管委会主任李智，副主任马立恒、陈远瑞参加签约活动

◆ 12月16日，中国动力谷产业促进动员大会召开

◆ 11月6日，株洲高科集团与上海力盛赛车文化股份有限公司签署湖南国际赛车场签署合作协议

◆ 10月11日，天元区委书记周建光深入中国动力谷自主创新园考察调研

◆ 10月25日，"湖南留学报国助力'十三五'——海内外专家走进中国动力谷"大型人才、技术、项目、投资交流活动开幕式在株洲新区举行

◆ 8月18日，“2016年湖南（上海）投资贸易洽谈周”在上海举行，株洲高新区组团参加此次活动，共签约10个项目，项目总投资共计33.79亿元人民币，外资5000万美元

◆ 5月22日，由株洲高新区冠名的“中国动力谷杯”第十一届全国大学生交通科技大赛在长沙中南大学圆满落幕

◆ 10月20日，株洲高新区管委会副主任姚永告深入基层指导党建工作

◆ 12月28日，区委常委，纪委书记许剑鸣考察中国动力谷自主创新园项目工地，发放廉政宣传手册

◆ 12月15日，区人大常委会主任程燕陪同广东佛山市顺德区人大代表团参观天元区展厅

◆ 8月1日，区委副书记谈志明、区政府常务副区长罗克俭到区人武部慰问部队官兵

◆ 5月26日，区委常委、政法委书记李征兵，副区长何登科到嵩山街道办事处慰问特困人员

◆ 5月24—26日，天元区向第三批次特困受助对象发放救助金

◆ 6月5日，区委常委、统战部部长周玉智到中国动力谷自主创新园调研归国留学生企业

◆ 3月，副区长蒋智带队到长沙雨花区学习大拆违经验

◆ 9月1日，副区长黄芳参加区卫计局主办的”健康新区与我“社会公益活动启动仪式

◆ 5月19日，副区长刘建南到群丰镇给特困人员发放救助资金

◆ 副区长包剑考察株洲众民香料产业科技园

◆ 11月27日，天元区人大代表参观新区

◆ 10月21日，天元区举行"共筑中国梦 唱响新区情"合唱比赛

◆ 天元区"百姓大舞台"群众文艺展演

领导关怀

LING DAO GUAN HUAI

◆ 11月8日，全国政协常委、经济委员会主任周伯华率考察组就“打造动力制造聚集区”到株洲高新区、天元区开展专题考察

◆ 12月24日，湖南长城计算机系统有限公司自主可控计算机整机下线暨中国电子与株洲市政府“智慧株洲”建设合作启动大会在天易科技城自主创业园召开。省委副书记、省长许达哲，国防科技大学校长杨学军，副省长张剑飞，中国电子董事长、党组书记芮晓武等领导出席会议

◆ 5月29日，国务院国资委主任肖亚庆考察株洲钻石切削有限公司生产车间

◆ 4月27日，国务院发展研究中心学术委员会、中国经济时报与株洲高新区就中国动力谷战略研究课题签约。国务院发展研究中心党组成员、办公厅主任余斌，国务院发展研究中心学术委员会副秘书长、中国经济时报社社长刘守英，副市长何剑波，株洲高新区工委书记、天元区委书记谢高进，株洲高新区管委会主任李智，天元区区长董巍参加签约仪式

◆ 11月11日，原国家机械工业部副部长孙祖梅一行考察万丰湖

◆ 6月21日，省委常委、省委组织部部长郭开朗在毛腾飞、谢高进等市区领导陪同下到株洲高新区、天元区调研党的建设和人才工作

◆ 6月15日，省人大常委会副主任韩永文率食品安全检查组到唐人神集团考察调研

◆ 11月12日，北汽株洲基地技改扩能项目厂房主体结构封顶。副省长何报翔，北汽集团党委常委、董事、北京汽车党委副书记、总裁李峰，市委书记毛腾飞，市领导何剑波、毛朝晖、谭可敏，市政府副市长候选人提名人选何朝晖，天元区委书记周建光，天元区区长董巍参加封顶仪式

◆ 11月30日，省委第八巡视组原组长郭树人在区委书记周建光，区委组织部长刘铁华等陪同下到天元区调研党建工作，现场参观高塘社区和北汽株洲分公司

◆ 5月5日，省教育厅副厅长应若平调研株洲教育信息化发展，实地了解银海学校、长岭中心小学教育信息化应用情况

◆ 6月22日，省信访局党组成员、副厅级纪检员樊欣到天元区信访局调研

◆ 6月21日，湖南省人民检察院检察长游劝荣一行等人调研考察天元区检察院未成年人办案工作区

◆ 4月8日，省妇联鲁华副主席到天元区调研文明家庭建设工作

◆ 10月12日，市委书记毛腾飞在市领导彭爱华、毛朝晖、谭可敏，天元区委书记周建光等陪同下深入株洲高新区、天元区调研社区计生工作，并以党代表的身份到党代表工作室接待党员、群众，听取意见建议

◆ 11月2日，市委书记毛腾飞在市领导雷绍业、黄曙光、何剑波、毛朝晖、羊贵平、株洲高新区管委会主任李智，天元区委书记周建光，天元区区长董巍陪同下考察调研中国动力谷自主创新园

◆ 7月29日，上海临港经济发展（集团）有限公司，副总裁、上海机动车检测认证技术研究中心有限公司董事长朱伟强一行到株洲高新区、天元区参观考察并签署战略合作协议。市委副书记、市长阳卫国，市领导何剑波、杨胜跃，株洲高新区工委书记、天元区委委书记谢高进，株洲高新区管委会主任李智参加签约仪式

◆ 6月28日，市委副书记、市长阳卫国在株洲高新区工委书记、天元区委书记谢高进等区领导陪同下到天元区走访慰问基层党员

◆ 12月27日，市委副书记雷绍业在株洲高新区管委会主任李智、天元区委书记周建光陪同下到株洲高新区、天元区调研基层党建工作

◆ 11月10日，市委常委、市纪委书记赖馨正在株洲高新区管委会主任李智，天元区委书记周建光，区委常委许剑鸣等陪同下到株洲新区调研

◆ 11月23日，市委常委、市委宣传部长聂方红在天元区委副书记、区长董巍，区委常委、宣传部部长谢维红等陪同下到天元区调研意识形态和宣传思想文化工作

◆ 3月3日，副市长何剑波携市经信委、市电业局领导等相关领导考察天易科技城项目建设情况

◆ 2月23日，副市长谭可敏率市财政局、市住建局、市城管局等部门负责人，在天元区区长董巍、株洲高新区管委会副主任姚永告陪同下到天元区调研城市建设、城市管理及征地拆迁等工作

魅力新区

MEI LI XING QU

◆ 湖景风光

■ 魅力新区 ■
MEI LI XING QU

◆ 栗雨湖中央商务区

◆ 滨江路

◆ 神农湖

◆ 神农大剧院

◆ 湖南工业大学

◆ 神农文化中心

◆ 神农城

栗雨休闲谷风光

体育中心

◆ 栗雨工业园一景

◆ 株洲大道

◆ 欣欣向荣的新区汽车工业

◆ 唐人神

新区风采

XINGQUFENGCAI

◆ 1月7日，泰山路街道办事处牛形山长者照护之家开业

◆ 6月26日，天元区泰山路街道办事处举办庆祝中国共产党建党95周年暨第二届群众文化艺术节

◆ 2月22日，区美术书法协会开展元宵节送祝福活动

◆ 1月14日，区民政局深入基层核实第二批救助情况

◆ 12月21日，区民政局向敬老院老人送被子

◆ 1月22日，天元区“国学大讲坛”开展国学传承活动

◆ 4月23日，在时代广场举行读书月活动

◆ 6月1日，天元小学举行"做最好的自己"庆"六一"文艺展演

◆ 5月29日，区少工委协办"红领巾相约中国梦"2016株洲市"六一"少儿文艺会演

◆ 12月30日，株洲师专举行文艺会演

11月24日，“2016年教育部——中国电信中小学校长网络学习空间人人通”专项培训在银海学校进行

4月18日，区委宣传部开展大走访活动

6月9日，天元区卫生计生综合监督执法局成立揭牌

◆ 10月22日，天元工商分局执法人员对日化用品进行检查

◆ 6月16日，开展“党建领航、动力新区”主题微型党课竞赛

◆ 6月17日，“两型办”在泰山社区开展节能社区活动

◆ 7月13日，人武部给维和部队吴乐家属送慰问金

◆ 7月13日，区委宣传部、总工会、区劳动监察大队为环卫工人送清凉

◆ 9月9日，雷打石镇开展“九九重阳节，浓浓敬老情”募捐

◆ 5月18日，天元区学校之间运用网络直播课堂，农村学校的孩子不出校门就能聆听城市学校的优质教育资源

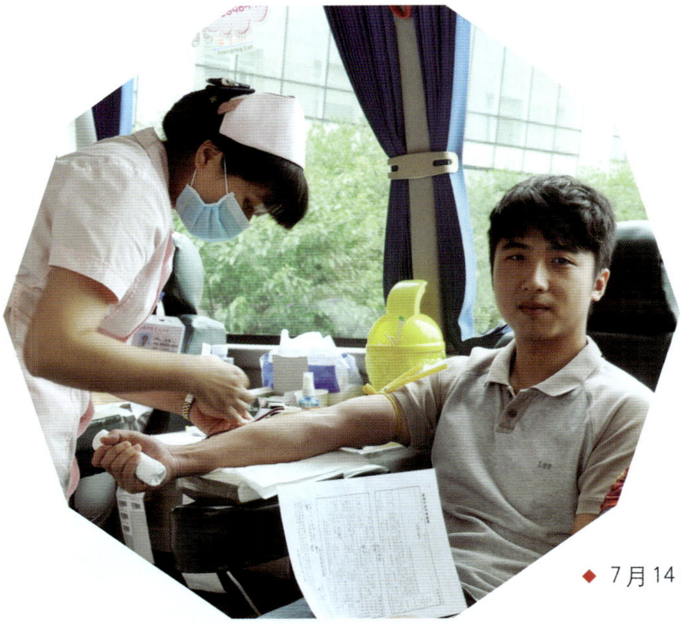

◆ 7月14日，天元区机关干部开展无偿献血

◆ 6月15日，天元区开展安全生产月签名活动

◆ 12月14日，区检察院开展检察开放日活动

◆ 12月29日，民盟天元区支部委员会成立

◆ 12月30日，白鹤社区工作人员为身边好人赠送挂历

◆ 5月27日，区妇联参加全省婚调工作研讨并做典型发言

◆ 6月27日，区嵩山路街道社区卫生服务中心举行"感动服务 感动你我"演讲比赛

◆ 5月28日，区联社开展"普及金融知识万里行"系列活动。

◆ 11月1日，区治违大队在拆除违法建筑现场，为推进项目建设服务

◆ 11月18日，天元区银海学校举行10岁成长礼仪式

◆ 9月29日，株洲市2016年“向国旗敬礼 做有道德的人”启动仪式在天元小学举行

◆ 9月22日，区人民法院在群丰镇开展“平安创建”工作

◆ 5月6日，区人防教育“进学校”暨首届中小学人防专干教师培训班开班

◆ 7月13日，区委宣传部牵头，区总工会、区人社局、区建设局、区安监局联合组织开展"关爱农民工，夏日送清凉"自愿服务活动

◆ 6月28日，开展"新区红色讲堂微型党课"竞赛

◆ 2月21日，区人社局送岗下乡招聘会现场

◆ 4月27日，区人社局发放社会保险卡

◆ 8月17日，株洲新区大学生暑期社会实践营学员到中国动力谷自主创新园——众创空间

◆ 5月20日，天元区举行首届残联相亲会

◆ 4月1日，团区委、区残联、泰山路街道广场社区在神农城广场开展“蓝色行走 关注星星的孩子”关爱自闭症儿童志愿活动

◆ 10月21日，区国税分局参加天元区机关干部职工合唱比赛

◆ 3月24日，营改增会议——地税向国税和财政转交纳税人信息

◆ 12月27日，天元区财政领导班子向政府领导汇报2016年财政工作圆满完成

◆ 11月2日，老干部集中学习“党的十八届六中全会”精神

◆ 10月26日，区老干局开展“美好生活，阳光心态——我看新区新变化”考察活动，走进高科总部

◆ 1月17日，群丰镇"送春联 送祝福 进万家"活动

◆ 10月9日，纳税人赠锦旗为天元地税服务点赞

◆ 6月16日，区国土分局在天元超市前坪开展"安全生产月"宣传咨询活动

◆ 5月12上午，天元区组织公安、消防、人防、卫生、电力、气象等部门在天元购物广场开展了"防灾减灾日"科普宣传活动

◆ 12月31日晚，省消防总队指挥中心主任伍海峰、支队后勤处处长王彪带队深入天元区社会单位开展元旦消防安全"零点"夜查行动

◆ 3月30日，区检察院为学生讲解法治小知识

◆ 4月22日，区"两型"办开展"绿色购物我先行"宣传活动

◆ 3月19日，区城管局举行2016年“城管开放日”活动

◆ 7月26日，区食药监分局免费快检室向市民开放

◆ 9月7日，市档案局党组书记、局长莫大德考察调研高科集团档案工作

特 载

在庆祝中国共产党成立95周年大会上的讲话

中共株洲高新区工委、天元区委书记　谢高进

2016年7月1日

今天，我们在这里隆重集会，庆祝党的95周年生日，表彰先进基层党组织、优秀共产党员。在此，我代表工委、区委，向全区各级党组织和9941名共产党员致以节日的问候！向为新区建设发展辛勤耕耘的同志们表示衷心的感谢！对受表彰的先进单位和个人表示热烈的祝贺！

自1921年至今，95年来，中国共产党始终以实现中华民族伟大复兴为己任，团结带领全国各族人民不懈奋斗，战胜了各种艰难险阻，不断取得革命、建设、改革的伟大胜利。党的十八大以来，以习近平同志为总书记的党中央，站在新的历史起点，继往开来、励精图治、改革创新，以中国梦凝聚力量，协调推进“四个全面”战略布局，推动党和国家取得了新成就、树立了新风气、开创了新局面。历史和实践证明，中国共产党不愧为伟大、光荣、正确的马克思主义政党，不愧为中国特色社会主义事业的坚强领导核心，不愧为领导中国人民共圆中国梦的核心力量。

新区在成立20多年的奋斗进程中，也发生了翻天覆地的变化。尤其是近年来，综合经济实力大幅提升，转型升级取得明显成效，改革创新走向全面深化，人民生活水平显著提高，各项社会事业全面进步，呈现出经济发展、政通人和、民心思进的良好局面。长期以来，广大基层干部奋战在改革发展的第一线，承担着艰巨繁重的任务，兢兢业业地工作，默默无闻地奉献，为新区经济社会发展立下了汗马功劳。当前，新区已经开启了向基本现代化迈进的新征程，我们要一心一意谋发展、锐意进取促改革、坚定不移厉法治、聚精会神抓党建，奋力推进各项事业不断前行。借此机会，我就推进基层组织建设工作，向全区各级党组织和广大党员干部提几点希望：

一要保持发展的定力。近年来，新区一直保持良好发展势头，靠的就是埋头实干，比的就是看得见、摸得着的实绩。在宏观经济进入新常态，发展速度转为中高速的新形势下，绝不意味着可以放松发展。在经济下行压力加大的现实下，要继续扩大我们的发展优势，进一步推进新区各项事业发展，迫切需要广大党员干部保持专注发展的定力，抓住一切发展机遇、用好一切有利条件、调动一切积极因素，持续扩大有效投入，加快推进六大百亿工程项目，在园区发展、产业集聚、民生改善、城乡建设等方面谋划一批新项目，保持投资稳步增长，为经济平稳较快发展提供坚实保障。

二要坚持创新的活力。创新是新区的灵魂。这些年来，新区取得了一些成绩，就是“靠自己的一双脚敢于走别人没有走过的路，靠自己的一双手勇敢地去做前人没做过的事。”这些没走过的路，这些没做过的事，就是创新。我们坚定不移地走在创新的前沿，把提高自主创新能力作为面向未来的战略选择，把加强自主创新体系建设作为提升核心竞争优势的根本途径，把加快自主创新成果的产业化作为

首要任务，从而推动了发展方式由生产要素驱动型向创新要素驱动型转变。

三要促进民生的动力。“人民对美好生活的向往，就是我们的奋斗目标。”我们每一名党员干部，尤其是领导干部，一定要站在全局的高度去清醒认识保障和改善民生的极端重要性，要始终坚持群众立场，做到“身入基层”“心入群众”，真切把握群众的喜与忧、怨与盼，为群众办好事、办实事。比如：我们建设的农村幸福院、社区居家养老，特困人员特殊救助等工作，都取得了良好的社会效果。我们要进一步找准民生工程与群众需求的契合点，聚焦重点、精准发力，继续实施普惠性民生工程，切实帮助群众解决衣食住行、劳动就业、教育医疗等与群众生活息息相关的实际问题，从而进一步增强群众对党员干部的满意度，进一步提升人民群众对党和政府的认同感。

要做到保持发展的定力、创新的活力、民生的动力，需要我们进一步加强基层党的建设。

一要落实主体责任。各级党委要强化抓党建的主角意识，认真落实基层党建“三级联述联评联考”等制度，推动基层党建工作任务有效落实。主要负责同志要主动担当、严抓严管，推动形成党委抓、书记抓，一级抓一级、层层抓落实的党建工作格局。要正确处理好抓党建和抓发展的关系，坚持党建工作和中心工作一起谋划、一起部署、一起考核，坚决防止“一手硬、一手软”。落实主体责任，绝不只是上级党委的事，也是各个党支部的应尽职责，党支部书记一定要担当起“一把手”的政治责任。

二要夯实基层组织。要以基层服务型党组织建设为抓手，统筹抓好农村、街道（社区）、国有企业、机关事业单位、学校、非公有制企业、社会组织等各领域的基层党组织建设。要高度关注基层政权组织、经济组织、自治组织、群团组织、社会组织发展变化的特点，加强指导和管理，使各类基层组织按需设置、按职履责、有人办事、有章理事，既要种好自留地，又要管好责任田。

三要带好干部队伍。要选优配强基层党组织带头人，尤其要注重从农村致富能手、回乡大中专毕业生、外出务工人员、转业退伍军人等群体中，选拔优秀党员担任村党组织书记。要关心和爱护广大基层干部，为他们创造良好工作和成长条件，保障合理待遇，教育他们严守中央八项规定和省、市有关规定，深入改进作风，帮助他们提高自身能力，引导他们扎根基层、爱岗敬业、争创一流，进一步树好形象、当好标杆。

四要从严管理党员。党要管党、从严治党，管好党员是前提和基础。要把“三会一课”、民主评议党员、组织生活会、双重组织生活等制度坚持好，强化党组织和党员的角色意识，把党的纪律和规矩执行好。要进一步做好培养和发展党员工作，为党的队伍补充新鲜血液。要从严抓好党员日常教育，加强和改进流动党员管理，健全党内激励关怀帮扶机制，构建党员联系和服务群众工作体系，不断增强党员队伍生机活力。

同志们，新的形势、新的任务，赋予我们新的使命！全区各级党组织和广大党员干部要始终牢记使命，以新的作风、新的姿态、新的干劲，充分发挥党的领导核心作用、战斗堡垒作用和广大党员的先锋模范作用，团结和带领全区县人民，解放思想，励精图治，开拓创新，为率先开启基本现代化新征程而努力奋斗！

凝聚中国动力　建设幸福天元 为率先实现基本现代化而努力奋斗

——在中国共产党株洲市天元区第五次代表大会上的报告

中共天元区委书记　周建光

2016 年 9 月 21 日

一、回顾过去五年的发展成就，我们自我加压、负重奋进，已经站在率先建成全面小康社会新起点

区第四次党代会以来的五年，是新区发展进程中极不平凡的五年。在市委的坚强领导下，全区上下紧紧围绕党代会提出的“全市争第一、全省争一流、全国争前移”工作主题和“2235”发展目标，大力弘扬“敢为人先、创新不止”的新区精神，自我加压、负重奋进，圆满完成“十二五”规划目标，在全市始终处于领跑地位，在全省率先建成全面小康社会，连续四年进入全国百强区，在 100 多家国家级高新区中综合排名跨入前 30 强，迈上了又一个新台阶，为今后不忘初心、继续前进打下了坚实的基础。

（一）前行的基石更为牢固。始终坚持以发展为第一要务，主要经济指标总量和增幅始终处于全省、全市前列，综合经济实力多年稳居全市各县市区之首，为今后的发展构筑了更加牢固的基石。一是实力更强劲。地区生产总值实现翻一番，年均增速 11.6%，其中天元区年均增速 12.4%，高于全市、全省平均水平 1 ~ 2 个百分点，2014 年、2015 年连续两年进入全省经济快进县区；公共财政预算收入一年一个台阶，突破 60 亿元。新区先后获得“国家自主创新示范区”“国家转型升级示范开发区”等国家级荣誉。二是发展更全面。统筹推进各项社会事业，在全省率先对 80 周岁以上老人启动实施健康补助，社会保障财政投入达 11 亿元，实现了社保全覆盖；在全省率先开展免费职业技术学历培训，建设就业创业保障平台 85 个；投入近 7 亿元，先后新建、改扩建 5 所中小学，新增城区学位 1 万余个，率先成为全省“教育强区”；建成区文化馆，新建区图书馆，公共文化设施日益完善，服务能力不断提高；累计投入 4.7 亿元，完善三级卫生服务网络及基层医疗机构硬件建设，公共医疗服务水平不断提升。三是人民更幸福。2015 年，城市居民人均可支配收入达到 4.15 万元，农村居民人均可支配收入达到 2.14 万元，比 2010 年翻了一番。城乡收入差距逐年缩小，农村居民收入增速高于城市居民收入增速 1 个百分点以上。居民文教卫消费服务支出占消费总支出的比重达到 15.6%，人均住房面积达到 53 平方米。成功创建“全国义务教育基本均衡先进区”“全国计划生育优质服务先进区”，多年保持“省文明城区”“省平安区”等称号，社会综合治理水平不断提升。

（二）前行的思路更为清晰。始终立足全局和长远，超前思维，提前谋划，用创新的思路铸就新区的发展之路。一是发展理念更为科学。以两型社会建设为引领，按照“生产、生活、生态”“三生”协调的理念推进开发建设；培育新产业、新业态、新技术，致力产业优化、转型升级，做到了调速不减势，量增质更优，发展方式由要素驱动外延式增长向创新驱动内涵式增长转变。二是发展定位更为精准。

适时提出打造中国动力谷的战略构想，得到了国家科技部、省委、省政府以及社会各界的广泛认可和大力支持，成为科技部与湖南省共建项目，为新区实施创新驱动战略打下了坚实的基础。三是发展机制更为顺畅。抓住经济社会发展的关键节点，综合运用资金、政策等杠杆，探索实施有自身特色的积极财政政策，完善园区开发建设投融资机制，构建以企业为主体、市场为导向、人才为支撑、产业化为目标的创新创业制度体系。四是发展手笔更为大气。大力推进新马创新城开发建设，大手笔策划动力谷自主创新园、新马EBD、汽车博览园、汽车产业集群、月塘生态新城、自主创业园等六大百亿工程项目，编制天易科技城概念规划、三门、雷打石两镇总体规划，拓展了园区产业发展空间，明确了南部乡镇发展基本定位。

（三）前行的步伐更为坚定。坚持把产城一体发展作为加快推进新型工业化和新型城镇化建设的重要途径，产业发展、园区开发、城市建设不断取得新的成绩。一是产业结构更加优化。第三产业对GDP的贡献率不断上升，三次产业结构不断优化，规模以上工业总产值占全部工业比重接近90%，高新技术产业增加值占全部工业增加值的比重达到88%，汽车制造产业成为新区第一大主导产业。电子信息、新材料、新能源等新兴产业持续发力，产业发展质量不断提升。基本建立了从创业苗圃到孵化器、到加速器、再到产业规模化的科技创新创业孵化链条，产业培育体系不断完善。园区“135”“146”工程深入推进，规划标准厂房面积191万平方米，建成73万平方米，在建35万平方米，引进中小企业521家。二是园区平台更具实力。基本建成14.17平方公里的栗雨工业园，全面铺开27平方公里的新马创新城建设，全面推进天易科技城自主创业园一期开发，突出抓好栗雨中央商务区、新马生态商务区建设，先后高水准建成330亩的神农湖、430亩的栗雨湖、2000亩的万丰湖，园区生产、生活、生态得到有机统一。高科集团肩负“点燃科技火种、缔造产业乐园”的使命，五年时间融资达200亿元，资产规模增长3.5倍，完成了由“园区开发商”向“园区发展商”的转变。天易集团抢抓机遇，加快转型，资产规模突破300亿元，有力地推进了城市片区和工业园区开发。保障住房公司围绕“增资转型”，逐步成为社会事业发展的综合平台。三是城区发展更有品质。五年累计拓展城区、园区面积35平方公里，建成区与在建区面积扩大到100平方公里。累计投入14亿元，一批城市主次干道全面贯通，路网格局进一步完善。围绕创建文明城市，健全城市管理长效机制，道路清扫保洁、市政维护、绿化养护“三位一体”的管理机制不断完善。先后投入6000万元，对88个老旧小区和城中村环境卫生、基础设施进行综合整治和改造。全面实施城乡同治，建设美丽乡村，农村环境、基础设施得到显著改善。

（四）前行的保障更为有力。切实加强和改进党的领导，认真落实全面从严治党主体责任，为各项事业的全面进步提供了坚强的政治保障。一是民主团结得到加强。工委、区委充分发挥领导核心作用，坚持发展与党建“两手抓”，全区上下心往一处想、劲往一处使，凝聚了一心一意谋发展的强大合力。人大、政协工作紧紧围绕发展大局，积极营造团结干事、政通人和的政治局面，为促进新区经济社会发展发挥了重要作用。宣传文化、意识形态、信访维稳、统一战线、党管武装工作全面加强，工青妇、工商联、残联、老干等各项工作取得新成效，全区几套班子之间、上下级之间、党群干群之间保持了团结干事的良好局面。二是作风建设卓有成效。深入开展党的群众路线教育实践活动、“三严三实”专题教育和“两学一做”学习教育活动，党员干部的党性修养不断加强，理想信念更加坚定。大力推进基层阵地规范化建设，大幅提高基层运转保障经费，基层组织凝聚力、战斗力明显增强。坚持凭实绩用干部，真正把最优秀的干部用到最需要的地方，以过硬的作风推动工作落实，形成了心齐、气顺、风正、劲足的良好局面。三是从严治党进入新常态。严格执行中央“八项规定”，全面落实“两个责任”，坚持把纪律和规矩挺在前面，聚焦监督执纪问责，始终保持惩治腐败的高压态势，党要管党、全面从严治党得到坚决贯彻落实。

区第四次党代会以来的五年，是新区综合实力提升最快、城乡面貌变化最大、人民群众得到实惠最多的五年。五年成绩的取得，归功于市委的坚强领导，归功于全市人民和社会各界的大力支持，归功于历届区委、区政府的奋力拼搏，归功于全区各级党组织、全区干部群众的辛勤耕耘。在此，我代表中国共产党株洲市天元区第四届委员会，向全区人民，向所有参与、关心、支持新区发展的社会各界朋友，表示衷心的感谢，并致以崇高的敬意！

回顾五年来的奋斗历程，我们深刻感受到：

*第一，必须把改革创新推进得更深更好。*从诞生之初，新区的血液里就涌动着创新的基因。我们始终把改革创新作为一种常态，一种工作方法和工作态度，用开放、长远的眼光看待新情况，用改革、发展的办法解决前进中的问题。每一个工作思路的创新，都带来了新区新的跨越；每一个发展难题的突破，都推动着新区向更高的目标迈进。

*第二，必须把经济社会发展得更快更好。*我们牢记使命，矢志成为全市、全省改革创新的先行区、新型城镇化的样板区、城乡统筹的领跑区。正是这种坚毅与执着，为新区在全省、全国赢得了地位、扩大了影响。这种光荣使命要求我们始终把提升发展实力作为自身核心任务，发展才有实力，有实力才有地位，才能在激烈竞争的国家级高新区中争先进位，才能谋求更高水平、更加全面的民生福祉。

*第三，必须让老百姓的日子过得更富更好。*我们始终致力于就业机制、保障机制、富民机制的完善，不断加快人民群众的富裕步伐；始终致力于文明水平、生态水平、社会事业发展水平的提高，不断增强人民群众的幸福指数。在改革创新的每个足印中，都倾注了人民群众的智慧和力量，在开发建设的每个步伐里，都饱含了人民群众的支持和理解。只要我们始终坚持发展为了人民、发展依靠人民、发展成果由人民共享，就能赢得人民群众的信赖和拥护，就能广泛地凝聚民心民力民智。

*第四，必须把各级领导班子建设得更强更好。*我们始终坚持加强和改善党的领导，把全区人民紧密团结在工委、区委周围，全区上下同下“一盘棋”、同弹“一个调”、同唱“一首歌”，齐心协力创造新区事业的辉煌。一个相互支持、团结协作的领导集体和一支努力拼搏、勇于争先的干部队伍，是我们事业取得成功的根本保证。我们必须坚持把“靠得住、有本事、能干事、不出事、会共事”的干部放到各级领导岗位上，着力建设更强更好的领导班子。

*第五，必须把务实干事的作风锤炼得更实更好。*新区二十多年的实践，锻炼了抓落实的能力，树立了抓落实的导向，形成了抓落实的作风，“不言难、不怕苦、不张扬”成为新区干部干事创业的鲜明个性。“不言难”是敢于担当、甘于奉献；“不怕苦”是真抓实干、攻坚克难；“不张扬”是静得下心、干得成事。只要我们继续发扬这种优良传统、优良作风，我们就会走向一个又一个胜利。

二、展望未来五年的发展愿景，我们要按照四个全面战略布局，践行五大发展理念，率先迈向基本现代化建设新征程

今后五年，随着“十三五”规划的全面实施，新区将步入新一轮大发展时期。这个时期，新区将阔步迈向基本现代化。基本现代化是我国现代化进程中的一个阶段性目标，是全面小康社会的升级版。党的十八大提出鼓励有条件的地方在现代化建设中继续走在前列。在全面建成小康社会后，率先实现基本现代化，既是我们把握时代特征的“顺势而为”，也是我们继续领跑争先的“必然选择”。这个

时期，新区将迎来诸多新机遇。目前，国内经济发展进入速度换挡、结构优化、动力转换的新常态。“中国制造2025”“互联网+”“大众创业、万众创新”等国家战略的深入实施，必将为新区全面推动产业转型升级、加快经济结构调整带来前所未有的发展机遇。长江经济带、国家自主创新示范区、制造强省等重大战略深入实施，有利于新区获得更多国家、省级层面政策优势。全市南向发展、新型城镇化试点，为新区拓展园区发展空间、谋划产业布局提供了有力保障。这个时期，新区将面对诸多新挑战。从全国看，国家级高新区总数已达到145家，还在不断增加，排名进位的压力更大。从全省看，与长沙先进县市区相比，还有一定的差距和发展的空间。从全市看，既有保位争先的压力，也有不进则退的考验。从自身看，人才、土地、资金仍然是制约我们发展的瓶颈问题。总之，机遇与挑战并存，希望与困难同在。对此，我们务必认真谋划，沉着应战，在今后的工作中切实研究破解。

基于以上分析，今后五年，新区发展的指导思想是：高举中国特色社会主义伟大旗帜，以邓小平理论、“三个代表”重要思想、科学发展观为指导，全面落实党的十八大和十八届三中、四中、五中全会精神，深入学习贯彻习近平总书记系列重要讲话精神，按照“五位一体”总体布局和“四个全面”战略布局，牢固树立“五大发展理念”，紧扣市委“三个率先”和转型升级战略部署，以率先实现基本现代化为目标，以打造中国动力谷为中心，全面实施创新驱动、四化同步、绿色发展、共建共享四大发展战略，主要经济社会发展指标领跑全市，各项工作保持全省领先，综合创新能力达到全国高新区一流水平，建设更富、更强、更美、更好的幸福新区。到2020年，人均GDP达到14万元，城乡居民人均收入达到56000元以上，规模工业总产值翻一番，财政总收入超过100亿元，主要经济指标达到基本现代化发展要求。

今后五年乃至更长时期，新区总的发展目标是：在全市率先实现基本现代化。基本现代化的基本内涵是以实现智能制造为主要标志的工业现代化建设、以实现机械化+信息化产销为主要标志的农业现代化建设、以实现数字化管理为主要标志的城市现代化建设、以实现人与自然和谐发展为标志的生态现代化建设、以全民践行社会主义核心价值观为标志的文化现代化建设，最终目标是实现发展更科学、社会更和谐、文化更繁荣、生态更文明、人民更幸福。

实现这一发展目标，就要始终坚持“凝聚中国动力、建设幸福天元”的工作主题。凝聚中国动力，就是要聚集全国高端动力资源、动力人才，把动力产业技术研发创新服务中心建设成为科技发展的策源地、产业培育的孵化器、创新驱动的主引擎；凝聚中国动力，就是要建设在国内外具有竞争力和影响力的中国动力谷，以建设世界一流的轨道交通装备制造基地、国内一流的通用航空基地、全国领先的新能源汽车生产研发基地为契机，积极构建中国动力谷“三基地一中心”的创新发展格局。建设幸福天元，就是要全面实施共享发展，全面提升社会保障体系水平，努力实现更加充分和更高质量的就业，大力发展教育、文化、医疗健康等社会事业，让新区的发展成果更全面更高水平地惠及全区广大人民群众，让新区人民更有获得感、更有尊严、更加幸福。

实现这一发展目标，就要牢牢把握“12345”的工作新要求：

“一”是突出“一个中心”，即打造在国内外有竞争力和影响力的中国动力谷；

“二”是实现“两个提升”，即实现综合实力的提升、实现发展品质的提升；

“三”是坚持“三个率先”，即在全市率先建成基本现代化领跑区、在全省率先建成国家生态文明试验区、在全国率先建成自主创新示范引领区；

“四”是实施“四大战略”，即创新驱动战略、四化同步战略、绿色发展战略、共建共享战略；

"五"是建设"五大工程",即劳动就业和社会保障城乡一体化工程、教育基本现代化工程、文化强区工程、健康天元工程、社会治理现代化工程。

三、实现未来五年的发展目标,我们要实施新的发展战略,实践新的发展路径,奋力实现基本现代化建设新任务

今后五年,我们将按照上述指导思想和发展目标,围绕"凝聚中国动力,建设幸福天元"工作主题,突出抓好以下几个方面工作:

(一)坚持创新驱动,打造改革开放新高地。深入实施创新驱动战略,以体制机制创新为重点,全面深化改革,加快形成以创新为引领的发展模式。一是激发创新活力。推进重点领域和关键环节的体制机制创新,大力吸引集聚创新资源,继续抓好"5211"人才计划,引进培育科技领军人才,着力建设"人才特区",健全以政府为引导、企业为主体、市场为导向、产学研相结合的科技创新体系,实现产业链、创新链、资金链深度融合。大力支持企业立足国内领先、瞄准世界一流,建设一批工程技术研究中心、重点实验室、院士工作站、产业协同创新中心等高端研发平台,着力培育一批具有核心技术的创新型企业,形成大企业"顶天立地"、中小型企业"铺天盖地"、创新创客"遍地开花"的竞相发展格局。充分发挥科技创新在供给侧结构性改革中的基础、关键和引领作用,以智能制造、"互联网+"为手段,不断提高科技创新供给的质量和效率。二是深化改革动力。要拓展全面深化改革广度。注重改革的关联性和耦合性,统筹谋划改革事项、通盘考虑改革重点,力促各项改革协同推进、一体推进,确保全面深化改革广度和综合效益最大化。要勇探全面深化改革深度。认真落实中央、省委、市委的重大改革部署,推出一批具有重大引领作用的务实改革举措,深入推进行政管理、行政审批、商事制度、国资国企、财税体制、投融资体制、政府和社会资本合作等各项改革。要保证全面深化改革满意度。围绕加快打造服务型政府,形成有利于转型发展的体制机制,在政府简政放权、创新平台建设、创新服务体系构建、社会治理创新等方面走出一条具有新区特色的全面深化改革之路。三是挖掘开放潜力。大力支持"走出去"。积极融入国家"一带一路"发展战略,鼓励支持有比较优势的园区企业进行海外并购和对外投资,推动装备、技术、标准、服务走出去,深度融入全球产业链、价值链、物流链,形成一批有实力的跨国企业和著名品牌。深入实施"引进来"。着力对接世界500强、中国500强和实力央企的合作,引进带动性强的大项目,推动轨道交通、通用航空、新能源汽车等优势产业形成有竞争力的产业集群。打通融资"新渠道"。以湖南省首家股权交易所株洲分所建设为契机,打通境内外主板、中小板、创业板、新三板等资本市场直接融资渠道,吸收社会资本参与园区产业和公共领域项目建设。

(二)坚持四化同步,创造融合发展新模式。坚持走新型工业化、信息化、城镇化、农业现代化道路,推动信息化和工业化深度融合、工业化和城镇化良性互动、城镇化和农业现代化相互协调,实现三次产业统筹发展,加快构建产业新体系,培育发展新动能。一是推动产业结构"优二提三"。要推进新型工业向高端发展。抢抓"工业4.0""中国制造2025"等战略机遇,推动新一轮信息技术与汽车制造、新材料等产业深度融合,促进信息技术向市场、设计、生产环节渗透,推动生产方式向柔性、智能、精细转变。要推进新型工业向规模发展。加速培育轨道交通、通用航空、新能源汽车三大千亿动力产业,做大做强汽车整车及零部件优势产业,提质升级新材料、电子信息、生物医药和健康食品等新兴产业。要推进现代服务业向提质发展。以中国动力谷科技创新服务集聚区建设为抓手,推动服务业与制造业深度融合,大力发展研发设计、金融保险、检验检测、现代物流等生产性服务业和商贸流通、健康养老、文化旅游等生活性服务业,促进生产性服务业向专业化和价值链高端延伸、生活性服务业向精细化和高品质转变。二是推动园城发展“北提南拓”。始终坚持规划引领，着力抓好“三规合一”，以规划一体化推动区域一体化，努力使空间结构更加优化，区域发展更加协调。推进栗雨滨江地块开发，全面建成栗雨工业园。着力建好动力谷自主创新园、新马EBD、汽车博览园，加快商业土地开发，完善园区配套，基本建成新马创新城。加快天易科技城自主创业园、台商工业园、五云峰国际生态新城建设，重点发展电子信息、先进装备制造等产业，打造园区发展新的增长极、产业转移的承接地、城区拓展的主阵地。助推武广新城、湘江新城建设，完善现代商务、休闲旅游、生活配套等功能，实现与天易科技城“三城”比邻呼应、有机融合。完善南部乡镇总体规划，依托湘江西岸，挖掘空洲岛、观音岩、杨柳水库等丰富的历史文化资源和山水生态资源，促进文化与都市观光、休闲生态农业紧密融合，拓展乡村旅游领域，将南部乡镇打造成宜居、宜游、宜商、宜业的新型生态城镇、卫星城镇。三是推动现代农业“接二连三”。建立健全土地流转管理机制和服务组织，推进农业适度规模化经营，积极培育家庭农场、农民合作社、龙头企业、专业大户等新型农业经营主体。规划布局现代农业产业园，大力发展都市农业、休闲农业、特色农业，构建农业和二、三产业融合发展的现代农业产业体系。加强基础设施建设，全面推进城镇水、电、路、气等基础设施向农村延伸，深化电子商务、物联网与现代农业的融合发展。四是推动公共服务信息化“补齐短板”。以大数据挖掘和应用为导向，整合、建立政府公共服务、公用事业服务等智能化服务平台，搭建覆盖区、乡镇（街道）、村（社区）的“智慧天元”综合服务平台。加快推进智慧教育、智慧医疗、智慧社区、智能管理等建设，实现“科技让生活更美好”。坚持以人为本，让城乡居民享受到优质均等的户籍管理、就业培训、教育医疗、社会保险、住房保障等公共服务，有序推进农业转移人口市民化。

（三）坚持绿色发展，构筑生态文明新家园。突出“两型社会”和生态文明建设，率先建成国家生态文明试验区，建设天蓝地绿水净的美丽天元。一是深入推进两型社会建设。发挥长株潭两型社会试验区先行先试和示范引领作用，巩固扩大两型创建成果，打造全省两型综合示范的样板。建立健全农村宅基地、土地承包经营权退出利益补偿机制和中心城区工业用地退出、置换机制，促进土地节约集约利用。大力推广清洁低碳技术，全面推行能源节约，支持两型产品推广应用。加强生态文化建设，推行资源节约生活方式，推动全社会形成绿色消费自觉。二是促进产业发展绿色化。以国家生态工业示范园区为标准，坚持将生态、环保理念融入产业发展，严格执行环保准入制度、产业政策指导目录，积极培育壮大低碳产业，努力推动产业结构“调优调绿”。大力发展循环经济，积极推动传统产业绿色化转型、重点企业清洁化生产、工业园区生态化改造。三是加强生态系统保护。深入推进湘江流域保护和治理“一号重点工程”，加强规划管理，严禁生活污水、工业废水直排湘江，确保湘江天元区段持续保持三类水质。加强森林资源保护与建设，落实生态保护红线及管控制度，开展农村重金属污染土壤生态修复，强化砂石乱采乱挖治理，将“保生态”落到实处。建设神农城及其拓展区城市绿轴，建成湘江风光带和西环线森林防护带，使森林资源成为发展的绿色屏障。积极探索绿心保护和发展的新途径，率先将绿心区域建成“近零碳”示范区，让绿心区域在发展中实现更高层次的保护，在保护中实现更好的发展。四是推动城乡管理提优提质。按照“把城市当客厅来建设、把乡村当花园来打造”的理念，不断提升城乡管理水平，努力为城乡居民创造更加舒适的生活环境。要提升城市管理水平。全面完善信息化平台、市场化运作、网格化模式、综合性执法体制，形成“大城管、互动型、数字式、法治化”新格局，促进管理运转更高效、资源整合更智能、公共服务更优质。

逐步解决老旧小区、五小门店、农贸市场、城中村、棚户区等脏乱差热点难点问题，有效缓解城市静态交通问题，确保在原有创文创卫基础上实现更高水平发展。要加大城乡建设投入。加强村庄规划建设管理，完善村庄基础设施和公共服务，大力实施“畅通工程”，全面开展“绿荫行动”，提速“点亮天元”工程，推进“美丽乡村”建设。

（四）坚持共建共享，实现民生保障新升级。坚持把增加人民福祉、促进人的全面发展作为出发点和落脚点，努力使人民群众有更好的教育、更稳定的工作、更可靠的社会保障、更高水平的公共服务、更优美的环境，共享发展成果。重点实施四大工程：一是实施劳动就业和社会保障城乡一体化工程。大力实施以基本养老保险、基本医疗保险为重点的全民参保计划，继续完善被征地农民社会保障机制，进一步建立健全覆盖城乡、优势互补的社会保障体系，实现更高水平的社会保障。着力打造全省创业就业示范区，努力实现最充分和更高质量的就业。认真落实居民大病医疗保险制度，不断提高城乡居民大病保险保障水平。积极完善社会救助、住房保障、养老服务体系，重点解决城市低收入家庭、农村危房户、新就业职工、外来务工人员住房困难问题。二是实施教育基本现代化工程。推进义务教育均衡发展，科学规划与调整学校布局，加快学校标准化和教育信息化建设，完善校长和教师交流制度，支持民办教育发展，实现公办、民办学校互为补充，初步建成以公办园和普惠性民办园为主体的学前教育体系，确保进城务工子弟入学享受同城待遇。到2020年，教育服务经济社会发展的能力明显增强，基本形成系统完备、开放前瞻、优质高效的现代教育体系，提供适合每一个学生的教育。三是实施文化强区工程。要加大文体建设投入，抓好城区重点文化项目建设、农村公共文化设施建设，实现城乡公共文化服务均衡发展。要实施文化惠民工程，按照“为群众搭台、让群众主演、在群众中演”的要求，大力扶持基层文艺团队的发展，挖掘支持民间优秀传统文化项目。要培育特色文化品牌，依托神农城和汽车博览园，形成具有新区魅力的神农特色文化和汽车主题文化，打造文化演艺品牌和汽车文化品牌。到2020年，逐步形成“文化设施完善、服务体系健全、文化特色鲜明、文化产品丰富”的发展新局面，把新区建设成为有地方特色的区域性现代文化中心。四是实施健康天元工程。牢牢把握保基本、强基层、建机制的基本原则，以公平可及、群众受益为出发点和立足点，不断提高新区医疗卫生水平，满足人民群众的健康需求。要以普及健康生活、优化健康服务、完善健康保障、建设健康环境、发展健康产业为重点，加快推进健康天元建设。要建立“机构服务、政府购买”的政府投入运行新机制，提高基层医疗卫生机构的服务水平。要完善基层医疗服务体系建设，加强农村卫生人才培养，引导优质医疗资源下沉，让基层群众就医更方便、更舒心。

（五）坚持依法治区，开创社会治理新局面。以宪法和法律为依据，全面推进全区各项事业的法治化进程，提高全区公民知法、守法、护法的法律意识和法律素质，提高依法行政水平。一是推进民主政治。坚持和完善人民代表大会制度、共产党领导的多党合作和政治协商制度，充分发挥人大代表、政协委员在经济建设、社会建设、民生建设中的职能作用。进一步发挥工会、共青团、妇联、老干在民主建设中的积极作用，提高社会各阶层参与民主政治生活的积极性。认真贯彻男女平等基本国策，加强未成年人思想教育和合法权益保护，全面促进经济社会与妇女儿童事业的和谐发展。大力培育发展社区社会组织，打造“社区居委会＋社工组织”的基层社会工作模式。依法推行村（居）民自治及村务公开民主管理，依法保障公民选举权、批评建议权，推进基层民主政治建设。二是建设法治天元。加强法治政府建设，坚持依法行政，规范行政执法。坚决维护法院和检察院依法独立公正行使职权，促进公正司法，维护法律权威。提升法治宣传教育实效，创新司法、人民、行政三级联动调解工作方式，完善法治便民服务，努力营造办事依法、遇事找法、解决问题用法、化解矛盾靠法的良好社会氛围。三是加强社会治理。全面深化平安天元建设，健全立体化社会治安防控体系，依法打击各类违法犯罪活动。优化发展环境，运用好法律武器，以铁的决心、铁的手腕、铁的纪律，严厉打击乱搭乱建、乱挖乱采、强买强卖等破坏经济发展环境的行为。坚持阳光拆迁，规范征拆程序，严格政策标准，从源头减少信访稳定问题。完善信访工作机制，坚持诉求合理的问题解决到位、诉求无理的思想教育到位、生活困难的帮扶救助到位、行为违法的依法处理。全面落实安全生产责任，依法强化对食品药品安全、产品质量安全、网络安全等重点问题治理，确保政治安定、社会安稳、群众安心。建立健全自然灾害应急管理机制，完善防灾减灾救灾制度，形成上下联动、社会参与的协同管理格局。

四、肩负全新的历史使命，我们要坚持党建领航，全面从严治党，为率先实现基本现代化提供新动力

事业发展，关键在党，根本在干部。要认真落实全面从严治党要求，坚持党建领航，把抓好党建作为最大的政绩，不断把政治优势转化为发展优势，为率先实现基本现代化提供坚强保障。

（一）铸就“忠诚坚定”的政治品格。全区各级党组织和广大党员干部，要切实增强政治意识、大局意识、核心意识、看齐意识。做到“心中有党”。认真落实《地方党委工作条例》和《党组工作条例（试行）》，充分发挥党委“统揽全局、协调各方”的核心作用，把方向、管大局、做决策、保落实。严格落实党委听取人大、政府、政协、法院、检察院党组工作汇报制度，严格落实党委（党组）意识形态工作责任制、党管群团工作责任制、党建工作责任制。做到“心中有民”。时刻牢记为民要旨，珍惜民心民力、倾听民声民意、顺应民愿民盼、致力民惠民富，自觉做到严守为民之责、善谋利民之策、抓好惠民之事，时刻用“群众”这个根本擦拭心灵之镜，用为人民服务的初心砥砺精神之钙。做到“心中有责”。坚持“马上就办、办就办好”，把蓝图变为现实，把问题解决在当下，多做打基础、利长远的事，敢于迎着困难走、冒着风险上、顶着压力干。做到“心中有戒”。严守公与私、情与法、利与法的分界线，真正做到“心不动于微利之诱，目不眩于五色之惑”，行为不越“轨”、权力不出“格”。

（二）强化“攻坚克难”的实战能力。着力干部能力建设，完善培训体系，不断提高干部的执行力、战斗力。要提高科学决策的能力。加强干部能力建设，完善党政机关事业单位干部培训体系。善观大势，善谋大局，及时加强对宏观形势和一些重点难点热点问题的分析，在把握大局中增强工作的前瞻性和预见性，在把握大局中把握局部，把握自身工作定位，找准工作的主攻方向和着力点。要提高解决实际问题的能力。坚持“一线工作法”，到征地拆迁、项目建设、企业帮扶、信访维稳的主战场和前沿阵地，摸清情况，找准问题，确保问题在一线解决、政策在一线落实、矛盾在一线化解。要提高把控底线的能力。善于运用法治的思维、创新的手段去化解风险、消除矛盾、解决问题、推动工作。强化底线思维，对各类风险和隐患，做到早发现、早识别、早研究、早处置，化解风险于萌芽状态，消除隐患于无形之中。

（三）锤炼“务实担当”的工作作风。牢固树立“干部要干事，为官要有为”的理念，各级领导干部要多干实事，不讲空话大话，既要敢于作为、勤于作为，又要善于作为、有效作为。要坚持发展与党建“两手抓”“两手硬”，低调务实、少说多干，敢于担当、积极作为，切实做到“经济新常态、工作新状态、干部新作为”。要坚持一张蓝图绘到底，干出加速度，干出好效果，推动新区各项工作谋在人前、干在实处、走在前列。坚持正确的用人导向，认真贯彻“好干部”

标准，切实把有品行、有能力、有激情、有担当、有业绩的干部选拔上来，让想干事的有机会、能干事的有平台、干成事的有地位。要建立激励担当、容错纠错和能上能下机制，为“担当者”撑腰壮胆，为“有为者”鼓励加油，加快形成“想为敢为、勤为善为”的干事创业氛围。

（四）坚守“廉洁干净”的从政底线。广大党员干部要筑牢理想信念，永葆共产党人清正廉洁的政治本色，把廉洁干净作为衡量道德水准的一把尺子、体现作风的一面镜子、考验素质的一个标杆和为官从政的基本戒律。要始终坚持干净与干事的统一，不折不扣地抓好中央和省、市、区委重大决策部署的落实。要从严落实“两个责任”，把党风廉政建设纳入经济社会发展和党的建设总体布局，列入领导班子、领导干部目标管理。要切实抓好《廉洁自律准则》和《纪律处分条例》的学习贯彻，切实加强廉政警示教育和廉政文化建设。要从严落实《问责条例》，加强对基层党员监督管理，既严厉惩处极少数，又常态严管大多数。要坚定不移惩治腐败，驰而不息纠正“四风”，坚持把纪律和规矩挺在前面，强化监督执纪问责，严肃处理违反纪律的行为，督促广大党员干部认真履职。

各位代表、同志们，站在新的历史起点，我们任务艰巨，使命光荣。让我们紧密团结在以习近平同志为总书记的党中央周围，在省委和市委的坚强领导下，把历史的使命化作现实的责任，把群众的期待化作共同的行动，与全区党员干部群众一道，锐意进取，开拓创新，在率先迈向基本现代化的新征程中，共同创造无愧于时代、无愧于人民，经得起历史和人民检验的辉煌业绩！

株洲市天元区人民代表大会常务委员会工作报告

——2017 年 2 月 15 日在株洲市天元区
第五届人民代表大会第二次会议上

天元区人大常委会主任　程　燕

2016 年工作回顾

2016 年，在中共高新区工委、天元区委的坚强领导下，区人大常委会以党的十八大、十八届六中全会精神和习近平总书记系列重要讲话精神为指引，深入贯彻落实区第五次党代会精神，始终坚持党的领导、人民当家做主、依法治国有机统一，认真履行宪法和法律赋予的职权。全年共召开常委会会议 6 次、主任会议 20 次，听取和审查专项工作报告 35 项，作出决议决定 25 项，组织代表视察 7 次，开展专题调研 13 次，提出审议意见 3 件，为加强我区民主法治建设，推进依法治区，促进经济社会跨越发展做出了积极贡献。

一、围绕中心依法履职，助推经济社会转型升级

一年来，常委会紧紧围绕天元区经济社会发展的总体要求，按照法律规定，认真行使监督权、重大事项决定权和人事任免权。

1. 依法强化监督职能

围绕改革发展开展监督。一是加强对财政预算的审查监督。做好预算草案审查，积极推动预算编制改革，预算审查更加严格、科学，预算的透明度和约束力进一步增强。二是加强对国民经济和社会发展计划编制、执行的监督。加强经常性分析，督促落实各项目标任务，促进全区经济社会跨越发展。三是突出发挥审计监督作用。通过听取审计工作及同级财政审计情况汇报，加大对预算执行、重点项目资金和专项资金的审计力度，跟踪督查审计报告反映问题的整改落实，增强监督的刚性和实效。四是对政府平台公司融资使用情况开展监督。并就融资计划落实、资金到位、项目建设、资金使用管理和债务偿还进行认真审议，有效地增强人大监督的针对性和实效性。

立足民生问题组织监督。一是围绕城乡建设与环境资源可持续发展，听取区开发建设局关于长江广场、滨江广场建设情况汇报。二是围绕农业与农村工作，对我区农业产业化情况进行专题调研。三是围绕民政、教育、科技、文化、卫生、体育等社会事业，听取和审议了我区贯彻实施《残疾人保护法》《旅游法》《环保法》《食品卫生法》和《传染病防治法》的情况汇报。四是省、市、区人大上下联动，继续开展了“农产品质量安全行”“湘农民健康行”“司法公正行”“民族团结进步行”“环保世纪行”活动。

侧重司法工作强化监督。听取和审议了 2016 年上半年区法院、区检察院工作情况报告。针对非法集资案件频发问题，要求有关部门从监督的角度进行分析，从预防方面加强探索。组织开展了代表旁听庭审活动。着重挑选了一些与民众生活联系较为密切、具有一定争议性或有一定影响力的案件进

行旁听，全年共有30余名人大代表对5件案件进行了听审、评议。2016年，启动全面落实向宪法宣誓制度，实现了人大任命的国家机关工作人员均严格按规定程序、规定仪式向宪法宣誓，切实彰显宪法的尊严和权威。

2. 依法决定重大事项

常委会听取和审议了财政决算、预算变更等重要议题，依法对区人民政府提请审议的新马工业园万丰湖（居住组团）城市基础设施工程、天易城中村改造、天易创新创业园一期工程、棚户区（城中村）改造一期项目、新马创新城、新马工业园等14个项目政府购买服务、列入预算议案作出了决定，全力助推我区园区建设、产业发展和转型升级。

3. 依法做好人事任免

常委会始终坚持党的领导与人大依法选举任免有机统一，做到依法、依程序做好人事任免工作。按照《地方组织法》和《区人大常委会人事任免办法》的要求，坚持实行任前法律知识考试、表态发言、任前询问、颁发任命书、向宪法宣誓等制度，极大地增强了任免工作的公开、透明和权威性，强化了被任命干部的宪法意识、公仆意识和责任意识。

二、支持保障代表履职，发挥人大代表主体作用

常委会不断完善代表工作制度，进一步改进服务保障工作，注重发挥代表的主体作用、密切联系群众的桥梁纽带作用和促进经济社会发展的模范带头作用。

1. 创新方式，为代表履职搭建平台

深入调查研究，密切保持与人大代表的联系，积极组织人大代表参与视察、调研、座谈、评议等活动。继续实行人大代表联系人民群众制度。镇、街道人大工作室完善工作内容、创新工作方法。人大代表在接访中受理的问题涉及多个部门、多方利益，就以人大代表工作室为平台，邀请政府职能部门，基层群众代表参加，当面协商形成共识加以解决。同时，制定完善社区民意处理机制。区代表在代表工作室值班前一周要到所在选区走访收集基层群众的建议和意见，区人大常委会对重点接访件进行督办。

2. 跟踪督查，为建议办理把脉助力

区四届人大五次会议期间共收到代表建议、批评和意见71件。其中，3件提交市人大交市有关部门办理，区人民政府及其工作部门承办68件。68件代表建议全部按照规定时间和程序办理完毕，办理工作态度满意率为100%，结果满意率为98.5%。建议所提问题已经解决或基本解决的32件，占47.1%；正在解决或列入计划逐步解决的29件，占42.6%；目前受条件限制或政策限制需要以后解决的有7件，占10.3%。如《关于请求解决香草园小区及周边居民出行难建议》，香草园小区新闻路出口连接路段较窄，车流量大，每天上下班高峰期都十分拥堵，周边居民出行极为不便。建设部门迅速组织力量进行现场调研，制定解决方案，对出口连接路段进行了拓宽改造，有效解决了周边交通拥堵的瓶颈问题，代表和当地居民非常满意。

3. 周密部署，为两级换届凝心聚力

换届选举是全区人民政治生活中的一件大事。常委会严格按照中央、省、市的安排部署和地方组织法、选举法的规定，在工委、区委的正确领导下，认真组织了天元区第五届人民代表大会代表的换届选举工作，圆满完成了区、镇两级人大代表投票选举工作。及时召开区镇两级人大换届选举动员大会，针对热点、难点问题进行研究探讨，推动换届顺利开展。精心组织，依法操作，确保从选区划分、选民登记、代表候选人的产生确定、组织投票选举，每一个环节都严格依规依程序进行，在具体操作上做到了一步一培训，一步一总结，一步一安排。在全区各部门及全体选民的配合下，选举产生了区五届人大代表166名、镇人大代表180名。区第五届人民代表大会第一次会议胜利召开，会议选举产生了新一届区人大、区政府班子成员、区法院院长、区检察院检察长和33名市第十五届人大代表，圆满完成各项会议议程，在

充分民主的基础上，确保了党委意图的实现。

三、加强思想政治建设，提升人大履职工作水平

扎实开展“两学一做”专题教育活动，以改进工作作风为重点，进一步增强群众意识，夯实工作基础，提高工作水平。

深入调研，不断加强作风建设。常委会及人大机关把调查研究与改进作风结合起来，围绕经济和社会发展大局，深入乡镇、部门开展农业产业化、政府实事进展等工作调研，推动解决村民建房、办证遗留问题。同时，做好人民群众申诉、控告和来信来访接待工作。一年来共受理各类信访申诉案件 15 件次，接访 13 人次，做到了事事有落实，件件有答复。

加强学习，不断提升履职实效。以“两学一做”专题教育活动为契机，引导人大机关全体党员以党章为纲、让党徽闪光、为党旗添彩，真正把党的思想政治建设抓在日常、严在经常。全面建设学习型机关，坚持机关例会学习制度，组织常委会组成人员和机关干部学习政治理论、法律法规及人大业务知识。

强化服务，积极参与中心工作。自觉围绕全区工作大局，积极服务全区中心工作。认真组织“大走访”活动，了解社情民意，倾听群众呼声，走访居民 421 户，收集意见建议 200 余条。认真开展“企业帮扶年”活动，主动联系企业，了解其生产经营现状，收集整理意见，形成“企业反映问题汇总表”，反馈给相关部门。春节前，人大机关开展访贫问苦，走访慰问贫困户 20 余户，送去慰问金 3 万元。积极响应市委、区委安排，扎实做好帮扶联系点茶陵县飞盐村和党建联系点苍霞村的对口帮扶工作。12 月 22 日，区五届人大常委会主任会议成员深入茶陵县飞盐村，就帮扶项目建设进展情况进行调研，协调解决了飞盐村新建 2.6 公里村级公路建设资金 60 余万元，区人大机关支持安排扶贫资金 15 万元。

各位代表，过去一年成绩的取得，是工委区委正确领导的结果，是人大常委会组成人员及全区人大代表共同努力的结果，是区人民政府全力支持的结果，也是全区人民、社会各界大力支持的结果。在此，我谨代表区人大常委会向所有关心支持人大工作的各位领导和同志们，表示衷心的感谢和崇高的敬意。

在肯定成绩的同时，我们也清醒地认识到，常委会工作离工委、区委的要求和全区人民的期望还有差距，主要是重大事项决定机制还有待进一步完善；监督实效有待进一步加强；自身建设还需进一步提高等等。这些都有待在今后工作中认真加以解决。

今后五年工作展望

各位代表，未来五年，是天元区承前启后、继往开来的五年，是顺势而为、乘势而上的五年。面对新形势、新任务，我们将以更加坚定的信心、更加务实的作风、更加有力的举措，大力推动人大各项工作再上新台阶。今后五年，新一届常委会工作的指导思想是：以中国特色社会主义理论体系为指导，全面贯彻党的十八大以来中央的各项方针政策和中央、省、市委关于加强人大工作的意见，在中共高新区工委、天元区委的坚强领导下，认真履行宪法和法律赋予的各项职权，紧紧围绕区委提出的“凝聚中国动力，建设幸福天元”工作新主题、在全市率先实现基本现代化的发展新目标以及“12345”的工作新要求，团结和凝聚全区人民的力量，开拓进取，扎实工作，为奋力推进新区经济社会发展和民主法治建设而努力奋斗。

一、始终坚定政治方向，坚持党的领导

区第五次党代会为全区人民未来五年不忘初心、继续前行明确了行动纲领，描绘了宏伟蓝图。深入学习贯彻区党代会精神，推动落实区委重大决策部署，是贯穿我区人大工作的主线。我们将紧紧围绕全区工作大局，针对区域经济发展中的重大问题，依法科学作出决议决定。始终坚持依法行使重大事项决定权与推进全区发展战略相结合；与区委重大

决策部署的落实相结合；与推进民主法治建设相结合；与事关全区改革发展和人民群众普遍关注的重大问题相结合，通过履行法定程序，把区委的主张转化为全区人民的自觉行动，凝聚新区发展新动力。重点是围绕创新驱动、四化同步、绿色发展、共建共享等方面行使决定权，以此促进"新常态"下经济增长释放新动能，人民生态福祉持续增加，社会环境更加安定有序和谐文明。坚持党管干部与人大依法任免干部的有机统一，依法依程序把好人事任免关，确保区委意图顺利实现。

二、始终维护宪法权威，坚持依法监督

宪法是国家的根本大法，具有最高法律效力。我们要充分认识到人大监督对于保障宪法法律实施的重要性，人大及其常委会在保证宪法法律实施、维护宪法法律尊严中责任重大，使命光荣，作用不可替代。人大监督职能既是宪法法律赋予人大的重要职责，也是人大义不容辞的法定责任。我们将围绕党委密切关注、政府着力推动、群众反映强烈的重要事项开展监督，充分发挥人大在促进经济社会发展和维护群众利益方面的作用。进一步创新和改进监督方式，增强人大监督的实效。做到敢于监督，善于监督，寓监督于支持之中，使监督的过程成为统一思想、形成共识、推动工作的过程，使人大监督更有深度、更富成效。

三、始终突出主体地位，坚持代表履职

要坚持代表主体地位，切实发挥代表作用是做好人大工作的基础。要加强代表履职培训，建立健全代表履职学习长效机制，拓宽履职思路。不断创新代表履职服务平台，进一步拓宽人大代表知情知政的渠道，扩大代表对常委会和专门委员会的工作参与。要加强和规范代表建议、批评和意见督办工作，进一步强化代表建议巡回督办力度，切实提高建议办结满意率。认真推进代表向选举单位和选民报告履职情况，激励代表履职，接受选民监督，发挥代表作用。

四、始终注重能力提升，坚持学思践悟

坚持党对人大工作的领导，始终与党委同心同德、与政府同向合力、与代表同行共进，胸怀发展大局，服务人民群众，树立良好形象。始终坚持群众路线，不断巩固党的群众路线教育实践活动、"三严三实"专题教育、"两学一做"学习教育等成果，严格落实党风廉政建设责任制，持续推动人大机关改进作风，不断促进人大工作改革创新，努力建立程序规范、运行高效、充满活力的工作机制。始终重视自身建设，促进效能提升。继续加强政治理论、法律知识和人大业务知识学习，着力提高常委会组成人员把握全局、依法办事、审议决策、保障服务的能力。提高常委会科学决策、民主决策、依法决策水平。密切与镇（街道）人大的联系，加强工作联动指导，完善机构和职能，巩固基层政权，不断提升人大工作水平。

2017 年工作要点

一、围绕大局，助推经济社会发展体现新担当

2017 年，我们将认真贯彻落实区第五次党代会和区委五届三次全会、经济工作会议精神，紧扣事关全区经济社会发展和人民群众普遍关心关注的重大问题，常委会适时作出决议决定。做到决策前，主动作为。围绕创新驱动、项目建设、园城发展、生态文明、民生工程及中心工作，深入开展调查研究，提高决策的科学性；决策中，充分民主，广泛听取常委会与会人员的意见，统一思想，形成活力，营造决策的民主氛围；决策后，跟踪问效，按照"真抓实干，马上就办"的新要求，加大督促检查力度，抓好决议决定的贯彻落实，增强决策的实施效果，在监督中决策，在决策中支持，在支持中体现担当。坚持党管干部和人大常委会依法任免干部的有机统一，进一步完善任前考试、任前发言、向宪法宣誓等制度，加强对

人大选举任命干部的任后监督。

二、主动作为，依法开展监督工作做出新业绩

开展专项工作评议。2017年常委会将对区司法局、区审计局、区水利局、区卫计局和区城管局五个单位开展专项工作评议。进一步完善工作评议方法，增强评议工作的透明度，加强评议工作机制的建设和成果的运用，在敢于问效问责方面力求新突破。认真研究并督促解决带有全局性、普遍性和倾向性问题，支持和促进“一府两院”开展工作。听取专项工作报告。常委会重点听取和审议国民经济计划和财政预算执行、预算调整、决算报告、《政府工作报告》执行情况、审计工作报告要求审计整改单位的整改落实情况以及专项评议工作整改落实情况，听取我区经信部门工作、《环保法》执行状况、培育壮大新型农业经营主体情况、健康天元工程实施情况及区法院、区检察院、区公安分局、区交警大队工作以及对株洲高科集团、湖南天易集团财政担保融资资金使用等工作情况汇报。进一步加强法律监督。着重围绕与当前经济社会发展、人民群众利益密切相关的法律法规，开展《环保法》等法律法规执行情况的视察和检查。大力加强规范性文件备案审查工作，继续组织代表听审评议法院庭审活动，适当扩大听审评议案件范围。加强对检察机关的评议监督，探索将听审、评议的结果综合运用于对“两院”工作人员的任免上，努力督促行政、司法机关文明执法、公正司法、履职为民。进一步加强对常委会审议意见研究处理情况的跟踪监督，确保落到实处，取得实效，维护人大依法监督的严肃性。

三、积极探索，发挥代表主体作用实施新举措

组织新一届人大代表赴全国人大干部培训基地学习培训，不断提升代表的政治素质、法治素养和履职能力。坚持常委会组成人员联系代表、代表联系群众的制度。探索基层人大代表在闭会期间履职的新途径，为代表履职提供更加广阔的平台。组织开展督促检查活动，完善重点建议督办机制，加大审议意见、代表建议落实力度。配合市人大开展好“环保世纪行”“农产品质量安全行”“三湘农民健康行”“民族团结进步行”“司法公正株洲行”活动。认真受理人民群众来信来访，积极化解社会矛盾，切实维护人民群众的合法权益。

四、务实从严，加强人大自身建设树立新形象

全面落实从严治党责任，严守政治纪律和政治规矩，确保人大工作正确的政治方向。严格执行党风廉政建设的有关规定，持之以恒抓作风，始终保持人大机关为民务实清廉形象。加强常委会机关制度建设、作风建设和文化建设，坚持常委会机关例会学习制度，进一步增强常委会组成人员和机关干部调查研究、组织协调、办事服务的能力。进一步发挥专门委员会的作用，建立健全专门委员、专家小组制度，提高专门委员会的调研能力和审议水平。进一步规范镇、街道人大工作，完善机构和职能，巩固基层政权。充分发挥机关支部、工会的作用，着力营造“家”的氛围。进一步加强人大宣传工作的力度，扩大人大工作的影响力。

各位代表，“积力之所举，则无不胜；众智之所为，则无不成”。实现改革发展新跨越，谱写美好生活新篇章，需要全区上下凝心聚力、不懈奋斗。让我们在工委、区委的坚强领导下，在全区人民的共同努力下，锐意进取，扎实工作，携手奋进，在率先迈向基本现代化新征程中作出新的更大的贡献！

政 府 工 作 报 告

——2016 年 11 月 28 日在天元区第五届
人民代表大会第一次会议上

天元区人民政府区长　董 巍

一、四年奋进，跨越升级

2013 年到 2016 年的四年，是第四届区人民政府经济社会发展很不平凡、极富成效的四年。在工委、区委的正确领导下，全区上下紧紧围绕“全市争第一、全省争一流、全国争前移”工作主题和“2235”工作目标，改革创新，开拓进取，顺利完成预定的各项任务，圆满实现“十二五”规划目标，在全省率先建成全面小康社会，连续 3 年进入全国百强区，在国家级高新区综合排名由第 46 名前进到第 28 位，谱写了新区跨越升级的崭新篇章。

（一）紧扣发展要务，综合实力稳步提升。经济指标高速增长。预计到 2016 年年底，高新区地区生产总值达到 722 亿元，增长 1.5 倍，天元区地区生产总值达到 300 亿元，年均增速 10.5%，高于省市平均水平 2 个百分点；公共财政预算总收入由 37 亿元增长到 65 亿元，连续四年总量居全市第一；累计完成固定资产投资 1410 亿元，增幅、总量均居全市前列；社会消费品零售总额达到 130 亿元，年均增长 12.4%。先后获得“国家自主创新示范区”“国家转型升级示范开发区”等国家级荣誉。经济结构不断优化。第二产业稳步发展，规模工业总产值占全部工业总产值的比重达到 96.5%，高新技术产业增加值占全部工业增加值的比重增长到 90%。现代服务业比重不断提升，对 GDP 的贡献率上升到 59%。小康社会率先建成。2015 年，天元区率先在全省建成全面小康社会，完成了“第一个百年奋斗目标”。2014 年、2015 年连续两年进入全省全面小康社会建设十大“经济快进”县区。

（二）突出创新创业，转型升级深入推进。产业发展更高端。株洲 · 中国动力谷迅速崛起，成为科技部与湖南省共建项目，并已上升为国家级战略研究课题，列入株洲市未来五年发展的总任务。中国动力谷自主创新园成为科研创新项目和高端创新团队的集聚地，签约引进一批院士工作站和创新创业项目团队，“新动力众创空间”获批国家级众创空间。创业服务中心被评为国家中小微企业创新创业示范基地。企业创新创业主体作用不断强化，新增 6 个国家级、23 个省市级技术中心和重点实验室，专利申请量、授权量连续四年位居全市第一。轨道交通产业规模不断扩大。北汽一工厂累计生产整车 70 万辆，汽车产业主营业务收入突破 200 亿元，汽车产业成为全区第一大主导产业。长城电脑株洲基地顺利投产，电子信息、新能源、新材料、生物医药和健康食品等特色产业发展质量不断提升。完善和出台创新奖、创业苗圃、研发机构、瞪羚企业、企业上市等 10 余项扶持政策，一个涵盖科技创新、产业扶持、人才引进、金融服务的创新政策服务体系初步形成。在建及建成标准厂房 180 万平方米，引进中小企业 521 家，培育规模以上工业企业 70 家、新三板上市企业 11 家。设立湖南股权交易所首家分所，区域股权交易市场挂牌企业 75 家。园区开发更成熟。基本建成 14 平方公里的栗雨工业园，全面铺开 27 平方公里新马创新城建设，大力推进天易科技城开发。通过动力谷自主创新园、新马 EBD、汽车博览园、汽车产业集群、月塘生态新城、天易科技城自主创业园等百亿工程项目，形成生产、生活、生态有机融合的产城一体发展新模式。高科集团资产总规模增长 3.5 倍达到 365 亿元，由“园区开发商”转变为“园区发展服务商”。天易集团资产规模增长 4 倍达到 320 亿元，成为城市建设和园区开发的生力军。保障住房开发建设公司立足于征拆安置房屋保障建设，资产规模达到 24 亿元，逐步向创新型村镇投资建设的综合平台转型。体制机制更顺畅。加快推进行政审批改革，精简非行政许可审批 7 项，承接市级行政审批下放 78 项，建设投资项目审批时效提速三分之一以上。采取政府购买公共服务的形式，对重大政府投资项目实施专家评审，推动项目审批制度化、规范化。强化招商引资，引进北汽二工厂、长城电脑、五矿高新产业园、宝钢车轮、大汉 · 惠普信息产业园、麦格米特等一批高成长性企业和项目。积极推广 PPP 模式，投资 41 亿元的天易科技城自主创业园项目入选全省示范项目。发挥财政性资金的杠杆撬动作用，设立科技银行，为企业授信近 8 亿元。加强政府债务制度性管理，置换地方政府债务 14.5 亿元、新增地方政府债券 2 亿元。全面推进预算改革，整体支出绩效评价覆盖全区所有一级预算单位。清理预算单位财政结转结余资金，收回资金 4000 余万元。

（三）注重统筹发展，城乡品质显著改善。基础设施日臻完善。累计征地拆迁 3.3 万亩，拓展城区、园区 35 平方公里，建成区与在建区扩大到 100 平方公里。投入 30 亿元，新建、改造园区道路 24 公里、城市道路 14 公里，泰山西路、珠江北路三四街区、长江南路二三四街区等主次干道全线贯通，形成了以“六纵七横”为主框架的城市道路网。完善农村路网结构，拓宽改造三谭线，新建和改造燕子桥、桎木桥等农村危桥，实施“点亮天元”和农村公路安保工程，建成农村客运招呼站 55 个，农村公路总里程新增 163 公里，总量达到 600 公里。完成中央财政小型农田水利建设重点县项目，除险加固杨柳水库枢纽工程，加固改造 15 座小（2）型水库，完成 734 处以奖代补小型水利工程，惠及 2 万人的农村安全饮水工程投入使用。城乡治理优质高效。围绕创建和巩固国家卫生城市、全国文明城市，健全城市管理网格化长效机制，城市管理总排名连续 3 年位列全市第一。投入 6000 万元，对 88 个老旧小区和城中村的环境卫生、消防安全等基础设施进行综合整治改造，建成 20 个城市绿化街心小游园。拆除违章建筑 82 万平方米。提质改造城区市政设施，实现城乡生活垃圾处理一体化。湘江风光带、神农城、万丰湖成为株洲展示对外形象的窗口。着力打造全市城乡同治示范区，建设 9 个新农村建设示范村和美丽乡村，雷打石镇砖桥村被评为“湖南省美丽乡村示范村”。生态环境不断优化。正确处理生态保护和发展的关系，积极协调生态绿心规划调整，推进城区、园区和绿心保护统筹发展。创建了以神农城为核心的省级两型综合示范片区。强力推进湘江治理保护“一号工程”，整治涉重金属污染企业，关停 10 家灯饰玻璃企业，关闭湘江沿岸范围内 59 家规模畜禽养殖场，关停 47 家湘江城区段砂石场，强制拆除 8 家非法洗砂场。

（四）坚持以人为本，民生福祉持续增进。织牢民生普惠保障网。实现保障制度和人员参保全覆盖，城乡居民养老金标准全市最高，参保人员缴费补贴全省最高，政府兜底保障功能有力增强。围绕创建“省创新创业带动就业示范区”，构建具有自身特色的就业政策体系，率先对失地劳动力和失业人员实施免费创业就业技能培训，建设了一批标准化的就业创业保障平台。实施特困人员特殊救助、农村幸福院联建、社区居家养老服务试点，设立 1100 万元特困救助专项资金，向特困人员发放特殊救助金500万元，被列入民政部社会救助创新试点项目；建设26个农村幸福院，雷打石镇敬老院建成运营，泰山路街道牛形山长者照护之家投入使用，探索出分散供养五保老人和社区留守老人的养老新途径。扩大公共服务覆盖面。推进安置房、保障性住房建设、农村危房改造，每年开工建设的安置房、保障性住房在2000套以上。完成安置房办证9100本，解决了多年来困扰失地农民的安置房遗留问题。建成全省一流的疾控中心，完成一批卫生院改扩建，推进卫生室标准化改造，提升公共医疗服务水平，荣获“国家慢性病综合防控示范区”。积极推进人口计生综合改革，连续4年获评“全国人口和计划生育优质服务先进区”。投入5.4亿元，新建天元小学等一批上规模的城区学校，改扩建25所农村学校，基本缓解城区入学压力。获评全国义务教育发展基本均衡先进区和湖南省首批“教育强区”。建成区文化馆免费对外开放，新建区图书馆，文化体育活动丰富多彩。构建和谐稳定大格局。积极化解信访积案。深入推进“平安天元”“法治天元”建设，严厉打击各类违法犯罪，取得良好的社会效果。完成食品药品监管体制改革，保障了人民群众的饮食、用药安全。高度重视安全生产，杜绝较大以上安全事故发生。连续4年保持省文明城区、省平安区称号，机关作风民意调查保持全市第一。

（五）加强自身建设，行政效能有效增强。完成政府机构改革和乡镇区划调整，政府机构设置进一步优化，行政效能明显提升。完成建制村合并工作，行政村由原来的45个减少到28个。办理市长热线和市长信箱投诉事项，办结率100%，满意率达98.5%。认真执行人大及其常委会决议、决定，自觉接受人大法律监督、政协民主监督和社会舆论监督，办理人大代表建议和政协委员提案共计514件，见面率、办结率均为100%，满意率大幅提高。严格贯彻中央“八项规定”精神，清理超编、超标公车和超标办公用房，“三公”经费支出大幅下降。认真开展党的群众路线教育实践活动、“三严三实”专题教育和“两学一做”专题教育，落实各项整改任务，惩治“不作为”“乱作为”等问题。加大行政监察和审计监督力度，深入开展“雁过拔毛”式腐败问题等专项整治，项目建设和发展环境不断改善。

各位代表，新区四年来的发展变化有目共睹，取得的成绩来之不易，这是市委、市政府和工委、区委正确领导的结果，是区人大、区政协监督支持的结果，也是全区广大干部和人民群众同心同德、群策群力的结果。在此，我代表区人民政府，向全区人民、人大代表、政协委员、各民主党派、人民团体、工商联和无党派人士，向所有关心、支持、参与新区建设和发展的同志们，表示衷心的感谢并致以崇高的敬意！

在总结成绩的同时，我们也清醒地认识到，当前经济社会发展仍存在一些不容忽视的困难和问题：产业转型升级压力较大，与其他园区和周边先进县市区相比，存在不进则退的考验；人才、土地、资金仍然是制约发展的瓶颈问题，教育、医疗等公共服务提供与群众实际需求存在差距，信访维稳、民众法制观念普及等社会治理难题依然突出。我们将采取有效措施，切实加以解决。

二、不忘初心，继续前进

各位代表，未来五年，是新区全力实施“十三五”规划的关键期，是推进全面小康达到更高水平的巩固期，更是率先实现基本现代化的攻坚期。刚刚召开的省第十一次党代会提出要着力建设经济强省、科教强省、文化强省、生态强省、开放强省，建设富饶美丽幸福新湖南；市第十二次党代会提出加快建成“一谷三区”，实现“两个走在前列”，将打造“株洲 · 中国动力谷”列为全市未来五年的总任务；区第五次党代会提出以“凝聚中国动力，建设幸福天元”为工作主题，率先在全市实现基本现代化，为我们描绘了未来五年新区发展的宏伟蓝图。我们必须保持良好势头，突出创新优势，在新一轮竞争发展中走在前列。

贯彻落实省、市、区党代会重要精神，今后五年政府工作的指导思想是：高举中国特色社会主义伟大旗帜，以邓小平理论、“三个代表”重要思想、科学发展观为指导，全面贯彻落实党的十八大以来的各项政策方针和习近平总书记系列重要讲话精神，紧扣市委打造“一谷三区”和“两个走在前列”战略部署，以率先实现基本现代化为目标，以打造中国动力谷为中心，全面实施创新驱动、四化同步、绿色发展、共建共享四大发展战略，主要经济社会发展指标领跑全市，各项工作保持全省领先，综合创新能力达到全国高新区一流水平，建设更富、更强、更美、更好的幸福新区。

今后五年乃至更长时期，全区经济社会发展主要目标是：在全市率先实现基本现代化。到 2020 年，人均 GDP 达到 14 万元，城乡居民人均收入达到 56000 元以上，规模工业总产值翻一番，财政总收入超过 100 亿元，主要经济指标接近基本现代化发展要求。

实现这一发展目标，就要牢牢把握工委、区委提出的“12345”工作新要求：即打造在国内外有竞争力和影响力的中国动力谷这个中心；实现综合实力、发展品质的提升；在全市率先建成基本现代化领跑区、在全省率先建成国家生态文明试验区、在全国率先建成自主创新示范引领区；实施创新驱动、四化同步、绿色发展、共建共享四大战略；建设劳动就业和社会保障城乡一体化、教育基本现代化、文化强区、健康天元、社会治理现代化五大工程。

把工委、区委绘就的蓝图变为现实，把愿景变为实景，是本届政府的责任与担当。要完成好确定的目标任务，政府及其组成部门要做到“三个更加”：

*一是更加创先争优。*要始终保持“全市争第一、全省争一流、全国争前移”的工作追求，着力建设基本现代化领跑区、自主创新示范引领区。高新区要努力推动综合实力的提升，实现排名不断前移；天元区要确保跻身全省城区第一方阵，园区发展要确保稳定在全省第一序列。要擦亮株洲 · 中国动力谷名片，将其建设成名副其实的科技谷、产业谷，在创新研发、产业实力方面有突破性的提升，发展环境和势头向武汉光谷、中关村靠拢看齐。各项工作要以“永争第一”的劲头推进，争当全市“一带一部”开放发展先行区、老工业城市转型发展示范区、城乡统筹发展幸福区的标杆和样板，始终保持在全市经济社会发展中的领跑地位。

*二是更加担当作为。*要将“敢为人先、创新不止”的新区精神落地为敢于担当、敢于作为、敢于负责的忠诚品质和行为自觉。要加强对干部的业务培训和实践锻炼，提高干部能力水平，着力解决“不能为”的问题；要健全工作目标责任制，明确岗位职责和权利义务，执行严格的奖励惩罚机制，着力解决“不愿为”的问题；要建立激励担当、容错纠错和能上能下机制，着力解决“不敢为”的问题。通过为负责者负责，为担当者担当，促使广大干部在实际工作中勇于担当、积极作为。

*三是更加真抓实干。*要贯彻“马上就办、真抓实干”精神，着力整治不作为、慢作为、乱作为的问题。落实“五问工作法”，坚持问题导向，问差距，问改善措施。以目标倒逼进度，以督查倒逼落实，使各项工作高速运转、高效运行。要发扬真抓实干的工作作风，不断完善抓落实的工作机制，把抓落实作为衡量工作成效的重要标准，跳出思维定式，创新工作方式，对于难点问题和关键事情，一个一个解决，一件一件推进，推动各项工作干在实处、走在前列。

三、凝聚力量，开创新篇

未来五年，我们将按照上述指导思想和发展目标，突出抓好以下五个方面工作。

*（一）凝聚创新之力，掀起创新创业新热潮。*推进技术创新。以开放的心态，集聚创新资源，建设一批与高校或社会力量合作的研究所、研究院，并推动他们成为公共创新服务平台，形成浓厚的研发、创新

聚集氛围。重点聚焦在智能制造、工程科学技术、材料科学、电子信息、物联网等领域，争取率先从城市轨道交通车辆系统、新能源汽车检测等方向取得突破。发挥协同创新效应，构建产业技术创新战略联盟，推动院士工作站、人才培养基地等建设。培育产业集群。围绕“3+3+1”产业体系，加快发展轨道交通、航空、汽车三大动力产业，大力培育新能源、新材料、电子信息三大动力新兴产业。加强产业协作，形成完整产业链条，围绕龙头企业延伸裂变配套集群，通过招商引资补链强链，推动三大动力产业集聚发展。突出招才引智。完善鼓励人才创新创业的政策措施，继续抓好“5211”人才计划，设立重大创新专项，引进培育科技领军人才，着力建设“人才特区”。设立全球动力产业专家人才库，建立与世界接轨的人才引进、激励机制，为创新人才提供创业、政务、生活等全程化服务。创新金融服务。引导多元化的金融机构和产业发展基金，在新区扩大合作、共赢、聚焦，以投融资服务支持引领动力产业发展的重大项目，支持龙头企业开展产业并购整合。搭建动力谷股权交易平台，完善湖南省股权交易所株洲分所功能，鼓励挂牌企业逐渐转板向高层次市场过渡。加快建成动力谷会展中心和会议中心，打造品牌化、国际化的产品博览、高峰论坛和重大赛事平台。

*（二）凝聚协调之力，开创统筹发展新局面。*坚持提质提优实现城乡融合。按照“把城市当客厅来建设，把乡村当花园来打造”理念，完善信息化平台、市场化运作、网格化模式、综合性执法体制，努力打造全省城市管理示范区、全国城市管理改革创新先行区。实施交通畅通工程三年行动，打通中心城区支路微循环。实施旧城改造提质三年行动，推动棚户区、老旧小区、城中村等基础设施提质升级，探索城中村提质保留改造新模式。强力推进控违拆违，突出抓好新开发区域的违法建设控制，降低征地拆迁成本。开展城市绿荫三年行动，抓好中心城区公共绿地、小游园建设，改善城区生态环境。编制村镇规划，推进三门镇、雷打石镇“多规合一”。加快小城镇建设，继续推进“点亮天元”工程，开展绿色村庄创建。加大农村危房改造力度，实施农村危旧土坯房改造三年攻坚，解决农村群众住房安全问题。坚持北提南拓实现产城融合。加速建成六大百亿工程项目，推动园区城区一体发展。完成栗雨滨江片区开发，全面建成栗雨工业园。推动汽车博览园四大汽车服务平台运营，形成汽车消费服务业集聚区。基本建成动力谷自主创新园，打造中国动力谷创新创业中心。完成新马生态商务区开发，引入高质量的学校、医院、酒店等业态，构建旅游、教育、医疗等要素齐全的产业社区和旅游景点。稳步推进天台工业园提质改造，完成神农城、湘水湾、月塘生态新城工程建设，基本建成新马电商物流产业园。整体完成天易科技城自主创业园开发，启动五云峰国际生态新城建设。创造条件加快湘江新城的开发建设。三门镇、雷打石镇等南部乡镇依托湘江山水资源、历史文化资源，大力发展生态农业和乡村旅游，建设成为宜居、宜游、宜商、宜业的新型卫星城镇。坚持优二提三实现产业融合。抢抓“工业 4.0”“中国制造 2025”等机遇，推动新型工业向高端规模发展，全力建设长株潭自主创新示范区。加速培育轨道交通、通用航空、新能源汽车三大千亿动力产业，做大做强新能源汽车整车及零部件优势产业，扩大北京汽车、中车时代电动等整车制造企业产能，加快中高端车型研发生产，健全完善汽车零部件配套体系，建设国内具有影响力的新能源汽车生产、推广及示范运营基地。提升发展电子信息、新材料、新能源、生物医药和健康食品等特色产业。加快全市在河西重点布局的服务业集聚区建设，引入专业化团队进行市场化策划运作，通过创新的手段、业态的升级，加速服务业成熟速度占经济的比重以及税收贡献度，实现服务业开发建设回报园区投入产出平衡的良性循环，强化对地区经济发展的支撑功能。

*（三）凝聚绿色之力，建设两型生态新家园。*推

动“两型社会”建设。发挥长株潭“两型社会”试验区先行先试和示范引领作用，推进“两型社会”第三阶段综合配套改革，率先建成全省两型综合示范的样板区和国家生态文明试验区。加强海绵城市建设、资源循环利用等清洁低碳技术推广，全面推行能源节约。建立健全农村宅基地退出利益补偿机制和中心城区工业用地退出、置换机制，完善农村土地所有权、承包权、经营权分置办法，形成园区闲置用地回收处置及新项目土地利用新机制，促进土地节约集约利用。推动绿色产业发展。坚持将生态、环保理念植入产业发展，建成国家生态工业示范园区。加快发展生态循环农业，扶持发展家庭农场、专业大户、农民合作社、产业化龙头企业等新型主体，优先发展生态农业、创意农业、休闲观光农业。围绕新农村建设、村级集体经济发展、农民收入增加，培育一批有竞争力的集体经济发展强村，建成一批美丽乡村。挖掘河西工业特色，大力发展工业旅游。推动生态系统保护。建立绿色发展考核评价指数体系和生态环境损害责任追究机制，对破坏生态环境的行为进行严格追责。贯彻落实《株洲市湘江保护和治理第二个“三年行动计划”》，严禁生活污水、工业废水直排湘江，城镇生活污水集中处理率达到95%以上。坚持绿水青山就是金山银山，探索绿心保护和发展新途径，落实生态保护红线及管控制度，加强森林资源保护，建设神农城及拓展区城市绿轴。开展农村重金属污染土壤生态修复，城市生活垃圾无害化处理达到100%。

（四）凝聚开放之力，培育经济发展新优势。全面深化各项改革。落实中央、省委、市委的重大改革部署，选准切合点和突破口主动探索，推进落实行政管理、财税体制、投融资体制等各项改革。努力破解生产安置难题、探索开发利用“两安”用地新途径，盘活村级集体土地资源，提高村级组织及村民收入。完善特困人员特殊救助运行机制，通过民政部社会救助创新试点验收。推进政府购买服务试点，拓展社会组织、社工机构参与社区服务的领域，不断提高社会事务服务水平。整合建立政府公共服务、公用事业服务等智能化平台，搭建覆盖全区的“智慧天元”综合服务载体。发挥财政资金和财政政策的杠杆作用与引导功能，争取PPP试点项目、企业债、棚改专项债的支持，形成PPP融资建设模式全通道。以湖南省首家股权交易所株洲分所建设为契机，打通境内外主板、中小板、创业板、新三板等资本市场直接融资渠道，吸收社会资本参与园区产业和公共领域项目建设。按照市场化运作要求，通过稳健的资本运作丰富收入结构，增强平台公司的实力，努力打造更多控股参股上市公司。更大力度推进开放。创新招商引资方式，突出轨道交通、通用航空、新能源汽车、电子信息、新材料、新能源等六大特色园区，实行特色园区专业化、精细化招商，着力招大招强招精。积极对接国家、省、市政策，精心策划包装一批重大产业项目，加强与世界500强、中国500强、国内行业龙头企业的项目对接，大力引进产业链前端、价值链高端的优质项目，争取更多项目落地。创新招商引资机制，建立每个重点产业对应牵头领导、运营机构、推进方案、扶持政策、项目专业库、招商队伍、考核激励机制的“八个一”工作机制，推行“集中受理、全程代办、流程管理、限时办结”一条龙服务，建立项目从引进、签约到建设、投产的全链条绿色通道，实现重点产业、重大项目引进新突破。

（五）凝聚共享之力，迈向美好幸福新时代。社会保障更加有力。建设“劳动就业和社会保障城乡一体化工程”，让农民和市民在劳动就业和社会保障方面享受政策统一、服务共享、机会公平、条件平等的普惠待遇。坚持托底线、救急难、可持续保障原则，推进精准救助制度统筹协调全覆盖。加快发展养老服务产业，引入民间资本投入养老服务业，建立以城市社区居家养老、日间照料中心、农村敬老院、村级幸福院等各层次的养老服务体系。社会事业更加繁荣。建设“教育基本现代化工程”，初步建成以公办和普惠性民办幼儿园为主体的学前教育体系。建成尚格、新马、凿石、金龙等学校，吸引民营社会资本投资教育，缓解城区园区快速扩张、人口快速流入带来的就学难题。加快推进“健康天元工程”，完善基层医疗卫生、基本公共卫生服务体系，以创建健康社区、国家慢病示范区、全国计划生育优质服务示范区为抓手，提高医疗服务质量和均等化水平。整合医疗机构和各类社会组织资源，降低慢性病和癌症发病率、提高治愈率。建设“文化强区工程”，贯彻落实“十三五”全民健身实施计划，加大文体建设投入，创建国家公共文化服务体系示范区，建设独具地方特色的区域性现代文化中心。社会大局更加稳定。建设“社会治理现代化工程”，创新社会治理手段，促进社会和谐安定。全面深化平安天元建设，深入开展“七五”普法依法治理工作。坚持阳光拆迁，规范征拆程序，严格政策标准。做好社区矫正和法律援助工作，推进法治信访、责任信访、阳光信访，切实把各类矛盾化解在基层、消除在萌芽状态。落实安全生产责任，开展安全生产隐患排查治理，基本建成食品药品追溯体系，确保安全生产形势平稳可控。完善防灾减灾救灾应急机制，增强突发事件和各类事故的处置能力。政府治理更加高效。加快建设法治政府、创新政府、廉洁政府和服务型政府，增强政府执行力和公信力。坚持依宪施政、依法行政，基本建成法治政府。优化发展环境，严厉打击乱搭乱建、乱采乱挖、强买强卖等破坏经济发展环境的行为。坚持依法用权，倡俭治奢，深入推进党风廉政建设和反腐败工作。自觉接受人大法律监督、政协民主监督和社会舆论监督，高效办理人大代表建议、议案和政协委员提案，树立勤政廉洁的良好形象。

各位代表，站在新的历史起点，我们任务艰巨，使命光荣。让我们在工委、区委的正确领导下，同心同德，振奋精神，凝聚中国动力，建设幸福天元，为率先实现基本现代化而努力奋斗！

政协株洲市天元区第五届委员会常务委员会工作报告

——在政协株洲市天元区第五届委员会第二次会议上

政协天元区委员会主席　谈志明

2017 年 2 月 13 日

2016 年工作回顾

2016 年，在工委、区委的坚强领导下，区政协常委会紧紧围绕中心忠实履职，汇集众智谋发展，凝聚共识促和谐，扎实推进政协协商民主，充分发挥协调关系、汇聚力量、建言献策、服务大局作用，为促进新区改革发展稳定做出了积极贡献。

一、以服务大局为重点，政治协商有序开展

注重政协工作与党政工作的深度融合，致力于谋发展、议发展、促发展。

围绕中心整体协商。一年来，我们通过政协全会、常委会、党组会、主席会，对全区政治经济等方面的重大决策进行协商。全会期间，委员们以饱满的政治热情和积极的主人翁精神，围绕全区中心工作和社会关注的热点、难点问题认真协商，紧扣园区建设、民生事业、农村工作等议题，踊跃提出了“打造生态科技新城”“ 发挥资源优势，扶持特色产业”“加快推进无人管理小区物业管理”等 60 余条意见和建议，得到区委区政府的高度重视，充分发挥了参政、协商、监督的作用。

紧扣发展专题协商。认真开展“喜迎党代会、共谋新发展”献智献策活动，委员们发挥主观能动性，立足本职，服务发展，踊跃参加，“加快发展新能源汽车”“进一步完善党政机关事业单位干部培训体系”等 10 条建议得到区委表彰。拓展协商渠道，建设省内一流的“互联网 + 政协”云平台，建成了直通省、市政协的远程协商系统，围绕“精准扶贫”等民生议题进行“面对面”的协商互动，打造永不落幕的政协会议。

聚焦民生重点协商。一年来，区政协围绕百姓关注的重点问题，开展形式多样的协商活动。如关注新区发展和改革工作，走访视察农村公路建设项目和幸福院，提出“借鉴经验做法、创新方式方法”等建议；关注检察工作，提出“加强队伍建设、全力创先争优”等建议。被提建议的单位表示，这些建议切合实际，针对性强，具有很强的指导意义。

二、以履职为民为宗旨，民主监督扎实有力

进一步完善民主监督运行机制，不断加大监督力度，强化监督实效。

关注民生，充分发挥提案作用。坚持把协商贯穿于提案办理全过程，形成了“党政领导主动领办、主席会议成员领衔督办、专委会跟踪办理、提案委日常跟办”的提案督办工作格局。审查立案时与专委会协商，完善提案内容，确定承办部门；办理过程中承办部门通过“面对面”交流、电话沟通协商、书面征求意见等方式，协商办理方案；办理结束后跟踪督查，集中开展“回头看”，推动提案落实。全年收到提案 49 件，立案交办 43 件，见面率和满意率都是 100%，《解决古桑洲居民水污染问题》《加快推进停

车产业化》《完善我区人民陪审员制度》等一大批民生事业问题得到有效解决。

广集民智，及时反映社情民意。完善社情民意信息系统，收集委员信息30余条，向市政协报送20余条，《当前新型传销活动呈现三大变化值得警惕》等信息得到《社情民意专刊》刊发，为党政领导提供决策参考，充分发挥了社情民意信息传民声、达民意、聚民智的作用。同时，“政协主席2017年工作畅想”等宣传稿得到《湘声报》“红网”等媒体采用，进一步扩大了政协的影响力。

积极参与，拓展民主监督渠道。积极拓展监督的内容和途径，一年来政协委员100余人次受邀参加法院案件听审、征地拆迁监督、检察院“公众开放日”、高新区人才招考面试、高层次人才招聘监督、对各单位的明察暗访等活动，取得了较好的民主监督效果。

三、以促进发展为要务，参政议政富有成效

按照“党政所需、群众所盼、政协所能”的原则，坚持把助推经济社会科学发展作为参政议政的根本取向。

精心组织主席视察。实地走访视察了法院、公安、交警等单位，从不同角度提出了意见建议。视察嵩山办事处，建议加强对联工委工作的领导、支持、关心，联工委要聚焦主业，引导辖区委员积极作为，充分发挥委员作用。

深入开展调查研究。“一办四委”牵头组织调研课题，各委员活动组分别申报课题，全年开展专题调研22次，撰写出《实施绿色农业战略　打造美丽活力乡村》等调研报告22份，为助推新区科学发展建诤言、出实招、献良策。组织“精准扶贫”调研组，通过深入走访了解情况、赴茶陵县实地考察、到外地学习取经等方式，撰写的调研报告和理论文章《人民政协协商民主应向基层延伸》获市政协奖励。

参与中心服务发展。发挥政协独特优势，积极协助区委区政府抓好重点工作落实，为促进经济社会科学发展鼓实劲、出实力、干实事。主席会议成员按照区委统一要求，在栗雨、泰山、三门片区征拆工作、神农大道A段、新马金谷等重点项目建设和扶贫攻坚工作中担纲履职，联系重点工作、项目20多项，帮扶企业30多家、贫困村2个。与此同时，机关干部积极协助社区迎接“创文”复检、综治民调、信访维稳等工作，为新区发展尽心尽力。

四、以强基固本为目标，自身建设再上台阶

坚持以严的标准、实的要求加强自身建设，通过机关建设、把好委员换届提名关、创新小组活动等方式，致力于提升履职能力、优化服务质量，内强素质，外树形象，各项工作更加规范有序。

机关建设规范高效。进一步完善机关管理制度，特别是狠抓会风会纪，所有机关会议和活动实施定置管理和全程录像制度，认真落实了市纪委对会议的要求。扎实开展“两学一做”学习教育活动，勇于批评与自我批评，通过党组书记讲党课、视频学习、专题研讨、“唱响理想”歌咏比赛、“微党课”竞赛等方式，进一步增强政治意识、大局意识、核心意识、看齐意识。精心编撰政协文集、图集、风采集三本，客观记录广大委员参政议政、建言献策历程，展现委员风采，受到一致好评。积极响应市委、区委号召，深入开展“企业帮扶年”“一进二访”“下基层、访民情、促平安、提民调”等系列活动，专门派干部常驻茶陵县麻沅村助力精准扶贫。

委员素质整体提升。2016年是区政协换届之年，在区委的领导下，严格按照《政协章程》规定和中央、省、市换届工作要求有序进行。区政协、区委组织部、区委统战部多次协商制定《筹备工作方案》，严把资格审查关，坚决防止“十五种负面清单”的人员提名为政协委员，确保委员既符合政治标准，又得到群众认可。换届后，区五届政协153名委员的结构更合理、代表性更强、层次更高，综合素质明显提升，吸收了各阶层、各界别新的代表人物，充分体现了改革和发展的要求，为区五届政协履职奠定了良好的基础。

小组活动亮点纷呈。委员小组活动与履职结合紧密，取得了成效。如农业组举办提案、社情民

意业务培训班，开展“新农村建设”专题调研，赴省级“美丽乡村示范点”银田村等地走访调研；经济一组开展“神农福地，动力株洲”专题研讨会，到会率100%，集体协商通过了《履职规章制度》，实行“企业式”管理，严格各项工作要求及制约机制；经济二组举行“观故里，走委员履职之路”主题活动，举行提案专题培训，现场答疑互动，提升履职水平。

各位委员、各位同志，我们圆满完成了2016年的各项工作任务，这是区委正确领导，区人大、区政府大力支持的结果，是各位政协委员、各民主党派、工商联、各人民团体、无党派人士积极参与、共同努力的结果。在此，我代表区政协常委会，向所有关心支持政协工作的领导同志们和朋友们表示衷心的感谢！

在肯定成绩的同时，我们也清醒地看到，我们的工作与区委的要求、群众的期待相比，还存在不足，如履职实效仍需进一步增强，委员主体作用仍需进一步发挥，工作运行机制仍需进一步健全等。但是，我们有信心发挥优点，改正缺点，在委员们的共同努力下，把区政协事业推向新的征程。

2017年工作安排

2017年是党的十九大召开之年，是贯彻落实区委第五次党代会精神，全面实施“十三五”规划的重要之年。今年区政协常委会工作的指导思想是：坚持以中国特色社会主义理论为指导，全面贯彻落实中共十八届六中全会精神，牢牢把握团结、民主主题，紧扣区委“凝聚中国动力　建设幸福天元”工作主题，自觉地服务科学发展、促进社会和谐、推进民生改善、加强自身建设，为新区率先开启基本现代化新征程贡献智慧和力量。

我们将着重做好以下四个方面的工作：

一、紧扣第一要务，主动服务发展大局

*做好政协工作，首要的是讲政治。*围绕中心、服务大局，是政协履职的基本原则，是政协发挥作用、体现价值的关键所在。要摆正位置，自觉接受区委的领导，切实把区委对政协工作的要求和任务体现和落实到政协工作的各个方面，真正做到与区委思想上同心、政治上同向、工作上同步。

*加强学习准确定位。*要通过常委会议、主席会议、机关专题学习会议、委员小组培训和委员学习班等多种形式，组织委员认真学习中共十八大以来的各项方针政策和习近平总书记系列讲话精神，特别是要深入学习习近平总书记在庆祝人民政协成立65周年大会上的讲话精神，准确把握新形势下人民政协的性质、地位、职能和作用，坚定道路自信、理论自信、制度自信、文化自信，全面打牢团结奋斗的思想政治基础。要深刻理解、准确把握区第五次党代会确定的目标、任务，把思想和行动统一到区委的决策部署上来，找准工作的着力点和切入点，使履职活动更加符合决策需要，更加体现人民心声。要自觉把政协工作放到区委、区政府工作大局之中加以谋划、加以部署、加以推进，真正做到区委区政府中心工作推进到哪里，政协履职就跟进到哪里，正能量就传递到哪里。

*精心选题务实建言。*牢牢把握区党代会提出的“凝聚中国动力　建设幸福天元”主题，全力聚焦区委“12345”的工作新要求，协商议政汇群力、凝众智、促发展。要找准服务大局与发挥政协优势的结合点，把履职重点放在新常态下我区发展的战略性问题的深入思考上，围绕“十三五”规划落实、园城发展“北提南拓”、全面实施共享发展、全面提升社会保障体系水平等议题，深入调研、掌握实情，找准问题、分析原因，科学思考、提出对策，力求政协建言更好进入党政决策思路，融入科学发展实践，取得实际成效。

*深入调研精准献策。*要全面学习贯彻区委第五次党代会精神，把助推建设“更富、更强、更美、更好的幸福新区”作为当前和今后一个时期政协履职的头等大事，精心酝酿协商议题，广泛进行调研协商，积极开展议政建言，着力推动区委决策部署更好落

到实处。要发挥政协人才荟萃、智力密集的优势，发挥专家型委员的重要作用，把问题议深议透，把建议提准提实。要探索开展专题议政协商，围绕“美丽乡村”建设、园区城区发展等重点课题，深入开展调研，推动工作落实。

二、弘扬两大主题，着力促进团结民主

坚持团结和民主两大主题，致力于形成新区改革合力、攻坚合力、追梦合力。

*凝聚改革发展合力。*要广泛汇聚各方力量，调动一切积极因素，积极引导参加政协的各党派团体和各界人士把思想和行动统一到区委的决策部署上来，紧扣区委工作主题，凝聚社会各界的强大正能量，不断巩固团结合作的共同思想政治基础。要发挥政协代表性强、联系面广的优势，团结一切可以团结的力量，凝聚一切可以凝聚的智慧，激发一切可以激发的活力，努力营造心平气顺、融洽和谐的良好发展氛围。要积极为各界别、各人民团体和无党派人士知情明政创造条件，建立健全交流沟通机制和参政议政平台，引导他们理解改革、支持改革、参与改革。

*加强党派团结合作。*政协是统一战线的大组织，团结民主的大家庭，施展才华的大平台。要坚持民主协商、平等议事、求同存异、体谅包容的原则，加强同各民主党派、工商联、人民团体和无党派人士的合作共事，主动听取意见建议。通过大会发言、会议协商、督办提案、反映社情民意等形式，搭建平台，创造条件。

*扩大政协工作影响。*要进一步强化政协宣传工作，重视与新闻媒体的合作，办好政协门户网站，创新宣传形式，广泛宣传政协工作和委员风采。进一步畅通反映社情民意渠道，广泛收集社会舆情和群众意愿，实现信息数量和质量的“双提升”，切实发挥政协信息的“直通车”作用。

三、强化三大职能，助力推动民生改善

发展是第一要务，也是人民政协履行职能的永恒主题。要坚持“准确定好位、履职不缺位、尽职不越位、工作做到位”的工作原则，围绕中心，服务大局，认真履行政治协商、民主监督、参政议政三项职能。

*拓展政治协商渠道。*贯彻中共中央《关于加强社会主义协商民主建设的意见》和《关于加强人民政协协商民主建设的实施意见》，扩大政协在公民有序参与政治中的重要平台作用，进一步完善全体会议整体协商、常委会议重点协商、主席会议深度协商、专委会对口协商、提案办理全程协商的协商体系。要以建言立论为手段，对涉及民生的重大决策、重点项目进行协商论证，积极提出切合实际、操作性强的意见和建议，使人民群众关心的热点问题得到及时妥善解决。充分发挥政协专委会、界别和委员专家学者在协商中的“智库”作用，精选协商议题，更加活跃有序地与党政部门开展多形式、多层次的专题协商活动。要牢固树立履职为民理念，深入基层、深入实际、深入群众，围绕创新驱动、四化同步、绿色发展、共建共享等热点问题，多做建言献策、资政为民的工作，多做问需于民、问计于民的工作，多做改善民生、促进和谐的工作，以实际行动巩固和深化党的群众路线教育实践、“三严三实”专题教育、“两学一做”学习教育活动成效，努力使政协履职的过程成为聚民意、解民忧、惠民生的过程。

*增强民主监督作用。*认真贯彻中共十八届六中全会关于政协民主监督的重大部署，进一步完善民主监督的组织领导、权益保障、知情反馈、沟通协调机制。完善民主监督员“聘”改“派”制度，向区直部门派驻民主监督小组，促进党委政府的重要决策更好地落实到位，实现发展成果更多更公平惠及全区人民。要把推动全区发展和深化改革各项措施的落实作为民主监督的重要内容，就社会管理创新、效能建设、优化发展环境等问题，通过开展委员视察、专项监督、民主评议等活动，以监督促落实、促效能。要围绕更好的教育、更优的医疗、更满意的收入、更可靠的社会保障，开展系列民生调研视察活动，了解群众的真实愿望，反映群众的呼声要求，切实维护好群众的根本利益，让全区人民生活得更加幸福、更有尊严。

*提升参政议政实效。*健全政情通报制度，为委

员知情明政提供便利，创造条件。重点围绕改革、基础设施建设、产业转型升级、民生改善等议题，做到围绕中心聚力、服务大局发力、助推发展倾力。主动会同区委政府，对重要协商成果在实施中存在的问题进行二次协商，促进协商成果的深度转化。重点加大主席会议建议案、常委会议建议案、评议意见的跟踪督办力度。

四、全面加强四项建设，致力提升履职效能

加强政协自身建设是政协工作继往开来、创新发展的重要保障。要以中共中央推进协商民主制度建设发展进程为契机，以制度创新为动力，着力加强政协常委会、委员队伍、基层基础、机关建设，提高协商成效。

*加强常委会自身建设，发挥领导作用。*以建设学习型、服务型、和谐型、效能型领导集体为目标，切实加强区政协党组和常委会自身建设，发挥好常委会在政协组织中的领导作用、协商议事作用、模范带头作用。要以勇于创新、善于创新的工作勇气，敢想善想、敢为善为的工作气概，锲而不舍、苦干实干的工作精神，积极探索协商议政的新举措、民主监督的新渠道、提案工作的新机制、发挥委员作用的新途径，努力使政协工作更加体现时代性、富于创造性，让人民政协事业薪火相传、生机不断。

*加强委员队伍建设，发挥主体作用。*坚持“政协的优势、政协的活力、政协的能量，都存在于委员之中”的理念，通过加强学习培训、提供调研便利、畅通知情渠道等方式，切实提升委员履职能力。既要为委员创造宽松环境、拓展履职平台，激发履职热情，也要加强对委员的服务管理和量化考核，强化责任担当，着力提高政治把握、调查研究、联系群众、合作共事的能力，切实做到“懂政协、会协商、善议政”，打造一支“政治素质好、议政能力强、作风形象优”的委员队伍。要以为民造福为目的，广泛发动政协各参加单位、政协委员和各界人士，积极参与扶贫济困等公益事业，不断建立健全为群众办实事、做好事、解难事的长效机制。

*加强基层基础建设，发挥纽带作用。*政协基层联工委、委员活动组、区政协24个界别是委员履职的重要平台，是组织和联系基层政协委员和社会各界人士，全面履行政协职能的日常工作机构。要夯实基础，加强对镇（街道）政协联工委的指导与督查考核，构建交流平台，深化工作联动，努力形成全区政协组织共谋科学发展、共促事业进步的强大合力，充分发挥其“纽带”和“桥梁”作用，在党委政府和人民群众之间架起“连心桥”。要进一步健全委员活动小组和界别活动方式，加强保障，开展联合视察、调研和协商活动，使委员的个体优势和界别的整体优势结合更加紧密，探索开展大会发言遴选制度，在议政性常委会上增加界别发言，让界别多发声出力，提高界别活动的质效。要积极探索界别活动的新方法新途径，强化界别的民意通道功能，提高界别履职的组织化程度。

*加强政协机关建设，发挥保障作用。*要牢固树立一线意识，始终保持一线状态，自觉追求一线作为，主动投身推进新区经济、城乡、社会转型升级的主战场。坚持把“规范化、制度化、程序化”建设贯穿于政协机关工作始终，体现在机关干部履行职能的各个方面和各个环节，建立并完善各项规章制度。要发挥专委会在重点课题调研、重点提案督办、联系界别和委员中的基础作用，完善工作制度，提升履职能力。要加强政协机关思想、组织、作风和信息化建设，不断增强机关干部爱岗敬业、忠诚服务的使命感和责任感，着力提高机关全体人员的服务意识、服务能力和统筹协调能力，不断提升效能，促进政协工作更加务实、有序、高效。

各位委员、同志们，风正潮顺，自当扬帆破浪；任重道远，更须策马加鞭。让我们在工委区委的坚强领导下，以更加强烈的责任意识建言献策，以更加亲民的工作作风履行职能，以更加严谨的履职态度破难攻坚，为不断开创人民政协事业新局面，为率先实现基本现代化做出新的贡献，以优异的成绩迎接党的十九大胜利召开！

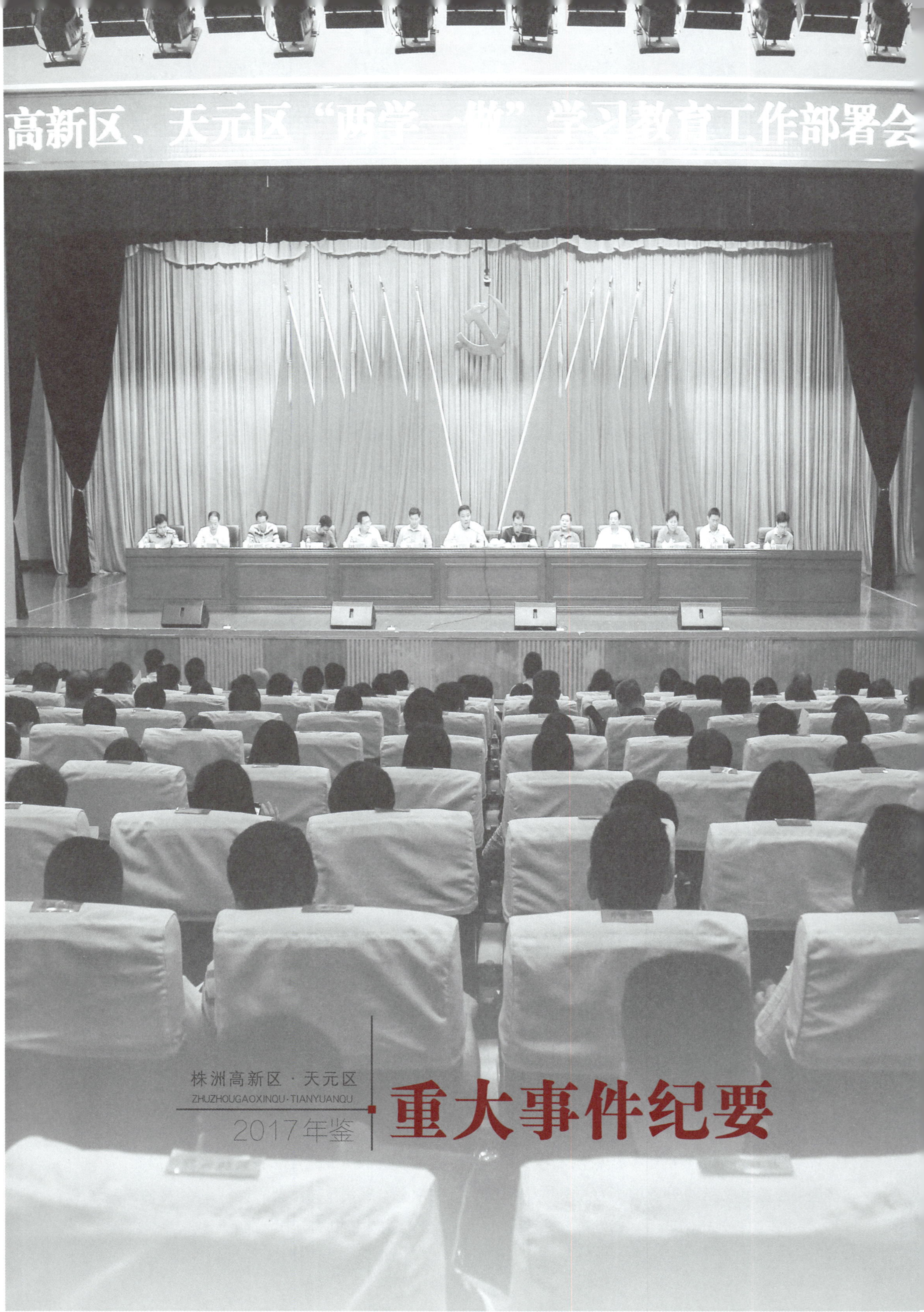

株洲高新区·天元区
ZHUZHOUGAOXINQU·TIANYUANQU
2017年鉴

重大事件纪要

天元区成为全省首批实现全面建成小康社会的县市区

1月31日，在湖南省委扶贫开发暨全面建成小康社会推进工作会议上，株洲市天元区成为全省首批实现全面小康社会的县市区。并位列经济快进县一类县第一名，全面建成小康社会达标县市区前五名。天元区分别位列全面小康社会实现程度和全面小康提升服务中一类县中前五名。

一是经济发展节节高。从一片菜地荒土起步，通过多年的努力，一座新城已然崛起。2000年，天元区地区生产总值为13.7亿元，工业总产值为13亿元，财政总收入为1.4亿元，人均GDP为14006元。至2015年，地区生产总值达到268.4亿元，规模工业总产值达到329亿元，公共财政预算总收入60.1亿元。财政收入总量连续11年稳居全市县(市)区第一，人均GDP达到9万多元，分别是2000年的20倍、25.3倍、42.9倍、6.5倍。

二是民生实事快步走。2005年天元区城镇居民人均可支配收入为11230元，农村人均纯收入为4999元。至2015年，天元区城镇居民人均可支配收入41480元，农村居民纯收入21424元，分别是2015年的3.69倍、4.28倍。人均居房40平方米以上，超过人均32平方米的考核标准。义务教育合格率100%，高中阶段毛入学率95%以上，普惠性幼儿园全面推广实施，是全省首批教育强区、全国义务教育基本均衡区。农家书屋、电子阅览室实现全覆盖。人均公共文化体育设施面积3平方米以上。以区人民医院、镇(街道)卫生院、社区卫生服务中心和村卫生室为架构的医疗卫生三级网络体系全面形成，基本药物零差率制度等惠民政策全面实施，新农合参合率98%以上，是国家慢性病综合防控示范区。全区农村低保、五保户对象和残疾人全部实现基本医疗参保全免费，全区基本公共卫生服务逐步实现均等化。全区完全实现保障制度和人员参保全覆盖，城乡居民养老标准全市最高，镇敬老院、村级幸福院、社区养老基地建设全面启动，全面凸显政府兜底保障、共建共享、发展成果人民共享的发展原则和执政理念。

三是生态法治两手硬。天元区高度重视生态文明和民主法治建设。是长株潭城市群“两型社会”建设综合配套改革试验区的重要组成部分，在全省率先开展14类“两型”示范单位创建活动；积极争创国家生态工业示范区，已通过省环保厅验收；“十二五”规划期间，新能源汽车、医药等“两型”产业聚集，“两型”产业增加值突破200亿元，年均增长20%以上。积极开展综合环境整治，关闭重金属及污染企业，实施城乡同治，全区地区生产总值能耗持续下降，低于0.62吨标煤每万元，地表水达标、城乡绿化水平、空气质量指数进一步提高。城乡依法自治，自治率90%以上，社会安全指数100%，连续8年保持全省平安建设先进县市区，连续6年保持全省平安区。

万丰湖公园开园

5月16日，市委书记毛腾飞宣布万丰湖生态景观工程(简称“万丰湖公园”)正式开园。市委副书记、市长阳卫国，市领导刘力量、黄曙光、刘光跃、周晓理，高新区工委书记、天元区委书记谢高进，株洲高新区管委会主任李智，天元区区长董巍参加开园仪式。

万丰湖公园位于天元区新马创新城中心地带的万丰港流域，南起京港澳高速，北至湘江，东、西分别为万丰路、新丰路所夹。项目总投资12亿元，占地面积133.33公顷(其中水体66.67公顷)，山体公园10公顷，水系全长约5公里，流域面积35平方公里。项目的设计定位依托河湖自然资源优势，结合周边地区规划，将河道治理、防洪工程与园林工程有机结合，形成具有滨水特色的自然景观，与湘江风光带、武广绿化带一起构建环形的株洲大河西生态绿色走廊，以线带面，提升新马创新城生态环境、土地价值与生活品质，带动新马 EBD 和中国动力谷自主开发创新园的建设。

万丰湖公园是一个生态景观工程，强化人与水的联系，公园为市民造就亲水、运动、旅游、休闲的空间，有 53 个景点。园内建有桂花广场、观澜岛、新丰码头、花好月圆广场、临江广场、青草广场、儿童乐园、阳光沙滩、运动广场、仙月码头、倚翠廊与水林栈道等多个景点和公共设施。66.67 公顷的万丰湖公园，市民可以湖边亲水，13 公里长的沿湖游道，市民可以散步骑行，阳光沙滩、运动广场可开展沙滩排球、篮球、网球等运动。湖边的青草广场有 0.9 公顷的大草坪，市民可以野营、放风筝、进行家庭聚会；占地 40 公顷的婚庆板块区，将建设喷泉、城堡、广场等设施，是市民婚庆的好场所。

国家高新区最新综合排名株洲高新区再列第 28 位

6 月 14 日，在全国 115 个国家高新区和苏州工业园（116 个单位）综合排名中，株洲高新区排名第 28 位。在众多兄弟高新区中，株洲高新区依然保持往前移的强劲势头。

根据《国家高新技术产业开发区评价指标体系（修订版）》科技部火炬中心以 2014 年 116 个单位的统计数据和 2015 年高新区发展情况为基础，开展此次评价工作。株洲高新区排名第 28 位，知识创造和技术创新能力第 22 位，产业升级和结构优化能力第 35 位，国际化和参与全球竞争能力第 32 位，高新区可持续发展能力第 51 位。评价结果显示，株洲高新区整体发展态势稳定；具体来看，园区在企业研发投入强度、专利产出、龙头型科技企业培育等方面表现良好。科技部火炬中心希望株洲高新区根据本次评价结果，以打造中国动力谷为目标，以长株潭国家自主创新示范区建设为契机，加快推进创新型特色园区各项工作，全面实施创新驱动发展战略，完善创新创业服务体系，激发多元创新主体活力，优化创新创业生态环境；以产业生态培育为主线，以轨道交通、通用航空、新能源汽车为重点，以电子信息、新材料、生物医药为支撑，加大项目引进力度，加快培育一批拥有自主知识产权的高成长性科技企业；加大互联网产业配置力度，加强对平台型企业的吸引和培育，构建面向全球的创新型产业集群竞争优势；强优现代服务培育，依托互联网通过商业模式、服务流程创新，打造具有竞争力的高端服务平台，重点推进现代物流业、科技服务业发展，打造现代服务集群，助推株洲转型升级；抢抓“一带一路”建设机遇，树立全面开放的发展导向，推动园区建设、产品研发和设计、品牌建设等走向国际；不断强化优势，补足短板，做好创新驱动发展的监测评估，促使园区打造新机遇，创造新业绩，实现新跨越。

天元区第五次党代会召开

9 月 20—22 日，天元区第五次党代会在高新大厦会议中心召开。株洲高新区工委书记谢高进、高新区管委会主任李智出席会议。开幕式上，周建光代表区第四届委员会向大会作题为《凝聚中国动力 建设幸福天元 为率先实现基本现代化而努力奋斗》的工作报告；许剑鸣作题为《聚焦中心任务 突出主业主责 为率先实现基本现代化提供可靠保证》的纪委工作报告。会议选举产生新一届区委委员、区纪委委员。选举周建光为天元区委书记，董巍、张见平为天元区委副书记，周建光、董巍、张见平、许剑鸣、谢维红、李征兵、刘铁华、文忠于、杨宇、何登科、周玉智为天元区委常委。选举许剑鸣为天元区纪委书记，王维疆、谭洪军为天元区纪委副书记，许剑鸣、王维疆、谭洪军、陶理、董纯、袁元、张建坤为天元区纪委常委。会议提出要按照“四个全面”战略布局，践行“五大发展理念”，率先迈向基本现代化建设新征程。今后五年，新区发展的指导思想是：高举中国特色社会主义伟大旗帜，以邓小平理论、“三个代表”重要思想、科学发展观为指导，全面落实党的十八大和十八届三中、四中、五中全会精神，深入学习贯彻习近平总书记系列重要讲话精神，按照“五位一体”总体布局和“四个全面”战略布局，牢固树立“五大发展理念”，紧扣市委“三个率先”和转型升级战略部署，以率先实现基本现代化为目标，以打造中国动力谷为中心，全面实施创新驱动、四化同步、绿色发展、共建共享四大发展战略，主要经济社会指标领跑全市，各项工作保持全省领先，综合创新能力达到全国高新区一流水平，建设更富、更强、更美、更好的幸福新区。

中国动力谷国家战略课题研究启动

10 月 19 日，国务院发展研究中心、中国社科院、中国航空研究院、中国经济时报社的众多专家齐聚株洲高新区，正式启动“株洲 · 中国动力谷国家战略课题研究”。国务院发展研究中心党组成员、办公厅主任、研究员、中国动力谷国家战略课题研究组组长余斌，高度肯定了株洲市建设中国动力谷的战略意义。省十一届人大常委会党组副书记，副主任陈叔红，市委书记毛腾飞参加开题启动专家研讨会。

国务院发展研究中心、中国社科院、中国航空研究院、中国经济时报社等部门领导石耀东、张永伟、刘勇、李布、吕铁、陈浩、王忠宏、王辉，省政协经济与科技委员会主任吴金明，省经信委副主任殷林波，省科技厅副厅长鲁先华，省政府发展研究中心副主任唐宇文，原省政府参事刘茂松，株洲高新区管委会主任李智，天元区委书记周建光，天元区区长董巍一同参加座谈。

座谈会上，课题组成员就课题研究内容、方法及工作计划进行了现场报告。随后 9 位国家级、省级专家围绕“打造中国动力谷的战略考虑和战略意义”“中国动力谷的内涵以及建设中国动力谷的产业基础和体制环境”“中国动力谷上升为国家战略意义和可行性”“中国动力谷上升为国家战略的政策建议”“打造中国动力谷面临的问题和障碍”“中国动力谷未来发展方向和战略”“支持中国动力谷发展的措施”“研究的内容、方法和重点”等话题进行讨论。

2013 年提出打造中国动力谷的战略构想以来，株洲高新区搭平台、引项目、招人才、树品牌，全力推进中国动力谷的建设，建立了引进和培育企业研发机构的核心载体－中国动力谷自主创新园，设立发展专项资金，创建湖南省“双创”示范基地、省级科技企业孵化器、省“海智”基地以及国家级众创空间，基本建立健全了科技创新、产业扶持、人才引进、金融服务的创新创业政策体系。中国动力谷自主创新园开园仅 1 年多时间，已入驻创新创业企业 69 家、金融机构 10 家、科技中介服务机构 14 家，15 家高校、科研院所在园区设立科研成果转化基地。

天元区人大、政协换届选举

11 月 27–30 日，天元区人大、政协五届一次会议在高新大厦会议中心召开。天元区委书记周建光，天元区人民政府区长董巍参加会议。第四届株洲市天元区人大常委会主任马光辉作《人大工作报告》，第四届政协株洲市天元区委员会主席程燕作《政协工作报告》，董巍在区人大五届一次会议上作《政府工作报告》。

会议进行人大、政府、政协的换届选举。选举程燕为天元区人大常委会主任，王太培、黄白玉、谭红德、李海泉、董运喜为天元区人大常委会副主任；选举董巍为天元区人民政府区长，李征兵、蒋智、黄芳、文树忠、刘建南、包剑、周天浩为天元区人民政府副区长，选举杨瑞斌为天元区人民法院院长，刘仕明为天元区检察院检察长；选举谈志明为政协天元区第五届委员会主席，曾天青、郭飞、李铭、彭炯、谈培蕾为政协天元区第五届委员会副主席。

湘江六桥（枫溪大桥）建成通车

11月13日，经过3年多的施工建设，株洲湘江六桥（枫溪大桥）建成通车。该桥2013年7月15日开工建设，位于建宁大桥与天元大桥之间。建成后分流建宁大桥、天元大桥的过江交通流量，是河西城区与河东枫溪新城、航空新城、株洲县渌口镇之间的快速过江通道。该桥北起天元区黄河南路与科瑞路交叉口，向南上跨滨江路，越湘江，再先后跨越规划的沿江路、天池路，止于航空大道与曲尺大道交叉口。是河西城区与河东枫溪新城、航空新城片区之间的快速过江通道。大桥全线长1729米，桥梁部分长1429米，桥宽32米，双向6车道，主桥采用主跨300米的自锚式悬索桥型，主梁为单箱三室钢加劲梁。工程总投资7.91亿元，资金来源为政府举债与企业自筹各50%。项目建设单位为株洲市城市建设发展集团有限公司。该项目建设有效缓解城区其它过江通道的交通压力，对于沟通枫溪新城、航空新城及河西市级中心，加快新城开发和建设都具有十分重要意义。

开展“两学一做”学习教育活动

2016年，根据中央、省、市要求，在全区党员中开展“学党章党规、学系列讲话，做合格党员”学习教育（以下简称“两学一做学习教育”）。株洲高新区、天元区以株高天办[2016]8号印发“两学一做”学习教育实施方案，全区14个基层党（工）委、365个党支部、9923名党员积极参加。学习教育中，紧紧围绕“四个全面”战略布局，牢固树立和贯彻五大发展理念，落实全面从严治党要求，坚持“一化三基”思路，聚焦主业、精准施策，改革创新、狠抓落实，为“凝聚中国动力，建设幸福天元”提供坚强组织保障。

一、紧抓学教增强免疫力。学习教育工作启动以来，主动打牢“学”的基础、把握“做”的关键、抓住“实”的结合，确保学习教育高标准开局，高效能实施，高质量推进。一是领学分学紧密结合。坚持以上率下领学，工委委员、区委常委和其他县处级以上党员领导干部以身作则，带头学习讨论，带头讲授党课，带头调研指导。全区完成“讲政治、有信念”“讲规矩、有纪律”和“讲道德、有品行”4次专题学习讨论。坚持“精准施策”分学，运用微信公众号、微信学习群等新兴媒介，发放1万余本学习教育“口袋书”，搭建“互联网+”学习教育平台，确保每名党员“不缺课”“不漏学”“不掉队”。全区建立党员微信群158个、微信公众号42个。二是线上线下全面覆盖。在“线上”，采取“组织部门牵头、各党（工）委联盟、各基层党支部联动”的方式，建立“两学一做”微信联盟群，形成“线上”学习交流互动链。借助“株洲高新”网、微信公众号，运用微党课、微讯息、微视频、微漫画等“四微”材料，定期推送学习内容，设计卡通人物“元元”，开设“元元小课堂”，让学习教育变得多彩生动。在“线下”，印制1万本“两学一做”学习笔记本、“两学一做”学习手册等，实现党员人手一本。同时，派出6个督导组，联系指导全区58个区直单位，确保学习教育推到深处、落到实处。三是重点难点强力攻坚。按照中央、省委、市委的要求，全区把落实7项重点任务作为“两学一做”学习教育的重要内容，一件一件抓推进，一项一项促落实。区委书记亲自挂帅，召开4次推进会、4次培训会，专题研究推进基层党建7项重点任务，着力压实责任。组建10个基层党建工作督查小组，由35名退出岗位的领导干部和党务干部担任党建指导员，采取“对账销号”“巡回督查”的方式，确保各项任务扎实推进。截至12月4日，全区集中排查出的78名失联党员，其中70人取得联系，6名仍无法取得联系的给予自行脱党除名处置；39名党代会代表和违纪违法的党员已给予处理；完成党费补缴179万元；新建非公企业党组织37家和社会组织党组织3家，成立园区企业综合党委、非公有制经济组织和社会组织党工委；365个基层党组织全面完成换届，机关党组织“灯下黑”问题全力得到整改。

二、紧抓换届提升战斗力。扎实推进党委、人大、政府、政协“四大班子”换届，重规范、树导向、严纪律，确保换届工作有序进行。至年底，党委、人大、政府、政协换届全部完成。一是重规范，科学组织。区委把“四大家”班子换届视为谋发展、抓发展、促发展的重要保障，坚持早筹备、早谋划、早行动、早落实。召开换届工作专题会议，成立换届工作领导小组，组织换届业务培训，制定换届工作实施方案，确保整个换届流程有章可循、有据可依。二是树导向，选优配强。换届工作中，严把“两代表一委员”、换届人选提名关，规范换届程序，树立正确的选人用人导向。在区委换届中，全区选举党代表248名，新当选的35名区委委员新提名17名，占48.6%。人大换届中，全区完成选民登记221628人，参加投票选举选民205937人，参选率91%。117个选区选举区人大代表166名。政协换届中，审议通过推荐政协委员建议人选153人。三是严纪律，匡正风气。始终把严肃换届纪律，加强换届风气监督摆在首要位置，坚持教育在先、明纪在先和预防在先，实行换届风气监督和换届工作同步安排、同步部署。编印《严肃换届纪律文件选编》，发放“九个严禁、九个一律”卡片1000余张，组织观看警示教育片10余场，开展“两代表一委员”换届培训4次，加强换届纪律教育。设立“12380”电话、信访、网络和短信“四位一体”的综合举报受理平台，建立换届举报专办制度。

三、紧抓基础提升服务力。以“基层党建提升年”为载体，以“党建领航、动力新区”为主线，压实责任、创新载体、规范管理，夯实基层基础，提升服务水平。一是党建责任压得实。贯彻落实市委“1+6+1”系列文件精神，出台基层党建“1+3+1”系列文件，建立基层党建责任、任务、问题“三张清单”。注重“一线支持”，突出“一线帮扶”“一线投入”，推动22名县处级以上领导与28名基层党组织书记结对子，33个区直部门与其“联姻”。近年来，基层党建工作经费投入超过2000万元，村、社区年运转经费分别为21.3万元／年和26.5万元／年，选派8名科级领导干部担任软弱涣散基层党组织“第一书记”，200余名党建工作指导员选派到一线，一系列基层保障“组合拳”让党建责任“落地生根”。二是党建领航出得彩。为提升创新力，全区以“党建领航、动力新区”为主题，开展主题表彰、微党课竞赛和微型宣讲等活动，着力打造新区“党建动力”品牌。“七一”开展主题表彰活动，对79名优秀共产党员和党务工作者颁发“动力先锋”奖，对18个先进基层党组织颁发“动力引擎”奖。首设“动力工程”奖，“以奖代补”支持党建创新项目。开展主题微党课竞赛，来自全区各条战线的56名优秀党员登台竞演，着力解决传统党课授课时间长党员难集中、课程内容多党员难接受、专家讲课深党员难理解的“三难”问题。开展微党课宣讲，10名优秀宣讲员登上新区红色讲堂，把各具特色的党课送到党员干部身边，让枯燥的党课更“入耳”“走心”。三是规范建设推得广。为强化党组织磁场效应，近年来先后投入2000余万元，从阵地提质、布局规范和服务拓展着手，推进基层组织规范化建设。全区28个村级组织阵地实现全覆盖，社区活动中心正提质改造，园区枢纽型党群服务中心已启动建设。按照办公议事、党群活动、教育培训、便民服务、文化娱乐“五位一体”的功能定位，以“五室一站一中心”为基本，将便民服务中心、党代表工作室、党员志愿服务中心、群众工作站和政务中心“五站合一”，建立98个党员群众服务中心，实现基层组织由作用单一向综合服务转变。

（何卫红）

CEC
中国电子
城计算机系统有限
可控计算机整机下
热烈庆祝
湖南长城计算机系统有限公司
自主可控计算机整机下线圆满成功
湖南长城计算机系统
自主可控计算机整机下线圆满成功
Great Wall
南长城计算机系统有

2016年大事记

1月

1月6日 市委书记贺安杰到株洲高新区、天元区检查考核2015年度党风廉政建设“两个责任”落实情况。株洲高新区工委书记、天元区委书记谢高进，株洲高新区管委会主任李智，天元区区长董巍参加汇报会。

▲ 株洲高新区、天元区召开工委、区委领导班子“三严三实”专题民主生活会。市委书记贺安杰全程参与指导。

1月8日 市委副书记、市长毛腾飞，市委常委、常务副市长赵文彬到株洲高新区、天元区调研，就株洲市《政府工作报告》和“十三五”规划纲要征求意见和建议并与城市4区及云龙示范区负责人和部分市人大代表、政协委员进行座谈。

1月21日 株洲高新区、天元区召开工委工作会议、区委四届八次全体（扩大）会议暨工委、区委经济工作会议。

▲ 株洲高新区、天元区发放2015年度创新奖1219.5万元，首次突破千万元。

1月22日 天元区发放第二批特殊救助金143万元，惠及68户特困家庭，其中个人救助金额最高达20万元。

1月26－29日 召开天元区四届人大五次会议。株洲高新区工委书记、天元区委书记谢高进，株洲高新区管委会李智，天元区区长董巍参加会议。

1月26－27日 天元区政协四届五次会议召开。155名政协委员共聚一堂，共商新区经济社会发展大事。株洲高新区工委书记、天元区委书记谢高进，株洲高新区管委会主任李智，天元区区长董巍参加会议。

1月29日 天元区人大四届五次会议表决通过《株洲高新技术产业开发区、株洲市天元区国民经济和社会发展第十三个五年发展规划纲要》。

1月31日 在湖南省委扶贫开发暨全面建成小康社会推进工作会议上，天元区成为全省首批实现全面小康社会的县市区，并位列经济快进县一类县第一名，全面建成小康社会达标县市区前五名。

2月

2月14日 春节过后上班第一天，工委、区委理论学习中心组举行集中学习。全体在家工委、区委理论学习中心组成员参加学习。

2月23日 副市长谭可敏率市财政局、市住建局、市城管局等部门负责人到天元区调研城市建设、城市管理及征地拆迁等工作。

2月24日 中央电视台一套节目《焦点访谈》对株洲新区轨道交通产业和航空产业进行专题报道。中车时代电动公司和山河科技及其主打产品在全国人民面前“亮相”。

2月25日 天元区召开财税工作会议。总结肯定2015年天元区财税工作取得的成绩，并就2016年财税工作任务进行了安排部署。

2月29日 市委常委、常务副市长赵文彬率市发改、财政、国土、规划、住建、园林等有关部门，对天元区项目建设进行专题调研。

▲ 由中国高新技术产业导报社、中国信息化研究与促进网主办，高新区网站联盟、高新网等单位支持的2015年度国家高新区门户网站推荐及综合影响力评估活动结束。经评估，株洲高新网在130家高新区门户网站中位列第29名，并获得园区宣传领先奖的单项大奖。

3月

3月9－11日 株洲高新区管委会主任李智

率团赴深圳，分别考察深圳市鑫迪科技有限公司、深圳华加日铝业有限公司、深圳市思榕科技有限公司，就在株洲高新区所投资的项目建设方面的事宜进行沟通。

3月14日 市委书记贺安杰，株洲高新区管委会主任李智，赴上海城投（集团）有限公司、上海三湘投资控股有限公司、上海玖信赛事经营管理有限公司、上海笔克集团，与上海湖南商会企业家、株洲籍企业家座谈交流并对接汽车赛事等项目。

3月15日 北汽株洲基地第60万辆白车身下线。

▲ 株洲高新区管委会主任李智率团赴上海国泰君安国悦君安并购投资基金国信君安创业投资基金，与该公司探讨合作设立产业扶持基金及创业投资基金的可能性。

3月16日 株洲高新区管委会主任李智率团分别赴上海健乐颐养园与绿城乌镇雅园，考察健康养老产业。

3月17日 株洲高新区管委会主任李智率团分别赴杭州西子石川岛停车设备有限公司与杭州西奥电梯有限公司，探讨智能立体停车场的合作模式。

3月18日 中国动力谷企业成长学院开讲新年第一堂课《“十三五规划”给长株潭企业带来的发展机遇和挑战》。动力谷学院作为一家服务于中小企业的公益性服务机构，从2013年6月开课以来，受益对象2万人次。

▲ 株洲高新区管委会主任李智率团赴华仪环保有限公司考察。

▲ 天元区召开征地拆迁、控违治违总结表彰暨工作动员在会。总结2015年征地拆迁、控违治违工作所取得的成绩，统筹部署2016年全区征地拆迁、控违治违工作任务。

3月20日 广西壮族自治区柳州市委书记、市人大常委会主任郑俊康，市委副书记、市长吴炜率该市党政代表团在市委副书记、市长毛腾飞，市委副书记阳卫国，副市长何剑波、谭可敏陪同下到株洲高新区、天元区考察。

3月28日 天元区义务植树活动在万丰湖生态景观公园沙滩广场进行。全区300多名机关干部参加，种下450株桂花、香樟、茶梅等树。

3月30日 天元区召开加强换届风气监督工作视频会议，对全区乡镇党委、人大、政府、政协和纪委集中换届工作作出纪律要求。

▲ 国内首款量产纯电动SUV在北汽株洲基地下线。副市长何剑波，株洲高新区工委书记、天元区委书记谢高进，株洲高新区管委会主任李智，北京汽车常务副总裁李继凯，北京汽车执行副总裁邬学斌参加下线仪式。

4月

4月6日 长城电脑株洲天易科技城基地项目主体封顶。

4月7日 天元区召开“项目攻坚年”启动会议。安排部署2016年项目建设工作。

▲ 天元区召开“企业帮扶年”动员大会。全区32名领导对口联系区内160家企业，正式开启企业帮扶活动。

4月8日 天元区党务工作会议召开。株洲高新区工委书记、天元区委书记谢高进，株洲高新区管委会主任李智，天元区区长董巍参加会议。

▲ 第四届区纪委第六次全体会议召开。会议通过区纪委常委会所作的《把纪律挺在前面，聚焦监督执纪问责，坚定不移推进全面从严治党》的工作报告。

4月12日 市政协党组书记、主席黄曙光率部分市政协委员在副市长毛朝晖陪同下到市二中、天元区建宁中学调研基础教育工作。

4月13日 天元区召开居民健康卡普及应用工作推进会，全面启动居民健康卡普及应用工作。

4月16日 市委书记毛腾飞，市委副书记、代市长阳卫国率市级领导、各县市区党政负责人、市直相关部门负责人以现场观摩会的形式，对“项目攻坚年”活动中的重点项目进行集中“大检阅”。天元区天易科技创新城自主创业园、大汉·惠普信息产业园、“三个中心”等重点项目在现场“检阅”中获赞。

4月16—17日 第十四届中国国际人才交流大会在深圳会展中心举行。会上，株洲高新区举行中国动力谷项目对接推介会，重点推介中车株机、中车株洲所、山河科技等3家企业与科研机构“联姻”。

4月18日 国家发改委原副主任、全国政协委员、北京大学教授徐宪平在市领导杨玉芳、王建敏，株洲高新区工委书记、天元区委书记谢高进陪同下到天元区调研项目建设情况。

4月21日 省委宣讲团成员、省委讲师团主任、教授郑昌华到天元区宣讲《中国共产党廉洁自律准则》和《中国共产党纪律处分条例》。城市5区副处级以上干部，各区区直机关、乡镇（街道）一把手和纪委书记（纪检组长）聆听宣讲。

4月22日 株洲汽车产业零部件配套企业招商对接会在株洲高新区、天元区举行。株洲新区与4家企业签订合作框架协议。

4月27日 国务院发展研究中心学术委员会、《中国经济时报》与株洲高新区就中国动力谷战略研究课题签约，打造中国动力谷上升为国家级发展战略。国务院发展研究中心党组成员、办公厅主任、研究员余斌，国务院发展研究中心学术委员会副秘书长、中国经济时报社社长、总编辑刘守英，副市长何剑波，株洲高新区工委书记、天元区委书记谢高进，株洲高新区管委会主任李智，天元区区长董巍参加签约仪式。

4月28日 市委常委、常务副市长赵文彬率市财政、发改、国土、规划、住建等部门专题调研株洲汽车博览园项目。

5月

5月9—10日 株洲高新区管委会主任李智率团分别赴东莞光智通讯科技有限公司，就光电收发器产业项目进行考察；赴珠海亿华电动车辆有限公司，就城市新能源环卫专用电动车辆项目进行考察。

5月10日 湖南天易集团、株洲联诚集团和湖南高新创业投资集团有限公司签订战略合作协议。三方作为首期出资人共同设立“株洲市先进装备制造创业投资基金”。

5月13日 株洲高新区、天元区召开“两学一做”学习教育工作部署会。

5月16日 位于天元区的万丰湖生态景观公园——万丰湖公园正式开园。市委书记毛腾飞宣布开园，市委副书记、代市长阳卫国，市领导刘力量、黄曙光、刘光跃、周晓理，高新区工委书记、天元区委书记谢高进，高新区管委会主任李智，天元区区长董巍参加开园仪式。

5月22日 由株洲高新区冠名的“中国动力谷杯”第十一届全国大学生交通科技大赛在长沙中南大学圆满落幕。本次大赛获得一、二、三等奖的团队若入驻中国动力谷，株洲高新区将给予30万元、20万元、10万元现金的奖励。

▲ “‘欢乐潇湘、幸福新区’天元区2016年大型群众文艺会演——相约泰山”在泰山路街道办公楼前坪举行。此为本次群众文艺活动的第一场社区巡演。

5月23日 天元区召开“企业帮扶年”活动工作调度会。对前阶段帮扶工作进行总结，部署下一步的帮扶工作。

5月24—26日 天元区第三批特困人员特殊救助先后在各镇、街道发放。株洲高新区工委书记、天元区委书记谢高进，天元区区长董巍分别到三门镇、栗雨街道发放现场，将救助金送到受助对象手中。

5月24—26日 株洲高新区管委会主任李智率团分别赴北京康得集团、国新控股集团考察；拜访清华大学自动化系吴澄院士、赴北汽大世汽车系统有限公司、中汽零，就汽车座椅等零部件项目进行考察。

5 月 26 日 株洲高新区管委会主任李智率团赴深圳参加长城电脑配套商招商会，就举办长城伙伴发展计划暨长城电脑株洲基地配套企业招商会对接会进行对接。

5 月 27 日 株洲高新区在中国长城计算机深圳股份有限公司举行长城电脑株洲基地配套企业招商对接会，并携手长城电脑正式启动长城伙伴发展计划。株洲高新区管委会主任李智参加对接会并致辞。深圳市计算机行业协会会长杜和平、中国长城计算机深圳股份有限公司总裁周庚申参加对接会。

5 月 29 日 株洲高新区、天元区开展“两学一做”学习教育第一次专题学习讨论会，围绕“讲政治、有信念”专题开展讨论。

5 月 31 日 天元区委四届九次全体会议召开，全体区委委员、候补委员参加会议。

▲ 区工商联（总商会）召开第五次代表大会。

▲ 中国文明网公布 5 月“中国好人榜”名单。天元区雷打石镇铁篱村的乡村医生李冬至入选 5 月“中国好人榜”（敬业奉献类）。

6 月

6 月 12 日 市委副书记、市长阳卫国在副市长何剑波、株洲高新区管委会主任李智陪同下到北汽株洲分公司调研。

6 月 14 日 在全国 115 个国家高新区和苏州工业园（共 116 个单位）综合排名中，株洲高新区排名第 28 位。

6 月 15 日 株洲城区突降暴雨。湘水湾小区等地出现严重内涝。

6 月 21 日 省委常委、省委组织部部长郭开朗在市委书记毛腾飞，市委副书记、市长阳卫国等领导陪同下到株洲高新区、天元区调研党的建设和人才工作。

6 月 24 日 省委常委、常务副省长陈向群在市委书记毛腾飞，市委副书记、市长阳卫国等领导陪同下深入天元区看望慰问困难党员。

6 月 28 日湖南股权交易所株洲分所揭牌仪式在高科 · 总部壹号举行。

6 月 29 日 株洲高新区、天元区召开庆祝中国共产党建党 95 周年大会，对一批“动力先锋”优秀共产党员，“动力先锋”优秀党务工作者，和“动力引擎”先进基层党组织进行了表彰，并组织党员干部观看了株洲新区红色讲堂之“党建领航、动力新区”微型党课现场宣讲。

▲ 株洲 · 汽车展示交易综合平台正式开工。市委副书记、市长阳卫国，株洲高新区工委书记、天元区委书记谢高进，株洲高新区管委会主任李智，天元区人民政府区长董巍参加开工仪式。

▲ 株洲新区红色讲堂之“党建领航、动力新区”微型党课宣讲正式开讲。

是月 株洲高新区入选长江经济带国家级转型升级示范开发区。国家发改委发布《关于建设长江经济带国家级转型升级示范开发区的通知》，确定 33 个开发区作为长江经济带国家级转型升级示范开发区，株洲高新区位列其中。

7 月

7 月 5 日 株洲高新区、天元区第四批瞪羚企业名单出炉，新认定微朗科技、鼎瑞装备等 9 家企业，继续认定嘉成科技、华锐硬质合金等 10 家企业为瞪羚企业。

7 月 12 日 工业和信息化部发布 2016 年（第三十届）中国电子信息百强企业名单，中车时代电气位列 46 名，为湖南排名最高的企业，也是时代电气连续 5 年成为全省排名最高的企业。

7 月 13 日 区委宣传部牵头，区总工会、区人社局、区建设局、区安监局联合组织“关爱农民工，夏日送清凉”志愿服务活动。

7 月 15 — 17 日 2016 年中国(广州)国际新能源、节能及智能汽车展览会举行。时代电动携“三大王牌”车型(包括城市“全能王”C08E、“环保王”C10P 和“续航王”代表作 C11E)和部分整车器件亮相此次盛会。

7 月 19 日 天元区召开城市公共文明指数测评迎检部署会。

7 月 26 日 株洲首个智能立体停车场——株洲神农城智能立体停车场项目开工建设。该项目总投资 4.2 亿元,新增车位约 5400 个,建设分 3 期,预计将于 2019 年年底交付使用。

7 月 27 日 湖南振邦氢能科技有限公司签约落户株洲新区,将在中国动力谷自主创新园建设金属双极氢燃料电池产业化项目。

7 月 29 日 上海临港经济发展(集团)有限公司副总裁、上海机动车检测认证技术研究中心有限公司董事长朱伟强一行到株洲高新区、天元区参观考察并签署战略合作协议。国家新能源机动车质量监督检测中心株洲分中心落户汽车博览园。该项目总投资约 7.9 亿元,分两期建设。市委副书记、市长阳卫国,市领导何剑波、杨胜跃,株洲高新区工委书记、天元区委书记谢高进,株洲高新区管委会主任李智参加签约仪式。

7 月 30 日 株洲高新区工委、天元区委召开领导班子专题民主生活会。

8 月

8 月 1 日 湖南澳维环保科技有限公司反渗透膜项目实现量产。市领导刘柏生、何剑波,株洲高新区管委会主任李智参加量产庆祝仪式。

8 月 10 日 汽车博览园 O2O 服务平台上线公测。新区六大百亿项目之一的汽车博览园开启“互联网 + 商圈”模式。

8 月 11 日 珠海亿华电动车辆有限公司签约入驻株洲高新区。拟投资金 2 亿元,建设年产销 3000 辆电动环卫专用车辆生产基地。

8 月 16 — 20 日 “2016 年湖南(上海)投资贸易洽谈周”在上海举行。株洲高新区组团参加此次活动签约 10 个项目,总投资 33.79 亿元人民币,外资 5000 万美元。

8 月 17 日 天元区召开领导干部大会。市委组织部副部长周雪峰宣布省委、市委关于天元区委主要领导调整的决定,任命周建光为天元区委书记,谢高进不再担任天元区委书记。

8 月 18 日 株洲高新区工委书记谢高进为《株洲新区》500 期题词“新区,是个创造辉煌的地方,而《株洲新区》恰切地用 500 期的足迹记录和诠释着这种辉煌。她,不仅仅是在记录和传播,更是在传递一种精神,解读一个新区。”

8 月 22 日 市委副书记、市长阳卫国在株洲高新区管委会主任李智,天元区委书记周建光,天元区人民政府区长董巍陪同下到株洲高新区、天元区调研,指导“两学一做”学习,为株洲高新区、天元区党员干部讲党课。

8 月 23 日 天元区委书记周建光调研天元区城市管理工作时指出:新形势下城管系统工作人员要加强责任感、使命感,牢固树立“以人为本”的管理理念,提高依法行政意识,不断完善城市管理长效机制,进一步提高城市管理工作水平。

8 月 29 日 株洲高新区、天元区召开“大干一百天,全力保投资”动员大会。

▲ 市委书记毛腾飞在市领导杨玉芳、周晓理,天元区委书记周建光、天元区人民政府区长董巍陪同下深入基层联系点三门镇响水村进行调研。

9 月

9 月 6 日 天元区区长董巍主持会议,部署高科园区内非法砂场专项整治行动。

9月7日 天元区委书记周建光率相关部门先后深入王家坪社区、大岭社区、金锦社区、保利花园等地督查城管日常工作。

9月8日 天元区召开房地产企业座谈会，听取各企业在项目投资和建设过程中存在的问题，积极为"大干一百天、全力保投资"护航。

9月9日 天元区委书记周建光率相关部门深入学校看望慰问工作在一线的教师们，代表区委、区政府祝辛勤工作在株洲新区教育战线的教师们节日快乐，并致以诚挚的敬意和亲切的慰问。

9月15日 天元区"百姓大舞台"群众文艺展演暨中秋晚会在神农城水秀舞台精彩上演，吸引上万市民到场驻足观看。

9月19日 株洲高新区组织召开中国动力谷建设与发展专家座谈会，就下阶段中国动力谷建设与发展思路听取来自省市相关领导、行业代表及专家的建议。

▲ 召开区委四届十一次全体（扩大）会议。讨论通过区委工作报告。

▲ 区纪委召开四届七次全体（扩大）会议。会上通报区纪委工作报告的起草情况以及下届区纪委委员候选人配备构成情况，讨论通过区纪委工作报告。

9月20－22日 天元区第五次党代会召开。天元区委书记周建光作区委工作报告，天元区区长董巍主持会议。会议选举周建光为天元区委书记，董巍、张见平为天元区委副书记。

9月22日 区纪委五届一次全体会议召开。选举许剑鸣为区纪委书记。

9月23日 天元区文明办承办的"弘扬雷锋精神，推进职业道德建设"宣讲报告会在高科集团总部壹号举行。

9月26日 株洲松和设备生产基地建设项目奠基开工。市领导何剑波、贺夏盛，株洲高新区管委会主任李智、天元区委书记周建光出席开工仪式。

▲ 天元区召开区、镇两级人大换届选举工作动员会，区、镇两级人大换届选举工作全面展开。

9月28日 随着首台计算机电源封袋装箱，湖南长城计算机系统有限公司首条生产线的计算机电源在天易科技城自主创业园的长城电脑株洲基地正式下线。

9月30日 政协株洲市天元区委员会举行主题为"委员履职永远在路上"的徒步毅行活动。徒步行程全程约5.3公里，参加的政协委员100余名。

10月

10月9日 天元区委书记周建光、天元区人民政府区长董巍携新一届区委班子看望慰问离退休老干部，向老干部们致以节日祝福和美好的祝愿。

10月10日 威旺M50F在北汽株洲分公司正式下线。

10月11日 天元区就贯彻党的十八大精神和习近平总书记系列讲话精神进行专题学习。天元区委书记周建光、天元区人民政府区长董巍参加。

10月12日 市委书记毛腾飞在市领导彭爱华、毛朝晖、谭可敏，天元区委书记周建光，天元区人民政府区长董巍陪同下调研株洲高新区、天元区社区工作，督查计生工作，并以党代表的身份到党代表工作室接待党员、群众，听取意见建议。

▲ 国网湖南省电力公司副总经理、党组成员孙超武一行到株洲高新区、天元区调研电网建设情况。

10月13日 "共筑中国梦 唱响新区情"天元区机关干部职工合唱比赛初赛在区政府会议中心激情开唱。

10月19日 来自国务院发展研究中心、中国社科院、中国航空研究院、中国经济时报社的众多专家齐聚株洲高新区，正式启动株洲·中国动力谷国家战略课题研究。国务院发展研究中心党组成员、办公厅主任、研究员、中国动力谷国家战略课题研究组组长余斌，高度肯定株洲市建设中国动力谷的战略意义。省十一届人大常委会党组副书记、副主任陈叔红，市委书记毛腾飞参加开题启动专家研讨会。

10月21日 娄底市委常委、组织部长华学健一行在市委常委、组织部部长彭爱华，天元区委书记周建光，天元区人民政府区长董巍陪同下考察天元区基层组织建设和人才工作。

▲ 天元区召开经济形势分析暨项目建设工作调度会。

▲ 湖南立方新能源科技有限公司等4家企业与天易集团签约，入驻天易科技城自主创业园。

10月25日 “湖南留学报国助力‘十三·五’－海内外专家走进中国动力谷”大型人才、技术、项目、投资交流活动开幕式在株洲高新区、天元区隆重举行。全国人大常委会委员、全国人大外事委员会副主任委员、欧美同学会（中国留学人员联谊会）副会长曹卫洲，省委常委、省委统战部部长黄兰香，省政协副主席、湖南欧美同学会·湖南留学人员联合会会长张大方，株洲市委书记毛腾飞等领导出席并发表讲话。中国工程院院士刘友梅，省委统战部副部长胡东风，市领导何剑波、羊贵平，株洲高新区管委会主任李智，天元区委书记周建光，天元区区长董巍参加活动。

10月27日 天元区召开区、镇人大换届选举工作座谈会。要求确保区、镇人大换届选举工作顺利进行。

10月29日 由光明日报社主办，《教育家》杂志社、光明网承办，《留学》杂志、人民教师网协办的2016年“寻找中国好校长”大型公益活动评选结果揭晓：天元区建宁实验中学校长唐厚睦、天元中学校长吴学平荣获“中国好校长优秀奖”。

11月

11月1日 株洲高新区、天元区召开专题会议。学习宣传贯彻十八届六中全会精神，部署全区学习全会精神相关事宜。

▲ 中车株洲投资控股有限公司在田心高科园揭牌成立。

11月2日 市委书记毛腾飞在市领导雷绍业、黄曙光、何剑波、毛朝晖、羊贵平，株洲高新区管委会主任李智，天元区委书记周建光，天元区人民政府区长董巍陪同下调研株洲·中国动力谷建设。

11月2－5日 株洲高新区工委副书记、天元区区委书记周建光率团分别赴深圳麦格米特、德必达光电科技、鑫迪科技、思榕科技、池航科技以及长城电脑，考察项目。

11月6日 株洲高科集团与北京法政集团签署协议，合作开发湖南王府国际学校项目。

▲ 株洲高科集团与上海力盛赛车文化股份有限公司就在株洲打造中国南部地区最具影响力的集汽车运动与体验、汽车文化与延伸产业、汽车户外休闲与服务等功能于一体的湖南国际赛车场签署合作协议。

11月8－9日 全国政协常委、经济委员会主任周伯华率考察组就“打造动力制造聚集区”到株洲高新区、天元区开展专题考察。全国政协经济委员会副主任闫冰竹、岳福洪，省政协副主席杨维刚、张大方、葛洪元，市领导毛腾飞、雷绍业、黄曙光、何剑波、羊贵平、毛朝晖，株洲高新区管委会主任李智，天元区委书记周建光陪同考察或座谈。

11月10日 市委常委、市纪委书记赖馨正到株洲高新区、天元区调研。

11月12日 北汽株洲基地技改扩能项目厂房主体结构封顶。副省长何报翔，北汽集团党委常委、董事、北京汽车党委副书记、总裁李峰，市委书记毛腾飞，市领导何剑波、毛朝晖、谭可敏，市政府副市长候选人提名人选何朝晖，天元区委书记周建光，天元区人民政府区长董巍参加封顶仪式。

11 月 13 日 经过 3 年多的施工，株洲湘江六桥(枫溪大桥) 建成通车。

11 月 22 日 株洲高新区、天元区组织工委、区委中心组学习，传达湖南省第十一次党代会精神。

▲ 株洲高新区、天元区围绕“讲奉献、有作为”主题，开展“两学一做”学习教育第四次专题学习讨论。

11 月 23 日 市委常委、市委宣传部部长聂方红到天元区调研意识形态和宣传思想文化工作。

11 月 25 日 天元区委书记周建光、天元区人民政府区长董巍带队督查征地拆迁工作，强调要在百日攻坚的基础上，再接再厉，抓节点，保重点，确保征地拆迁任务圆满完成。

11 月 26 日— 12 月 6 日 株洲高新区管委会主任李智率团分别赴德国中小企业经济联合会、丹麦哥本哈根生物科技园、英国全英中国创业发展协会，宣传推介株洲高新区。

11 月 27 — 29 日 天元区政协五届第一次会议召开。选举谈志明为天元区第五届政协主席。

11 月 28 — 30 日 天元区第五届人民代表大会第一次会议召开。选举程燕为天元区第五届人大常委会主任，董巍为天元区人民政府区长。

11 月 30 日 省委第八巡视组原组长郭树人在市委常委、市委副书记雷绍业，市委常委、市委组织部部长彭爱华，天元区委书记周建光陪同下调研天元区党建工作，现场参观高塘社区和北汽株洲分公司。

是月 中小城市经济发展委员会、中小城市发展战略研究院、中国中小城市科学发展指数研究课题组等单位联合发布第十二届中国中小城市科学发展指数研究成果。在“2016 年中国中小城市新型城镇化质量百强区”榜单中，天元区位列第 85 位。

12 月

12 月 2 日 天元区召开建设全国文明城市工作推进会，对全区创文工作进行再动员、再部署。

▲ 天元区举行第四届道德模范表彰会。

12 月 6 — 9 日 天元区委书记周建光带队分赴北京、上海等地开展项目对接与招商活动。

12 月 8 日 天元区召开党政机关公务用车制度改革动员大会，就公务用车改革工作进行动员部署。23 日，株洲高新区、天元区各部门单位、镇及街道办事处参与改革的公务用车 112 台车辆集中或就地封存。

12 月 16 日 株洲高新区召开中国动力谷产业促进大会，正式实施招商引资、项目引进新机制，并开通招商信息管理系统。

▲ 位于天台工业园的湖南亿华新能源车辆有限公司电动环卫车生产线项目竣工投产。

12 月 18 日 市委副书记、市长阳卫国率队到天元区调研，看望基层市人大代表、政协委员，面对面听取对株洲市《政府工作报告(征求意见稿)》的意见和建议，研究经济发展有关工作。

12 月 24 日 湖南长城计算机系统有限公司自主可控计算机整机下线暨中国电子与株洲市政府“智慧株洲”建设合作启动大会在天易科技城自主创业园召开。省委副书记、省长许达哲，国防科技大学校长杨学军，副省长张剑飞，中国电子董事长、党组书记芮晓武，市委书记毛腾飞，市委副书记、市长阳卫国，省政府秘书长杨光荣，省政府副秘书长石谋军、邓立佳，省经信委主任谢超英，市领导何剑波、毛朝晖、羊贵平，副市长候选人提名人选何朝晖，高新区工委副书记、天元区委书记周建光，天元区人民政府区长董巍出席会议。 （何卫红）

株洲高新区 · 天元区
ZHUZHOUGAOXINQU · TIANYUANQU
2017年鉴

综述

地理位置

天元区位于株洲市河西，湖南省东部中段。东隔湘江与株洲市河东地区相望，南与株洲县古岳峰镇及龙船镇相邻，西与湘潭县接壤，北与石峰区以湘江为界，位于北纬 27°31′05″～27°51′20″，东经 112°59′18″～113°08′36″。境内有武广高铁和京港澳高速贯穿南北，交通便利，区位优势明显。

建置区划

1954 年 3 月 31 日，湘潭县第一农场划归株洲市，改名株洲市园艺试验场，1954 年 5 月 30 日又改为株洲市园艺场，隶属株洲市郊区。1988 年 10 月 6 日，成立市级株洲新技术产业开发试验区。1992 年 2 月 10 日，省政府批准株洲新技术产业开发试验区更名为株洲高新技术产业开发区，为省级开发区。

1992 年 12 月 19 日，国家科委以国科发火字〔92〕858 号批复，株洲高新技术产业开发区为国家高新技术产业开发区。辖株洲市郊区园艺场和株洲市农科所所在地域。下辖渡口、隆兴、东湖、大坪、张家园、天台、徐家冲、新塘、莲花、桥头 10 个管理处。

1997 年 5 月 31 日，国务院以国函〔1997〕40 号批复，湖南省人民政府 6 月 28 日以湘政函〔1997〕100 号通知，株洲市人民政府 7 月 20 日以株政发〔1997〕31 号印发“关于市辖区行政区划调整的通知”，撤销东区、南区、北区、郊区，调整设立天元区、芦淞区、荷塘区、石峰区。天元区辖泰山路、嵩山路 2 个街道办事处、马家河乡、群丰镇 2 个乡（镇）。1999 年 3 月，马家河乡撤乡设镇。

2000 年 9 月 11 日，国家科技部批准株洲高新技术产业开发区实施“一区三园”发展战略。同意设立田心高科技工业园和董家塅高科技工业园，与株洲河西高新技术产业示范园一起，组成“一区三园”。将株洲高新技术产业开发区不易开发利用的 3 平方公里区域调出开发区，将规划有效面积分别为 1.5 平方公里的田心高科技工业园和董家塅高科技工业园调入开发区。调整后，株洲高新技术产业区“一区三园”面积 8.8 平方公里不变。

2001 年 7 月 18 日，国家重点大中型企业监事会主席段瑞春受国家科技部委托，向田心高科技工业园、董家塅高科技工业园、国家高新区新材料成果转化及产业化示范基地、国家火炬计划湖南传感技术产业基地授牌，株洲高新技术产业开发区“一区三园两基地”格局正式形成。

2003 年，天元区开展城区居民委员会改革，将两个街道办事处的 15 个居民委员会调整改设为 24 个社区委员会；马家河镇设立 2 个社区委员会，群丰镇设 1 个社区委员会。

2005 年 4 月 29 日，天元区行政区划进行调整：增加栗雨街道办事处，辖栗雨村、凿石村、南塘村、王家坪村、王家坪社区委员会。增加后为泰山、嵩山、栗雨 3 个街道办事处；马家河镇新增新马社区委员会。

2008 年，全区辖泰山、嵩山、栗雨 3 个街道办事处，马家河、群丰 2 个镇，30 个村，31 个社区居委会。

2011 年 1 月 30 日，天元区行政区划再次调整，划入株洲县所属雷打石、三门 2 个镇。全区辖 3 个街道办事处、4 个镇，45 个村、68 个社区居委会。

2014 年，天元区辖泰山、嵩山、栗雨 3 个街道办事处，马家河、群丰、雷打石、三门 4 个镇，计 45 个村、67 个社区居委会、1 个管理处。

2016 年 6 月，天元区雷打石、三门镇行政村区划进行调整，雷打石镇由原来的 23 个村调整为 14 个村，三门镇由原来的 22 个村调整为 14 个村。9 月，增设马家河街道办事处，辖 10 个社区居委会；栗雨街道办事处分设马家河街道办事处后，辖 10 个社区居委会。至年底，天元区辖泰山、嵩山、栗雨、马家河 4 个街道办事处，群丰、雷打石、三门3个镇，28个村，70个社区居委会。

泰山街道办事处辖滨江、大岭、工大、徐家冲、文家冲、张家园、新塘、谢家冲、湘紫、云里、铁西、天台、家园、泰园、泰西、金锦、广场17个社区居委会。

嵩山街道办事处辖佳美、尚格、花园里、白鹤、桥北、莲花、湘银、大坪、大湖塘、小湖塘、香山11个社区居委会，隆兴、东湖2个管理处。

栗雨街道办事处辖栗雨、南塘、王家坪、永安、凿石、浅塘、月塘、湘湾、景园、中路10个社区居委会。

马家河街道办事处辖古桑洲、新马、农科、万丰、高塘、仙岭、泉源、大石桥、金龙、太高10个社区居委会。

群丰镇辖白莲、长岭、高台岭、合花、江璜、栗山、妙泉、旗云、石塘、湘滨、湘云、响塘、新文、新塘、竹溪、新街16个社区居委会。

雷打石镇辖砖桥、神农、伞铺、建龙、新龙、凤凰山、沙江、养鲤、先锋、胜塘、胜利、盘石、霞石、铁篱14个村，沧沙、公道街、青石3个社区居委会。

三门镇辖南江、月形、湖田、湖坪、响水、月福、苍霞、黄田、杨柳、松柏、株木、梽木、护塘、白石14个村，上节街1个社区居委会。

水系水文

天天元区境内有湘江从南、东、北依次环绕流过。境内流程42.2公里，天元区段属湘江下游。湘江天元区段由三门镇湖坪村矮洲组入境，由马家河高塘社区井塘组出境，长47.95公里。境内另有中小河流57条，其中较大的有7条，分别是河流长度为11.2公里的万丰港、长度为6.46公里的泉水港、长度为7.86公里的小麦港、长度为8.23公里的王竹港、长度为12.3公里的沧沙港、长度为12公里的苍霞港及长度为4.38公里的罗家洲。全区年平均降雨量1412.5毫米。湘江株洲天元段江面宽400～800米，水深2.5～3.5米，水利坡度0.102‰；枯水期水面宽约100米；年平均总径流量664亿立方米；水位、流量、流速平水期流量年平均值分别为34米、1800立方米/秒、0.25立方米/秒；历史最大值水位44.59米，最小值27.83米；流量历史最大值22250立方米/秒，最小值101立方米/秒。湘江两岸水文条件差异较大，右岸水流平缓且水浅，扩散稀释条件较差。

天元区地下水贮量丰富，沿湘江阶地的第四系松散含水层，含水性中等。地处群丰镇白莲社区汗塘组有一泉水窟温泉，常年恒温13℃。

气 候

天元区位于湘东中、南部，纬度较低，受东亚季风影响很大，属亚热带季风湿润气候类型。冬季多为欧亚大陆干冷气团控制，北方寒流频频南下，造成雨雪冰冻，气候比较湿冷；夏季则多为低纬海洋暖湿气团影响，温高湿重；在春夏之交，正处在冷暖气团交替的过渡地带，锋面、切变线和气旋活动频繁，造成阴湿多雨，天气多变；而在盛夏期间，因副热带高压脊常控制湘东、湘中一带，酿成高温酷热，晴热少雨，蒸发强盛；秋季多受稳定的大陆高压控制，前一个月多秋高气爽天气，后一个月受冷空气影响，则多秋风秋雨天气。一年之中，一般1月最冷，7月最热，气温年差在19.0℃～24.5℃之间。主要气候特点是：气候温暖，四季分明；雨热同季、暖湿多雨；热量充足，雨水集中；春温多变，夏秋多旱；严寒期短，暑热期长。

天元区多年平均气温17.7℃，多年平均降雨量1445.4毫米，多年平均日照时数1531.7小时。区内日最大降水量为157毫米，出现在2010年5月13日。年雨日数155.7天。年极端最高气温

40.3℃，出现在2010年8月5日，年极端最低气温-6.9℃，出现在2008年2月3日。年平均雷暴日45天。无霜期长，在286天以上。

人口状况

全区年末常住人口户数8.95万户，常住人口29.73万人。常住人口中，城镇人口23.04万人，乡村人口6.69万人，城镇化率为77.5%。人口自然增长率5.77‰。

国民经济和社会发展

2016年，面对依然严峻复杂的宏观经济形势，全区紧扣打造"一谷三区"和"两个走在前列"的战略部署，以率先实现基本现代化为目标，扎实做好稳增长、促改革、调结构、惠民生、防风险等各项工作，全区经济运行呈现稳中有进、进中转优，发展水平继续领先，产业结构继续优化，效益质量持续提升，社会民生持续改善，实现"十三五"良好开局。

一、综合

综合实力稳步提升。2016年，天元区地区生产总值300.9亿元，增长10.8%，分别快于全国、全省、全市4.1个、2.9个、2.9个百分点，增速居全市第一。地区生产总值总量占全市的比重12.0%，比2015年提高0.5个百分点。按照常住人口计算，2016年实现人均地区生产总值10.3万元，按年平均汇率折算达到1.55万美元。从三大产业看，第一产业增加值10.9亿元，增长3.1%；第二产业增加值145.8亿元，增长11.3%，其中工业增加值133亿元，增长11.8%；第三产业增加值144.2亿元，增长10.8%。

财政收入再迈新台阶。一般公共预算收入继2015年达到60亿台阶，2016年突破70亿元，达到70.06亿元，同比增长9.6%，总量继续居县市区第一。完成税收收入52.32亿元，占一般公共预算收入的比重为74.7%，占比排全市第一；完成地方收入47.75亿元，同比增长11.8%。支出结构持续优化，全年完成一般公共预算支出43.3亿元，增长55.1%，其中教育、卫计、社保等民生支出29亿元，占一般公共预算支出的比重69%，民生民利不断改善。

2011—2016年地区生产总值总量及其增速

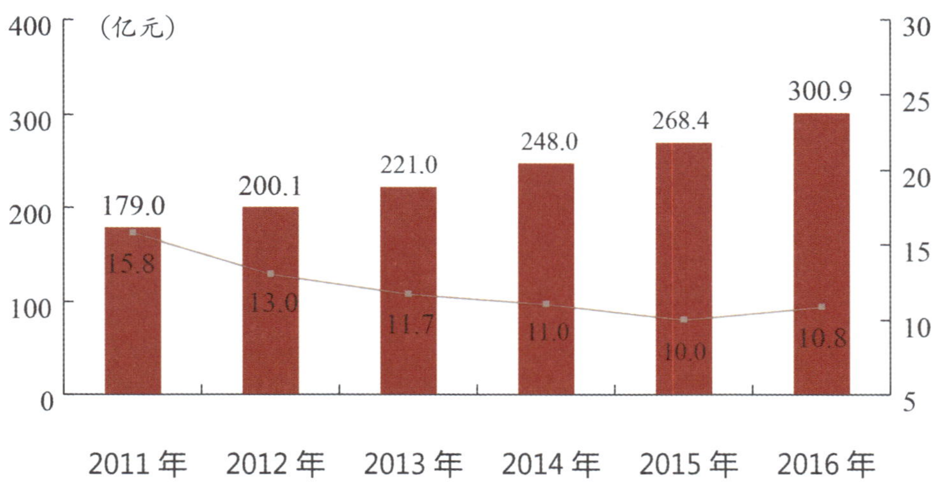

2011 — 2016 年财政总收入总量及其增速

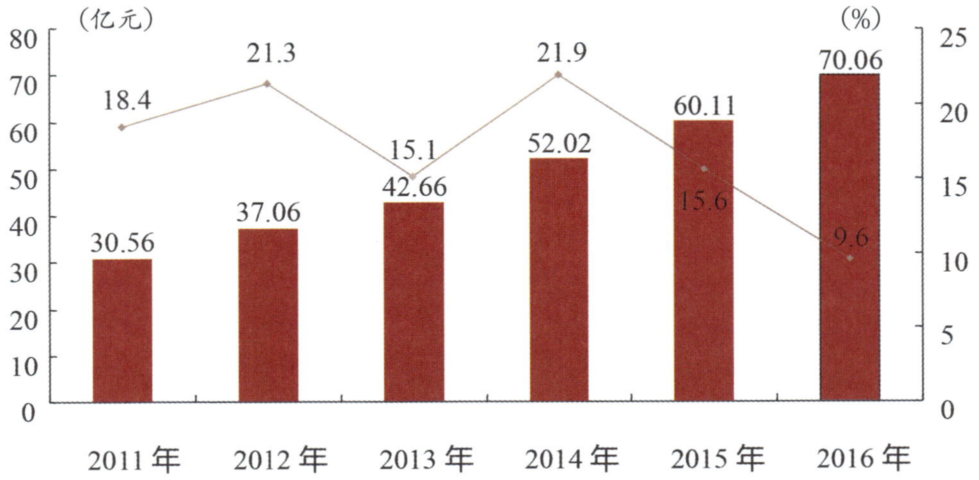

产业结构继续优化。三次产业比重由上年的3.7 :49.3 :47.0 调整为 3.6 :48.5 :47.9，第二产业占比下降 0.8 个百分点，第三产业占比提高 0.9 个百分点；一、二、三产业对地区生产总值增长的贡献率分别为 1.1%、51.7% 和 47.2%。高新技术产品增加值 114.1 亿元，增长 20.8%，占地区生产总值比重达到 37.9%；园区规模工业占全部规模工业比重 96.7%；万元规模工业增加值能耗下降 11%。装备制造业占规模工业总产值的比重 86.9%，高加工度企业总产值占规模以上工业总产值的比重 87.9%。

2011 — 2016 年三次产业增加值

单位：万元

	2011年	2012年	2013年	2014年	2015年	2016年
第一产业增加值	73338	77283	83680	91798	99009	108713
第二产业增加值	995125	1082733	1157525	1287337	1323233	1458473
第三产业增加值	727183	841840	969871	1101761	1261772	1441668

2011 — 2016 年三次产业增加值占 GDP 比重

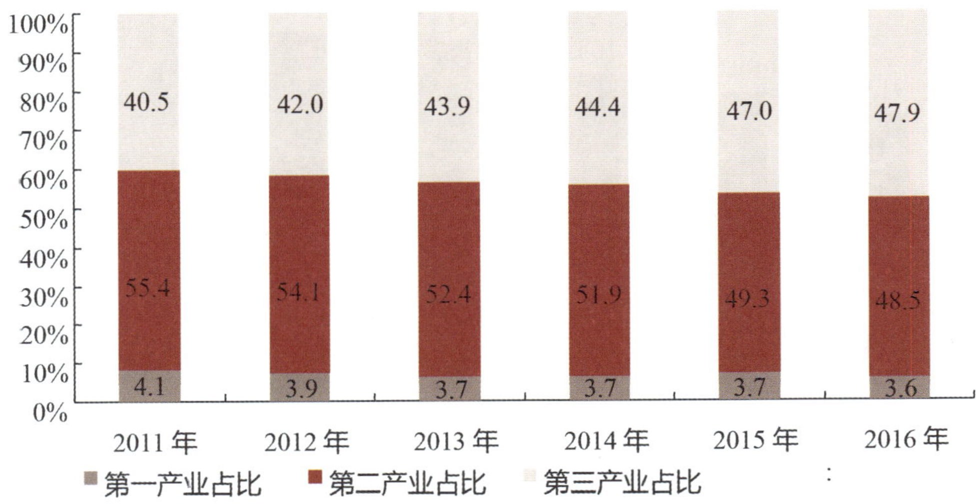

安全生产平稳可控。全区发生各类安全事故43起，同比下降76.3%；死亡14人，受伤8人，无较大以上事故发生。亿元地区生产总值生产安全事故死亡率0.046人／亿元；工矿商贸企业从业人员十万人生产安全事故死亡率为0；煤炭百万吨事故死亡率为0。

二、农业和农村

农业生产保持稳定。2016年，全区实现农林牧渔业总产值14.5亿元，同比增长3.2%，其中农业产值8.7亿元，同比增长3.1%；牧业产值5亿元，同比增长3.2%。主要农产品生产基本稳定，全年粮食总产量8.9万吨，肉猪出栏13.31万头，羊出栏1.61万头，家禽出笼132.51万羽，水产品产量0.51万吨。

农村设施不断完善。全区农村固定资产投资3.7亿元，完成村道硬化及窄路加宽60公里、农村公路提质改造26公里；179处“以奖代补”小型水利项目和13处五小水利项目竣工，完成4座小(2)型水库除险加固工程；完成中央财政小型农田水利建设重点县项目投资3800万元，新增高效节水灌溉面积66.67公顷；基本完成农村安全饮水工程；基本完成土地经营权确权登记颁证工作，完成长江防护林工程100公顷。完成乡镇并村工作，行政村由45个整合到28个；建设美丽乡村示范村1个；大力加强美丽乡村建设，雷打石镇砖桥村、三门镇响水村被评为“湖南省美丽乡村示范村”。

现代农业硕果累累。全年蔬菜基地提质增效40公顷；农副产品加工企业38家；加强农业品牌建设，新增“三品一标”农产品数11个，建设农产品标准化基地6个，建成农产品追溯体系1个；大力发展休闲农业，休闲农庄56家，其中国家四星级、省五星级2家，省四星级3家，市级星级9家，实现经营总收入1.28亿元。

三、工业、建筑业

工业生产加快增长。2016年，实现工业增加值133亿元，增长11.8%，对地区生产总值增长贡献率为49.1%，拉动地区生产总值增长5.3个百分点。其中实现规模工业增加值128.0亿元，增长12.9%，增速为近年最高；完成规模工业总产值414亿元，增长23.7%，从类型看，国有及国有控股企业完成产值204.8亿元，增长71.5%；非公有制工业企业完成产值208.9亿元，下降2.8%。产值前20位工业企业完成产值364.3亿元，增长31.0%，高于全区水平19.2个百分点。

2011 — 2016年工业增加值及增长速度

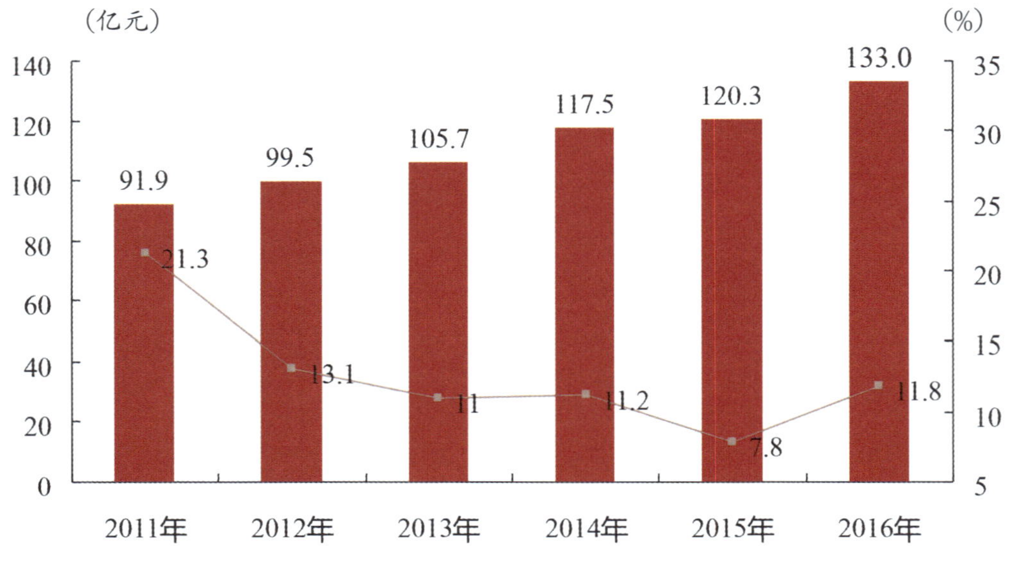

大型企业、支柱行业强势领跑。全区有规模以上企业121家，其中年主营业务收入100亿元以上企业1家，80亿～100亿企业1家，10亿～50亿元企业6家，5亿～10亿元企业4家，1–5亿元企业21家。全区主营业务收入亿元以上企业实现产值380.5亿元，增长30.3%；主营业务收入372.5亿元，增长25.3%；利润总额13.6亿元，增长47.8%，占规模以上工业企业的比重分别达91.9%、92.1%和90.0%。全区五大支柱行业完成产值355.7亿元，增长33.2%，占规模工业总产值比重达到85.9%，对规模工业增长贡献率为111.8%，较2015年同期提高3.2个百分点，其中：轨道装备、汽车制造业完成产值292亿元。

工业企业效益明显好转。全年规模以上工业企业实现销售产值406.4亿元，同比增长19.1%，产销率达98.1%，其中出口交货值7.6亿元，同比增长2.8%。全年规模以上工业企业实现主营业务收入404.3亿元，同比增长19.7%；利税总额24.4亿元，同比增长22.3%；利润总额15.1亿元，同比增长34.9%，其中装备制造业利润同比增长54.0%、高加工度企业利润同比增长48.5%；主营业务收入利润率为3.7%，每百元的主营业务收入中的成本较上年同期下降4.9元。

建筑业平稳增长。2016年，全区资质建筑业总产值 51.6亿元，增长2.6%，实现建筑业增加值12.9亿元，增长6.2%；房屋施工面积 282.1万平方米，其中新开工面积 155.1万平方米；房屋竣工面积 133.5万平方米。

四、固定资产投资和房地产业

固定资产投资稳定增长。全区完成固定资产投资427.2亿元，增长13.6%。分产业看，第一产业投资3.7亿元，下降49.5%；第二产业投资94.2亿元，增长13.6%，其中两大动力产业完成投资34.5亿元，占投资比重为8.1%，较上年同期提高4.9个百分点；第三产业投资329.3亿元，增长15.2%。从投资方向看，战略新兴产业投资88.7亿元，增长25.9%，高新技术产业投资17.1亿元，增长88.1%。从投资主体看，公有制经济投资210.9亿元，增长32.6%；非公有制经济投资216.3亿元，下降0.4%。

2011 — 2016年固定资产投资总量及其增速

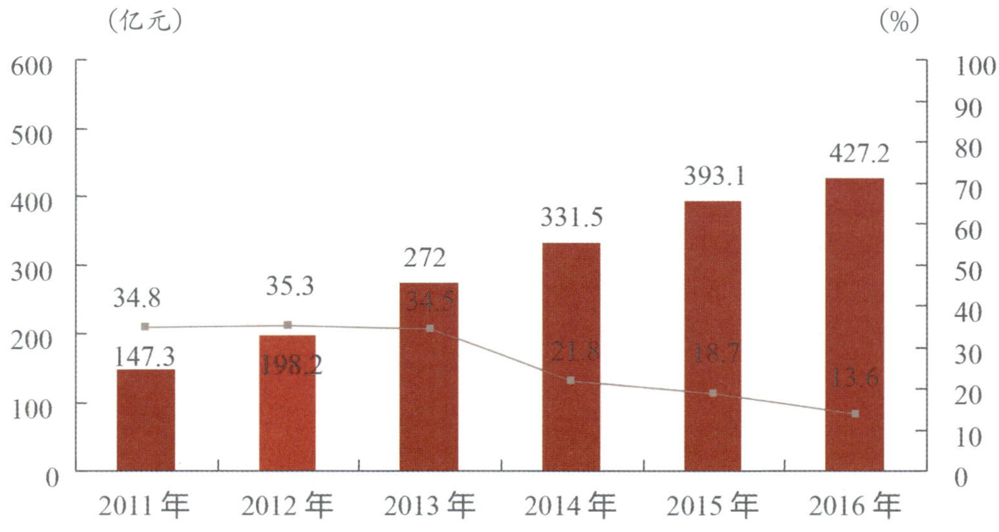

重点项目有力推进。全年44个重点项目完成投资156亿元;5000万以上项目共73个,完成投资额208.1亿元,占全部投资额的48.7%。北汽二工厂、汽车交易中心完成主体封顶,动力谷自主创新园建设加速推进,首鹏汇隆汽车板材加工配送及车身制造项目全面开工,长城电脑整机下线。万丰湖生态公园建成并开园。

房地产投资稳步回暖。全区房地产开发投资101.9亿元,增长6.0%;商品房销售面积260.9万平方米,增长24.4%。商品房施工面积1287.8万平方米,增长16.0%;竣工面积250.8万平方米,增长70.7%。

五、贸易、招商引资

消费市场繁荣兴旺。完成社会消费品零售总额134.5亿元,比上年增长10.0%。限额以上企业(单位)实现消费品零售总额110.8亿元,下降3.8%。从限上企业(单位)主要商品零售情况看,粮油、食品类下降34.3%、饮料类增长23.6%、服装类20%、日用品类下降5.4%、中西药品类增长31%、石油及制品类下降10.6%、汽车类增长7.6%。消费拉动明显增强,2016年投资与消费增幅差异在3.6个百分点之内,同2015年投资与消费增幅差异6.5个百分点相比,差异明显缩小,消费拉动经济增长增强。

2011—2016年社会消费品零售总额及其增速

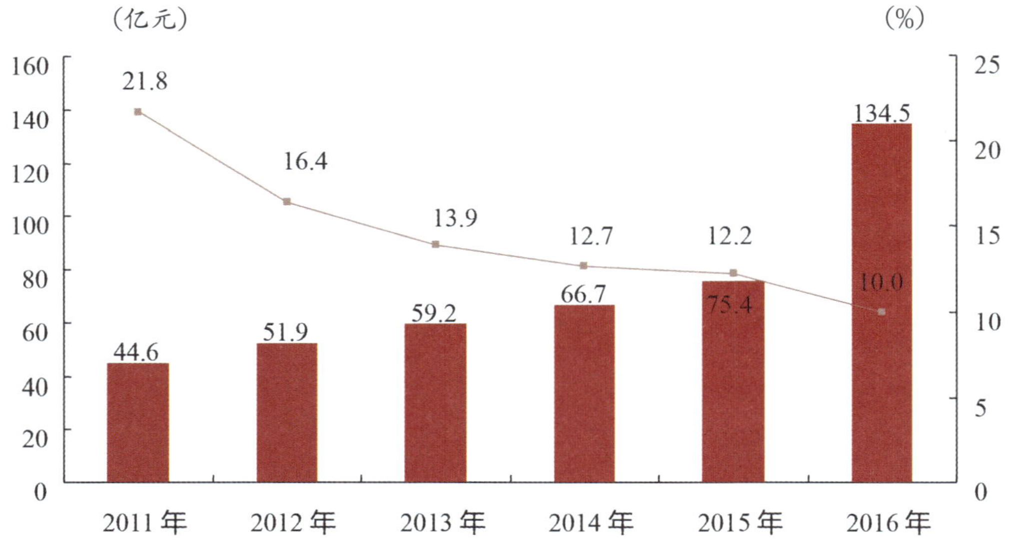

招商引资步伐加快。全区新签项目22个,其中亿元以上项目16个,实际到位外资3.1亿美元,引进内资53.8亿元。

六、教育、科学、文化、体育

教育现代化稳步推进。2016年,全区教育支出5.67亿元,同比增长61%。九年义务教育巩固率100%,高中阶段毛入学率95.1%。义务教育学校 37所,在校小学生24134人,初中生8693人。大力改善办学硬件,新马学校主体工程建成,白鹤小学尚格分校启动建设,雷打石学校新建教学楼等多个工程先后投入使用。实行城乡义务教育“两免一补”政策,补助金额达21.5万元。公办学校初三AAAAA人数达到89人,居全市五区第一;初二生地AA达367人,是2015年的1.6倍。

科技创新稳步提高。2016年,新增高新技术企业20家,实现高新技术产品增加值114.1亿元,增长20.8%。申请专利1918件,增长24%;授权专利978件,增长26%,其中发明专利217件,千金药业的一种妇科千金药囊获得2016年度中国专利优秀奖。组织认定园区第三批瞪羚企业9家,为园区企业争取上级各类科技计划项目资金支持1.9亿元。新增株洲高科企业孵化器公司等5个国家级创新创业平台。

文体活动丰富多彩。2016年，文化体育与传媒支出0.41亿元。围绕“欢乐潇湘·幸福新区”主题，举办7场文艺展演、1场综合文艺晚会，受惠群众达2.8万人；举办5场“百姓大舞台”活动；开展“祈福活动”等欢度元宵系列文化活动，观众3万人次；万丰湖开园，举办40多场文体展示活动；免费为2200户开通“户户通”；免费放映公益电影540场。为雷打石、三门等7个村配置农民健身路径。启动公共图书馆建设，建成4处书吧。

七、卫生和社会保障

卫生服务能力稳步增强。全区有各类卫生机构192个，其中医院8个、妇幼保健院（所、站）1个、防疫站1个、卫生院及社区卫生服务中心7个。提质改造4个乡镇卫生院，建成公卫楼、中医馆，三门镇卫生院建成20套公租房。全面启动居民疾病谱调查工作，对3726名居民开展调查。开展农村妇女“两癌”免费检查，惠及2306人。开展免费婚前医学检查，2536人参加检查，婚检率71.68%。新型农村合作医疗参合率提高到99%以上，最高个人补偿金额由1.2万提高到22万，29种重大疾病报销比例从65%提高到70%，人均住院补偿金额超出全市最高水平。

社会保障深入推进。城乡基本养老、医疗保险覆盖率100%，各类被征地人员参加养老保险44431人，参加城镇灵活就业人员医疗保险14775人；新增城乡居民养老保险参保人数1422人；新增企业职工基本养老保险人数4091人；新增失业保险人数 2171人；新增城镇职工基本医疗保险人数3135人；新增生育保险人数 3164人。建设26个农村幸福院，建成雷打石镇敬老院，改扩建三门镇敬老院，累计建成17个省级居家养老示范点。完善特困人员特殊救助政策，对175名特困人员发放救助金375万元，被国家民政部授予社会救助创新试点项目。为5.69万人次城乡低保对象，发放最低生活保障金1358万元。

就业创业保持稳定。全区城镇登记失业率3.01%。城镇新增就业4831人，新增农村劳动力转移就业345人，创业培训210人，扶持高校毕业生微创业35个，建设就业创业保障平台20个。零就业家庭动态援助100%，未就业高校毕业生登记率达到100%。创业带动城乡就业5926人，办理小额担保贷款37人。

八、人口和人民生活

人口总量继续稳定。全区年末常住人口户数8.95万户，常住人口29.73万人。常住人口中，城镇人口23.04万人，乡村人口6.69万人，城镇化率为77.5%。人口自然增长率5.77‰。

城乡居民收入稳步增加。2016年，城镇居民人均可支配收入44887元，增长8.2%；农村居民人均可支配收入23032元，增长7.5%。其中，居民文教娱乐服务支出占居民消费总支出比重稳步提高，达到18.7%，较2015年提高3.1个百分点；人均现住家庭建筑面积达到57.5平方米，较2015年增加4.4个平方米。

2011 — 2016年城乡居民收入

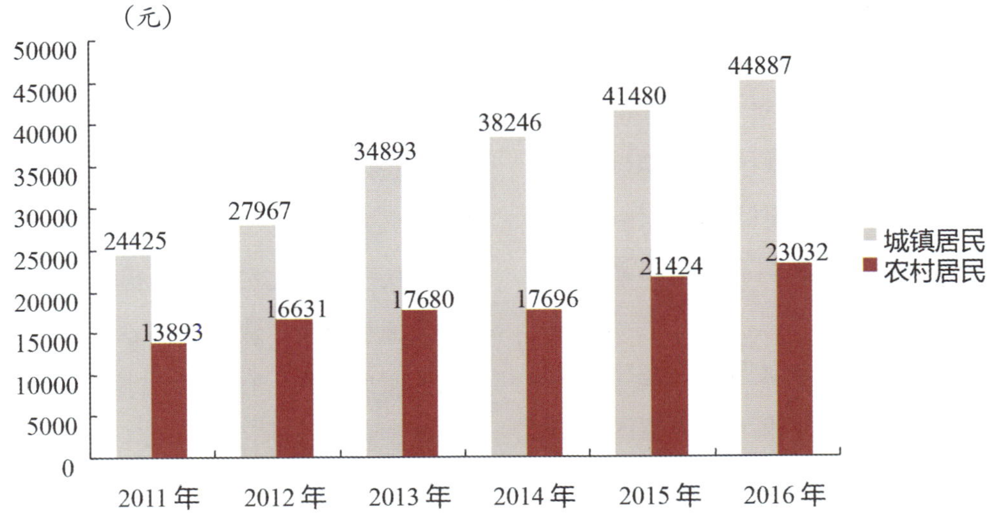

省市民生实事工作完成情况

2016年天元区承担的“民生100”工程的项目共60项，其中：省实事指标10项，市实事指标50项。截至11月30日，全区各项责任指标均如期完成，多个责任单位工作成果在县市区排名前列，其中，有新增城镇就业、创业扶持城乡残疾人、蔬菜基地提质增效、为困难群众实施法律援助、救治救助贫困重性精神疾病患者等24项指标超额完成目标任务。

一、“小制度”牵手“大督办”。2016年天元区承担60项“民生100”工程考核指标，调度20家责任单位。一是区领导交办制度。首先向各责任单位分管副区长交办“民生100”工程考核项目，自上而下地明确责任，各分管区领导亲自督办，保障各项“民生100”工程项目强势推进；同时有序开展季度督查工作，由天元区“民生100”领导小组组长带头，对全区“民生100”工程责任单位进行调研及督查，有条不紊地推进“民生100”工程落到实处。二是日常工作考核制度。根据市“民生100”工程考核的细则要求，区“民生100”工程考核办结合自身工作要求，制定《天元区2015年“民生100”工程指标考核评分细则》，对月进度报送、宣传信息、文件传送等工作进行明确要求，并纳入区月度绩效考核范畴实施督办，有效增强日常工作的效率和质量。三是工程信息动态更新制度。为加强对各项“民生100”工程指标责任单位的调度力度，区“民生100”工程考核办建立责任单位一把手、联系人微信群，将每月项目进度实时更新，提醒进度较缓的责任单位高度重视，并提出进度较缓原因分析等自查要求，在问题的源头实施调度督办。

二、“稳增长”铺设“大数据”。 一是社会保障网纳入更多受益人群。社会保障全面覆盖区工作稳步推进，新增企业养老保险参保人3800人，城镇职工基本医疗保险参保人数22751人；推进被征地农民社会保障工作，在全省率先开通直接办理失地人员养老保险补建补缴窗口。征缴养老、失业、医疗、生育等各项社会保险费56113万元，各项社保基金结余10亿多元。二是兜底解困网保护更多弱势群体。区民政局积极发挥托底救助作用，为850人次发放临时救助金100万元，其中救助标准1万元的38人次，出台独具新区特色的特殊救助若干实施细则，获国家民政部2016年度社会救助创新试点单位。区残联扎实落实辅具适配和残疾儿童抢救性康复训练工作，完成30名残疾儿童康复训练的选送工作及 223台彩金辅具的捐赠工作，完成率分别达150%、328%；区司法局全年发放法务宣传资料5万余份，全区的法律援助公众知晓率达70%以上，受理各类法律援助案件298件，为年度目标任务的156%。三是教育公平网倾注更多优质资源。关注乡村教育资源配置，软、硬件双管齐保障教育质量。加大基础建设力度，提高民办幼儿园普惠服务工程的覆盖面，全区新建新马中心幼儿园，9月招生6个班，新增园位200人，全区现有公办园7所；改善王家坪中心小学办学条件，因地制宜的修建进出主干道、门卫室，为师生出行提供便捷。充实课程资源，全区村小资源惠普工程培训率100%，村小资源应用率完成全年目标100%，推送资源500条。三是资助家庭经济困难学生698人，超出任务目标的133%。

三、“小变化”咬紧“大民生”。一是提升医疗服务水平，让百姓医有所依。医改工作推陈出新，区卫计局多举措推进医疗卫生服务水平。新型农村合作医疗制度参合率由试点初93%提高到99%，最高个人补偿金额由1.2万元提高到22万元，29种重大疾病报销比例从65%提高到70%，人均住院补偿金额超出全市最高水平；重点做好重性精神疾病救治救助工作。有56名贫困重性精神疾病患者接受住院救治救助，完成年度任务数的140%；全面启动居民疾病谱调查工作，随机抽取5个镇(街道)，

20个村（社区），对3726名居民开展调查，基本完成天元区社区诊断工作及居民期望寿命值调查工作，撰写社区诊断报告及天元区居民期望寿命调查结果分析报告。二是加强政府参与力度，让百姓食有所安。食品安全问题牵动民心，天元区各责任单位深谙其意、联动参与，保障百姓食有所安。从源头上把控。区农村工作局全年抽检农产品4934个样，完成目标的124%；完成“三品一标”认证11个，分别来自铁篱村银海蔬菜种植农民专业合作社生产的“无公害蔬菜”、壹加玖水果种植专业合作社的“绿色食品”、大地蔬菜种植农民专业合作社的“无公害蔬菜”及新合作生态农业开发有限公司的“绿色食品”，为百姓提供更多优质选择；区食药监分局大力推进农村食品安全“扫雷”行动和“查无证、清死角、端窝点”食品安全专项整治，组织开展保健食品、学校食堂和商店、“瘦肉精”、肉制品等整治行动，检查各类食品生产经营单位3138家，责令整顿152家，出动5371人次，1648车次。区商务局近几年来以加盟店和新建店的形式建设放心粮油店10个，做到“过期商品不经营、劣质商品不上架、假冒商品不进店、缺斤商品不出店”，严格执行粮油购销台账制度、不合格粮油商品退市制度、产品质量追溯制度，辐射全区3个街办3个镇，辐射人口近30万人。三是加大环境改造力度，让百姓居有所乐。区农村工作局投入450万元，对群丰镇新塘村开展美丽乡村建设；区建设局完成城中村棚户区改造已完成1724户，面积70万平方米，完成投资28.67万元；建设海天路小游园和老年公寓小游园2个小游园，完成投资100万元；区城管局在群丰、雷打石、三门每个镇各建2个新型的水平整体式垃圾压缩站，项目总投入800万元，实现垃圾处理减量化、资源化、无害化处理。区残联通过数月的摸底调查、筛选、复核、选定施工队伍、上门改造，投入资金13万元，对19户贫困残疾人家庭进行无障碍设施改造，任务完成率126%。区政府配套专项补贴资金6.6万元，2200户村民可以免费使用卫星电视；区文体局放映公益电影放映540场次，在钢琴广场、神农城设置固定放映点，在6个乡镇街道办事处均安排放映任务，真正要百姓群众“居有所乐”。四是加速基础设施建设，让百姓行有所畅。区建设局完成三门镇三峰线11公里农村公路提质改造；全年完成12个农村客运招呼站，占目标任务的133.33%，农村客运站设计新颖简洁，选址均安排在三门镇内交通发展较为落后的乡村，为乡镇百姓提供实打实的便捷。

四、“微服务”彰显“大态度”。一是点亮窗口服务，暖心履职“精益求精”。区人社局订立窗口服务标准和流程，推行标准化服务体系，对窗口接待礼仪、着装、回应速度做出明确要求；不定期、无预告对窗口服务进行检查，全力打造“零延误、零差错、零距离、零投诉、零障碍”式窗口服务；区司法局新建株洲市天元区公共法律服务中心，投资180万元，占地450平方米。设立法援咨询窗口、法律援助窗口、人民调解窗口，配备3间律师办公室（含私密会见室），各种规章制度、办事流程予以公示，完善“148”法律服务热线，打造出全省第一流的法律服务窗口平台。二是定制培训服务，贴心送岗“授人以渔”。区就业局组织创业培训班7期210人，参与人数辐射全区镇、办，被评为省级“创业带动就业示范区”；区残联累计开设3期残疾人技术培训班，投入资金9万元，有90名残疾人参加并取得培训证书，任务完成率112.5%。三是打造特色服务，会心眷注“无微不至”。新建“退役军人之家”“长者之家”“妇女之家”，为特殊群体送温暖。“退役军人之家”配备专门的办公室，配有阅览室、娱乐室和活动室，为退役军人提供了学习、娱乐、健身的场所，建设面积120平方米；“长者之家”由区民政局负责的雷打石镇敬老院二期工程已基本完工，新增床位55张，三门镇敬老院完成改扩建，建筑面积增加400平方米，新增床位50张；创立省级养老服务示范点5个，提供25张床位。其中泰山路街道养老服务中心有日托室40平方米，床位5张，配备空调、被褥、沙发、茶几等生活设施；健身室面积平方米50平方米，保健器材2件；娱乐室面积50平方米，娱乐器材20件；阅览（图书）室面积40平方米，图书3000余册；可为辖区内老年人提供卫生医疗咨询、精神慰藉、康复、日托等服务。“妇女之家”由区妇联联合区工会、团区委联合创办公益性婚恋交友平台——妇女之家“恋恋吧”。全年成功组织15场互动活动，成功为新区青年提供轻松、健康的交友平台。

天元区2016年民生100工程汇总表

表1

天元区	序号	考核指标	指标任务	目标任务	累计完成	完成年度目标（%）
一、就业增收工程	1	▲新增城镇就业	50000人	4800人	4831	100.6
	2	实现“零就业家庭”动态援助	100%	100%	100	100
	3	新增农村劳动力转移就业	15000人	270人	342	126.7
	4	创业培训	5000人	210人	210	100
	5	扶持高校毕业生微创业	200名	30名	35	117
	6	新型职业农民培育	待定	待定	做好对接	—
	7	创业扶持城乡残疾人	100名	10名	10	100
	8	残疾人职业技能和实用技术免费培训	1000名	80名	90	112.5
	9	扶持农机专业合作组织	50家	3家	3	100
二、社会保障工程	10	提质升级就业创业保障平台	100个	20个	20	100
	11	新增企业养老保险参保人数	30000人	2700人	3800	140.7
	12	▲新增养老服务床位	1371张	待定	205	100
	13	新建和改扩建农村敬老院	10所	1所	1	100
	14	推进居家养老示范点建设	10个	1	1	100
	15	确保农村五保户年分散供养标准	不低于3600元/年	5000元/年	5490	109.8
	16	确保城区城镇人均最低生活保障线标准	不低于450元/月	—	—	—
	17	确保全市城镇低保人均救助水平	不低于299元/月	330元/月	331.5	100
	18	确保农村低保人均救助水平	不低于112元/月	130元/月	139.8	100
	19	百岁老人生活补助标准	提高至每人每月500元	500元/月/人	500	100

续表 1

天元区	序号	考核指标	指标任务	目标任务	累计完成	完成年度目标（%）
二、社会保障工程	20	支持社会组织参与社会管理和服务项目	10个	待定	做好对接	—
	21	新建军人服务中心	10个	1个	1	100
三、素质提升工程	22	向民办幼儿园购买普惠服务工程	公办园和普惠性民办园在园幼儿数占在园幼儿总数的比例达到65%	65%	65	100
	23	村小资源普惠工程	系统制作、遴选和购买覆盖村小学学情的各年级各学科的系统资源1000条；村小资源应用能力培训教师300名；利用资源开课率达30%，教师应用资源进行教学达50%	1.教师参与资源应用能力培训率达到100%；2.教师利用资源组织教学率达40%以上，教师资源应用率50%以上；3.开发、遴选、购买和推送村小资源300条	培训率100%；应用率60%；推送资源500条	100
	24	全面改善农村贫困地区义务教育薄弱学校基本办学条件	新建改造校舍8万平方米，添置图书7万册，计算机1000台，课桌椅2000套，学生用床1000套，教学仪器设备1000万元	1所学校，投资47万元	1所	100
	25	资助家庭经济困难学生	32000人	300人	698	232.7
	26	市特殊教育学校搬迁扩建项目建设	完成投资2500万元；完成项目部分建筑主体工程和部分室外工程	—	—	—
	27	株洲市示范性综合实践基地建设	完成投资2600万，完成现址剩余50%的土建工程量，现址全部完工；新增地块土地调规完成后启动建设；完成现址室外工程（道路、绿化、管网、景观）	3月份完成代征地交地及维护施工周边环境	已交地及维护施工环境	100
	28	创建市级示范“妇女之家”	10个	1个	1	100
	29	建设职工之家示范基地	10个	—	—	—
	30	▲ 建设基层综合文化服务中心	18个	—	—	—
	31	市、县两级完成公益演出	672场	—	—	—
	32	城市免费放映公益电影	500场	—	—	—
	33	农村免费放映公益电影	18900场	516场	540	100

续表 1

天元区	序号	考核指标	指标任务	目标任务	累计完成	完成年度目标(%)
三、素质提升工程	34	公共体育场馆免费开放	接待20万人次	—	—	—
	35	市图书馆神农大讲坛举办讲座	40场	—	—	—
	36	神农大剧院正式开放	10月前开放	—	—	—
	37	举办市民艺术大课堂	免费培训5000人次	—	—	—
	38	地面无线数字电视公益覆盖工程	市区基本覆盖	—	—	—
	39	▲直播卫星户户通	41660户	2200户	2200	100
	40	建设“三个中心”（青少年活动中心、妇女儿童活动中心、老年活动中心）	完成投资1.5亿元；完成妇女儿童活动中心建设	协助项目征地拆迁	进行中	100
四、全民健康工程	41	市妇幼保健院整体搬迁改扩建项目	完成投资1.0581亿元；完成整体搬迁改扩建项目一期工程量的90%	—	—	—
	42	开展临床医学重点专科建设三年行动计划	完成第三阶段任务	—	—	—
	43	启动株洲市居民健康疾病谱调查，绘制全市居民疾病病谱基线图	汇总分析各地收集数据，绘制全市居民疾病病谱基线图	1. 收集辖区内居民住院信息并分析；2. 开展社区卫生诊断	已完成3726户	100
	44	建设全民健身路径工程	40个	—	—	—
	45	举办体育免费培训班	8000人次以上	—	—	—
五、安居宜居工程	46	▲农村危房改造	5700户	—	—	—
	47	▲城市棚户区改造	17056户	2329户	1915	82.2
	48	发放低收入住房困难家庭租赁补贴	5000户	—	—	—
	49	房屋维修资金使用	根据实际选择维修10个符合维修资金使用条件必须维修的商品住宅小区	—	—	—
	50	解决房屋登记办证遗留问题	3000户	201户	358	178
	51	新增住房公积金建制人数	14000人	3000人	6550	218
	52	新建改造市政燃气管网	80公里	—	—	—
	53	▲新增管输天然气用户	35000户	—	—	—
	54	市本级污水处理率	达到94.5%	—	—	—
	55	各县污水处理率	达到90%	—	—	—

续表 1

天元区	序号	考核指标	指标任务	目标任务	累计完成	完成年度目标(%)
五、安居宜居工程	56	完成枫溪污水处理厂主体建设	—	—	—	—
	57	新建改造城区供水管网	28公里	—	—	—
	58	▲县以上城镇市政管网水水质达到《生活饮用水卫生标准》(GB5749－2006)要求	5县市	—	—	—
	59	建设街旁游园、社区游园	10个	2个	2	100
	60	完善神农生态带建设	1.完成投资额1000万元;2.完成规划设计、工程招投标;3.完成二、三号地块征地拆迁;4.启动"三中心"、"创业广场"周边绿化景观建设	6月完成二、三号地块征地拆迁,并启动神农城景观提质	进行中	100
	61	完成迎宾大道绿化景观建设	完成投资2400万元	—	—	—
	62	提质石峰公园景观、设施建设	1.完成投资额1700万元;2.完成红叶枫香林建设;3.完成樱花园建设	—	—	—
	63	启动南郊垃圾填埋场封场和备用垃圾填埋场建设	—	—	—	—
	64	县以上城镇生活垃圾无害化处理率	达到100%	达到100%	100	100
	65	城区路灯节能改造	30000盏高压钠灯改造成LED路灯	待定	做好对接	—
	66	城区新建移动公共厕所	10个	—	—	—
	67	小型病险水库除险加固	18座	—	—	—
	68	解决农村人口饮水安全问题	166600人	—	—	—
	69	▲农村自来水建设普及率	达到76%	达到76%	达标	100
	70	加强湘江株洲城区段规范化管理	建设3个砂石转运基地	1个	1	100
	71	▲建设美丽乡村示范村	8个	1个	1	100
	72	淘汰黄标车	3680辆	—	—	—
	73	▲行政村配电网改造	30个	—	—	—
六、畅通出行工程	74	▲农村公路提质改造	430公里	待定	11	100
	75	▲完成普通公路安保设施建设	450公里	待定	0.52	100
	76	完成危桥改造	30座	待定	—	100
	77	实施渡改桥建设	4座	待定	做好对接	—
	78	建成农村客运招呼站	160个	12个	12	100

续表 1

天元区	序号	考核指标	指标任务	目标任务	累计完成	完成年度目标(%)
六、畅通出行工程	79	启动株洲西客运枢纽站建设	启动建设	配合建设	配合建设	100
	80	新增公交线路1条，优化调整公交线路4条，新增公交站点10个	—	—	—	—
	81	建成公交充电桩	20个	—	—	—
	82	新增新能源电动出租车	100台	—	—	—
	83	完成金山基地加油站、修理厂建设	—	—	—	—
	84	建设机动车登记服务站	4个	—	—	—
七、安全保障工程	85	▲新增社会治安视频监控摄像头	900个	200个	305	152.5
	86	建设治安岗亭(警银亭)	33个	5个	7	140
	87	▲建设社区矫正中心	5个	1个	1	100
	88	农产品标准化基地建设	累计达到70个	6个	6	100
	89	年抽检农产品	11万批次以上	4000批次	4934	123.4
	90	蔬菜等主要农产品检测合格率	达到97%以上	达到97%以上	100	100
	91	“三品一标”农产品总数	达到330个以上	11个	11	100
	92	蔬菜基地提质增效	5000亩	600亩	645	108
	93	建设农产品追溯系统	5个	1个	1	100
	94	提质改造城区农贸市场	40个	待定	做好对接	—
	95	新增放心粮油示范网点	50个	1个	1	100
	96	深入开展食品药品专项整治活动，确保食品药品安全	深入开展食品药品专项整治活动，确保食品药品安全	进行中	达到进度	—
	97	建成食品检验检测中心，构建快速检验检测体系	—	—	—	—
	98	完成农村中、小学校舍防雷工程	71所	5所	配合市气象局做好相关工作	100
	99	建设病死畜禽无害化处理中心(点)	13个	1	指标已取消	—
八、扶贫解困工程	100	劳动模范和先进工作者低收入补助和特困救助项目	—	—	—	—
	101	职工医疗互助项目	职工住院医疗互助项目参加人数110000人	4000人	4239	106
			女职工特殊疾病保障项目参加人数45000人	2000人	2989	149

续表 1

天元区	序号	考核指标	指标任务	目标任务	累计完成	完成年度目标(%)
八、扶贫解困工程	102	帮扶救助困难职工	1万人次	300人	377	126
	103	▲帮助残疾儿童实施抢救性康复	235名	20名	26	130
	104	政府城区范围内购买残疾人居家托养服务	600名	150	150	100
	105	完成智力、精神及重度肢体和视力残疾人的托养服务	1070名	—	—	—
	106	为残疾人提供辅助器具	900件	68件	162	238.2
	107	完成贫困残疾人家庭无障碍设施改造	80户	15户	19	126.7
	108	▲救治救助贫困重性精神疾病患者	660人	40人	56	140
	109	▲改扩建精神卫生服务机构	1家	—	—	—
	110	▲农村适龄妇女(35－64岁)“两癌”免费检查	76120人	—	—	—
	111	▲实现贫困人口脱贫	49800人	—	—	—
	112	驻村帮扶贫困村	44个	—	—	—
	113	为贫困户发放小额信贷	5000万元	—	—	—
	114	为困难群众实施法律援助	2000件	185件	283	153

说明：带“▲”的为省实事考核指标

株洲高新区工委·天元区委

【概述】 2016年是换届之年，也是实施“十三五”规划和全面建成小康社会决胜阶段的开局之年。中共株洲高新区工委、天元区委坚持“凝聚中国动力、建设幸福天元”的工作主题，以打造中国动力谷为中心，全面实施创新驱动、四化同步、绿色发展，共建共享四大发展战略，全区经济社会继续保持了持续健康发展。株洲高新区在全国115个国家高新区和苏州工业园(116个单位)综合排名中，株洲高新区排名第28位；株洲高新区入选长江经济带国家级转型升级示范开发区；在2016年度中国中小城市新型城镇化质量百强区评选中，天元区位列第85位；荣获国家高端装备制造业标准化试点、国家科技服务业区域试点、国家级科技企业孵化器、国家级众创空间国字号牌；创建省创新创业带动就业示范区；在130家国家高新区门户网站中，株洲高新网位列第29名，获得园区宣传领先奖的单项大奖。专利申请量、授权量连续四年位居全市第一；荣获全省社会管理综合治理先进区。继续保持省委、省政府授予的省级文明城区称号；继续保持全国义务教育发展基本均衡县市称号；连续8年保持全省平安区称号；连续20年荣获湖南省计划生育优秀区称号。

综合实力继续领跑。 株洲高新区地区生产总值从2015年的665亿元增长到2016年的722亿元，增长8.5%。天元区地区生产总值、工业总产值、财政收入分别从2015年的268.4亿元、333亿元、60.1亿元增长到2016年的300.9亿元、414亿元、70.1亿元，分别增长10.8%、23.7%、9.6%；固定资产投资登上400亿元台阶，总量全市第一；一般公共预算收入突破70亿元，税收占比、地方税收占比位居全省前列。

发展动能加速转换。 全面推进国家自主创新示范区建设，全力打造株洲•中国动力谷，全年投入园区产业创新发展资金4.28亿元。新增7个国家级创新创业平台，汽车产业、电子信息产业对规模工业增长贡献率超过50%，成为带动全区工业经济增长的火车头。全年新增规模以上企业18家，新增销售收入过100亿元企业1家、过30亿元企业1家、过10亿元企业1家、过亿元企业8家。

园城拓展加快推进。 全年平整园区土地243.73公顷，新增道路19公里，开发商业土地73.33公顷。高科集团资产规模达到374亿元，形成土地一级开发、二级开发、园区综合服务三大业务平台；天易集团资产规模扩展到320亿元，成为城市建设和园区开发的生力军；全年新签项目22个，其中亿元以上项目16个，实际利用外资3亿美元，内资53.8亿元，总量均为全市第一。深入开展“大干一百天、全力保投资”活动，44个重点项目完成投资156.5亿元，为年计划的117%；累计签字1255户，拆房1314栋，交地61宗，交地面积539.47公顷。全年重点项目开工19个、竣工9个。园区“146”工程标准厂房两年建成面积178万平方米，引进企业520家，租售率达到85%。

体制改革全面深化。 在项目引进方面，理顺产业招商和投资促进机制，成立6个产业促进组，建立“八个一”工作机制，以专业化、精细化强力推进产业招商；在项目落地方面，坚持阳光拆迁，深入开展“两个年”活动，有效解决一批历史遗留问题；在开发建设方面，进一步厘清园区开发建设体制，成立管理协调决策委员会，赋予高科、天易、保障住房公司完全市场主体地位，三家平台公司加快转型升级；项目服务方面，完善招商项目跟踪落地机制，从项目洽谈、跟踪、签约、建设直至投产，实行一条龙服务，促成项目早落地、早开工、早建设、早见效。

民生福祉不断改善。 民生支出占一般公共预算支出的70%，在全面建成小康社会的基础上，各项指标进一步巩固优化，全面或超额完成“民生100”工程各项目标，小康实现率有望达到95.5%，比上一年进一步提升。城镇登记失业率2.5%；完善城乡居民大病保险制度，城乡居民养老金标准全市最高。

建设26个农村幸福院，新建雷打石镇敬老院、改建三门镇敬老院，累计建成17个省级居家养老示范点，组建5支驻村帮扶队，使茶陵县5个村脱贫摘帽步伐明显加快。加大教育基础投入，新马学校主体工程建成，尚格学校启动建设。落实大城管格局，建立起城乡统一的城市管理模式，完成23个老旧小区提质改造，建设5座农村垃圾直运站，在全市率先实现城乡生活垃圾处理一体化。

党的建设全面提升。围绕“四个全面”战略布局，牢固树立和贯彻五大发展理念，认真学习贯彻党的十八届六中全会精神，落实全面从严治党要求，以“党建领航”为主题，深入开展“两学一做”学习教育，严明换届纪律，营造良好政治生态，圆满完成区、镇两级党委、人大、政府、政协领导班子换届。全面落实党风廉政建设主体责任和监督责任，贯彻执行《条例》和《准则》，坚持把纪律挺在前面，认真落实意识形态工作责任制，党员干部的“四个意识”进一步增强，工作作风进一步改进。

【“中国动力谷国家战略课题”系列活动】 4月27日，中国动力谷战略研究课题签约仪式在株洲高新区管委会会议中心多媒体厅隆重举行。国务院发展研究中心学术委员会副秘书长，中国经济时报社社长、总编辑刘守英和株洲高新区管委会主任李智分别签署战略合作协议及研究课题合同。副市长何剑波，高新区工委书记、天元区委书记谢高进，高新区管委会主任李智，天元区区长董巍参加签约仪式。

10月19日，来自国务院发展研究中心、中国社科院、中国航空研究院、中国经济时报社的众多专家齐聚株洲高新区，正式启动“株洲 · 中国动力谷”国家战略课题研究。国务院发展研究中心党组成员、办公厅主任、研究员、中国动力谷国家战略课题研究组组长余斌，高度肯定了株洲市建设中国动力谷的战略意义。省十一届人大常委会党组副书记、副主任陈叔红，市委书记毛腾飞参加开题启动专家研讨会。

12月26—27日，来自国务院发展研究中心一行14位专家组团到株调研中国动力谷建设情况，市政府副秘书长周南洋在高新区主持专题讨论会，市、区各部门共同推动中国动力谷国家战略课题研究，为动力谷的发展再次群策群力，献智献计。（徐　芳）

【举行海内外专家走进动力谷交流活动】 10月25日，“湖南留学报国助力‘十三五’——海内外专家走进中国动力谷”大型人才、技术、项目、投资交流活动开幕式在株洲高新区举行。全国人大常委会委员、全国人大外事委员会副主任委员、欧美同学会（中国留学人员联谊会）副会长曹卫洲，省委常委、省委统战部部长黄兰香，湖南省政协副主席、湖南欧美同学会•湖南留学人员联合会会长张大方，株洲市委书记毛腾飞等领导出席并发表讲话。中国工程院院士刘友梅，省委统战部副部长胡东风，市领导何剑波、羊贵平，高新区管委会主任李智、天元区委书记周建光、天元区区长董巍参加活动。知名专家、学者、投资人和企业代表150余人参加交流活动。

【周伯华到新区开展专题考察】 11月8日－9日，全国政协常委、经济委员会主任周伯华率考察组，就“打造动力制造聚集区”来新区开展专题考察。全国政协经济委员会副主任闫冰竹、岳福洪，省政协副主席杨维刚、张大方、葛洪元，市委书记毛腾飞，市委副书记、市长阳卫国，市领导雷绍业、黄曙光、何剑波、羊贵平、毛朝晖，株洲高新区管委会主任李智，天元区委书记周建光陪同考察和座谈。

【2016年区委常委会议及重大决策】 1－12月，株洲高新区党工委、天元区委共召开工委委员会议、区委常委会议18次。1月19日，研究通过《株洲高新区、天元区国民经济和社会发展第十三个五年规划纲要》，强调要更好地处理好发展数量和质量的

问题，把更多地成效体现在发展质量上。3月8日，研究行政区划调整工作，同意栗雨街道析置马家河街道的方案安排。3月25日，研究通过《天元区与茶陵县结对帮扶扶贫工作方案》，强调驻村帮扶工作队要严格按照市委、市政府扶贫攻坚暨全面建成小康社会推进工作会议精神，在茶陵县委、县政府的统一领导下，认真研究5个村的发展问题，确保结对帮扶工作取得成效。4月11日，研究通过《株洲市天元区“基层党建提升年”活动实施方案》和“领导联点、部门联村联系安排表”。5月12日，研究中国动力谷自主创新园建设，决定中国动力谷自主创新园二期项目建设资金由管委会分十年回购完毕，2016年安排启动资金4000万元；研究通过《天元区创建国家公共文化服务体系示范区工作实施方案》和《关于加快构建现代公共文化服务体系，建设“文化强区”的实施意见》。5月29日，研究通过《天元区第五次党代会工作方案》《中国共产党株洲市天元区第四届委员会第九次全体会议关于召开中国共产党株洲市天元区第五次代表大会的决议》，会议强调中国共产党株洲市天元区第五次代表大会是2016年全区政治生活的一件大事，要按照绘出好蓝图、选出好干部、配出好班子、换出好面貌的要求，切实做好换届工作。7月13日，会议传达学习《习近平在庆祝中国共产党成立95周年大会上的讲话》和《中国共产党地方委员会工作条例》，要求加强换届风气监督工作。7月30日，审议《天元区出席中国共产党株洲市第十二次代表大会代表候选人推荐人选名单》，审查区党代表资格。9月2日，听取高科集团、天易集团重点项目建设工作，强调高科集团要把土地报批作为一件大事来抓，制定土地报批五年计划；要把土地出让作为一件中心工作来抓，力争2016年土地出让收入不少于10亿元；要加快四大百亿工程项目的基础设施建设，年底前要明确启动的项目；会议要求自主创业园要加快基础设施建设，争取年底前有新的面貌；月塘生态新城要加快道路、绿化等建设，力争年底前举行通车仪式；要加快湘水湾片区、神农城片区商业用地开发，制定具体的计划方案，尽快启动。9月9日，通过《天元区党政机关公务用车制度改革总体方案》和《天元区党政机关涉改车辆处置方案》，听取并同意区第五次党代会筹备工作。9月14日，学习研究全省非公有制经济组织和社会组织党建工作座谈会暨园区党建工作推进会，同意成立“两新”组织党建工作小组，领导全区“两新”组织党建工作。9月23日，通过《株洲市天元区区、镇两级人大换届选举工作方案》。9月28日，商议北汽二工厂、长城电脑项目有关工作，强调要按照市委、市政府的要求，由区长董巍牵头做好调度，完善手续，签订协议，加快进度，高科集团、天易集团尽快完成北汽二工厂、长城电脑有关承诺事项。10月26日，通过《关于开展“马上就办、真抓实干”活动的实施方案》、《天元区项目建设大督查实施方案》《2016年株洲高新区、天元区事业单位公开招聘工作人员实施方案》以及《株洲市天元区2016年公开遴选工作人员工作方案》。11月22日，通过区人大常委会党组关于区五届人大一次会议的相关工作安排和区政协党组关于区政协五届一次会议的相关工作安排。12月2日，通过《天元区关于进一步加强和改进离退休干部工作的实施意见》和《关于省、市、区党代会会议精神贯彻落实的工作责任分解方案》。12月26日，通过“全区2017年重点项目汇总表”，强调要高度重视项目工作，争取更多的项目列入市级重点项目，有效推动全区项目建设，会议同意《株洲市天元区村镇建设开发集团有限公司组建方案》，决定将每年财政预算内安排的项目建设资金（除高科、天易外）作为注册资本逐年注入保障住房公司，由公司负责项目建设或委托相关建设单位建设。12月30日，传达学习省委、市委经济工作会议精神，通过了《株洲高新区（天元区）配售电体制改革（试行）实施方案》。

（杨益军）

【领导到访与接待】 1月6日，市委书记贺安杰到新区检查考核2015年度党风廉政建设“两个责任”落实情况。高新区工委书记、天元区委书记谢高进，高新区管委会主任李智，天元区区长董巍参加汇报会。1月8日，市委副书记、市长毛腾飞来新区调研，就株洲市《政府工作报告》和“十三五”规划纲要征求意见和建议，并与城市4区及云龙示范区负责人和部分市人大代表、政协委员进行座谈。市委常委、常务副市长赵文彬，高新区管委会主任李智，天元区区长董巍参加座谈。2月23日，副市长谭可敏率市财政局、市住建局、市城管局等部门负责人到新区调研城市建设、城市管理及征地拆迁等工作。高新区管委会主任李智，天元区区长董巍陪同调研。2月29日，市委常委、常务副市长赵文彬率市发改、财政、国土、规划、住建、园林等有关部门，对新区项目建设进行专题调研。高新区管委会主任李智，天元区区长董巍陪同调研。3月20日，广西壮族自治区柳州市委书记、市人大常委会主任郑俊康，市委副书记、市长吴炜率该市党政代表团来到新区考察。市委副书记、市长毛腾飞，市委副书记阳卫国，市领导何剑波、谭可敏，天元区区长董巍陪同考察。3月30日，国内首款量产纯电动SUV－EX200在北汽株洲基地下线，副市长何剑波，高新区工委书记、天元区委书记谢高进，高新区管委会主任李智，北京汽车常务副总裁李继凯，北京汽车执行副总裁邬学斌参加下线仪式。4月16—18日，市委书记毛腾飞，市委副书记、代市长阳卫国率市级领导、各县市区党政负责人、市直相关部门负责人，以现场观摩会的形式，对“项目攻坚年”活动中的重点项目进行集中“大检阅”。高新区工委书记、天元区委书记谢高进，高新区管委会主任李智，天元区区长董巍参加活动。4月18日，国家发改委原副主任、全国政协委员、北京大学教授徐宪平到区调研项目建设。市领导杨玉芳、王建敏，高新区工委书记、天元区委书记谢高进陪同调研。4月28日，市委常委、常务副市长赵文彬率市财政、发改、国土、规划、住建等部门专题调研株洲汽车博览园项目。高新区工委书记、天元区委书记谢高进，高新区管委会主任李智，天元区区长董巍陪同调研。5月10日，天元区区长董巍率相关部门负责人到各镇、街道一线督查防汛抗旱工作。5月16日，万丰湖生态景观工程正式开园。市委书记毛腾飞，市委副书记、代市长阳卫国，市领导刘力量、黄曙光、刘光跃、周晓理，高新区工委书记、天元区委书记谢高进，高新区管委会主任李智，天元区区长董巍参加开园仪式。6月12日，市委副书记、市长阳卫国到北汽株洲分公司现场调研。副市长何剑波，高新区管委会主任李智陪同调研。6月21日，省委常委、省委组织部部长郭开朗到新区调研党的建设和人才工作。市委书记毛腾飞，市委副书记、市长阳卫国，市领导彭爱华、周晓理、邓尚文，高新区工委书记、天元区委书记谢高进陪同调研。6月24日，省委常委、常务副省长陈向群到新区看望慰问困难党员。市委书记毛腾飞，市委副书记、市长阳卫国，市领导赵文彬、彭爱华、周晓理，高新区管委会主任李智，天元区区长董巍陪同看望慰问。6月28日，市委副书记、市长阳卫国到新区走访慰问两位基层党员。高新区工委书记、天元区委书记谢高进，天元区区长董巍陪同走访慰问。6月29日，汽车博览园的核心项目之一——株洲·汽车展示交易综合平台正式开工。市委副书记、市长阳卫国，高新区管委会主任李智，天元区区长董巍参加开工仪式。7月26日，株洲首个智能立体停车场项目开工建设。高新区工委书记、天元区委书记谢高进，高新区管委会主任李智出席开工仪式。7月27日，湖南振邦氢能科技有限公司签约落户新区，将在中国动力谷自主创新园建设金属双极氢燃料电池产业化项目，高新区管委会主任李智参加签约仪式。7月29日，上海临港经济发展（集团）有限公司副总裁、上海机动车检测认证技术研究中心有限公司董事长朱伟强一行到新区参观考察并签署战略合作协议。市委副书记、市长阳卫国，市领导何剑波、杨胜跃，高新区工委书记、天元区委书记谢高进，高新区管委会主任李智，天元区区长董巍参加签约仪式。8月11日，珠海亿华电动车辆有限公司签约入驻新区。高新区管委会主任李智参加签约仪式。8月22日，市委副书记、市长阳卫国到新区调研指导“两学一做”学习情况。高新区管委会主任李智，天元区委书记周建光，天元区区长董巍陪同调研。8月29日，市委书记毛腾飞到新区三门镇响水村进行调研。市领导杨玉芳、周晓理，天元区委书记周建光，天元区区长董巍陪同调研。9月9日，天元区委书记周建光率相关部门，深入学校，看望慰问工作在一线的教师。9月26日，株洲松和设备生产基地建设项目奠基开工。市领导何剑波、贺夏盛，高新区管委会主任李智、天元区委书记周建光出席开工仪式。10月9日，天元区委书记周建光、天元区区长董巍携新一届区委班子看望慰问离退休老干部。10月12日，市委书记毛腾飞到新区调研社区工作，督查计生工作，宣讲市第十二次党代会精神，并以党代表的身份到党代表工作室接待党员、群众，听取意见建议。市领导彭爱华、毛朝晖、谭可敏，天元区委书记周建光、天元区区长董巍陪同调研。10月12日，国网湖南省电力公司副总经理、党组成员孙超武一行到新区调研电网建设情况。高新区管委会主任李智、天元区区长董巍陪同调研。10月21日，娄底市委常委、组织部部长华学建一行到新区考察基层组织建设和人才工作。市委副书记雷绍业、市委常委、组织部部长彭爱华，天元区委书记周建光、天元区区长董巍陪同考察。11月2日，市委书记毛腾飞到新区调研株洲•中国动力谷建设。市领导雷绍业、黄曙光、何剑波、毛朝晖、羊贵平，高新区管委会主任李智、天元区委书记周建光、天元区区长董巍陪同调研。11月6日，株洲高科集团与北京法政集团签署协议，合作开发湖南王府国家学校项目。市委常委、市委秘书长、副市长毛朝晖，高新区管委会主任李智，天元区区长董巍，法政集团王府学校董事长王广发出席签约仪式。11月10日，市委常委、市纪委书记赖馨正到新区调研。高新区管委会主任李智、天元区委书记周建光陪同调研。11月23日，市委常委、市委宣传部部长聂方红来新区调研意识形态和宣传思想文化工作。天元区委书记周建光、天元区区长董巍陪同调研。11月25日，天元区委书记周建光、天元区区长董巍带队督查征地拆迁工作。11月30日，省委第八巡视组原组长郭树人到新区调研党建工作。市委常委、市委副书记雷绍业，市委常委、市委组织部部长彭爱华，天元区委书记周建光陪同调研。12月2日，市委宣讲团成员、市委讲师团副调研员、副教授周穆庚到新区作学习贯彻党的十八届六中全会精神宣讲报告。高新区管委会主任李智，天元区委书记周建光，天元区区长董巍参加学习活动。12月16日，湖南亿华新能源车辆有限公司电动环卫车生产线项目竣工投产。高新区工委副书记、天元区委书记周建光，天元区区长董巍参加竣工仪式。12月18日，市委副书记、市长阳卫国率队到新区调研，看望基层市人大代表、政协委员，面对面听取对《政府工作报告(征求意见稿)》的意见和建议，研究经济发展有关工作。副市长候选人提名人选何朝晖主持调研座谈会，高新区工委副书记、天元区委书记周建光，天元区区长董巍参加调研。12月23日，新区一批项目集中开、竣工。市人大副主任候选人提名人选、高新区管委会主任李智，副市长谭可敏，副市长候选人提名人选何朝晖，高新区工委副书记、天元区委书记周建光，天元区区长董巍参加相关活动。

【重要会议活动】 1月6日，工委、区委领导班子“三严三实”专题民主生活会召开。市委书记贺安杰全程参与指导。高新区工委书记、天元区委书记谢高进，高新区管委会主任李智，天元区区长董巍参加会议。1月21日，工委工作会议、区委四届八次全体（扩大）会议暨工委、区委经济工作会议召开。高新区工委书记、天元区委书记谢高进，高新区管委会主任李智，天元区区长董巍参加会议。1月21日，天元区老干部新春座谈会召开。高新区工委书记、天元区委书记谢高进，高新区管委会主任李智，天元区区长董巍参加座谈会。1月22日，天元区发放第二批特殊救助金143万余元。高新区工委书记、天元区委书记谢高进，天元区区长董巍参加发放仪式。1月26—29日，天元区四届人大五次会议召开。高新区工委书记、天元区委书记谢高进，高新区管委会主任李智，天元区区长董巍参加会议。1月26—27日，天元区政协四届五次会议召开。高新区工委书记、天元区委书记谢高进，高新区管委会主任李智，天元区区长董巍参加会议。2月25日，财税工作会议召开。高新区工委书记、天元区委书记谢高进，高新区管委会主任李智，天元区区长董巍参加会议。3月18日，征拆、控违治违总结表彰暨工作动员大会召开。高新区工委书记、天元区委书记谢高进，天元区区长董巍参加会议。3月30日，加强换届风气监督工作视频会议召开。高新区工委书记、天元区委书记谢高进，高新区管委会主任李智，天元区区长董巍参加会议。4月8日，全区党务工作会议召开。高新区工委书记、天元区委书记谢高进，高新区管委会主任李智，天元区区长董巍参加会议。4月7日，“项目攻坚年”启动会议召开。高新区工委书记、天元区委书记谢高进，高新区管委会主任李智，天元区区长董巍参加会议。4月7日，“企业帮扶年”动员大会召开。高新区工委书记、天元区委书记谢高进，高新区管委会主任李智，天元区区长董巍参加会议。4月13日，2016年卫生和计划生育工作会议召开。天元区区长董巍参加会议。4月13日，财政系统工作会议召开。天元区区长董巍参加会议。5月13日，“两学一做”学习教育工作部署会召开。高新区工委书记、天元区委书记谢高进，高新区管委会主任李智参加会议。5月23日，“企业帮扶年”活动工作调研会召开。高新区管委会主任李智参加会议。5月29日，高新区、天元区开展“两学一做”学习教育第一次专题学习讨论，高新区工委书记、天元区委书记谢高进主持并带头作了学习发言。高新区管委会主任李智，天元区区长董巍参加专题学习讨论。5月31日，区工商联（总商会）第五次代表大会召开。高新区工委书记、天元区委书记谢高进，高新区管委会主任李智，天元区区长董巍参加会议。6月29日，庆祝中国共产党建党95周年大会召开。高新区工委书记、天元区委书记谢高进，高新区管委会主任李智，天元区区长董巍参加会议。7月19日，城市公共文明指数测评迎检部署会召开。天元区区长董巍出席会议。7月26日，深化公务卡改革、规范财政财务管理专题培训会议召开。天元区区长董巍参加会议。7月30日，工委、区委领导班子专题民主生活会召开。高新区工委书记、天元区委书记谢高进，高新区管委会主任李智，天元区区长董巍参加会议。7月30日，高新区、天元区开展“两学一做”学习教育第二次专题学习讨论。高新区工委书记、天元区委书记谢高进带头作了学习发言，高新区管委会主任李智，天元区区长董巍参加专题学习讨论。8月17日，领导干部大会召开。任命周建光为天元区委书记，谢高进不再担任天元区委书记。8月29日，“大干一百天、全力保投资”动员大会召开。高新区工委书记谢高进、高新区管委会主任李智、天元区委书记周建光、天元区区长董巍参加会议。9月8日，房地产企业座谈会召开。天元区区长董巍参加会议。9月19日，中国动力谷建设与发展专家座谈会召开。高新区管委会主任李智、天元区委书记周建光、天元区区长董巍参加会议。9月19日，区委四届十一次全体（扩大）会议召开。高新区管委会主任李智，天元区委书记周建光，天元区区长董巍参加会议。9月19日，区纪委四届七次全体（扩大）会议召开。区委书记周建光参加会议。9月20日—22日，天元区第五次党代会召开。高新区工委书记谢高进、高新区管委会主任李智出席会议。开幕式上，天元区委书记周建光作区委工作报告，天元区区长董巍主持。10月11日，天元区就贯彻党的十八大精神和习近平总书记系列讲话精神进行专题学习。天元区委书记周建光、天元区区长董巍参加。10月21日，全区经济形势分析暨项目建设工作调度会召开。天元区委书记周建光、天元区区长董巍参加会议。10月27日，区、镇人大换届选举工作座谈会召开。天元区委书记周建光参加座谈会。11月1日，召开学习宣传贯彻十八届六中全会精神专题会议，部署全区学习全会精神相关事宜。天元区区长董巍参加会议。11月7日，“10月全区征拆征收与控违治违工作讲评会”召开。征拆征收与控违治违10月工作讲评会召开。天元区委书记周建光、天元区区长董巍参加讲评会。11月22日，高新区、天元区举行工委、区委中心组学习，传达学习省第十一次党代会精神。省党代表、天元区委书记周建光，天元区区长董巍参加学习。11月22日，高新区、天元区围绕“讲奉献、有作为”主题，开展“两学一做”学习教育第四次专题学习讨论。天元区委书记周建光、天元区区长董巍参加学习讨论。12月2日，建设全国文明城市工作推进会召开。高新区管委会主任李智，天元区委书记周建光，天元区区长董巍出席会议。12月2日，第四届道德模范表彰会召开。高新区管委会主任李智，天元区委书记周建光，天元区区长董巍出席会议。12月7日，“11月全区征拆征收与控违治违工作讲评会”召开。天元区区长董巍参加讲评会。12月8日，党政机关公务用车制度改革动员大会召开。天元区区长董巍参加会议。12月16日，中国动力谷产业促进大会召开。高新区管委会主任李智，高新区工委副书记、天元区委书记周建光，天元区区长董巍参加会议。

【重要出访】 3月9—11日，高新区管委会主任李智率团赴深圳分别考察深圳市鑫迪科技有限公司、深圳华加日铝业有限公司、深圳市思榕科技有限公司，就在高新区所投资的项目建设方面的事宜进行沟通。3月14日，市委书记贺安杰，高新区管委会主任李智，赴上海城投（集团）有限公司、上海三湘投资控股有限公司、上海玖信赛事经营管理有限公司、上海笔克集团，与上海湖南商会企业家、株洲籍企业家座谈交流并对接汽车赛事等项目。3月15日，高新区管委会主任李智率团赴上海国泰君安国悦君安并购投资基金国信君安创业投资基金，与该公司探讨合作设立产业扶持基金及创业投资基金的可能性。3月16日，高新区管委会主任李智率团分别赴上海健乐颐养园与绿城乌镇雅园，考察健康养老产业。3月17日，高新区管委会主任李智率团分别赴杭州西子石川岛停车设备有限公司与杭州西奥电梯有限公司，探讨智能立体停车场的合作模式。3月18日，高新区管委会主任李智率团赴华仪环保有限公司考察。4月16—17日，第十四届中国国际人才交流大会在深圳会展中心举行。市委常委、组织部部长、统战部部长彭爱华，高新区管委会主任李智参加大会。在大会上，高新区举行了中国动力谷项目对接推介会，重点推介了中车株机、中车株洲所、山河科技3家企业，同时与香港发明创新总会等3家企业和科研机构“联姻”。中组部副部长、人力资源和社会保障部部长尹蔚民视察中国动力谷展厅并予以点赞。5月9—10日，高新区管委会主任李智率团赴东莞光智通讯科技有限公司，就光电收发器产业项目进行考察；赴珠海亿华电动车辆有限公司，就城市新能源环卫专用电动车辆项目进行考察。5月24—26日，高新区管委会主任李智率团赴北京康得集团、国新控股集团考察；拜访清华大学自动化系吴澄院士、赴北汽大世汽车系统有限公司、中汽零，就汽车座椅等零部件项目进行考察。5月26日，高新区管委会主任李智率团赴深圳长城电脑配套商招商会，就举办长城伙伴发展计划暨长城电脑株洲基地配套企业招商会对接会。8月15—20日，“2016年湖南（上海）投资贸易洽谈周”在上海举行，株洲高新区组团参加此次活动，共签约10个项目，项目总投资共计33.79亿元人民币、外资5000万美元。副省长何报翔，市委副书记、市长阳卫国，市领导何剑波、杨胜跃，高新区管委会主任李智，天元区区长董巍参加相关活动。11月2日—5日，高新区工委副书记、天元区委书记周建光率团赴深圳麦格米特、德必达光电科技、鑫迪科技、思榕科技、池航科技以及长城电脑进行项目考察。11月26日—12月6日，高新区管委会主任李智率团赴德国参加中小企业经济联合会、丹麦哥本哈根生物科技园、英国全英中国创业发展协会，宣传推介株洲高新区。12月6—9日，高新区工委副书记、天元区委书记周建光带队赴北京、上海等地开展项目对接与招商活动。（徐 芳）

2016年中共株洲高新区工委、天元区委文件目录

表2

序 号	文 号	文件标题
1	株天发〔2016〕1号	印发《关于加快构建现代公共文化服务体系建设“文化强区”的实施意见》的通知
2	株高天委〔2016〕1号	关于成立高科集团、天易集团、保障性住房公司管理协调决策委员会的通知
3	株高天委〔2016〕2号	关于中共株洲高新区、中共株洲市天元区社会组织工作委员会更名的通知
4	株高天委〔2016〕3号	关于成立中共株洲高新区、中共株洲市天元区非公有制经济组织和社会组织工作委员会的通知
5	株高天委〔2016〕4号	关于中共株洲高新区、中共株洲市天元区非公有制经济组织工作委员会更名的通知
6	株高天委〔2016〕5号	关于成立中共株洲高新区、中共株洲市天元区园区企业综合委员会的通知
7	株高天委〔2016〕6号	关于成立中共株洲市天元区民办教育机构综合委员会的通知
8	株高天委〔2016〕7号	关于成立中共株洲高新区、中共株洲市天元区离退休干部工作委员会的通知
9	株天委〔2016〕1号	关于成立区委网络安全和信息化领导小组的通知
10	株天委〔2016〕2号	关于成立天元区区、镇两级人大换届选举工作领导小组的通知
11	株天委〔2016〕3号	关于成立天元区政协换届选举工作领导小组的通知
12	株天委〔2016〕4号	关于印发《区委书记、副书记、常委工作分工》的通知
13	株天委〔2016〕5号	关于成立区人大、区政府、区政协领导班子换届工作领导小组的通知

（徐 芳）

株洲高新区工委、天元区委办公室

【概况】 中共天元区委办公室加挂政策研究室、保密委员会（株洲市天元区国家保密局）牌子。核定行政编制10名（含工委、区委领导编制），机关后勤服务人员全额事业编制6名。领导和管理的单位中共天元区委党史资料征集办公室，为正科级全额拨款事业单位，核定编制5名。截至2016年，实有在编人员12名。

2016年,工委办、区委办坚持“凝聚中国动力、建设幸福新区”的工作主题,忠诚履职,扎实工作,克服人员力量不足等困难,各项工作得到取得了新的进步,全市党委办公室系统“三提三新”竞赛活动中综合排名第一,实现了新的突破。为全区经济社会发展做出了积极贡献。

【政策研究】 2016年,政策研究工作紧贴工委、区委工作思路,积极出主意、当参谋。撰写各类讲话100余篇,共计30余万字。撰写全会报告等各类文稿90余篇,30余万字。主动参与组织全区性的重大调研活动。先后围绕党代会报告、全会报告、创新创业等开展调研10余次。认真贯彻落实省、市、区党代会精神。紧密结合实际,突出新区特色,提出以打造中国动力谷为中心,全面实施创新驱动、四化同步、绿色发展、共建共享四大发展战略,在全市率先实现基本现代化,建设更富、更强、更美、更好的幸福新区。为贯彻执行工委、区委发展思路发挥了参谋作用。

【督查工作】 2016年,督查工作突出抓重点、抓协调、抓落实。一是围绕党代会报告各项任务分解以及常委会议、书记办公会等重要会议议定事项,突出抓好信访维稳、征地拆迁、绩效考核等重要事项和重点建设项目开展专项督查10余次,编发《新区督查》16期,办理市、区领导批办件38件,办结率96%以上。二是突出重点抓督查,突出项目建设、征地拆迁、社会事业、作风建设的督促检查和落实。强化督查工作的纪律问责和责任追究,不断增强督查工作的执行力和权威性。三是全区“马上就办”工作平台基本搭建,较好的推动了全区各项工作,真抓实干的氛围日渐浓厚。

【信息工作】 2016年,信息工作紧扣工委、区委中心工作和社会热点、焦点。一是服务社会发展大局,不断提升信息采集力度、广度和深度。为提升党委信息服务领导、服务机关、服务基层的水平,下发《关于建立健全信息报送制度的通知》。二是强化信息报送力度,重点做好了突发事件、信访维稳、园区工作和一些特色信息及调研信息的采编工作,强化紧急信息报送的职责,为事件处理赢得时间和主动,为工委、区委科学决策提供了工作参考。围绕长株潭自主创新示范区建设、打造“中国动力谷”等亮点工作向省委办公厅和市委办信息科上报信息286,其中,紧急信息30条,被省办采用信息29条,市委信息科采用信息109条,全年无漏报、迟报、瞒报现象发生。

【公文处理】 2016年,公文处理工作坚持以优质、高效服务为着眼点,秉承精细化、规范化、科学化的原则,严把政治关、政策关、文字关,规范送审关、签批关、校对关,做到处理及时、发放准确、分类归档。在文件的收、发、传、送、退等环节坚持做到程序化、规范化、制度化。全年收登、办理中央、省、市等上级文件468份,核发本级文件136件。切实把好送审关、签批关、校对关,做到处理及时、发放准确。上级文件、传真电报随到随收、及时办理,全年收登、办理中央、省、市文件近800份,无拖沓、遗失和泄密情况。通过学习中央、省、市有关《党政机关公文处理工作条例》等方面的政策法规,结合本区工作实际,整理编辑出版《株洲高新区、天元区公文处理工作手册》。三是以市委开展党委工作制度检查为契机,将近5年的党委工作制度汇编成册,内容涉及社会稳定评估实施意见、办理区委书记(区长)批示件工作规范、加强企业研究机构建设的实施细则等。

【规范性文件备案审查】 2016年,规范性文件备案审查工作秉承规范有序、优质高效的原则,实行目录管理和分类管理的工作标准,严格遵守《湖南省党内规范性文件备案规定》等规章条例。全年向上级部门报送备案规范性文件7份,内容涉及加快构建现代公共文化服务体系建设“文化强区”的实施意见，株洲高新区、天元区新闻优稿奖励办法、关于建立健全信息报送制度的通知等文件全部通过审查，得到上级的高度肯定。

【党史工作】 2016年，党史工作切实加强党史研究，充分发挥“存史、资政、育人”等职能，不断创新工作思路，完善研究方法，加强党史宣传，党史工作取得重大成果。一是率先在全市完成的《中共株洲高新区、中共株洲市天元区（1992—2012年）》荣获党史优秀科研成果（基本著作类）的特别奖；二是申报的《新区百姓家规》荣获全省党史优秀科研成果（资政类）三等奖；三是与市委党史办共同承担的调研课题《株洲着力打造“中国动力谷”》编录在“湖南改革开放实录”重点课题·2016卷中；四是完成《2015年株洲高新区、天元区党委工作纪事》编纂工作；五是增设党史办机构，增设编制3名。

【保密工作】 2016年，保密工作紧紧加强保密基础建设、抓好宣传教育、规范保密管理、强化监管服务开展工作。一是加强保密基础建设。以贯彻落实习近平总书记重要讲话、《意见》为契机，规范完善保密机构和人员的设置配备，确保上级的决策部署落到实处；以“三大管理”为抓手，做好涉密人员分类确定、上岗审查、在岗管理、出国（境）保密管理和离岗离职保密管理工作；6月，对全区各机关单位涉密人员管理、自查自评工作、门户网站管理进行检查；按照分层次管理，各机关单位对门户网站信息开展“清池子”行动；二是抓好保密宣传教育。利用区委学习中心组开展集中学习的契机，增强全区领导干部的保密意识、责任意识和法纪意识；利用载体常抓保密宣传教育，充分利用大楼电子显示屏幕，滚动播放《中华人民共和国保密法》及相关保密须知，使机关工作人员进入办公大楼就能感受到保密知识宣传氛围；三是规范保密管理。按照“业务工作谁主管，保密工作谁负责”的原则，认真落实《机关单位保密自查自评工作规则（试行）》，推动全区保密自查自评工作制度化和常态化；四是强化监管服务。对全区废旧文件、内部资料等进行清理、销毁；规范机要文件的登记、传阅、存储、保管、销毁等环节的管理；利用现有设备，做好门户网站的日常保密搜索工作，并开展重点骨干网络保密管理专项检查，严格堵塞泄密漏洞，确保各个环节的安全保密，杜绝发生各类泄密事件。

【机要工作】 2016年，机要工作切实履行密码通信保障职责，为党委提供高标准、高效率、高水平的密码通信服务。一是制定《2016年度天元区党政密码工作要点》，严格执行密码通信工作制度和值班制度。二是收到的每份秘密文件，进行编号登记，每份文件都有单独唯一的编号，确保机要秘密文件在传阅过程中的安全性和查阅过程中的可操作性。全年接收密电117份、明电574份，传阅秘密文件99份。所有文件在收、传、阅过程中没有出现任何差错，实现零事故、零差错。

【会务接待】 2016年，坚决贯彻中央“八项规定”，倡导会务接待新风，始终做到围绕大局、规范管理、密切配合、精心运作，受到了各级各部门领导一致肯定。一是办会方面，切实改进会风，提高会议实效，全年承办中国共产党株洲市天元区第五次代表大会、区委全会、全区党务工作会及经济形势分析会等大型会议约10场次，牵头把关各类调度会、工作调研会、项目决策委员会议及“两学一做”、中国动力谷产业项目推介会等各类会议约60场次，在节俭办会、务实高效上下足了功夫，确保会议质量和办会效率，做到会议内容精简，安排井然有序；二是公务接待方面，围绕工委、管委、区委、区政府的中心重点工作，统筹协调区四大家办公室、相关职能部门及街道、镇，圆满完成了会议会务、考察参观等各项接待任务60余批次，3600余人次。其中中央、省级以上大型接待20批次，各市区40余批次，特别是高质量完成市委书记到区的调研任务和中国动力谷系列重要的、大型的接待活动10余次。（徐　芳）

2016年中共株洲高新区工委办、天元区委办文件目录

表3

序号	文号	文件标题
1	株高天办发〔2016〕1号	关于印发《株洲高新区、天元区落实党委（党组）意识形态工作责任制实施意见》的通知
2	株天办发〔2016〕1号	关于印发《政协株洲市天元区委员会换届工作方案》的通知
3	株天办发〔2016〕2号	印发《天元区开展“马上就办、真抓实干”活动的实施方案》的通知
4	株天办发〔2016〕3号	转发《关于鼓励、规范改革试点和探索的实施意见（试行）》的通知
5	株天办发〔2016〕4号	关于印发《天元区党政机关公务用车制度改革实施方案》的通知
6	株天办发〔2016〕5号	印发《关于进一步加强和改进离退休干部工作的实施意见》的通知
7	株高天办〔2016〕1号	关于印发《高新区工委、天元区委书记履行基层党建工作责任述职评议整改落实方案》的通知
8	株高天办〔2016〕2号	关于分解2016年全区征地拆迁工作计划任务的通知
9	株高天办〔2016〕3号	关于印发《株洲高新区、天元区“企业帮扶年”行动实施方案》的通知
10	株高天办〔2016〕4号	关于印发《株洲高新区、天元区2016年“项目攻坚年”活动实施方案》的通知
11	株高天办〔2016〕5号	关于邀请市领导出席“中国动力谷”战略研究课题签约仪式的请示
12	株高天办〔2016〕6号	关于印发《株洲高新区、天元区“基层党建提升年”活动实施方案》的通知
13	株高天办〔2016〕7号	关于邀请市领导出席万丰湖开园仪式的请示
14	株高天办〔2016〕8号	印发《关于在全区党员中开展“学党章党规、学系列讲话，做合格党员”学习教育实施方案》的通知
15	株高天办〔2016〕9号	印发《关于在全区开展“党建领航、动力新区”主题活动的实施方案》的通知
16	株高天办〔2016〕10号	印发《株洲高新区、株洲市天元区“雁过拔毛”式腐败问题专项整治实施方案》的通知
17	株高天办〔2016〕11号	转发《中共株洲市委办公室关于印发株洲市市管非领导职务干部管理办法（试行）的通知》的通知
18	株高天办〔2016〕12号	关于印发《中共株洲高新区工委、天元区委常委会2016年党风廉政建设主体责任分工》和《中共株洲高新区工委、天元区委常委会2016年党风廉政建设主体责任任务分解》的通知
19	株高天办〔2016〕13号	关于邀请市领导出席会见上海临港集团副总裁朱伟强先生考察团的请示
20	株高天办〔2016〕14号	关于印发《株洲高新区、株洲市天元区2016年“大干一百天、全力保投资”活动实施方案》的通知
21	株高天办〔2016〕15号	关于邀请市领导出席株洲松和食品设备有限公司奠基仪式的请示
22	株高天办〔2016〕16号	关于邀请市领导出席“中国动力谷”国家战略研究课题开题启动会的请示
23	株高天办〔2016〕17号	关于进一步深入开展全区征拆攻坚行动的通知
24	株高天办〔2016〕18号	关于印发《株洲高新区、天元区新闻优稿奖励办法》的通知
25	株高天办〔2016〕19号	关于建立健全信息报送制度的通知
26	株高天办〔2016〕20号	关于做好2017年度党报党刊发行工作的通知
27	株高天办〔2016〕21号	印发《关于省、市、区党代会会议精神贯彻落实的工作责任分解方案》的通知

续表3

序号	文号	文件标题
28	株高天办〔2016〕22号	关于印发《中国动力谷产业招商和投资促进工作实施方案(试行)》的通知
29	株高天办〔2016〕23号	关于开展株洲·中国动力谷国家战略研究课题专家调研活动的请示
30	株高天办〔2016〕24号	关于印发《2017年中国动力谷首场项目签约活动签约项目责任分解表》的通知
31	株天办〔2016〕1号	关于印发《天元区乡镇党委换届工作实施意见》的通知
32	株天办〔2016〕2号	关于印发《2016年度天元区防汛抗旱总预案》的通知
33	株天办〔2016〕3号	关于成立区委统一战线工作领导小组的通知
34	株天办〔2016〕4号	关于中国共产党株洲市天元区第五次代表大会代表选举工作的通知
35	株天办〔2016〕5号	关于成立中国共产党株洲市天元区第五次党代会筹备工作领导小组的通知
36	株天办〔2016〕6号	关于认真做好中共株洲市天元区第五次代表大会代表提案征集工作的通知
37	株天办〔2016〕7号	关于做好区第五次党代会前有关工作的通知
38	株天办〔2016〕8号	关于建立天元区区、镇两级人大换届选举工作联席会议制度的通知
39	株天办〔2016〕9号	关于学习宣传贯彻落实市第十二次党代会精神的通知
40	株天办〔2016〕10号	关于认真办理区第五次党代会代表提案的通知

（徐　芳）

纪检·监察

【概况】 株洲高新区纪工委、天元区纪律检查委员会和天元区监察局合署办公，履行党的纪律检查和政府行政监察两项职能。现有干部20人，内设办公室、党风政风室、信访室、纪检监察室、案件审理室，4个派驻纪检组，分别是：派驻区直机关工委纪检组、派驻人社局纪检组、派驻城管局纪检组、派驻教育局纪检组。

2016年，天元区纪委坚持聚焦中心任务，强化监督执纪问责，深化纪律检查体制改革，持之以恒落实中央八项规定精神，不断加大执纪审查力度。

【落实“两个责任”】 2016年年初，协助工委、区委对主体责任进行任务分解，对班子成员责任按照项目化进行管理；年中组织了对各基层党委（党工委）的履责情况进行监督检查；实行“一案多查”，层层追责，真正把落实党委主体责任记在心上，扛在肩上，抓在手上。通过加强纪律审查和作风建设等措施，协助和推动党委落实主体责任。全年对出现违纪违规问题单位负责人追责8人次，实施廉政谈话273人次，诫勉谈话28人次，提醒谈话321人次，其中纪委书记约谈42人次。通过定期或不定期的述责述廉、廉政提醒谈话、民主评议、工作约谈和函询等手段实现监督提醒常态化。

【纪律审查】 2016年，各成员单位提供案源线索100余条，纠正违规问题13个，收集违纪线索37条。全年共立案28件28人，同比增长7.7%，其中镇（街道）纪（工）委立案14件，同比增长13倍，审结28件，结案率100%。党纪处分24人（其中科级干部3人），政纪处分3人（其中科级干部1人），免于党纪处分1人。综合运用“四种形态”开展纪律审查工作，对信访、巡查、审计、执纪审查中发现的苗头性、倾向性问题，以及没有进入执纪审查程序的轻微问题，纳入谈话函询提醒范围。全年对5名单位主要负责人进行函询，给予专题提醒谈话5人，给予诫勉谈话10人。通报曝光典型案例22件，坚决遏制腐败蔓延势头，党风廉政建设和反腐败工作取得明显成效。

【信访举报】 2016年，区纪委建立健全三级信访网络，实行纪委常委轮流接访制度。2016年接待群众来访132次203人，受理信访举报78件，同比上升102.7%，处理省纪检监察网络举报件58件，其中受理业务范围内举报件17件，回复业务范围外举报件46件，信访件期限内办结率100%。

【换届风气监督】 2016年，区纪委坚持从程序监督、人员资格审查和换届纪律执行3个方面着手，严格把好三道关，营造良好的换届风气。取消2名党代表、30名人大代表和15名政协委员候选人提名资格。深入6个镇（街道）开展全面实地督查，换届会议期间，派驻现场监督员全程驻会监督；并派出暗访组进行明察暗访。畅通渠道，严肃问责。建立电话、信访、网络和短信“四位一体”的综合举报受理平台，开通24小时监督举报电话和举报网站，多渠道受理举报和投诉。

【“雁过拔毛”式腐败问题专项整治行动】 2016年，区纪委对不同领域的96项财政专项资金14.43亿元、各镇（街道）对本级及所属村（社区）的各项专项资金3.04亿元进行全面清理核查，发现问题线索51件；开展随机抽查17次，发现问题线索12件，对发现的问题线索及时交办核查，已全部核查完毕。2016年，发现和受理“雁过拔毛”式腐败问题线索62件，立案查处“雁过拔毛”式腐败问题案件15件，已给予党纪政纪处分15人，其中开除党籍1人，党内严重警告5人，党内警告6人，行政警告1人，免予党纪处分1人，组织处理1人，诫勉谈话8人，约谈4人，批评教育16人；通报“雁过拔毛”式腐败问题典型案例7件，清缴各类违纪违规资金284万余元，其中清退群众资金4.5万元。针对专项整治活动中发现的问题，督促并帮助责任单位或部门，认真查找源头问题，健全完善监督和管理制度，及时堵住漏洞。

【“纠四风、治陋习”专项整治行动】 2016年，区纪委通过勤抓勤打，狠刹“四风陋习”。凡逢重要节点、关键时期，区纪委的廉洁提醒短信就会发放到各单位各部门“一把手”的手机中，各相关职能部门即组成专项督查组开展行动。全年暗访30余家商场、酒店、娱乐场所，核查上百台公车，抽检30余家单位账目。5月、7月、10月，区纪委分别对全区各单位落实“纠四风、治陋习”专项整治工作情况进行了专项督查，推动整治工作在基层的落实。全年开展作风建设和“纠四风、治陋习”明察暗访超30余次，发文件通报5次，发送暗访情况通报短信1500余条次，对相关违纪违规人员进行诫勉谈话、提醒谈话7人次，通报批评18人次，开除党籍处分6人，留党察看1人，党内严重警告处分3人，党内警告处分3人，党内除名1人，行政记过1人。

【干部队伍建设】 2016年，区纪委结合“两学一做”学习教育，组织全区纪检监察干部重点对党章、两个准则、四个条例和中纪委相关文件精神等进行专题讨论学习。定期组织执纪模拟、纪律审查讨论等活动，根据上级要求，全年选派30余人次到上级纪检机关跟班学习，从基层纪检干部中抽调20余人次到区纪委跟班学习，全区纪检干部实操能力和业务水平不断提升。制定《纪检监察干部监督工作暂行办法》，主要领导不定期地约谈纪检干部，对工作推进不力或可能出现的问题“板起脸”来提醒和督促，以严管来体现厚爱。

【廉政建设书画展】 6月21日，天元区廉政建设书画展在高新大厦一楼大厅举行。此次书画展以《中国共产党廉洁自律准则》《中国共产党纪律处分条例》为宣传主题，反映党风廉政建设与反腐败工作成效，弘扬正能量，倡导真善美，抑制假丑恶。征集来自全区的廉政书法、国画、漫画和折扇作品123幅，展出35幅漫画作品和31幅书画作品。“你若盛开，清风自来”，廉政书画作品的集中展示，为全区领导干部营造一个全方位的廉政文化环境，抬头见廉，低头思廉。 （黄 华）

组 织 工 作

【概况】 中共株洲市天元区委组织部为工委、区委主管组织、干部和人才工作的工作部门，归口管理机构编制委员会办公室、老干局。2016年，内设办公室、组织组、干部组，领导和管理党校、人才工作办公室、党员教育中心、党代表联络办公室4个事业单位。全年组织工作坚持服务发展，聚焦主责主业，强化担当作为，以马上就办的实干精神，深入开展“两学一做”学习教育，着力加强领导班子、干部队伍、人才队伍、党员队伍建设，为全区在全市率先实现基本现代化提供坚强的组织保证。

【组织区镇两级换届】 2016年，区委组织部组织区、镇领导班子换届人事安排工作。严格按照程序，确定了区委、区人大、区政府、区政协领导班子人事安排，确定各镇新一届党委、人大、政府领导班子换届人选。组织开展“三类人员”公开比选，采取“三级联动、全面审核”方式，从31名基层干部中遴选出3名优秀干部进入乡镇党委领导班子。牵头完成党代表、人大代表和政协委员的推荐提名工作。严格落实代表和委员人选条件和结构比例要求，按照“五个好”标准和“十五种不得推荐提名人选情形”，对代表和委员建议人选开展四轮考察和联合审查，取消不符合条件建议人选推荐提名资格。经过酝酿协商、提名推荐、考察审查等程序，推荐提名248名区党代表、286名区人大代表候选人、153名区政协委员推荐人选，全区3个镇选出镇级党代表261名、人大代表180名，全部符合资格条件要求。严格换届选举程序，认真组织区四大家班子换届选举工作。按照《党章》《地方组织选举工作条例》等规定，严谨组织、细致安排，组织提名的人选100%当选，保证换届选举工作顺利完成并圆满实现组织意图。

【干部队伍建设】 2016年，区委组织部树立正确用人导向，规范开展干部选拔任用工作。贯彻落实中央“好干部”标准，严格执行《党政领导干部选拔任用工作条例》，2016年全区调整干部8批252人次，其中提拔36人，交流61人，退出现任职务50人，提前退休26人，职级晋升67人。规范干部职数设置，加快推进“三超两乱”专项治理活动。整改消化超职数配备干部88名，消超率89.8%，清理“吃空饷”和在编不在岗人员23名，追缴资金209.1万元。

【干部教育培训】 2016年，区委组织部依托党校资源组织干部调训，全年选派24名品行好、能力强、业绩优、群众基础好的干部参加省市委党校各类主题班和调训班培训。结合中心工作推行干部实践培训，遴选20余名优秀中青年干部到镇、街道征地拆迁和项目建设一线协调服务工作，选派15名政治素质高、工作经验丰富、工作业绩突出的干部组建扶贫工作队赴茶陵实施精准扶贫。组织588名区内干部参加株洲市干部教育网络培训学员学习，拓宽干部学习新知识渠道，提升干部综合素质。

【干部日常监督】 2016年，区委组织部建立违纪违法干部“特别监督”档案，为选拔任用干部提供全面准确信息，防止“带病”提拔。健全领导干部经济责任审计机制，组织召开全区经济责任审计工作会议，通报领导干部经济责任方面存在的违规问题，研究确定2016年度经济责任审计项目。全年组织开展领导干部经济责任审计项目9个。健全领导干部因私出国(境)管理机制，严格执行领导干部因私出国(境)审批制度，加强领导干部因私出国（境）证件管理。全年完成领导干部因私出国（境）审批80余人次。

【干部档案信息管理】 认真做好干部信息日常管理工作。开展领导干部人事档案专项审核工作，组织人事档案信息校核工作，完成全区58家单位941卷档案初审、复审工作。加强干部信息核查力度，实行“凡提必核”，对拟提拔的5名乡镇党委换届人员的三龄两历一身份等信息进行全面审查。严格执行干部档案管理制度，全年接收档案9本、零散档案材料1600余份，转出档案5本、档案材料300余份，提供干部档案信息800余人次。全面开展区管干部人事档案专项审核。制定《高新区、天元区干部人事档案专项审核工作实施方案》，组织开展全区干部人事档案专项审核工作，基本完成全区932卷区管干部档案专项审核的初审、复审工作，881名干部对档案中的“三龄两历一身份”进行签字认定。推进干部人事管理信息化建设，推进《通用组织干部人事管理多媒体信息系统》《干部人事档案管理系统》和《公务员信息系统》升级工作，维护信息2000余条。提高干部档案信息服务能力，为干部选拔任用、换届选举等工作提供全面真实的干部信息资料。

【加快建设中国动力谷人才管理改革试验区】 以人才工程为重点，大力创新工作举措，全力推进中国动力谷人才管理改革实验区建设。自主创新园完成投资30亿元，总占地59.33公顷的“一圃两器三中心”建设推进顺利。出台《创新创业投资引导基金管理暂行办法》，设立5000万元创投基金，引导社会资本投资高端人才和项目。发挥中国动力谷科技创新服务中心职能，提供人才扶持政策支持，组织开展招才引智活动，推动“人才+项目”同频共振。园区签约企业已达70家，25家高端创新创业团队项目入驻研发中心，17家中小企业率先入驻加速器，15所高校、科研院所在园区设立科研成果转化基地，引进科技金融机构10家、中介服务机构14家，大批海内外高端人才进驻园区创新创业。

【参加第十四届中国国际人才交流大会】 4月16－17日，株洲高新区管委会组织辖区企业参加第十四届中国国际人才交流大会，首次设置“中国动力谷”展位，面向海内外宣传推介中国动力谷，发布创新创业扶持政策和人才引进信息，大力引进海内外高端人才和项目，着力打造全国最有影响的自主创新示范区。此次国际人才交流会上，香港发明创新总会、广州中国科学院先进研究所、湖南中科图灵信息有限公司等3家企业与株洲高新区管委会正式签约，落户株洲高新区。以原香港理工大学副校长、香港生产力促进局原副总裁吕新荣博士为代表的一大批高层次人才，加盟株洲高新区创新创业。中车株洲电力机车研究所、中车株洲电力机车有限公司、湖南山河科技股份有限公司等3家中国动力谷重点企业，面向全球开展宣传推介，发布人才需求。中央组织部副部长、国家人力资源和社会保障部部长尹蔚民视察中国动力谷展台，给予株洲高新区高度肯定和赞扬。株洲高新区管委会获大会“最佳组织奖”。

【继续实施“5211人才计划”】 继续组织实施“5211人才计划”，积极兑现人才资助奖励政策，营造尊重人才的良好氛围。1月，在全区经济工作会议上，对2015年度2名高新区杰出英才奖和1项优秀科技成果奖获得者进行表彰，每项奖励10万元。3月，对入选“5211人才计划”145名高层次人才进行表彰奖励，发放资助资金510余万元。10月，组织高层次人才申报市科技领军人才，25名申报人选16名入围答辩环节。11月，组织企业向市委人才办申报2016年株洲市新引进高层次人才18名。12月，组织申报2106年“5211人才计划”人选，发放资助奖励资金400多万元。

【企业组团校园招聘人才】 10－11月，实施“高新区组团校园招聘”活动，组织辖区47家企业组团到湘潭大学、湖南工业大学、株洲职教城等高校招聘引进人才，提供岗位300多个，参与应聘人员2500多人，吸引200名高等院校优秀人才加盟高新区。

【组织实施人才服务提升工程】 2016年，区委组织部组织实施人才服务提升工程，落实人才服务政策，提升人才生活服务水平，为人才落户高新区创新创业解决后顾之忧。继续推行领导干部联系专家制度，明确区领导联系高层次人才的工作职责，帮助对口联系人才解决工作生活难题。协调高科集团，加快建设专家公寓，已经进入前期装修阶段。实行高层次人才子女就学“点读制”，会同教育局解决4名“5211人才计划”人才子女就读问题。5月23—28日，组织区内16名高级专家赴云南大理开展疗休活动，通过召开座谈会、讲座等方式，听取高级专家对新区经济社会发展和人才工作建议。开辟高层次人才医疗“绿色通道”，提供优质医疗服务，12月份区委出资组织53名高层次人才进行体检。完善服务机制，提升服务水平，努力营造尊重人才、优待专家的良好氛围，激发人才创新创业的勇气和热情。

【开展“两学一做”学习教育】 2016年，区委组织部按照中央、省委和市委的统一安排部署，在全区各级党组织和广大党员中开展“两学一做”学习教育。“以上率下”领学。65名工委委员、区委常委和其他县处级以上党员领导干部以身作则、以上率下，带头开展“四个专题”学习讨论，带头到联点单位讲授党课，带头到基层进行调研指导。“精准施策”分学。抓好党员的分类学习教育，全区共建立党员微信群158个、微信公众号42个，搭建“互联网+”学习教育平台；结合不同党员实际，发放1万余本不同类型的学习教育“口袋书”。“线上线下”导学。线上建立三级微信联盟群，开发微党课、微讯息、微视频、微漫画等“四微”教材。开设卡通“天元小课堂”，定期推送重点学习内容。线下印发1万余本“两学一做”学习笔记本和学习手册等。同时，派出6个督导组，联系指导全区58家区直单位，确保学习教育推到深处、落到实处。召开专题民主生活会。高新区工委、天元区委领导班子以学习贯彻党的十八届六中全会精神为主题召开专题民主生活会。会上，集体学习了《县以上党和国家机关党员领导干部民主生活会若干规定》，工委副书记、区委书记周建光作领导班子对照检查发言，班子成员依次开展批评与自我批评。大家开诚布公、单刀直入、不讲套话，相互以高度负责的精神，当面指出问题和不足，善意提出意见建议，既严肃认真又团结和谐。得到市委副书记、市长阳卫国的高度肯定。

【开展“党建领航、动力新区”主题活动】 认真贯彻落实党中央全面从严治党的战略部署，结合开展“两学一做”学习教育，按照选树一批先进典型，打造并树牢新区党建品牌的思路，在全区深入开展“党建领航、动力新区”主题活动。通过开展主题表彰、微党课竞赛和微型党课宣讲等活动，着力打造新区“党建动力”品牌。先是在5月至6月开展“党建领航、动力新区”主题微型党课竞赛，经过激烈的初赛选拔，来自全区各条战线的56名优秀党员登台竞演，为全区广大党员献上一道丰盛的“微党课”大餐。在“七一”前夕，召开庆祝中国共产党成立95周年大会，进行主题表彰，对79名优秀共产党员和党务工作者颁发“动力先锋”奖，对18个先进基层党组织颁发“动力引擎”奖，并首设“动力工程”奖，采取以奖代补形式支持党建创新项目。选拔10名优秀宣讲员组建新区“红色讲师团”，开展“党建领航、动力新区”主题微型党课宣讲，把各具特色的党课送到党员干部身边，让枯燥的党课更“入耳”“走心”。

【全面落实基层党建七项重点任务】 认真贯彻落实中组部工作部署，把全面落实基层党建七项重点任务作为推进“两学一做”学习教育的重要内容。全区组建10个基层党建工作督查小组，选派35名退出岗位领导干部和党务干部担任党建指导员，采取“对账销号”“巡回督查”等方式，确保各项任务扎实推进。全区集中排查失联党员78名；对党的十八大以来39名违纪违法的党代会代表和党员及时给予处理；365个基层党组织到2016年年底全面完成换届；开展2008年4月—2016年6月党费收缴专项检查，共排查需补交党费的党员4325名，共计补交党费187.7万元；新建非公企业党组织37家和社会组织党组织3家，成立园区企业综合党委、非公有制经济组织和社会组织党工委；开展机关党建“灯下黑”专项整治，51个区直机关全力开展“灯下黑”问题整改。

【抓实基层党建各项任务落实】 全面贯彻落实中央、省委和市委关于加强基层组织建设的系列安排部署和市委“1+6+1”系列文件2016年工作任务。开展基层党建基础性工作集中整改月活动和“基层党建提升年”活动。一是基层基础夯得实。出台基层党建“1+3+1”系列文件，打好基层保障“组合拳”。坚持“一线支持”“一线帮扶”“一线投入”的“三个一线”工作法，基层党建工作经费投入每年超过2000万元。选派8名科级领导干部担任8个软弱涣散基层党组织“第一书记”，选派200余名党建工作指导员到一线指导，推动33个区直部门与28个村(社区)“联姻”。二是规范建设推得广。按照“五位一体”的功能定位和“五室一站一中心”的基本布局，将便民服务中心、党代表工作室、党员志愿服务中心、群众工作站和政务中心“五站合一”，建立98个村(社区)党员群众服务中心。新增260万元用于村(社区)规范化建设，全区28个村级组织阵地规范化实现全覆盖，社区工作规范化建设覆盖率70%以上。推进其他领域基层组织规范化建设，新建1个园区党群服务中心。三是党建考核抓得牢。全年先后开展12次基层党建专项督查，下发6期基层党建工作督查通报。天元区在2016年度县市区委书记履行基层党建工作责任述职评议考核中排名城市五区第一。（张思伟　潘文敏　殷慧敏）

宣传工作

【概况】 2016年，中共株洲市天元区委宣传部有干部13人。下设机构有文联、文明办、办公室、新闻宣传组、理论教育组；领导和管理《株洲新区》报编辑部、网信办、外宣办3个事业单位。主要负责全区意识形态工作责任制的落实；理论学习、理论宣传和理论研究工作；组织开展全区性的思想政治工作；指导、协调全区的新闻报道和对外宣传、网络宣传工作；负责突发事件的应急处理工作；制定精神文明建设的规划、措施，指导、部署群众性精神文明创建活动的开展；负责全区的党报党刊发行工作；指导、协调开展辖区内的群众性文化活动。2016年，全区宣传工作始终围绕中心、服务大局，高扬主旋律，坚守主阵地，唱响主题歌，弘扬正能量，使宣传思想文化工作由“虚”变“实”，由“软”变“硬”，由“短”变“长”，成为推动全区经济社会发展的强劲动力。

【意识形态工作】 出台《天元区落实党委（党组）意识形态工作责任制实施意见》，对意识形态工作进一步分解任务、落实责任、明确奖惩。工委委员会议、区委常委会议多次听取意识形态和宣传思想文化工作情况汇报，将意识形态工作作为党的建设和政权建设的重要内容，纳入党建工作责任制，与经济、政治、文化、社会建设等全区中心工作一同部署、落实、检查、考核，定期研判意识形态领域存在的突出问题，研究解决意识形态领域的具体问题。

【理论学习教育】 全区坚持把各级党委中心组学习作为加强领导班子思想政治建设的重点，完善制度，以用促学，注重实效，形成领导干部理论教育的长效机制。进一步健全工委、区委理论学习中心组学习制度，完善和落实个人自学、学习记录、总结考核、课题调研等制度；完成六大主题的学习，邀请中国科学院科技政策与管理科学研究所中国高新区研究中心副研究员、执行主任刘会武，省委讲师团主任、教授郑昌华，省卫计委法制处处长曹跃斌，市委党校教授邓龙飞等专家、学者前来授课。全年完成集中学习14次，时间达到13天。组建区委宣讲团，深入组织开展学习贯彻党的十八届六中全会精神暨省市区党代会精神宣讲活动，在全区各基层党委、社区（村）及企业开展10场次基层集中宣讲，2000余人参加学习活动，做到了十八届六中全会精神进机关、进乡村、进社区、进学校、进企业。二级中心组学习开启多元化，继续举办好“动力谷企业成长学院”。同时多形式促学，如嵩山路街道组织中心组成员赴浙江大学学习，泰山路街道举行“2016年群众工作能力提升班”；其他各二级中心组结合各自实际，或请专家学者讲授理论知识，或通过网络视频开展业务培训。认真组织开展区第五次党代会建言献策活动，共收到各级党员干部建言献策76件，及时编发8期专报，《株洲新区》、株洲高新网开设专栏予以刊登，为顺利召开党代会营造了良好的氛围。积极参加株洲市建言献策活动，收集上报各级党员干部建言献策221件。株洲高新区工委书记、天元区委书记谢高进撰写《科技和生态齐飞 山水与城市一色》在《中国高新区》发表；《株洲日报》先后专访高新区工委副书记、天元区委书记周建光、天元区区长董巍，分别撰文《聚力打造中国动力谷》《真抓实干，再谱新区跨越升级新篇章》。

【新闻舆论引导】 以建设株洲 · 中国动力谷和全面建成小康社会为主题，在《湖南日报》、湖南卫视、《株洲日报》等主流媒体进行了系列专题宣传，取得很好成效；以创新创业为主题，在《中国高新技术产业导报》《中国高新区》《湖南日报》等国家和省市媒体进行主题宣传。据统计，全年在省以上媒体发稿60余篇。重视新兴媒体宣传，充分运用微博、微信、网站等新兴媒体，积极抢占宣传舆论阵地的制高点。全面落实“建设骨干网军，抢占网上舆论阵地”的工作要求，坚持24小值班制度、网上舆情处置制度，很好完成了上级交办的跟贴、评论、监控等任务。涉及本区网上舆情，做到早发现、早报告、早处置，确保全区舆情稳定可控。全年共编发网络舆情动态14条，处置率100%。认真组织好了湖湘智库研究“十大金策”投票工作，《株洲建设“中国动力谷”的对策研究》成功入选。发挥好自办媒体的宣传，利用《株洲新区》、株洲高新网、中国动力谷微信公众号等区里宣传平台，深入报道基层干部群众中的好典型、好经验、好故事。《株洲新区》全年共刊发49期、1500余篇报道、98余万字。

【精神文明建设】 扎实践行社会主义核心价值观，组织开展天元区第四届道德模范评选表彰活动，对李冬至等10名道德模范进行表彰；积极做好了身边好人、美德少年推荐工作，雷打石镇村医李冬至获评5月“中国好人”，另有4人获评“湖南好人”、1人入围“感动湖南人物”候选人、1人获评市第四届道德模范、2人获评市级美德少年。扎实开展庆祝建党95周年和纪念长征胜利80周年群众性活动。在建党95周年之际，组织开展全区性庆祝大会、“党建领航、动力新区”主题微型党课宣讲活动等一系列活动；在纪念长征胜利80周年之际，组织开展全区合唱比赛，在中小学校开展“学长征精神、做红色传人”系列活动，通过组织广大师生收看“开学第一课”、聆听一场长征主题报告会、阅读一本长征图书、观看一部长征电影题材影视剧、学唱一首长征歌曲、演讲一个长征故事的形式，使长征精神深入人心。积极开展志愿服务，承办了省文明办“弘扬雷锋精神、推进职业道德建设”宣讲报告会；打造精品志愿服务队伍，推荐株洲市儒学会获评全国学雷锋志愿服务“四个100”先进组织；扎实组织开展文明引导、“邻里守望”和关爱孤寡老人、留守儿童、残疾人、困难职工等志愿服务活动。精心培育文明创建典型，通过以点带面，抓重点带一般，立标杆、树品牌，带动整个文明创建工作向纵深推进，高科集团获评省文明标兵单位，区财政局、嵩山路街道、区地税局获评湖南省文明单位，三门镇响水村获评湖南省文明村镇。

【推进公共文化服务示范区建设】 区委宣传部积极推进公共文化服务示范区建设，研究出台《株洲市天元区创建国家公共文化服务体系示范区工作实施方案》和《关于加快构建现代公共文化服务体系，建设“文化强区”的实施意见》，成立创建工作领导小组，加强组织领导和协调力度，形成了完备的领导体系和工作机制。围绕“为群众搭台，让群众主演，在群众中演”的思路，举办了7场“欢乐潇湘·幸福新区”主题活动文艺展演和1场综合晚会，共吸引2.8万居民观看。区文化馆自去年免费开馆以来，共接纳群众文艺团队数十支，服务群众7万人次，取得良好社会效应。（涂　丹）

统战工作

【概况】 2016年，区委统战部有干部10名，内设机构有综合办(加挂归侨侨眷联合会办公室牌子)、党外知识分子联络办。全年全面贯彻落实党的统战工作方针政策，凝心聚力“十三五”，紧扣转型升级总战略，紧密团结广大统战对象，全力以赴投入“中国动力谷”和“两型社会”建设，为打造株洲发展升级示范区献智出力。《聚集海外智力资源助推园区创新发展》被评为全省统战工作实践创新成果奖，同时获得株洲市统战信息工作、株洲市统战调研工作先进单位称号。

【党外代表人士队伍建设】 2016年是换届之年，区委高度重视人大、政协换届中党外人士安排使用工作，多次召开专题会议研究解决党外人士综合评价、安排使用问题，制定《天元区党外代表人士综合评价方案》《天元区人大、政协换届工作党外人士安排使用方案》，严格按照党外代表人士综合评价工作的有关要求，坚持“一个入口、一套标准、凡进必评”原则，圆满完成人大、政协换届中的党外人士安排使用工作。新一届区人大代表166人，党外代表60人，占36.14%；人大常委21人，党外常委7人，占33.33%；推荐市人大代表资源人选33人，党外人选14人，占42.42%；新一届区政协委员153人，党外委员92人，占60.13%；政协常委19人，党外常委13人，占68.42%；各项比例均符合要求。

【党外干部建设】 2016年，全区有51个民主党派支部(其中工委3个，总支6个)700余人；党外知识分子代表人士1500余人；全区党外干部45名，其中科级38名，副处级以上干部7名，法检两院配备党外副院长、副检察长。

【创新统战工作模式】 10月25—27日，“湖南留学报国助力‘十三五’——海内外专家走进中国动力谷”活动在天元区举行。来自海内外的专家、学者和国际国内知名投资人200余人走进“中国动力谷”，开展引才引智引资、项目对接和园区考察等活动。此活动新增23名专家顾问委员、5名创新创业导师，现场签约2家高新技术产业项目落户新区。

【民主党派参政议政】 组织全区民主党派支部主委、信息员、基层分管领导召开课题调研协商会议，会议拟定“凝心聚力‘十三五’聚焦新区创新发展对策研究”等6个专项调研计划书，收集调研文章41篇，发放调研经费243600元。民革工大主委邓珊妮撰写的“株洲高新区应确立‘四大’发展战略思路”获得建言献策特等奖。

【非公经济统战工作】 2016年，全区规模工业非公企业99家，过亿元非公企业9家。年内区工商联再次获评全国“五好”县级工商联称号，为新区非公企业逆势发展增添新动力。一是为新区非公企业提供良好的发展环境。圆满完成换届工作；3次组织非公企业家外出考察学习；推荐57名非公企业家成功当选区人大代表、政协委员。二是着力做好非公企业服务。配合产业发展局举办融资对接活动，协助建立稳固的银企关系；开展“访民企、解难题”活动，帮助企业化解难题30余次；整合资源，协助建立中小企业联盟，实现企业产业无缝对接。全年全区非公经济实现增加值154.4亿元，占全区比重51.3%，为新区经济社会发展做出了卓越贡献。

【台侨工作】 利用春节、中秋传统佳节组织归侨侨眷、台胞台属和归国留学生创业代表“走读中国动力谷”，并走访慰问困难对象40人次，协助职能部门开展“湘台经贸洽谈会”，效果显著。

【民族宗教工作】 制定宗教领域反恐维稳预案，协助相关部门解决龙门寺前公交停车难、少数民族学生入学难等问题8起，推荐宗教代表人士释新坚、释妙开、刘佑恩，少数民族代表人士肖旭分别当选为市（区）人大代表、政协委员。

【知联工作】 2016年，组织区党外知识分子联谊会成员到长沙石燕湖拓展培训，赴秋瑾故居学习，捐资助学三门贫困学子5名，协商推荐言继春、刘娟等19名理事成功当选为市（区）人大代表、政协委员。

（李　敏）

机关党建

【概况】 中共株洲市天元区直属机关工作委员会是区委的派出机构，负责领导区直机关党的建设，同时领导区直机关工会联合会、区直机关团工委工作。2016年，机关工委共有在岗在编人员5人，管辖机关党组织64个，其中党总支7个(下设支部29个)，独立支部35个，党员816名。

【坚持和完善党员干部学习教育制度】 一是坚持区直机关理论学习中心组制度，组织集中学习4次。二是结合“两学一做”学习教育要求，开展“四个专题”学习研讨，举办支部书记培训和组织委员培训。三是利用工作QQ群、微信群，定期发布机关支部集中学习内容，确保中央和省市区委的重要精神贯彻到基层支部和党员。四是以深入学习贯彻党的十八届六中全会精神、党章党规为重点，运用宣传展板、微信、培训、党课竞赛、二级中心组学习等一切可以利用的形式和载体，开展丰富多彩的学习活动，把学习教育抓严抓实。

【开展“两学一做”学习教育】 2016年，按照中央、省委、市委和工委、区委的统一部署安排，区直机关部署了开展“两学一做”学习教育。紧扣区委中心工作和全面从严治党的新形势、新要求，扎实推动全面从严治党向支部、向党员延伸。各支部积极围绕“学党章党规，学重要讲话”，组织集中学习教育，开展“讲政治，有信念；讲规矩，有纪律；讲品德，有品行；讲奉献，有作为”四个专题讨论，锤炼党性，升华认识，有效增强了政治意识、大局意识、核心意识和看齐意识。在区直机关全体党员中开展“手抄党章100天”活动，评选出“两学一做笔记达人”100名。抓实“三会一课”制度，严格程序，并将“三会一课”基础知识制成卡通式宣传展板。6月，在区委组织部的领导下，承办“新区红色讲堂微型党课”竞赛。来自全区各条战线的100多名党员按照“党课小而精，方式活而新，主题实而深”的要求，生动宣讲新区人、新区事，激发了广大干部的工作热情。6月29日，高新区、天元区召开庆“七一”表彰大会，同时开讲“新区红色讲堂”，从复赛中脱颖而出的10名“红色讲堂宣讲员”登台宣讲，得到市委组织部“株洲红色讲堂”公众号的推送，赢得广泛而良好的反响。

【落实基层党建七项重点任务】 开展机关党建基础性工作整改，以问题为导向，扎实制定方案，编制了《区直机关党建工作专项整治任务清单》，将全年党建重点任务和基础性工作梳理为10大项38小项，通过清单管理促进党建规范化建设。制作《党支部工作手册》，以支部标准化建设保障了基层党建七项重点任务的落实。开展区直机关816名党员的组织关系集中排查工作。对党员违纪违法未给予相应处理的情况进行全面排查清理，重点排查党代会代表，人大代表中的党员，政协委员中的党员，受到刑事责任追究的党员和受到行政处罚的党员。对基层党组织换届情况进行了专项检查，突出督查在党代表产生、支部换届等工作中的组织生活情况。3月，区直机关各支部集中组织完成了换届选举。抓实党费交纳工作，重点抓党费是否应交尽交，计算是否准确，对执行制度走过场、不规范的支部责令整改。2016年，区直机关64个支部816名党员共补交党费59.9533万元。开展专项督查5次，覆盖机关支部51个。

【创新机关党建宣教】 2016年，区直机关工委着力创新党建宣传思想工作，推出机关党建专属代言形象“元元”。开通机关工委微信公众平台，推送工作信息33篇，初探“互联网+党建”新模式，提升机关党建亲和力。牵头组织了机关干部参观中国动力谷等一系列活动，社会影响广泛而积极，守住了机关党员干部意识形态主阵地。

【党员发展工作】 2016年，区直机关工委编写党员发展工作审查要点，将党员发展工作中的常见问题梳理为47个审查要点、82条注意事项。坚持发展标准，严格把握党员入口关，全年共发展新党员6名，培养入党积极分子12名。

【党委、人大换届选举】 9月，天元区首次召开区直机关党员代表大会，选举产生天元区第五次党代会代表68名。11月，高质量完成10名区人大代表的考察和选举工作。党代会前夕，在区直机关广泛开展献计献策活动。为全区换届工作的顺利进行做出了积极贡献。

【精神文明建设】 2016年，区直机关工委对口联系尚格社区。为了让建设文明城市工作达到实效，定期安排工作人员下社区值班，协助社区做好建设文明城市工作的宣传和引导，并协调处理一些社区精神文明方面的问题。对全体机关干部开展综治民调答卷培训，协助区文明办开展区直机关文明创建评比验收工作。荣获2016年度天元区文明建设先进单位称号。

【群团工作】 2016年3月，组织庆祝"三八"妇女节工会活动，70余名分工会女工委员参观中国动力谷万丰湖。4月，联合工会、共青团、妇联组织全区办公技能竞赛，将区情、党建业务、政务礼仪、办文办会等知识纳入题库，激励干部们爱岗敬业。10月，牵头组织机关26个单位参加区合唱比赛，取得优秀成绩。 （周鸿猷）

机 构 编 制

【概况】 天元区机构编制委员会办公室为区机构编制委员会的常设办事机构，负责全区行政管理体制和机构改革、行政审批制度改革、机构编制的日常管理和事业单位登记管理工作，既是区委的工作机构，又是政府的工作部门，列入党委机构序列。天元区机构编制委员会办公室设1个综合办公室，核定行政编制为5名。机构编制委员会办公室归口管理区事业单位登记管理局，区事业单位登记管理局为正科级全额拨款事业单位，核定事业编制1名。

【机构编制管理】 一是严格机构管理。认真贯彻区委常委会明确的两个"一律"：涉及机构编制问题，一律征求编办意见；未经编办、编委会研究的机构编制问题，区委、区政府一律不上会，不研究，不讨论等有关规定。区内所有涉及机构编制等问题，由区编办统一收集，拿出建议和方案，提交编委会研究。二是强化编制控制。将机构编制实名制数据库作为编制管理的重要抓手，联合各部门进行全面核准，切实加强编制和人员管理，有效控制机关、事业单位人员增长，全年实现编制"零增长"。

【政府机构改革】 按照上级部门统一部署和要求，结合天元区实际情况，全力推进机构改革工作。改革后，天元区设政府工作部门18个，减少事业单位8个，降格事业单位3个；调整株洲高新区行政机构自定编制40名；政府工作部门实有人员减少31名；政府工作部门新增职能24项，加强职能8项，整合职能14项，取消职能1项。

【行政审批制度改革】 继续稳步推进行政审批制度改革，积极做好审批事项承接及三清单一目录编制工作。全区7个申请调整责任清单的部门，全年共调整事项89项，其中部门职责调整46项，与相关部门的职责边界调整12项，事中事后监管制度调整9项，公共服务事项调整22项。申请调整权力清单的部门共10个，调整事项共计31项，其中增加行政权力23项，取消行政权力8项。

【事业单位分类改革】 2016年，继续推进事业单位分类改革，初步拟订了区事业单位模拟分类原则，即：功能相同、职能相近、上下对应、市区平衡。全区承担行政职能事业单位国资局、交管站、爱卫办等单位在本轮政府机构改革中其行政职能回归，从事公益服务事业单位157家（公益一类143家，公益二类14家），从事生产经营活动事业单位1家。

【网上名称登记管理】 2016年，全区120个事业单位参加年检，年检率100%。变更手续25个单位，年限到期更换法人证书9个单位。认真做好统一社会信用代码赋码工作。年内，重点推进党政机关、群众团体统一社会信用代码赋码工作，全年发证41本，赋码工作全面完成。赋码工作改革由多码改为一码，政府简化办事流程，促进信息共享，推动社会信用体系建设，形成了可供利用的大数据资源，为政府监管和服务提供支撑保障打下了坚实的基础。 （刘昌坤）

老 干 部 工 作

【概况】 2016年，天元区老干局按照政治上尊重、思想上关心、生活上照顾、作用上发挥的工作要求，用心用情为老干部办实事、解难事，实现让区委区政府放心，让老干部开心，较好地完成年度工作目标。被评为全省老干部工作先进集体、天元区党风廉政建设先进单位、天元区年鉴工作先进单位；区老年体协参加湖南省第九届老年人运动会获最佳组织奖。

2016年，天元区老干局管理离退休干部83人（区本级78人，企业代管1人，教育系统4人），其中离休干部12人，退休干部71人，平均年龄71岁。

【落实老干部政治待遇】 2016年，区老干局认真落实老干部政治待遇。定期组织理论学习，全年集中组织理论学习和专题讲座8次，重点学习中共十八届五中、六中全会及习近平总书记系列重要讲话精神和省、市、区党代会议主要精神。区委区政府主要领导两次与老干部座谈，通报全区经济社会事业发展情况，召开1次区委常委会议专题研究老干部工作。决定成立工委、区委离退休干部工作委员会，并出台《天元区关于进一步加强和改进离退休干部工作的实施意见》；组织老干部积极参加重大活动。组织老干部参加市、区重要活动和会议6次。开展老干部户外活动。组织老干部参观江西安源路矿工人运动纪念馆，开展“美好生活，阳光心态——我看新区新变化”考察活动，走进高科总部、考察中国动力谷、游览万丰湖公园。

【保障老干部生活待遇】 2016年，区老干局认真落实离休干部津补贴、健康疗休费、遗孀生活补贴等经费。按政策落实离休干部医疗费统筹和补足以及天然气、自来水优待补贴工作；落实办理新增21名退休干部的移交工作，落实办理17名提前退休干部待遇及服务管理；落实走访慰问工作，全年为老干部祝寿83人次，慰问住院老干部54人次，元旦、春节、重阳节等重大节日上门走访慰问老干部180余人次。对9名身体差、医疗费用负担大的退休干部给予医疗慰问金4万元，对46名有各种特殊困难的离退休干部家庭给予困难慰问金近5万元。协助3位老干部家庭稳妥处理后事；落实离退休干部死亡一次性抚恤金，按新政策落实自2011年8月以来离世的9名老干部死亡一次性抚恤金计117.25万元；落实健康检查，做好老干部年度体检服务工作，邀请市中心医院专家进行健康知识讲座及体检报告咨询；对为企业代管和教育系统离休干部进行走访慰问。

【老干部基层组织建设】 2016年，区老干局认真抓好党建基础性工作，完成老干部党支部换届选举，召开离退休党支部委员会议7次，组织老党员集中学习2次。建立和完善党员信息库，规范各类工作台账和档案管理；抓好“两学一做”学习教育，组织老党员开展手抄党章、知识竞赛、革命传统教育等活动。2名退休干部荣获天元区“两学一做”笔记达人“我最勤奋”奖；开展党内关怀活动。“七一”前夕，区老干局党总支看望慰问老干部党员12名。支部40多名党员自愿参加党内关怀捐助活动，共捐款9000元，重点帮扶3名困难老党员。

【弘扬老干部正能量】 2016年，区老干局在老干部中积极开展“我为党的事业增添正能量”主题活动。有8名老干部参评全市百名优秀离退休干部；5名老干部为市、区党代会建言献策，完成调研材料5篇；有2名老干部担任《中国老年报》特约通讯员；2名老干部担任社区义务教员；开展有益身心的文体活动。全年开展“一月一主题”老干部钓鱼、棋牌等活动8次。门球协会坚持每月“三赛四练”，开展活动30余次，书画协会开展练习、讲座活动20余次。

【关工委工作】 2016年，区关工委积极开展以“中国梦”为主题的教育活动。开展争做美德少年、向国旗敬礼、“学长征精神、做红色传人”等活动；深化未成年人思想道德教育。联合区相关部门组织美德少年评选表彰活动，开展“少年向上、真善美伴我行”“童心向党”等主题活动；积极开展法制宣传教育课、法律知识竞赛等活动。

【老年大学工作】 2016年，区老年大学一是定期集中学习。全年开展书法、时事、心理调适、国学知识、健康保健课等26次，100余课时；二是适时开展主题活动。老干部在“建党95周年”“纪念长征胜利80周年书法展”“助力‘十三五’，添彩新株洲”等主题活动中撰文8篇，展示书法和绘画作品50多件。

【老年体协工作】 2016年，区老年体协组队代表株洲市参加省第九届老年人运动会广场舞比赛，获一等奖；组队参加全市县处级老干部钓鱼比赛，获第三名。组队参加市门球锦标赛暨中国·株洲第五届“炎帝神农杯”门球赛，女队、男队分获三、四名；全年有15个队参加“月月乐”门球赛，组织月赛7次，年度决赛1次。（程 晖）

信访工作

【概况】 天元区信访局为正科级行政机关，主要职责为接待和处理群众来信来访，承办上级机关和区委、区政府领导交办、拟办的信访事项，检查、督促、参与协调处理信访突出问题。除了以上工作职能外，根据区委、区政府的安排还分别承担了区处理信访突出问题及群体性事件联席会议办公室、区信访事项复查复核委员会办公室的日常管理工作。内设机构有：办公室、督查办公室。同时，设有天元区人民来访接待中心（信访大厅），隶属信访局管理的全额拨款事业单位。天元区信访局机关行政编制为3名，天元区人民来访接待中心定事业编制4名。

2016年，区信访局以开展“基层基础强化年活动”为主线，集中开展信访积案化解攻坚行动，不断完善信访工作机制，拓宽信访渠道，各项工作取得了较好的成效。全年信访总量716批2093件次，先后顺利完成全国、省、市两会、杭州G20峰会、中国轨道交通国际峰会等特护期间的接访劝返工作，得到来区调研的省政府副秘书长、省信访局局长许忠建，省信访局党组成员、副厅级纪检员樊欣等领导的充分肯定。区信访局荣获2016年度优秀班子、2016年度区社会治安综合治理工作先进单位等荣誉称号，副局长彭攀获得“2010—2015年度全省信访工作先进个人”称号。

【领导接访】 2016年，区信访局推动实行周一区领导接访，周二至周五信访量较大的部门轮流接访制度，分管领导、分管部门接访分管信访事项，有力提高接访的针对性和工作效率。全年领导接待来访群众170批498人次，有效地减少了重复上访、越级上访的发生。

【积案化解】 以省、市信访积案化解攻坚行动为契机，对全区信访积案进行全面排查梳理，将排查出的42件信访案件通过区委常委会议进行交办，全部由区级领导包案；制定《2016年全区信访积案化解攻坚行动工作方案》，安排专项资金，专项考核，全力促使信访积案化解。全区有16名区级领导包案，涉及15个单位、37名具体责任人，形成一级抓一级，层层抓落实的工作格局。全年有效化解省交办的殷某、黄某、袁某，市交办的谭某、罗某等在内的13件信访积案。

【网上信访】 2016年，区信访局按照省、市关于全省信访信息系统改革的统一部署和要求，全力推进网上信访综合平台建设，努力把网上信访打造成群众信访的主渠道。全年为全区27个单位、83名工作人员办理并发放数字证书，联通全区相关区直部门及镇、街道网上信访系统，并进行专题培训，推动各单位明确网上信访专人专岗，切实提高全区规范化、信息化水平；积极开展办信工作“四比四看”活动和网上信访宣传活动，推广“信访+互联网”工作模式，引导群众多“上网”少“上访”。

【信访联席会议】 2016年，进一步完善联席会议议事规则、程序；坚持每月定期研究部署信访工作，及时调度研究解决信访突出问题。全年召开信访联席会议13次，协调处理重大信访突出问题67件。

【基层基础强化年活动】 以创建无进京越级上访、无赴省大规模集体上访、无因信访问题引发的极端恶性事件和舆论负面炒作“三无”镇（街道）为目标，在全区范围内积极开展信访工作基层基础强化年活动。制定《天元区信访工作“基层基础强化年”活动方案》，建立区、镇（街道）、村（社区）3级网络和活动联系点制度，各村（社区）明确书记为信访信息员，进一步推动信访工作重心下移、关口前移，夯实信访工作基础。（张绍治）

天元区人大常委会

株洲高新区·天元区
ZHUZHOUGAOXINQU·TIANYUANQU
2017年鉴

【概况】 株洲市天元区人民代表大会常务委员会成立于1997年，内设正科级办事机构办公室；正科级委办6个：内务司法工作委员会、财政经济预算工作委员会、代表联络工作委员会、教育科学文化卫生体育工作委员会、城乡建设环境资源保护工作委员会、农业工作委员会。2012年，区人大机关定行政编制22名，机关后勤服务人员事业编制4名。

2016年，区人大常委会深入贯彻落实区第五次党代会精神，始终坚持党的领导、人民当家做主、依法治国有机统一，认真履行宪法和法律赋予的职权。全年召开常委会会议6次、主任会议20次，听取和审查专项工作报告35项，作出决议决定25项，组织代表视察7次，开展专题调研13次，提出审议意见3件，为加强天元区民主法治建设，推进依法治区，促进经济社会跨越发展做出了积极贡献。

【区人民代表大会第四届第五次会议】 1月26—29日在高新大厦会议中心举行，会议听取和审议区人民政府区长董巍关于政府工作报告；听取和审议区政府提出的十三五规划纲要，审查、批准十三五规划纲要；听取和审议区发展和改革局局长徐清林关于株洲市天元区2015年国民经济和社会发展计划执行情况的报告与2016年国民经济和社会发展计划草案的报告；审查、批准了株洲市天元区2015年国民经济和社会发展计划执行情况的报告与2016年国民经济和社会发展计划；听取和审议区财政局局长陈文君关于株洲市天元区2015年区级财政预算执行情况的报告和2016年区级财政预算草案；审查、批准株洲市天元区2015年区级财政预算执行情况的报告及2016年区级财政预算；听取和审议区人大常委会主任马光辉关于株洲市天元区人民代表大会常务委员会工作报告；听取和审议株洲市天元区人民法院院长黄伟波关于株洲市天元区人民法院工作报告；听取和审议株洲市天元区人民检察院检察长刘新文关于株洲市天元区人民检察院工作报告；审议通过有关决议、决定。

【区人民代表大会第五届第一次会议】 11月28—30日在高新大厦会议中心举行。听取和审议区人大常委会主任马光辉关于天元区人民代表大会常务委员会工作报告，听取和审议区人民政府区长董巍关于政府工作报告；选举程燕为株洲市天元区人大常委会主任，王太培、黄白玉、谭红德、李海泉、董运喜为株洲市天元区人大常委会副主任；选举董巍为天元区人民政府区长，李征兵、蒋智、黄芳、文树忠、刘建南、包剑、周天浩为天元区人民政府副区长，选举杨瑞斌为天元区人民法院院长，刘仕明为株洲市检察院检察长。选举产生株洲市第十五届人民代表大会代表33名。

【换届工作】 2016年，区人大常委会认真组织天元区第五届人民代表大会代表的换届选举工作，圆满完成区、镇两级人大代表投票选举工作。及时召开区镇两级人大换届选举动员大会，针对热点、难点问题进行研究探讨，推动换届顺利开展。精心组织，依法操作，确保从选区划分、选民登记、代表候选人的产生确定、组织投票选举，每一个环节都严格依规依程序进行。全区有户籍人口数量259744，登记选民数226250人，参选率91%。在全区各部门及全体选民的配合下，117个选区选出天元区第五届区人大代表166名。其中基层代表92人，占55.4%；非党60人，占36.1%；妇女66人占39.7%；连任代表50人占30%。同时全区3个镇75个选区同步选举镇代表180人，其中基层代表169人，占93.8%；非党72人，占40%；妇女70人，占38.8%；连任40人，占22.2%。区第五届人民代表大会第一次会议选举产生新一届区人大、区政府班子成员、区法院院长、区检察院检察长和33名市第十五届人大代表。

【决定重大事项】 2016年，常委会听取和审议财政决算、预算变更等重要议题，依法对区人民政府提请审议的新马工业园万丰湖(居住组团)城市基础设施工程、天易城中村改造、天易创新创业园一期工程、棚户区(城中村)改造一期项目、新马创新城、新马工业园等14个项目政府购买服务、列入预算议案作出决定，全力助推园区建设、产业发展和转型升级。

【人事任免】 2016年，区人大常委按照《地方组织法》和《区人大常委会人事任免办法》的要求，坚持实行任前法律知识考试、表态发言、任前询问、颁发任命书、向宪法宣誓等制度，极大的增强了任免工作的公开、透明和权威性，强化了被任命干部的宪法意识、公仆意识和责任意识。年内常委会共任免“一府两院”58人次，向宪法宣誓35 人次。

【监督工作】 加强对财政预算的审查监督。做好预算草案审查，积极推动预算编制改革，预算审查更加严格、科学，预算的透明度和约束力进一步增强。加强对国民经济和社会发展计划编制、执行的监督。加强经常性分析，督促落实各项目标任务，促进全区经济社会跨越发展。突出发挥审计监督作用。通过听取审计工作及同级财政审计情况汇报，加大对预算执行、重点项目资金和专项资金的审计力度，跟踪督查审计报告反映问题的整改落实，增强监督的刚性和实效。对政府平台公司融资使用情况开展监督。并就融资计划落实、资金到位、项目建设、资金使用管理和债务偿还进行认真审议，有效地增强人大监督的针对性和实效性。围绕城乡建设与环境资源可持续发展，听取区开发建设局关于长江广场、滨江广场建设情况汇报。围绕农业与农村工作，对我区农业产业化情况进行专题调研。围绕民政、教育、科技、文化、卫生、体育等社会事业，听取和审议天元区贯彻实施《残疾人保护法》《旅游法》《环保法》《食品卫生法》和《传染病防治法》的情况汇报。省、市、区人大上下联动，开展了“农产品质量安全行”“湘农民健康行”“司法公正行”“民族团结进步行”“环保世纪行”活动。听取和审议2016年上半年区法院、区检察院工作情况报告。针对非法集资案件频发问题，要求有关部门从监督的角度进行分析，从预防方面加强探索。组织开展代表旁听庭审活动。挑选与民众生活联系较为密切、具有一定争议性或有一定影响力的案件进行旁听，全年有30余名人大代表对5件案件进行听审、评议。年内启动全面落实向宪法宣誓制度，实现人大任命的国家机关工作人员均严格按规定程序、规定仪式向宪法宣誓，切实彰显宪法的尊严和权威。

【全区中心工作】 认真组织“大走访”活动，了解社情民意，倾听群众呼声，走访居民421户，收集意见建议200余条。积极开展“企业帮扶年”活动，主动联系企业，收集整理意见，形成《企业反映问题汇总表》，反馈给相关部门。春节前，人大机关开展访贫问苦，走访慰问贫困户20余户，送去慰问金3万元。积极响应市委、区委安排，扎实做好帮扶联系点茶陵县飞盐村和党建联系点湖口镇苍霞村的对口帮扶工作。12月22日，区五届人大常委会主任会议成员深入茶陵县飞盐村，就帮扶项目建设进展情况进行调研，协调解决飞盐村新建2.6公里村级公路建设资金60余万元，区人大机关支持安排扶贫资金15万元。

【信访工作】 区人大常委会始终把信访工作作为了解民情、关注民生、联系民众、知晓民意、排解民忧的窗口和桥梁，信访工作是联系人民群众的重要渠道，是常委会履行法定职责、接受人民群众监督的重要途径。常委会坚持围绕中心，服务大局，找准人大监督的切入点和突破口，把受理群众信访申诉作为履行监督职能、增强监督实效的重要渠道和了解民意、关注民生、促进和谐的重要工作来抓，对来信来访，根据不同情况，按照人大信访工作相关规定，找准症结，及时跟进重点、难点、复杂的信访件，妥善分析研究处理，减少重复访、越级访信访件。全年受理各类信访申诉案件15件次，接访13人次。其中，引导当事人到检察机关反映案情1件，其他信访件都转相关司法机关或行政机关审查办理。

【代表工作】 2016年，区人大常委会不断完善代表工作制度，进一步改进服务保障工作，注重发挥代表的主体作用、密切联系群众的桥梁纽带作用和促进经济社会发展的模范带头作用。一是创新方式，为代表履职搭建平台。深入调查研究，密切保持与人大代表的联系，积极组织人大代表参与视察、调研、座谈、评议等活动。继续实行人大代表联系人民群众制度。镇、街道人大工作室完善工作内容、创新工作方法。人大代表在接访中受理的问题涉及多个部门、多方利益，就以人大代表工作室为平台，邀请政府职能部门，基层群众代表参加，当面协商形成共识加以解决。制定完善社区民意处理机制。区代表在代表工作室值班前一周要到所在选区走访收集基层群众的建议和意见，区人大常委会对重点接访件进行督办。二是跟踪督查，为建议办理把脉助力。区四届人大五次会议期间收到代表建议、批评和意见71件。其中，3件提交市人大交市有关部门办理，区人民政府及其工作部门承办68件。建议所提问题已经解决或基本解决的32件，占47.1%；正在解决或列入计划逐步解决的29件，占42.6%；受条件限制或政策限制需要以后解决的7件，占10.3%。如《关于请求解决香草园小区及周边居民出行难建议》，建设部门迅速组织力量进行现场调研，制定解决方案，对出口连接路段进行了拓宽改造，有效解决周边交通拥堵的瓶颈问题，代表和当地居民非常满意。三是周密部署，为两级换届凝心聚力。常委会严格按照中央、省、市的安排部署和地方组织法、选举法的规定，认真组织天元区第五届人民代表大会代表的换届选举工作，圆满完成区、镇两级人大代表投票选举工作。及时召开区镇两级人大换届选举动员大会，针对热点、难点问题进行研究探讨，推动换届顺利开展。精心组织，依法操作，确保从选区划分、选民登记、代表候选人的产生确定、组织投票选举，每一个环节都严格依规依程序进行。 （唐周凝）

株洲高新区管委·天元区人民政府

【2016年管委、政府常务会议】 1月15日，同意表彰2016年安全生产先进单位和先进个人。研究通过根据税收实得情况增加市级平台公司的奖励项目，加大对国家级实验室的奖励力度。通过综治维稳工作奖励方案和名单。研究通过在文明建设表彰工作中增设无偿献血项目。同意《关于2015年度全区人口和计划生育工作评估排队与奖惩方案》。

2月26日，传达省委贯彻中共十八届五中全会建设专题培训班徐守盛书记的讲话精神和党建专题培训班的有关精神。同意成立天元区城市管理委员会，通过《天元区城市管理工作考核评比办法》及《考评实施细则》。同意在群丰镇、雷打石镇和三门镇分别建2个新型水平整体式垃圾压缩站，要求2016年6月底完成。同意《2016年征地拆迁计划任务》和《2016年征地拆迁考核办法》。通过《天元区建制村合并工作实施方案》和《关于栗雨街道析置马家河街道的方案》。同意《天元区社区服务场所提质改造三年行动计划（2016—2018）方案》。

3月24日，通过《株洲市天元区治理违章建设工作考评办法》，由法制办审定后下发。通过《区保障住房公司发展方案》，区政府现有剩余固定资产和未来可形成的固定资产划拨给保障住房公司，保障住房公司对其中经营性和未利用的土地房屋资产进行经营管理，做好对泰山、嵩山置业公司的资产并表工作。通过《天元区群丰砂石场PPP项目合作方案》，要求项目投资需要进行财评，国有资产管理由群丰镇负责。通过《株洲高新区、天元区2016年“项目攻坚年”活动实施方案》，同意尽快召开“项目攻坚年”活动动员部署会议。

4月22日，通过《天元区乡镇（街道）禁毒工作考评办法》和《天元区戒毒成员单位禁毒工作考评办法》，对办法中的有关条款进一步修改完善后行文下发。通过《天元区创建国家公共文化服务体系示范区工作实施方案》和《关于加快构建现代公共文化服务体系建设“文化强区”的实施意见》，将创建工作任务落实情况纳入部门年度绩效考核。支持人社局解决机关事业单位养老保险制度改革所需经办人员问题，由人社部门向区人事编制联席会议专题报告。根据湘政办发〔2015〕45号文件，同意参照株洲市失业保险处“稳岗补贴”办法，严格按程序操作。同意《投资项目行政审批程序及流程图》和《投资项目行政审批指南》，进一步融合法制办等方面的意见后编印。在栗雨街道范围内增设两个城市社区，分别命名为“景园社区”和“湘湾社区”，由民政等部门做好相关的范围界定工作。同意《天元区农村村民住宅建设审批流程》。通过《天元区2016年中小学招生工作实施方案》和《天易集团片区中小学校新建项目计划》。

6月8日，区政务公开领导小组更名为区政务公开政务服务领导小组，启动区政府门户网站集约化建设，由区绩效考核办将网站内容保障工作纳入全区绩效考核体系。研究部署加快推动我区建制村合并工作。成立天元区“民生100”工程工作领导小组，领导小组办公室下设区人社局。通过《2016年天元区“民生100”工程工作考核办法》，按照指标任务的分解要求整合全区所有民生实事抓好落实。研究贯彻落实中央、省、市《关于乡村教师支持计划（2015－2020年）的通知》文件精神，研究议定大力加强公费定向师范生培养，有效拓展乡村教师补充渠道，稳步推进乡村教师职称制度改革，统一城乡教职工编制标准。

7月7日，传达国务院总理李克强7月5日在湖南视察防汛抗灾的会议精神和7月4日徐守盛书记、杜家毫省长及戴道晋副省长等省领导对当前全省防汛抗灾工作作出的重要指示精神，以及7月6日阳卫国市长对全市防汛抗灾工作的指示要求，切实抓好有关工作的贯彻落实。同意《天元区实施区级预算单位公务卡强制结算目录方案》《天元区实行公务卡结算支付电子化管理改革方案》《天元区财政授权支付业务操作规程》。同意天元区湘江保护和治理第二个“三年行动计划”方案,确保第二个“三年行动计划”治理任务达到预期目标。研究抓好即将启动的第三次全国农业普查工作,成立区第三次农业普查领导小组,由分管农业的副区长任组长,相关部门为成员单位,全力做好普查各项工作。同意《区政府2016年依法行政工作计划》和《天元区行政复议、行政应诉工作(暂行)规定》和2016年度对区直相关单位的依法行政考核方案。

8月25日,研究部署近期开发建设区域第四年龄段人员参照被征地人员养老保险政策参保工作。同意《天元区党政机关公务用车制度改革总体方案》《天元区党政机关涉改车辆处置方案》《天元区党政机关执法执勤用车制度改革实施细则》《天元区党政机关公务用车制度改革司勤人员安置实施细则》《天元区党政机关公务用车制度改革节支率测算情况说明》。研究白鹤小学尚格分校建设资金事项。授权区卫计局依照有关法规制定《关于评选天元区基层医疗机构优秀业务骨干和学科带头人工作方案》,期限为3年,奖励经费由各单位自行解决。

10月20日,根据《天元区护理补贴发放实施细则》相关规定,研究适当提高对特殊救助对象的护理补贴。同意《株洲市天元区关于加快发展养老服务业的实施意见》(草案)。通过《天元区水利行政执法责任制实施方案》,建立水政执法大队。同意《株洲市天元区残疾人创业就业扶持奖励暂行办法》,不断提高我区残疾人就业水平。研究机关工作人员及离退休人员死亡一次性抚恤金发放有关事项,严格兑现政策,执行落实到位。研究《株洲市机关事业单位工作人员带薪年休假实施细则》有关执行事项。同意区征管办关于征拆攻坚阶段考核机制的优化方案。

11月23日,通过《政府工作报告》。研究落实“马上就办、真抓实干”工作,严格执行“五问工作法”,进一步提高办事效率,优化政务环境,切实增强执行力和公信力。研究食品安全监督管理工作,加大食品安全宣传力度和食品安全完全网格化监管工作,在嵩山街道建设标准快检室。研究水利局关于小型农田水利建设五年计划的工作汇报,今后五年(2017 – 2021年)区财政在山塘渠道、水库除险、河坝闸门和灌溉泵站四个方面每年新增不低于800万元资金投入,水利局要做好小型农田水利项目建设的实施方案。研究天易集团、高科集团的消防站选址、供地问题,消防站建设采取社会PPP模式或由高科集团、天易集团参照PPP模式代建。

【2016年区长办公会议纪要】 3月2日,就嵩山街道办事处有关事项进行研究。嵩山社区卫生服务中心建成后,现中心(租用)归还嵩办,财政综合考虑从2016年起参照该地段市场价格适当提高租金水平。关于佳美社区的办公用房问题,首选是使用现有开发商提供的房子,第二选择为新建办公用房。同意紫金名门门面变性工作,待相关手续到位时,资金由区里帮助解决。27区农民新村的改造,请副区长张意牵头,组织国土、规划部门,做好办证准备工作,准备好启动一户一表的安装,争取进入到2017年的改扩翻项目。嵩山街道办事处便民服务中心项目的改造(嵩山街道办事处政务服务中心),区财政支持资金50万元。

3月9日,对天元群丰砂石场PPP项目合作方案进行研究。考虑到新建砂石场目前所用土地属临时用现状、项目资产形成后属国有资产的性质,现明确该项目管理由天元区政府授权群丰镇政府行使其管理职责,并同意群丰镇将该项目交由其全资成立的国有公司承担该项目的管理工作,作为项目管理业主和后续资产监管。该项目土地变性工作同步开展,待用地性质调整后,原则上同意将项目用地报批到位,报批所需费用的来源,届时研究决定。

3月17日,专题研究湘江流域企业株洲县腾林玻璃灯饰厂和株洲县日盛玻璃制品有限公司关闭补助资金安排问题。同意按照2015年关闭的建新灯饰玻璃厂等6家企业的补助标准,给予每家50万元的关闭补助。区产业、环保、财政、三门镇等单位共同参与企业的关闭验收工作,成立验收工作小组,对企业拆除设备等情况进行现场验收,验收合格后拨付补助资金,三门镇要做好企业关闭后相关善后工作。区环保局要加强三门镇玻璃工业园目前仍在生产的4家玻璃灯饰企业的环保监测工作,决不允许企业超标排放,如有违规违法行为,立即责令企业停产整顿。

4月26日,对老旧小区改造及物业管理全覆盖工作进行研究。同意实施《2016年推进老旧住宅小区物业管理全覆盖工作计划》,2016年计划列入老旧小区物业管理覆盖项目25个。由于大型小区情况复杂,改造户数达6204户,改造任务量大,概算总投入在原有预算500万元的基础上调整为600万元,增加的100万元视年底财政收入完成情况追加预算或者列入2017年财政预算。同意实施《天元区老旧小区物业覆盖工作考核评比办法》,将考评结果列入考评单位的绩效考核范畴。同时,在市拨奖补资金中安排37万元,对考评工作先进单位和做出突出贡献的个人进行奖励,40%作为基层单位工作经费补助,60%作为个人奖励,奖励对象主要为一线基层工作人员和业主委员会成员。老旧小区改造工程建设施工费用按正常程序办理,其中门禁监控系统统一走政府采购程序。

4月29日,召开白鹤小学尚格分校建设项目暨22区储备土地征拆专题会议。莲花管理处房屋拆迁与补偿工作,由区征管办负责牵头,嵩山办事处和莲花管理处共同参与,按政策据实测算相关费用后,拿出方案报区政府核定。莲花管理处办公用房重新选址,由区国土分局、区规划分局、嵩山办事处一起研究,尽快拿出可行的选址方案。区征管办、嵩山办事处应尽快重新启动22区的征拆工作。5月2号须组织相关人员上门摸剩余征拆户的现有情况,拿出22区储备土地遗留问题征拆方案。莲花管理处搬迁的过渡办公用房由嵩山办事处负责解决,在本次会议纪要发文后一个月之内完成莲花管理处搬迁工作。

6月23日,召开白鹤小学尚格分校项目建设专题会议。区发改局根据市发改委的授权,依法办理白鹤小学尚格分校项目的可研批复和招标核准工作。鉴于该项目2015年区政府与湖南尚格置业有限公司签订了白鹤小学尚格分校建设协议,湖南尚格置业有限公司承诺按项目设计承建该小学,项目建安工程概算6000万元(建安预算以财政评审为准),区财政统筹安排1589万元,其余由尚格置业兜底建设。本着政府应当鼓励和支持民营资金以捐赠、捐建模式投入社会事业项目的原则,补充政府投入。根据《工程建设项目招标范围和规模标准规定》(国家计委令3号)的相关规定及《工程建设项目施工招标投标办法》(七部委30号令)(2013年4月修订)第十一条规定,白鹤小学尚格分校参照“建设项目有特殊要求”的情形,核定项目招标方式为邀请招标。根据区政府与湖南尚格置业有限公司签订的白鹤小学尚格分校建设协议,由湖南尚格置业有限公司承建白鹤小学尚格分校,项目总建筑面积约1.8万平方米,建安概算资金约6000万元。区政府负责将株洲市政府返还给天元区的基础设施配套费1589万元,同时由教育局筹集300万元,用于白鹤小学尚格分校的建安资金。其余建安资金由湖南尚格置业有限公司无偿捐助。区教育局要严格履行业主职责,确保工程质量和工程进度。要尽快组建校筹班子,全程参与项目建设,严把质量关,确保学校建设按照设计标准执行。要保证工程进度,把握时间节点,力争2017年9月建成交付使用。

7月1日,召开白鹤小学尚格分校建设项目暨莲花管理处搬迁工作专题会议。关于莲花管理处房屋拆迁与补偿的意见,参考2012年45期会议纪要,将区重点办工作经费50万元、嵩山办事处50万元工作经费予以核减,确定莲花管理处办公楼的拆迁及维稳等事项所需资金总额上限为1563

万元。由征管办按征拆规则算账操作，差额部分以其他方式拨付。

7月6日，对“6 · 10”、“6 · 15”水毁工程情况进行研究。同意《2016年天元区水毁工程修复资金安排（草案）》，区政府安排500.87万元水毁工程修复资金。同意工程项目资金按照合同价，区、镇（街道）承担资金比例为8 ：2，其中杨柳灌区和陈埠港低排闸修复费用不安排镇、办分担。同意区水利局和镇、街道为发包方，各村、社区为承包方组织施工，区水利局、镇（街道）负责技术支持并联合验收，资金在验收合格后在合同价内按实际完成量支付。要求各基层单位按照水毁工程修复实际需要，自行安排修复时间，并于7月15日前上报水毁工程修复时间安排。水毁工程单个项目超过50万元的，需按要求进行财政评审。

7月28日，对新马学校建设事项进行研究部署。高科集团作为建设业主，要加快预算施工一体化进程，确保按照时间节点推进。要严格执行预算资金使用制度，按照此前相关会议纪要的要求，除征拆成本和设备采购部分外，新马学校工程预算的上限值为1.34亿元（不含扩征部分土方及边坡处理）。因功能需要而增加造价，按正常程序报批。高科集团要加强与区教育局的沟通协调，确保工程建设满足学校教学需求；同时要加强工程管理，参照天元学校标准，保证工程质量，确保施工安全。

8月8日，召开关于城乡一体化垃圾直运设备采购协议供货会议。关于城乡一体化垃圾直运设备供货方问题，结合设备参数比对和实际需求，确定中联重科股份有限公司为设备供货方。该公司能提供所需设备和专业技术力量，且具有省政府协议供货资格。关于设备型号和数量，本次采购垃圾站设备为LYSZ15型水平整体式垃圾压缩机，配套车辆为ZLJ5251ZXXDE4型车厢可卸式垃圾车。其中压缩机采购10个，配套车辆采购3台。关于设备采购金额，参照省政府协议供货价格（压缩机41万元／个，配套车辆70.8万元／台）。经谈判，压缩机下调为29.6万元／个，配套车辆下调为58万元／台，最终谈判采购总金额为470万元。此外，厂方另赠送5.3万元的相关附属配件。

8月26日，召开扶贫工作专题会议。2016年天元区安排对口帮扶村每个村80万元，5个村400万元，经费来源为区财政安排400万元。考虑到即将实行车改，扶贫工作出行问题参考其他区的标准，天元区给每个队发放5000元／月的交通补贴，由队长统一安排，2016年经费来源由区财政安排10万元。从2016年9月开始执行。根据株组〔2016〕3号文件有关要求，参考其他区安排的标准和天元区征拆工作的补贴标准，每名扶贫队员按1500元／月的标准发放下乡工作补贴。扶贫队除积极进行经济帮扶外，还要思考和探索医疗帮扶的有效措施。要针对5个帮扶村的常见病、高发病，进行摸底调查，了解发病原因，广泛征集治愈的成功案例，请有关专家进行诊治，帮助村民增强疾病抵御能力，降低医疗费用。

8月31日，就株洲众财投资管理有限公司涉嫌非法吸收公众存款案处置工作召开专题办公会议。成立天元区众财涉非案专案处置协调领导小组，全面负责株洲众财涉非案处置协调工作。区财政适当安排案件处置、协调专项工作经费。为争取工作主动，在公安依法办案的前提下，加快办案进度，检察、法院要提前介入，公安、检察、法院要协调配合，形成办案合力。要加大对辖区内互联网金融风险的摸底排查，发现问题及时处置，实现处非工作关口前移。要讲究排查方法，既要组建暗访团队，通过暗访发现企业问题线索，又要组成排查专业团队，对暗访可疑企业进行正面重点清查，努力将问题解决在萌芽状态。

8月31日，研究解决大汉惠普信息产业园的交通问题。考虑株洲西环线此段辅道用地未完成土地报批和房屋拆迁，大汉惠普信息产业园东侧购地红线外区域，在现有临时碎石便道的基础上适度扩展，形成一条4~8米宽的临时道路；拆除东南侧与株洲大道辅道（栗雨路）交汇区域位置上的约2000平方米房屋，将东侧临时道路与辅道相接，以此在企业周边形成一个环形的路网。

10月13日，研究群丰镇湘云社区水患治理方案有关问题。同意实施湘云社区水患治理石家埠低排渠护岸工程，工程总投资控制在200万元以内，区财政局负责财评。同意区水利局为业主单位，群丰镇政府、悠移庄园要积极向上级单位争取项目资金，加快工程进度。按照市政府专题会议纪要（株府阅〔2016〕54号）要求，市国土局和市水务局各出资50万元，区政府出资80万元，群丰镇政府出资10万元，合计190万元，项目前期费用待财评后由区政府和悠移庄园另行研究。

9月8日，召开泉源安置房项目一期销售均价审定会议。泉源安置房项目一期建设土地属于国有划拨用地，相比新马和仙岭安置房项目的集体土地性质，泉源安置房项目一期土地增加报批成本128元／平方米。会议决定，按新马（住宅销售均价2200元／平方米）和仙岭安置房（住宅销售均价2100元／平方米）两项目销售均价取平均值2150元／平方米加上国有划拨用地增加的报批成本128元／平方米，作为泉源安置房项目一期住宅销售均价，最终确定泉源安置房项目一期住宅的成本销售均价为2278元／平方米。泉源安置房项目是由栗雨办事处（原马家河镇政府）委托区保障住房公司负责建设。根据委托开发建设协议，由栗雨办事处按实际开发成本进行回购，实际开发成本由区审计部门最终结算审定为准。经过审计初步审定，住宅成本单价为2450元／平方米，按2278元／平方米的销售均价，每平米预亏损为172元／平方米。项目结算审定后，住宅成本的实际亏损费从区安置房建设补贴中列支，由区保障住房公司向区政府申请支付。

10月24日，对教育涉及2016年度市绩效考核指标尚未完成的两个问题及卫计系统乡镇卫生院医务人员工作补贴问题进行研究。2016年起对原马家河镇所辖学校（包括凿石小学、金龙小学、月塘小学、新马小学、王家坪小学和马家河中学）教师享受乡镇工作补贴给予过渡期的政策。过渡期内，如省、市教育行政部门统计口径、收费政策、中央公用经费补助、贫困寄宿生生活费补助等方面均按城市学校标准执行，或上级文件有明确规定时，则停止乡镇工作补贴的发放。原马家河镇卫生院医务人员参照享受乡镇工作补贴给予过渡期的政策，按原标准发放。如名称变更为社区卫生服务中心，不再享受此项补贴。同意增加天元区乡村中小学班主任津贴，2016年乡村学校班主任津贴由区财政追加安排，从2017年起作为专项列入财政预算。原马家河镇所辖的凿石小学、金龙小学、月塘小学、新马小学、王家坪小学和马家河中学，增加班主任工作津贴也实行过渡期。

10月31日，研究湖南天易集团有限公司PPP项目申报实施有关问题。决定由天元区人民政府成立PPP领导小组，负责全区PPP项目重大问题研究决策、重要成果节点审核等。同意天易集团天易科技城自主创业园土地整理及基础设施建设项目、中小学校新建项目、五云峰国际生态新城土地整理及基础设施建设项目按PPP模式实施。授权区建设局代表区政府为天易科技城自主创业园PPP项目的实施机构，与依法选定的社会投资人签订PPP合同（即特许经营合同）。天易集团代表区政府作为天易科技城自主创业园PPP项目的政府出资方，具体负责项目识别、项目准备、项目采购、项目执行和项目移交等工作。加快推进天易科技城自主创业园二、三期土地调规、报批及征地拆迁，区规划分局、区国土分局、重点办和群丰镇政府支持配合，力争4年内完成PPP项目全部工程建设。由区财政局根据区财政一般公共预算支出情况，确定项目最优的PPP合作期限与资金成本组合，报PPP领导小组批准。按过程公开、程序合法的要求，甄选社会资本方，具体投标条件报管理协调决策委员会批准。鼓励施工方和投资方组成两方联合体参与项目投标。

11月23日，就《株洲市天元区三门镇响水村农村土地整治项目可行性研究报告》进行专题研究。全区各级各有关单位要高度重视，全力支持配合，协同区国土资源分局完成项目的立项评审工作。区政府成立农村土地整治项目实施领导小组，负责整个项目建设的协调和调度；各责任单位要成立相应的工作机构，尽职尽责，切实抓好工作落实。三门镇响水村农村土地整治项目要与2017年全区新农村示范片建设紧密结合起来，以土地综合整治为平台，以土地整理复垦开发专项资金为引导。三门镇负责统筹协调项目管理，项目所在村提出申请的同时要出具项目建设承诺书，切实维护项目建设环境，项目申报材料必须由镇审核，区国土分局把关，土地整治必须与产业结构调整结合起来，通过土地流转形式向规模农业、项目农业集中，促进现代农业的统筹发展。

11月11日，就湖南移动株洲分公司生产调度楼施工相关工作召开专题会议。湖南移动株洲分公司生产调度楼建设系市重点工程项目，在施工过程中，涉及已征收菜土未及时开发利用导致现重复使用现象，5户居民因此阻工。本着以人为本原则，由湖南移动株洲分公司和嵩山路街道共同出资，按照相关政策对其地面附着物进行适当补偿。移动公司生产调度楼大门出口靠近劳动支路，涉及1栋房屋(暂未列入征拆范围)，由治违大队现场踏勘，对该房屋进行鉴定。如系违法建筑则依法依规进行拆除；如系世居房屋，由移动公司自行决定是否先行启动征拆并垫付相关费用。对于和怡园小区共墙违章建筑的问题，由治违大队现场踏勘，限期一周内腾房，否则下达执法文书进行拆除。12月31日前，由嵩山路街道协同区治违大队完成所有违法建筑的拆除工作。围墙修建完成后，围墙内的相关工作由施工单位负责，围墙外的维稳等工作由嵩山路街道负责。

11月25日，对三门镇响水村自来水项目进行专题研究。同意三门镇响水村自来水主管网铺设按市水利水电规划勘测设计院设计方案进行。水源为三门白石水厂，主管网从株木村接入，沿经株木村、苍霞村、楂木村、福星村等。主管网总长8.2公里，概算资金为198.51万元，具体以审计为准。目前市财政已安排建设资金100万元，不足部分由区财政统筹安排，列入2017年财政预算。主管网配套设施、附属工程及支网建设，由三门镇、受益村及村民自筹解决。此项目业主单位为三门镇政府，要求其按相关规定做好协调、管理、招投标等具体工作。区水利局要积极参与、协作、指导完成相关手续及工作，原则上春节前通水。

12月5日，对株洲农村商业银行股份有限公司（以工商注册名称为准）有关事项进行专题研究。株洲农村商业银行股份有限公司总部过渡性办公网点设立在神农城悦湖国际，使用面积大约5700平方米。装修设计按银行网点有关要求进行，经相关部门审核和财评后进行招标；装修标准以节约为原则，按一、二楼每平方米不超过2000元，三楼、四楼每平方米不超过1000元编制项目预算(具体以财评为准)；装修费用由天易集团先行垫付，待审计后由区财政统筹安排，原则上结算不超过预算。区金融服务中心负责牵头协调联络本项目工作，要落实专人全程跟踪服务，做到及时报告情况、及时协调关系、及时解决问题。天易集团是本项目工作实施的主责单位，负责本项目总设计、立项申报、招投标、组织施工等工作，要抢抓进度，精准施工，确保如期交付。区发改局负责做好项目立项审批和招投标核准工作。原则上该项目按一个项目立项，分4个标段招标、施工。区财政局、区审计局等要严格把关，确保项目依法依规。考虑银行网点安全因素和特殊要求，装修公司由农商行推荐、天易集团根据招投标选定。天易集团要组织装修公司严格按照财评和审计的要求，严控装修标准，严格设计方案，细化主材品牌，抓紧精细施工，按期优质交付，确保农商行春节前如期开业。（周高林）

2016年株洲高新区管委会、天元区政府文件目录

表4

序号	文号	文件标题
1	株高政发〔2016〕1号	关于印发《国家高端装备(轨道交通装备)制造业标准化试点实施方案》的通知
2	株高政发〔2016〕2号	关于协调解决湖南炎帝生物工程有限公司涉税问题的请示
3	株天政发〔2016〕1号	关于在天元区境内设立超限超载检测站的报告
4	株天政发〔2016〕2号	关于2016年天元区乡镇“五小”设施、周转房、村级组织活动场所建设计划的报告
5	株天政发〔2016〕3号	上访职工企业养老保险待遇事宜的报告
6	株天政发〔2016〕4号	关于胡克辉信访问题的情况报告
7	株天政发〔2016〕5号	2015年天元区实行最严格水资源管理制度考核工作自查报告
8	株天政发〔2016〕6号	关于请求落实杨柳水库升级配套资金的报告
9	株天政发〔2016〕7号	关于请求解决度汛应急处险工程项目资金的报告
10	株天政发〔2016〕8号	关于设立嵩山街道佳美社区及三门镇码头口社区、上节街社区合并的批复
11	株天政发〔2016〕9号	关于辞退李磊同志的决定
12	株天政发〔2016〕10号	关于申请调整上半年集中开工项目的报告
13	株天政发〔2016〕11号	关于调整天元区2016年市级重点项目的报告
14	株天政发〔2016〕12号	关于地方债务置换债券自查情况的汇报
15	株天政发〔2016〕13号	关于胡克辉信访问题的情况报告
16	株天政发〔2016〕14号	关于申请企业改制安置专项经费的报告
17	株天政发〔2016〕15号	关于调整天元区2016年市级重点项目的报告
18	株天政发〔2016〕16号	关于落实粮食安全省长责任制的意见
19	株天政发〔2016〕17号	武广株洲西站交通管理秩序专项整治情况的报告
20	株天政发〔2016〕18号	关于三湘财富中心项目年内无法开工的报告
21	株天政发〔2016〕19号	关于加快河西滨江路西侧部分待征地块开发建设的报告
22	株天政发〔2016〕20号	关于对我区新建砂石转运基地选址及经营期的承诺书

续表4

序号	文号	文件标题
23	株天政发〔2016〕21号	关于对三门垸、马家河垸堤防综合整治工程社会稳定风险评估报告的意见
24	株天政发〔2016〕22号	关于印发《株洲市天元区全民健身实施计划(2016—2020)》的通知
25	株天发〔2016〕1号	印发《关于加快构建现代公共服务体系建议“文化强区”的实施意见》的通知

（周高林）

株洲高新区管委、天元区政府办公室

【概况】 株洲高新区管委、天元区人民政府办公室既是管委、政府组成单位，又是办事机构。株洲高新区成立于1992年5月，12月经国务院批准为国家级高新区，设高新区管委会办公室。株洲市天元区建区于1997年7月，设天元区人民政府办公室。2000年10月，经市委、市政府批准将高新区、天元区职能合并、效能整合，设株洲高新区管委会办公室、天元区人民政府办公室，形成两块牌子、一套人马的格局，2016年加挂区政府法制办、区政府金融工作办公室牌子。管委办、政府办现内设综合调研科、督查科、秘书信息科、接待科、应急管理科5个职能科室。主要职能是负责管委会、区政府会议的准备和组织协调工作，负责安排领导的公务活动，办理领导交办的事项；负责管委会和区政府的文件和领导文稿的起草、校核、印发工作，负责文书处理、档案管理工作。研究、审核管委会、区政府各部门以及各镇、办事处向管委会、区政府的请示、报告和反映的重要问题，提出处理意见报领导审批；及时、准确向上级报送信息，反映有关动态；负责重大方针政策、重要工作部署和领导重要批示、批件和贯彻落实情况的督促检查工作，组织办理人大代表和政协委员有关建议、提案；负责统筹规划全区推进依法行政工作，全区规范性文件审查报备工作，负责行政执法监督工作，承办申请区人民政府行政复议的案件；代理区人民政府的参与行政、民事应诉工作；完成高新区党工委、管委、天元区委、区政府交办的其他工作。

【综合调研】 2016年，以提高领导满意度、基层认同感和工作指导性为原则，在文稿起草中苦下功夫，集思广益，精雕细琢，高质量起草2016年《政府工作报告》，完成项目建设、固定资产投资、经济形势分析、百日攻坚、向省市专题汇报等材料40余篇20余万字。围绕三大动力产业发展、“企业帮扶年”、社会化养老服务建设和2017年《政府工作报告》等课题开展调研，完成调研文章5篇，为管委、政府决策提供了建设性意见和建议，部分建议转化为领导的决策成果。加强信息报送体系建设，拓宽信息渠道，建立了信息工作长效激励机制。向市政府报送政务信息121篇，省市两级采用68篇，信息工作排名保持在城区前两名位置。

【政务督查】 2016年区政府办不断完善督查督办机制，认真落实“马上就办、真抓实干”工作理念，对工委、管委、区委、区政府的重大决策和区委经济工作会议、区政府工作报告确定的重点工作，进行重点督查，抓好跟踪调度；对管委例会、政府常务会议议定事项，及时分解落实到职能部门，及时督办汇总，限期落到实处；对主任批示件、区长批示件和上级部门交办件，积极做好分办、转办、催办工作，及时反馈结果，确保事事有回音、项项有交代、件件有着落。全年组织开展各类督查活动60余次，办理领导批示件367件，督促协调有关单位办理市级建议提案3件，交办督办区级建议提案108件，见面率、办结率、满意率均98%以上。严格按照《株洲高新区管委会相关部门工作考核补充细则》要求，推行“五问工作法”，对各单位的工作任务和例会交办的事项进行考核，全力推动了管委、政府工作的有效落实，近两年的考核排名均取得全市第一。

【依法行政】 2016年，全区法治政府建设稳步推进。制定《2016年度依法行政工作计划和考核方案》和《关于开展“司法公正行”活动实施方案》。组织开展以《法治政府建设实施纲要(2015－2020年)》为主要内容的学习研讨，进一步深化广大领导干部对依法行政工作的认识。继续推行招商引资、项目入园等重大行政决策专家咨询评估制度，专家咨询评估机构人员知识结构不断优化，按制度规定开展决策评估论证活动。举行重大行政决策听证会，落实法律顾问制度。依法行政水平明显提升。为区政府重大行政决策、重大行政合同提供法律意见，审查投融资等方面的合同协议29份，合同金额达50多亿元。办理区政府行政诉讼等案件32件，案件均取得了胜诉。强化行政执法监督。组织全区行政执法人员参加省行政执法换证考试，参考人员的考试通过率全市第一。

【办文办会】 规范优质完成公文办理。严格落实控制公文数量，提高公文办理效率，认真做好公文的收发、阅办、归档。收到上级文件1157份，本级文件201份，对所收的文件均严格按照国家保密制度登记收文，及时按程序传阅、催办、归档。全年编印会议纪要90件，制发文件358件。细心细致安排会议活动。对每次会议和活动的安排，力求认真细致、严谨规范，做好预案、精心组织，确保会议活动顺利进行。召开各类会议600余次，其中管委例会12次，政府常务会、主任办公会议、区长办公会议50余次。完成各类重大项目开竣工、上级领导工作检查以及兄弟单位学习考察的接待任务60批次，500余人次。周密高效搞好沟通协调。站在全区工作大局的高度，稳妥处理对上对下、对内对外的各种关系，保证了管委、政府工作部署的顺利实现和全局工作的协调运转。积极就株洲·中国动力谷、北汽二工厂、长城电脑项目建设等重点工作主动与市委办、市政府办等上级部门沟通协调。注重与区委、人大、政协办公室保持经常联系和密切沟通，及时共享信息，主动向区委汇报重大工作，定期向区人大汇报政府工作完成情况，协助开展部门评议，主动向政协通报政情，听取意见建议。重视与各镇办、各部门的交流，对基层和部门请示管委会、区政府的事项，及时呈批并反馈意见，对部门之间需要沟通的问题，主动协调，力求达成一致，确保政令畅通和上下协调。

【政务公开】 2016年，政务服务中心积极推进政府信息公开、优化政务服务、政府网站建设管理，各项工作取得明显成效。严格贯彻落实《株洲市人民政府办公室关于印发2016年政务公开工作要点的通知》(株政办函〔2016〕40号)的有关要求，进一步理顺工作机制。印发《关于完善政府信息公开目录和政府信息公开指南的通知》，组织精干力量，分赴有关单位和镇(街道)进行现场指导，及时提供政策咨询和技术支持。严格执行政务公开工作制度，完善了政策解读工作机制，及时对党代会报告、政府工作报告等重要政策作出解读，并第一时间在区政府门户网站发布。全年受理业务办理 11520起，办结11480起， 服务人员31万人次，满意率100%；受理各类业务咨询1125起，满意率100%。督促各信息发布责任单位公开各类政务信息万余条；政府门户网站政民互动栏目收到各类事项16件，办结16件；收到依申请公开3件，办结3件。2016年共收到依申请公开案卷3件，其中纸质案卷1件，网上案卷

2件，都已依法依规办结，满意率100%。

【应急管理】 应急管理得到有效加强。实行全年365天24小时专职在岗值班制度，提升值班应急整体效能。办理市长热线（信箱）和区长热线投诉建议4600条，做到"有诉必受、有查必果、有果必复"。出色完成元旦、春节、全国两会和党代会等重大时间节点的值班应急、信访维稳等工作。 （周高林）

2016年株洲高新区管委办、天元区政府办文件目录

表5

序号	文号	文件标题
1	株高天政办发〔2016〕1号	关于邀请市领导出席长城电脑下线及一批重点项目开竣工仪式的请示
2	株高政办发〔2016〕1号	关于统计执法检查整改报告
3	株天政办发〔2016〕1号	关于印发《特殊救助若干实施细则》的通知
4	株天政办发〔2016〕2号	关于印发《株洲市天元区人感染H7N9禽流感防控应急预案(试行)》的通知
5	株天政办发〔2016〕3号	关于做好2016年度无偿献血工作的通知
6	株天政办发〔2016〕4号	关于印发《株洲市天元区居民健康卡普及应用工作实施方案》的通知
7	株天政办发〔2016〕5号	关于印发《天元区2016年中小学招生工作实施方案》
8	株天政办发〔2016〕6号	关于印发《天元区2016年重点民生实事项目"重性精神疾病患者救治救助工程"实施方案》的通知
9	株天政办发〔2016〕7号	关于加强安全生产监管执法的实施意见
10	株天政办发〔2016〕8号	关于印发《株洲市天元区乡村教师支持计划（2015—2020年）实施细则》的通知
11	株天政办发〔2016〕9号	中共株洲市天元区人民政府办公室党组工作规则
12	株天政办发〔2016〕10号	关于印发《株洲市天元区缺陷防治实施方案》的通知
13	株天政办发〔2016〕11号	关于做好第三次全国农业普查工作的通知
14	株天政办发〔2016〕12号	关于印发《天元区行政复议、行政应诉工作（暂行）规定》的通知
15	株天政办发〔2016〕13号	关于印发《天元区2016年居民疾病普调查工作方案》的通知
16	株天政办发〔2016〕14号	关于印发《株洲市天元区湘江保护和治理第二个"三年行动计划"实施方案（2016－2018年)》的通知
17	株天政办发〔2016〕15号	关于印发《天元区"四好农村路"建设活动实施方案》的通知
18	株天政办发〔2016〕16号	关于印发《株洲市天元区落实粮食安全省长责任制考核办法》的通知
19	株天政办发〔2016〕17号	关于印发《天元区进一步加强人口和计划生育利益导向机制的规定》的通知

续表 5

序 号	文 号	文件标题
20	株天政办发〔2016〕18号	关于大石桥社区老屋组信访问题的情况汇报
21	株天政办发〔2016〕19号	关于公布株洲市天元区政府投资项目工程造价咨询及财务审计定点服务机构的通知
22	株天政办发〔2016〕20号	关于印发《天元区落后烟花爆竹生产企业退出工作方案》的通知
23	株天政办发〔2016〕21号	关于印发《天元区2016年度推进新型城镇化目标任务分解表》的通知
24	株天政办发〔2016〕22号	关于限期整改胜塘小学校园周边环境的通知
25	株天政办发〔2016〕23号	关于调整区信访事项复查复核委员会的通知
26	株天政办发〔2016〕24号	关于印发《天元区推进新型城镇化工作实施方案（2015—2020）》的通知
27	株天政办发〔2016〕25号	关于印发《株洲市天元区开展村居财务清查和村居组织成员任期经济责任审计工作的实施方案》的通知
28	株天政办发〔2016〕26号	关于成立天元区城乡居民基本医疗保险制度整合工作领导小组的通知
29	株高天政办函〔2016〕1号	关于调整天元区春运领导小组成员的通知
30	株高天政办函〔2016〕2号	关于印发《株洲市天元区2016年春运工作方案》的通知
31	株高天政办函〔2016〕3号	关于印发《株洲市天元区2016年春运应急预案》的通知
32	株高天政办函〔2016〕4号	关于继续支持契税收入征管的函
33	株高天政办函〔2016〕5号	关于认真做好《株洲高新区·天元区年鉴（2016）》工作的通知
34	株高天政办函〔2016〕6号	关于开展ISO 14000环境管理体系外部审检工作的通知
35	株高天政办函〔2016〕7号	关于成立“民生100”工程工作领导小组的通知
36	株高天政办函〔2016〕8号	关于财政收入“双过半”有关问题的函
37	株高天政办函〔2016〕9号	关于印发《天元区农村环境综合整治工作方案》的通知
38	株高天政办函〔2016〕10号	关于认真落实《天元区开展“马上就办、真抓实干”活动的实施方案》的通知
39	株高天政办函〔2016〕11号	关于表彰《株洲高新区·天元区年鉴（2016卷）》工作先进单位和先进个人的决定
40	株高天政办函〔2016〕12号	关于印发《管委会区政府领导成员分工》的通知
41	株高政办函〔2016〕1号	关于表彰二〇一五年度火炬统计工作先进企业的决定
42	株高政办函〔2016〕2号	关于做好《中国高新区》《中国高新技术产业导报》发行工作的通知
43	株高政办函〔2016〕3号	关于印发《中国动力谷创新创业发展专项资金管理办法实施细则（高水平科研创新项目类）》的通知

续表 5

序 号	文 号	文件标题
44	株天政办函〔2016〕1号	关于印发《株洲市天元区网格化环境监管实施办法》的通知
45	株天政办函〔2016〕2号	关于加强安全隐患排查切实做好防灾减灾和安全生产工作的紧急通知
46	株天政办函〔2016〕3号	关于成立凿石片区项目征地拆迁建设协调指挥部的通知
47	株天政办函〔2016〕4号	关于成天台片区项目征地拆迁建设协调指挥部的通知
48	株天政办函〔2016〕5号	关于开展2015年度土地卫片执法监督检查工作的通知
49	株天政办函〔2016〕6号	关于印发《株洲市天元区第二次全国地名普查实施方案》的通知
50	株天政办函〔2016〕7号	关于印发《天元区人民政府领导成员分工》的通知
51	株天政办函〔2016〕8号	关于表彰2015年度天元区人民政府门户网站建设工作先进单位和先进个人的决定
52	株天政办函〔2016〕9号	关于印发《天元区生态绿心地区违法违规行为监控信息处理办法》的通知
53	株天政办函〔2016〕10号	关于调整区食品安全工作领导小组的通知
54	株天政办函〔2016〕11号	关于表彰人感染H7N9禽流感防治先进单位和先进个人的决定
55	株天政办函〔2016〕12号	关于印发《株洲市天元区建制村合并工作实施方案》的通知
56	株天政办函〔2016〕13号	关于印发《株洲市天元区社区服务场所提质改造三年行动计划(2016－2018)》的通知
57	株天政办函〔2016〕14号	关于印发《天元区2016年度地质灾害防治方案》的通知
58	株天政办函〔2016〕15号	关于清理整治环保违规建设项目的通知
59	株天政办函〔2016〕16号	关于印发《天元群丰砂石场PPP项目合作方案》的通知
60	株天政办函〔2016〕17号	关于成立栗雨街道办事处马家河片区会计管理中心的通知
61	株天政办函〔2016〕18号	关于成立天元区城市管理委员会的通知
62	株天政办函〔2016〕19号	关于调整天元区国有土地房屋征收计偿方案论证委员会的通知
63	株天政办函〔2016〕20号	关于2015年度建议提案办理工作考核情况通报和认真办理2016年度建议提案工作的通知
64	株天政办函〔2016〕21号	关于印发《株洲市天元区治理违法建设工作考评办法》的通知
65	株天政办函〔2016〕22号	关于印发《天元区应急知识宣传和应急预案演练工作方案》的通知
66	株天政办函〔2016〕23号	关于印发《株洲市天元区创建国家公共文化服务体系示范区工作实施方案》的通知
67	株天政办函〔2016〕24号	关于调整天元区打击和处置非法集资工作领导小组成员的通知

续表 5

序号	文号	文件标题
68	株天政办函〔2016〕25号	关于印发《天元区2016年度重金属污染耕地治理施用石灰和深翻耕实施方案》的通知
69	株天政办函〔2016〕26号	关于进一步做好信息报送工作的通知
70	株天政办函〔2016〕27号	关于调整政务公开政务服务领导小组成员的通知
71	株天政办函〔2016〕28号	关于成立株洲市天元区整治“两非”工作领导小组的通知
72	株天政办函〔2016〕29号	关于转发区老科协《关于创建“百岁健康村、社区”工作实施方案》的通知
73	株天政办函〔2016〕30号	关于印发《2016年天元区“民生100”工程考核指标任务分解表》的通知
74	株天政办函〔2016〕31号	关于下达2016年全区就业和社会保障工作目标任务的通知
75	株天政办函〔2016〕32号	关于印发《关于认真落实湖南省农业委员会督办函意见的实施方案》的通知
76	株天政办函〔2016〕33号	关于湖南省农业委员会《关于落实省委巡视第二组反馈有关重金属污染耕地修复治理问题整改工作的督办函意见》的说明的报告
77	株天政办函〔2016〕34号	2016年天元区“民生100”工程工作考核办法
78	株天政办函〔2016〕35号	关于做好区本级政府权力清单和责任清单2016年动态调整工作的通知
79	株天政办函〔2016〕36号	关于印发《天元区人民政府2016年度依法行政工作计划和依法行政考核方案》的通知
80	株天政办函〔2016〕37号	关于表彰2015年度全区依法行政工作先进单位和先进个人的决定
81	株天政办函〔2016〕38号	关于印发《天元区道路交通安全大排查大管控大整治工作实施方案》的通知
82	株天政办函〔2016〕39号	关于印发《天元区重金属污染耕地治理式休耕试点2016年实施方案》的通知
83	株天政办函〔2016〕40号	关于成立株洲市天元区行业协会商会与行政机构脱钩联合工作组的通知
84	株天政办函〔2016〕41号	关于印发《天元区人民政府领导成员分工》的通知
85	株天政办函〔2016〕42号	关于认真做好2017年《政府工作报告》调研工作的通知
86	株天政办函〔2016〕43号	关于印发《株洲市天元区人民政府门户网站内容保障考核办法》的通知
87	株天政办函〔2016〕44号	关于印发《天元区水行政执法责任制实施方案》的通知
88	株天政办函〔2016〕45号	关于成立龙岩煤矿淘汰落实产能工作领导小组的通知
89	株天政办函〔2016〕46号	关于2016年度实施依法行政暨法治政府建设考核的通知

（周高林）

民 政 工 作

【概况】 天元区民政局是天元区政府主管社会行政事务的职能部门，承担着全区救助救济、五保供养、优待抚恤、自然灾害救济、基层政权和社区建设、行政区划、地名、勘界、殡葬管理、收养登记、社团登记、婚姻登记和老年事业、社会福利事业、慈善事业、敬老院管理等工作职能。内设综合办公室、基层政权社区建设股、救灾救济股、优抚安置股、社会救助股5个股室；下设天元区敬老院、天元区慈善工作办公室、天元区老龄工作委员会办公室3个二级事业单位，有干部职工16名。

2016年，全区民政工作认真落实工委经济工作会议、区委四届八次全会、区委第五次党代会会议精神，坚持从解决民生、落实民权、维护民利出发，认真履行工作职责，形成全区民政工作良好发展态势。区民政局荣获2016年全国社会救助领域创新实践活动单位。

【社区服务用房建设】 2016年，天元区下发《株洲市天元区社区服务场所提质改造三年（2016－2018）行动计划》，将三门镇上节街社区、嵩山街道白鹤社区等10个社区服务用房建设列入全市提质改造计划，按照新建60万元／个，改建20万元／个的标准争取到市财政的补助。年内完成7个，其中三门镇上节街，雷打石沧沙、青石、公道，栗雨街道古桑洲5个社区新建，栗雨街道永安、嵩山街道白鹤2个社区改建。提质后的社区服务场所强调社区自治和服务功能，无论从面积、环境还是功能上来说，提质效果都非常明显。三门镇上节街社区改造前办公场地系租用，场地狭小，设施简陋不全，已经不能适应株洲高新区“十八室一校一厅”的要求。社区提质改造后，办公面积765平方米，办公大楼一楼设有：社区服务中心、老年活动室、留守儿童活动室、残疾人康复室、日间照料室、志愿者服务中心、劳动保障服务站、党员群众服务中心、爱国主义教育基地、社区警务室、党代表工作接待室、社区学校、道德讲堂、图书室、电子阅览室、社区微型消防站、民兵之家；二楼设有：法律援助服务中心、人民调解室、信访接待处、社会综合治理维稳站、文化活动中心；三楼设有：社区卫计服务工作中心、悄悄话心理工作室、慈善超市、档案室，各项功能设施基本齐全。

【社区惠民项目】 2016年，区财政按照10万元／社区／年的标准，在全区38个城市社区设立社区惠民服务项目补助。全年审核通过社区申报惠民项目82个。

【村居财务清查审计】 全区村（社区）财务清查审计工作从2016年11月开始，对2013年1月1日—2016年10月31日（封账日）的社区居委会财务情况、2014年1月1日至封账日的村委会财务情况进行清查审计，内容分为：村居财务情况和村居组织成员任期经济责任审计。各镇（街道）分别聘请湖南天岳联合会计师事务所、株洲天展联合会计师事务所等第三方机构进行审计，审计结果向村居民公开，审计结果报告书报区民政局备案。将经济问题解决在换届前，给老百姓一本明白账。

【推介新区社会建设成果】 2016年，区民政局积极组织社区参加由市文明办、市民政局、株洲日报社共同主办的“2016年度株洲市十大最美社区”评选活动。天元区大岭社区、小湖塘社区、上节街社区被评为株洲市十大最美社区。在全市前20个入围社区中，天元区占7个。推介栗雨街道申报省级和谐社区建设示范街道，推介三门镇申报省级村务公开民主管理示范乡镇。

【增设和合并社区】 2016年，对三门镇码头口社区、上节街社区进行合并，合并后社区命名为上节街社区；栗雨街道新增景园社区和湘湾社区；嵩山街道新增佳美社区。新增合并后，天元区社区居委会70个。

【城乡最低生活保障】 2016年，全区有城市低保对象1678户2402人，农村低保对象1746户2233人，农村“五保”对象657户668人。10月按省、市要求完成城乡居民最低生活保障提标工作，低保月保障标准从420元提高至470元，城乡低保月人均补差分别从325元、133元提高至357元、162元；集中、分散供养五保对象月供养标准分别从504元、420元提高至564元、470元，新的保障标准自2016年4月1日起开始执行。全年累计为5.69万人次发放最低生活保障金1358万元；为9072人次发放“五保”供养金428.2万元；发放春节、元旦双节困难补助158.42万元。

【特困人员特殊救助】 2016年，天元区完善特困人员特殊救助政策，出台《天元区特殊救助若干实施细则》等4个细则，对特困群体实施托底、助学、护理补贴、就业等各类救助。全年累计开展3批次，向174名特困人员发放特殊救助金374.74万元。其中托底救助39人次315万元；助学救助112人次48.7万元；护理补贴救助23人次11.04万元。此项目列为民政部社会救助创新试点项目，全省仅2个单位入选。

【关爱特困供养人员】 2016年，通过调查摸底，了解到区内部分“五保”老人床铺及床上用品破旧，为保障和改善其基本生活，打破固有思维模式，区民政局向区财政申请经费60万元，通过政府招投标购买床铺及床上用品210套，分发给区内有需要的“五保”对象。发放的床铺宽1.5米，实木打造而成，配有全棕垫；床上用品为全棉4件套和1个被芯、2个枕芯。为行动不方便的“五保”对象购买发放大件生活用品系全市首创。

【城乡医疗救助】 2016年，天元区城乡医疗救助标准不断提高。为7524名低保“五保”对象参保参合72万元，为900人次困难群众发放医疗救助金230万元，为700人次“五保”对象全免医疗费用80万元。

【临时救助】 2016年，天元区提高临时救助标准年封顶线至1万元，居全市最高水平。年内为850人次发放临时救助金100万元，其中救助标准达到1万元的38人次。

【阳光行动】 2016年，天元区坚持实施精准救助，阳光救助。开展低保年审及清查工作，全年清退不再符合保障标准的城乡低保对象654人，“五保”对象78人，及时新增城乡低保对象285人，“五保”对象74人，实现“应保尽保、应退尽退”动态管理，确保救助资金的准确运用。从10月开始开通使用居民家庭经济信息核对系统，确保救助对象精准。

【农村敬老院建设】 2016年，投资1400余万元的雷打石镇敬老院新建工作全面完成并投入使用，规划占地面积1.33公顷，建筑面积3300平方米，床位105张。年内完成二期工程，新增床位55张。三门镇敬老院完成改扩建，新增建筑面积400平方米，床位50张。

【农村幸福院建设】 2016年，区民政局在三门镇黄田村、马道村、福星村、槠木村、湖田村，雷打石镇铁篱村、霞石村7个村开展村级幸福院建设，解决47户分散供养五保户和困难老人的居住问题。区政府按每户3万元的标准进行补助。

【双拥优抚安置】 2016年春节和“八一”建军节期间，区委、区政府领导亲自带队，走访慰问军分区、区人武部、区消防大队，给部队官兵送去节日的祝福，“两节”送去慰问金14万元，走访慰问重点优抚对象579人次，送去慰问金26万元。及时落实优抚安置政策。全区有在册优抚对象1175人，全年累计发放优抚金377万元，发放在职伤残抚恤金113.7万元，城市、农村义务兵优待金391.8万元，向老复员退伍军人发放慰问物资59份。全年接受81名退伍士兵，为86名退役自主就业士兵发放地方经济补助73.2万元，帮助优抚对象参加新农合医疗保险，缴纳城镇职工医保、城镇居民医保，对定点医疗之外就医的38人次优抚对象进行及时救助。在三门镇响水村建设退役军人之家，为全区退役军人提供各类健康有益服务。

【救灾救济】 2016年，区民政局加强灾害应急管理。实行自然灾害实时上报制度，确保报灾及时准确，全年为613人次发放冬春生活补助64万元。利用“5·12”防灾减灾日，开展公众应急暨防灾减灾集中宣传活动。加强综合减灾防灾示范社区创建工作。年内群丰镇新塘社区成功创建省级综合减灾示范社区，雷打石镇沧沙社区成功创建株洲市综合减灾示范社区。

【社区养老设施建设】 2016年，天元区加强社区居家养老服务设施及平台建设。1月，泰山路街道牛形山长者照护之家正式运营，此为天元区公建民营养老模式的首次探索尝试。中心集社区日间照料、居家养老、全托于一体的社区养老服务机构，舒适的环境和贴心的服务得到老年人的青睐，50个全托床位供不应求，并率先建立了居家养老服务信息平台。同时在群丰镇新塘社区新建居家养老服务中心，新增床位25张。

【婚姻登记】 2016年，区民政局打造“绿色通道婚姻登记”，开通网上预约登记服务。全年办理网上预约婚姻登记7对。办理结婚登记2452对，离婚登记822对，婚姻登记合格率100%。及时做好档案归口管理工作，整理婚姻登档案105卷2984份。完善婚姻电子档案管理，共补录全区1990年以来婚姻档案历史婚姻数据2.2万条，建立和完善婚姻登记信息数据库，实现全国婚姻登信息资源共享。

【社团工作】 2016年，全面推进社会组织和党的组织建设“两个覆盖”工作。落实中央省市行业协会商会与行政机关脱钩工作。配合区政府办顺利完成了第一批两个试点单位天元区青年创业者协会的变更和天元区艺术摄影协会的注销脱钩备案登记工作。积极培育社会组织，新成立国医启蒙公益协会等社会组织。全年办理民办非企业登记6家，分别为天元区万婴恒大名都幼儿园、天元区康馨家园幼儿园、天元区博卡拉生态幼儿园、天元区牛形山长者照护之家、天元区思齐育才幼儿园、天元区泰西崇文幼儿园。办理社会团体单位登记5家，分别为天元区三门镇石亭村农用水户协会、天元区三门镇梽木村农用水户协会、天元区退役军人之家、天元区清新国医启蒙公益协会、株洲市高新区天元区长跑运动协会；办理社会组织年检、变更登记84家。

【社会福利】 2016年，为28人次发放孤儿基本生活补助金4.74万元。加强对农村留守儿童关爱和保护，安排部署进行摸底调查，建立台账。全年接收株洲市救助站送来流浪人员10人次，其中精神病人7人次，全部及时安排社区工作人员接送回家。救助流浪乞讨人员156名，发放救助金及物资1.2万元。

【道路命名】 2016年，对全区不规范道路进行清查，对27条城市道路实施或预备实施更名，对个别市民反映的没有路名的2条城市道路和建设单位申请的152道路进行命名。

【行政区划】 6月，区民政局完成三门、雷打石两镇合村任务，合并建制村17个，合并后两镇28个村，其中雷打石镇14个村，三门镇14个村。9月，株洲市人民政府批复同意天元区增设马家河街道办事处，辖栗雨街道办事处的古桑洲、新马、农科、万丰、高塘、仙岭、泉源、大石桥、金龙、太高10个社区居委会，面积35.97平方公里，人口7.06万人，办事处驻仙岭；栗雨街道办事处分设马家河街道办事处后，辖栗雨、王家坪、南塘、凿石、永安、浅塘、月塘、中路、景园、湘湾等10个社区居委会，面积30平方公里，人口8.8万人，办事处驻景园；天元区行政区划调整后，辖4个街道、3个镇。年内，完成与湘潭县、株洲县、岳塘区和石峰区的界线联检工作。

【第二次地名普查】 2016年1月开始，全区第二次全国地名普查工作由株洲市天元区第二次地名普查领导小组组织实施。领导小组办公室设在区民政局，承担领导小组日常工作，负责全区地名普查工作的业务指导、宣传、培训和监督、监理、检查、验收等，相关部门、各镇（街道）确定1名地名普查负责人和1名地名普查员，明确各自职责。严格按照制定方案、培训人员、收集资料、实地踏勘、标准化处理、设置地名标志、建立数据库、制作成果等步骤进行。至年底普查外业工作全面完成，收集地名目录1.2万条，入库9000多条，拍摄地名标志照片资料2.5万幅。

【殡葬管理】 2016年，在天元区绿心保护区的醒目位置树立大型禁止墓葬迁入石牌，多次在集市和群众公共活动场所进行殡葬文化宣传，提高群众殡葬法规的知晓度。牵头组织和协同有关单位拆除活人墓、豪华墓10余座，协助太高社区恢复山林面积20余公顷。

【慈善事业】 2016年，区慈善办组织对392户特殊困难人群进行慰问，发放慰问金30余万元；为特困户、重大疾病人员发放金叶慈善卡50张；向市慈善办争取资金，给11名特困人员发放医疗救助7.2万元；区慈善办募集慈善资金3.1万元。指导三门镇、雷打石镇7个村成立慈善工作站，其中铁篱、砖桥、响水等3个村募集资金7.19万元。启动天元区安全饮水惠民工程捐赠项目，为乡镇敬老院、城乡困难居民争取免费净水器80台。积极参加株洲市首届公益个人众筹大赛，精心策划特困人员众筹项目，向社会筹集特困救助资金1万元，向25名特困人员分别发放救助款2000元，该项目荣获2016年株洲市社会工作“十佳项目”。协助市花木兰抗癌公益联合会举办“向生活微笑”感恩联谊会，活动吸纳抗癌协会会员55人，传递强大而广泛的正能量，搭建了一个让社会各界了解和参与的平台。

【天元区敬老院管理】 2016年，联系嵩山街道社区医院定期给老人进行身体检查，并为每位老人建立健康档案。定期为五保老人配发生活用品及零用钱，并组织护理人员及时为老人理发、整理内务，保证老人的室内卫生和个人卫生的清洁。坚持每天上、下午及晚上3次查房，及时掌握老人出入动态。认真接待到院看望慰问老人的单位、领导、亲属，动员鼓励老人参与互动互乐，进行有意义的活动。定期对老人的室内电器进行检查，对需更换的及时劝导老人更换，杜绝消防安全隐患。为株洲市“小游园”项目施工队提供伙食等多种便利，使老年公寓小游园于10月竣工。

【老龄工作】 2016年，办理老年优待证322本，让老年人享受国家政策和福利。认真做好高龄津贴上户核查及发放管理工作，保障高龄津贴按时、足额发放。全年为5162名80岁、90岁、100岁老人发放高龄补贴300.98万元。“敬老月”期间，开展“尊老”“敬老”“爱老”“助老”一系列大型文艺会演活动，并走访慰问2名百岁老人，发放慰问金4000元。加强5个居家养老服务示范点25张床位硬件建设，通过居家养老服务示范点为老人开展各项活动50余次。

（漆 敏）

2016年天元区百岁以上老人情况表

表6

姓 名	性 别	出生年月	住 址	年龄（岁）
唐满珍	女	1913年11月7日	天元区三门镇月形村铁炉组	103
吴清秀	女	1914年2月10日	天元区三门镇湖坪村高岭组	102
易爱清	女	1914年11月7日	天元区栗雨街道王家坪社区黑唐组	102
田金生	男	1916年9月13日	天元区嵩山街道桥北社区	100

（漆 敏）

人力资源和社会保障

【概况】 株洲高新区劳动人事局、天元区人力资源和社会保障局内设综合科、人事管理科、社会保障科、争议调解仲裁科四个科室，归口管理社会保险中心、人才人力管理服务中心、机关退休人员管理办公室、劳动保障监察大队4个机构，在职干部职工71人。主要负责全区公务员管理、人事工资福利、劳动行政管理与监察、劳动仲裁、人才人力资源管理服务、劳动就业培训、社会保险、机关副处级以下退休人员管理与服务、省为民办实事及市“民生100工程”督查考核等各项工作。年服务企业976家，服务机关行政事业单位69家，年服务对象48万人次。

2016年，全区人力资源和社会保障工作以“高就业、高水平、高素质”为抓手，全面开启基本现代化征程，精准实施创新驱动，有效促进就业更稳更灵活、社保更全更完善、人才更优更合理、环境更好更和谐，加速推进人力资源和社会保障工作发展升级。获得省创新创业带动就业示范县市区、市人社系统绩效评估优秀单位、市级依法办事示范窗口创建单位及区局优秀班子、文明建设先进单位、计划生育综合治理工作红旗单位、综治工作先进单位等荣誉。

【就业创业】 2016年，围绕创建省创新创业带动就业示范区工作目标，以促进就业为落脚点，全力推进就业水平提升和劳务增收。全年新增城镇就业人数4831人，失业人员再就业2322人，其中就业困难人员就业431人；新增农村劳动力转移就业345人；建设劳动保障平台20个；举办用人单位现场招聘会9场，推荐各类求职人员4627人次，达成意向1628人次；全区城镇登记失业率3.01%；深度招聘促就业，深入开展重心下移、服务前移活动，组织举办企业人力资源对接专场招聘会和“春风行动”系列招聘会，成功举办“名企泰山行”“嵩山助推中国动力、着力帮民需、建设幸福天元”大型招聘会，累计组织111家企业进场招聘，提供2000个空岗信息，达成意向312人次，合理引导农村劳动力有序转移就业，有效破解企业招工难问题；深度创业带就业，率先在全市创建省创新创业带动就业示范区试点工作，抓住动力谷孵化基地平台，充分发挥创业基金和小额担保贷款等扶持作用，鼓励失地农民创业；组织开展“中国创翼”青年创业创新大赛推荐选拔和株洲市十大创业明星评选活动，实现湖南省创新创业带动就业示范区创建工作目标，强力推进创业带动就业，组织创业培训210人，扶持大学生微创业35

人。深度培训稳就业，深入调查全区发展重点优势产业项目的需求，结合劳动者意愿确定培训项目，突出技能提质培训。组织基层专干和企业人力资源专员政策法规培训，全面对接公益性岗位补贴、社保补贴、升学奖励、免费学历培训、特困补助等就业促进优惠政策，发放公益性岗位补贴、养老保险补贴、医疗保险补贴421.9万元，兑现2015年失地劳动力升学奖励193人、41.35万元，有效促进就业人员（特困家庭）实现稳定就业和就近体面就业。

【社会保障】 2016年，以人人享有社会保障为目标，突破社会保险扩面征缴难点，基本实现城乡统筹的社会保障制度。全区各类被征地人员符合参加养老保险人数为59235人，已参加养老保险的有44431人，其中：第四年龄段人员有14522人参保并享受退休待遇，领取第四年龄段老年生活费人员59人和第三年龄段生活补助费2875人；14775人参加城镇灵活就业人员医疗保险；新增城乡居民养老保险参保人数1422人；新增企业职工基本养老保险人数4091人；新增失业保险人数2171人；新增城镇职工基本医疗保险人数3135人；新增生育保险人数3164人。

【全市唯一养老基金结余单位】 2016年，天元区充分利用电视媒体、社保专网、手机短信、发放资料等形式宣传社会保障政策，分类组织开展政策培训，提高群众知晓率和参保率；有效整合社会保险扩面资源，主动与区相关部门密切协作，采取目标分解、劳动监察等方法，督促企业补缴欠费，确保各项保费超额征缴，全年全区养老保险基金收入全市最大（4.06亿元）。至2016年年底，全区社保基金结余11亿多元，是全市最大的、唯一的养老基金结余单位。

按照国家和省市统一部署，天元区实施机关事业单位养老保险制度改革，逐步解决遗留问题；完善城乡居民大病保障制度，使因病致贫的家庭得到缓解；积极协调，探索企业养老保险缴费费率过渡性试点，落实失业保险稳岗补贴政策，兑现稳岗补贴90万元；加强城乡居保经办服务能力建设，完善“以奖代补”工作机制；探索开展企业养老保险建立电子档案试点，全面落实社会保险全民参保登记和社保卡发放工作，社会保障卡数据采集人数15.5万余人。

【基金监管】 2016年，开发被征地农民社会保障信息管理系统，加强被征地农民社会保障资金监管；以完善制度建设为基础，以强化内控为抓手，聘请社保基金专干，加强社会保险基金监管，依托社会保险基金监督软件，加大非现场监督工作力度，全面实施“金保工程”，开展社会保险基金专项检查，严格落实和执行社会保险基金安全问责追究制度，确保了基金（资金）安全完整和规范运作率100%。

【人才队伍管理】 2016年，全区以建设全省人才高地为目标，以人力资源深度开发为主线，按照“公开、平等、竞争、择优”原则，严格招聘程序优化队伍结构。按程序推进机关事业单位、学校、卫计院所公开招聘、引进、选调等工作。健全岗位动态管理机制，推进事业单位岗位设置管理，及时掌握调配各单位的干部情况；完善区聘用人员管理办法，组织对区内聘用人员“五险”和合同签订落实情况进行督查，充分激活全区队伍干事活力。先后完成教育系统、卫生系统首次岗位设置、人员聘用、兑现待遇等工作，教育系统异动人员886人，兑现待遇365万元；卫生系统异动人员96人，兑现待遇17.8万元。调整职务与职级并行（副科级以上干部）工资待遇55名。

【人事服务】 2016年，积极做好机关事业单位急缺专业人才招聘工作，落实聘用合同签订，跟踪服务辖区进园各类人才档案托管代理、职称评定及子女入学、家属就业等，全力营造“留才”环境。申报中小学教师系列328人，其中教师系列高级19人，中级147人，初级162人；申报工程系列90人，其中高级13人，中级55人，初级22人；申报卫生系列高级1人；申报会计系列高级2人。

【依法维权】 2016年，全区用依法行政筑牢和谐根基，不断筑牢和谐用工环境。办理职工退休审批手续592人；办理社会保险新增参保人员的劳动合同审查手续596份，办理停保人员解除劳动合同手续489份；审查申请企业职工退休人员人事档案66份；审查278家企业社保登记证。

【畅通投诉渠道】 2016年，区人社局深入贯彻落实《中华人民共和国劳动法》和《中华人民共和国劳动合同法》，加强对用人单位签订、履行变更、解除劳动合同的指导；组织开展劳动合同签订、社会保险缴纳、最低工资核准等专项检查活动；健全接访稳定机制，完善目标责任、接访、下访、领导包案制度和督查制度；确保“12333”投诉电话24小时畅通，提前介入群访、积访、闹访案件，积极化解社会矛盾，促进社会和谐，年内处理劳动投诉维权案件83起，涉及金额900余万元。

【劳动监察执法】 2016年，突出劳动环境和谐。落实企业劳动合同用工制度和工资集体协商制度，完善和谐劳动关系三方协商机制，确保已建工会组织企业工资集体协商建制率90%；联合督查建筑施工企业农民工参保情况，严厉打击恶意欠薪行为，涉嫌欠薪逃逸移送公安案件3起，涉及农民工集体讨薪案件6起，追回农民工工资280余万元；完成劳动仲裁实体机构建设，建立健全劳动人事争议调解仲裁制度，全年仲裁各类案件99宗（其中案外调解61宗），结案率100%。

【退管工作】 2016年，全区机关退休人员254人，年内新增退休人员15人，党员204人，组织党员干部开展理论学习和党性教育14次。天元区退管办就所管辖退休党支部8个，204名退休党员党费缴纳情况进行核算，积极衔接和沟通原单位，核算退休干部在职期间党费缴纳情况，支部按照补缴标准进行政策宣传，利用春节座谈会组织党费集中补缴，退休党员共补缴2008年4月－2016年6月党费102190.5元。全年走访慰问退休人员108人次，组织退休人员集中开展活动7次，春节座谈会，对身患重病、失能、高龄等有特殊困难的退休人员进行慰问，并给予困难帮扶；“三八节”游艺活动；端午节、中秋节开展钓鱼比赛活动；建军节、教师节组织相关人员座谈并慰问；重阳节组织退休人员参观秋瑾故居，利用红色资源开展党性教育。组织开展唱歌、跳舞、柔力球、太极拳、乒乓球、门球、地掷球、棋牌等活动，进一步丰富老年文娱活动，优化老年生活环境。

（罗小清）

档案区志

【概况】 天元区档案区志局成立于1997年8月，区档案局和区档案馆为一个机构，两块牌子，是区政府直属的正科级全额拨款事业单位。主要负责天元区辖区各单位的档案工作及天元区志年鉴的编纂工作。全局定编5人，内设办公室、业务股2个职能股室。

2016年，区档案区志局深入贯彻落实中办、国办《关于加强和改进新形势下档案工作的意见》，以档案事业健康发展为目标，以服务民生为己任，围绕年初制定的目标依法行政、强化措施、狠抓落实，较好地完成了全年各项工作。被评为2016年度全省档案宣传工作先进单位、株洲市档案工作先进单位、天元区文明建设先进单位。

区志的编修按照实施方案要求稳步推进，基本完成百万字的《株洲高新区 · 天元区志》初稿。《株洲高新区 · 天元区年鉴（2016）》8月出版。编纂出版近13万字的《株洲市天元区乡镇简志》，在全市乃至全省为首家单独出版的县区级乡镇简志。《株洲高新区·天元区年鉴(2015)》参加全省第四届年鉴奖评比，获得全省年鉴评比最高层次奖项一等奖，全省县级年鉴有14部年鉴获一等奖，而县级区《株洲高新区、天元区年鉴》是唯一的一部获一等奖年鉴。区档案区志局被评为2016年株洲市地方志工作先进单位。

【党风廉政建设】 2016年，区档案区志局着力强化廉政行为规范。一是开展反腐倡廉宣传教育，全面筑牢思想防线，教育拒腐。组织学习，领会精神。组织党员干部认真学习区纪委下发的《学思践悟——〈中国纪检监察报〉“学思践悟”专栏文章汇编》《全面从严治党》等学习资料，深化全体机关干部对党风廉政建设重要性的认识。开展讨论，转变作风。开展“四讲四有”学习讨论活动，从思想上着力解决机关干部存在的“四风”问题。开展廉政宣教活动。与党的“两学一做”教育相结合，积极开展“纠四风、治陋习”和“雁过拔毛”式腐败问题两个专项整治工作，做到有方案、有部署、有措施、有整改、有成效。二是完善党风廉政建设制度，努力建立长效机制，源头防腐。开展好廉政谈话。完善党风廉政建设制度。健全财务管理制度，规范机关管理。修改完善财务管理制度，严格执行财经纪律，公务接待严格执行上级规定，做到“定点、定量、总量控制，统一安排，勤俭节约”。健全执法监管制度，规范职能科室依法行政，做到文明执法、公平公正执法。三是严格内部管理，健全监督约束机制，监督反腐。召开民主生活会，班子成员主动报告遵守廉洁自律规定情况，带头开展批评与自我批评。局长和党支部认真履行主体责任，党支部纪检委员履行监督责任，增强干部队伍的凝聚力、向心力和战斗力。

【依法行政】 9月19—26日，区档案区志局联合区人大内司委、区财政局、区政府办督查室等部门在全区55个立档单位开展档案行政执法检查工作。为做好这次执法检查工作，区政府办下发《关于开展2016年档案行政执法检查的通知》，各立档单位非常重视，精心组织，认真准备。检查采取单位自查和实地查看资料相结合的方式，突出重点，严格检查，对检查发现有问题的单位下发整改通知书，限期15天进行整改。检查组再重返这些单位进行整改后的检查，直至把问题整改到位。

【档案宣传】 6月9日，区档案区志局结合“国际档案日”宣传活动，以面向基层、服务群众为宗旨，开展民生与档案的宣传活动。一是编印近3万余份《民生与档案》手册，发放到区直机关、各镇、街道及群众手中，让更多的人了解民生档案，认识民生档案在服务社会管理、保障和改善民生工作中发挥的重要支撑作用。二是在全区范围内开展“档案与民生”主题征文活动，征集论文68篇，遴选5篇上报市局，24篇优秀论文汇编装订成册；在基层单位开展“档案宣传周”活动，将10幅《档案与民生》挂图及时发放到各街道、社区进行宣传。三是通过政府网和局网站加强档案工作的宣传力度，关注热点、突出亮点，让大家及时了解档案工作动态。定期向《档案时空》《中国档案报》湖南档案信息网等新闻媒体和知名网站报送信息，向市局及区委办发送月报。全年报送信息60余条，被市级媒体报道2条。

【公务档案】 2016年，区档案区志局根据市局要求及本部门工作计划，及时向区委、区人大、区政府、区政协领导汇报，与区委办公室联系要求将区级主要领导的公务活动的资料进行收集整理并建立党委、政府主要领导公务活动档案。年内已收录介绍区主要领导工作回眸——《高路入云端》。

【乡镇档案工作】 一是抓好档案工作示范乡镇(街道)、村(社区)创建活动。4月，区档案区志局召开班子成员会议，选定区嵩山路街道办事处小湖塘社区为创建示范点。区档案区志局多次与嵩山办事处街接协调，办事处下拨专项经费，解决创建工作人力、物力、财力问题，10月20日小湖塘社区经市局验收合格，区档案区志局给予社区2万元以奖代补的工作经费。二是按照2014年区档案区志局提出的利用3年时间完成天元区镇、街道档案工作规范化管理创省级工作目标，完成最后两个单位雷打石镇、三门镇创建省一级申报验收。三是指导农村土地承包经营权确权登记颁证资料的收集整理工作。至年底雷打石镇、三门镇完成一、二轮公示，下一步将与每户签订相关合同。

【企业和机构改革单位档案处置】 根据市档案局、市编制办联合下发的机构改革中的档案的处置和管理文件要求，区档案区志局召开专门会议，科学制定档案管理和处置工作方案，与区编办联合出台文件，下发到机构改革有关单位。要求提高认识，高度重视机构改革中的档案管理工作；严格管理，明确机构改革单位档案的归属与流向；切实做好机构改革中的档案移交工作。下半年跟踪、指导原计生局、卫生局、国资局、马家河镇档案资料的收集工作，原计生局、国资局1997－2015年的档案全部移交进馆。

【“三重一特”档案】 2016年年初，区档案区志局主动与株洲高科集团、株洲天易公司、建设局、住房保障有限责任公司衔接，将2015－2016年全区重点建设项目进行登记。区档案区志局业务股人员4次到株洲高科集团、株洲天易公司、建设局、区住房保障公司进行项目跟踪并对他们的档案工作进行业务指导。对湘江大道协调指挥部的资料帮助整理并移交进馆；对2015年天元区第七届大众体育运动会的资料进行收集整理；召开四办“四大家”换届选举工作所有资料的收集整理培训会议，保证重要资料完整保存；同步收集“动力谷建设”相关资料。年内还完成申报国家重点档案保护与开发储备项目信息表，编制了国家重点档案普查案卷目录。

【档案业务培训】 2月25日，区档案区志局举办专兼职档案人员业务培训班，邀请市档案局业务指导科副科长李琼瑜就文书档案管理进行授课，80余人参加培训。

【档案利用服务】 2016年，区档案区志局坚持周一到周五8小时全天候对公众提供查询服务。建立查询登记台账、利用效果登记，通过各种方式收集利用效果反馈，对外查档过程和档案信息网站来宣传档案利用效果。档案利用服务做到服务“零距离”、查档质量“零差错”、查档程序“零障碍”、服务对象“零投诉”。全年接待来电来访1120人次，查借阅档案2650卷，复印用纸1.9万余张。

【信息化建设】 区档案区志局通过硬件升级优化珠海泰坦公司的档案数字化平台软件，馆藏目录全部录入系统，数据库建设基本完成。年内新增民政局婚姻档案扫描件约10万页；对重要、易损、频繁利用的档案都进行数字化加工。区局与珠海泰坦公司已制定对档案数据的安全和保护措施。

【档案安全保卫】 2016年，区档案区志局出台《关于进一步加强全区档案安全保管工作的通知》。要求统一思想，提高认识，增强档案安全保管意识；落实制度，规范管理，完善档案安全保管长效机制；积极开展检查，排除隐患，使档案安全工作不留死角；加强领导，明确责任，确实履行监管职责。区档案区志局将此项工作与行政执法检查一并进行。全年辖区内未发生一起档案安全事故。

【档案学会工作】 区档案区志局积极参加市局档案学会组织的档案业务研修班和学术调研活动，通过培训与研讨，开阔了视野，增强了责任。组织会员到档案工作搞得好的单位学习交流，提高会员们的思想素质和工作水平。区档案区志局李立新撰写的《曾三故里思曾三》一文评为“曾三与新中国档案事业发展——纪念曾三同志诞辰110周年档案学术研讨会”优秀论文。曾令华撰写的《浅谈档案事业体制发展做法》获2016全国档案工作者年会论文奖。

【编印地方志工作动态】 2016年，编印地方志工作动态4期，至2016年已编印地方志工作动态8期。内容上一是宣传中央、省、市关于地方志工作的相关政策和法律、法规，增强了全区干部职工的地方志工作意识；二是宣传工委、区委、管委、政府及地方志办公室关于地方志工作的决策、任务及要求；三是让全区各单位干部、职工及时了解天元区地方志工作动态。

【《株洲高新区·天元区志》完成初稿】 《株洲高新区·天元区志》编修工作自2015年3月24日启动以来，按照《株洲高新区·天元区志》编纂实施方案的进度和质量要求稳步推进。至2016年年底，全区70个承担区志撰稿任务的单位，已全部向区志编辑部上交验收合格的初稿。经过编辑修改加工、补充完善、分纂和总纂，形成百万字的《株洲高新区·天元区志》初稿。

【《株洲市天元区乡镇简志》出版发行】 《株洲市天元区乡镇简志》2015年6月全面启动，2015年年底全区7个镇、街道全部上交初稿，2016年4月完成评审稿。5月27日，召开《株洲市天元区乡镇简志》评审会议，邀请湖南工业大学教授，市志办领导、专家及相关人员参加评审，副区长蒋智，管委、政府办主任出席评审会并讲话。评审会后，区志办、各承编单位积极行动，根据专家学者们提出评审意见修改补充润色。12月初，《株洲市天元区乡镇简志》编印出版，彩色印刷，图文并茂，近13万字，是株洲市第一个印刷出书的乡镇简志。

【编辑出版《株洲高新区·天元区年鉴（2016）》】 2月25日，全区地方志工作会议后，各承编单位积极行动，至4月底，各单位撰稿人员基本完成了初稿撰写任务。5月，编辑部对各单位的稿件以及由编辑部承担的特载、综述、照片等稿件进行编辑。6月中旬开始，对所有稿件进行设计、排版。7月，经各承编单位校对，年鉴编辑部再次审核，编辑委员会领导审定后，8月底印刷出书。2016年年鉴收集照片154幅，全书设特载、重大事件纪要、大事记、综述等25个类目，56万余字。 （曾令华）

机关事务管理

【概况】 天元区机关事务服务中心为区政府直属正科级全额拨款事业单位，核定编制11名。内设综合办、物业管理股、财务股。承担接待上级领导和外地来宾的用餐、机关综合协调、车辆管理、管理高新大厦、火炬大厦的物业。包括院内各种设施的维护和管理，水、电、气、空调及消防管理，院内绿化、环境卫生、安全保卫及院内车辆停放的管理和秩序维护等工作。承担高新大厦、火炬大厦在各办公大院内办公部门的后勤服务，包括机关干部的日常用餐及对职工餐厅的监管。对会议室（部门会议室除外）管理及区级领导办公室的日常管理。协助全区做好重大活动的接待工作；承担对高新大厦、火炬大厦物业公司的监管和考核，协调物业公司和各部门的工作；承担对高新大厦、火炬大厦大型维修及改造工作；承担对物业公司工程维护的监督、考核和核算。财务股承担制定单位年度财务预算、年终财务决算工作；全区干部日常就餐卡的办理、制作及充值核对工作；机关水、电、气的使用管理工作；日常财务报账、资金及财务管理工作；物业公司的财务结算工作。2016年，区机关事务服务中心获天元区党风廉政建设先进单位称号。

【物业管理】 2016年，机关事务服务中心通过多方协调，完成高新大厦自来水管网改造工程，有效解决机关大楼水压问题；配合相关部门做好高新大厦和火炬大厦立体停车场建设，确保机关停车位供求平衡；积极主动为区委、区人大、区政府、区政协顺利换届做好相关会务服务工作；做好中央空调机组、升降电梯、直饮水设备、会议室设备和音乐喷泉的维护保养，确保机关大楼的正常运转；对陈旧玻璃进行全部更换，有效排除机关大楼安全隐患；强化机关集中办公区安全保卫工作，努力实现安保工作制度化、标准化、正规化；对车辆停放进行有序安排管理，有效防止各类意外事件的发生；坚持大院保洁工作，维护好大院绿化工作，保持良好的工作环境；做好消防设施维护、保养工作，杜绝消防隐患。

【食堂管理】 2016年，机关事务服务中心加强机关食堂管理，完善机关食堂管理制度；广泛征求机关干部意见，努力保证菜品的新鲜可口和多样化；加强食堂隐患排查，对食堂双头双尾炒灶、双头大锅灶等9样陈旧设备进行更换；加强食品安全管理，对食堂餐饮卫生进行不定期抽查，发现问题及时整改；加强就餐环境管理，更换发霉墙纸，提升机关干部就餐幸福指数。新区超市管理方面，把好商品价格关，以不超过本市大型超市商品价格为基础，为机关干部职工提供质优价廉的商品；定期更新商品种类，确保超市商品多样化。

【公务接待】 2016年，机关事务服务中心公务接待工作科学规范。会务方面：全年完成各类会议服务2042次，重要会议83次，常务会议12次，常委会议32次，重点保障区委全会、人大、政协两会的顺利召开。每次会议对音响、茶水、卫生、空调等细节逐一落实，要求会务工作人员规范、周到、细致；无会时加强设施巡查维护，保持会场清洁卫生，为区委、区政府重要会议和活动提供高效优质的后勤保障。公务接待用餐方面：完成公务接待用餐服务13批次。每次接待，均严格按照公务接待标准，拟定科学用餐方案，充分考虑接待对象的民族、职业、文化背景和饮食习惯等特点，努力提升宾客对服务的满意度。展厅接待方面：对展厅进行升级改造，完成全国各地45余批次领导嘉宾接待工作，优质、周到的服务受到来宾及领导一致好评。

【办公用房管理】 2016年，机关事务服务中心认真做好办公用房清理整改工作。根据国家机关事务管理局、中央直属机关事务管理局《关于党政机关办公用房清理整治后资源利用情况调查》的要求，在区范围内开展党政机关办公用房清理整治后的资源利用情况调查，对各级党政机关新建成或停建的办公用房项目，以及按要求清理腾退出的办公用房进行详细统计。根据国家新出台《党政机关办公用房建设标准》，区党政机关腾退办公用房总面积1212平方米，并采取资源重新调配的模式，把腾退的办公用房合理安排到办公用房紧张的部门，优化了机关资源，降低了机关运行成本。

【公务用车管理】 2016年，根据中央、省、市党政机关公务用车配备使用管理办法的有关规定，机关事务服务中心积极开展平台建设，制定《天元区公务用车制度改革管理平台建设方案》，为保障全区公务用车改革后区直各单位重大活动、突发事件以及远距离出行用车需要，由株洲高科集团有限公司（以下简称高科集团）组建全资子公司"天元区公务用车服务有限公司"（以下简称"服务公司"），定向为本区区直党政机关、参公事业单位提供有偿公务出行服务。机关事务服务中心专人负责监管，平台公司具体负责区公务用车服务平台的运营和管理，区公务用车服务管理平台车辆来源主要包括公车改革后保留的机要通信、应急、接待调研等车辆。执勤执法部门的执勤车辆暂由各单位管理。机关事务服务中心加强公车监管，切实保障公务出行，对纳入平台的18台车辆统一管理、统一调度、集中使用，提高公务车辆使用效率，有效降低行政成本。（刘 平）

株洲高新区·天元区
ZHUZHOUGAOXINQU·TIANYUANQU
2017年鉴

政协天元区委员会

【概况】 政协株洲市天元区委员会成立于1997年9月，至2016年已历经五届的新老更替。11月29日，政协天元区第五届委员会第一次会议选举产生谈志明为政协主席，曾天青、郭飞、李铭、彭炯、谈培蕾为副主席，李炜为秘书长，王雁清等18名委员为常务委员的新的区政协领导班子。年内有区政协委员153名，其中：主席会议成员7名，常务委员18名，设置界别24个。区政协机关设置“一办四委”，即区政协办公室、提案法制委员会、经济科技委员会、文化教育卫生体育委员会和学习联络群团委员会。2016年，区政协及其常委会以促进新区经济社会发展为第一要务，牢牢把握团结和民主两大主题，履行政治协商、民主监督、参政议政三大职能，坚决维护核心、紧紧围绕中心、倾力服务大局、真情服务群众，为全区经济社会又好又快发展做出了积极贡献。

【政协天元区第四届委员会第五次会议】 1月26－27日，在高新大厦会议中心会议厅举行。会议听取和审议政协天元区第四届委员会常务委员会工作报告；听取和审议政协天元区第四届委员会常务委员会关于四届四次会议以来提案工作情况的报告和政协天元区委员会提案法制委员会关于四届五次会议提案审查情况的报告；听取和协商《天元区人民政府工作报告》《天元区2015年国民经济和社会发展计划执行情况及2016年国民经济与社会发展计划（草案）的报告》《天元区2015年财政预算执行情况和2016年财政预算（草案）的报告》《天元区人民法院工作报告》《天元区人民检察院工作报告》，表彰先进，大会发言，选举常委，审议通过政协天元区第四届委员会第五次会议决议。区长董巍在开幕式上讲话，工委、区委书记谢高进在闭幕式上作重要讲话。

【政协天元区第五届委员会第一次会议】 11月27－29日，在高新大厦会议中心会议厅举行。会议听取和审议政协天元区第四届委员会常务委员会工作报告；听取和审议政协天元区第四届委员会常务委员会关于提案工作情况的报告；听取和协商《天元区人民政府工作报告》。会议选举谈志明为政协天元区第五届委员会主席，曾天青、郭飞、李铭、彭炯、谈培蕾为副主席，李炜为秘书长，选举政协天元区第五届委员会常务委员18名。审议通过政协天元区第五届委员会第一次会议决议。区人民政府区长董巍在开幕式上讲话；区委书记周建光在闭幕式上作重要讲话。

【政治协商】 2016年，注重政协工作与党政工作的深度融合，致力于谋发展、议发展、促发展。通过政协全会、常委会、党组会、主席会，对全区政治经济等方面的重大决策进行协商。全会期间，委员们以饱满的政治热情和积极的主人翁精神，围绕全区中心工作和社会关注的热点、难点问题认真协商，紧扣园区建设、民生事业、农村工作等议题，提出“打造生态科技新城”“发挥资源优势，扶持特色产业”“加快推进无人管理小区物业管理”等60余条意见和建议，得到区委区政府的高度重视。

认真开展“喜迎党代会、共谋新发展”献智献策活动。委员们发挥主观能动性，立足本职，服务发展，踊跃参加，“加快发展新能源汽车”“进一步完善党政机关事业单位干部培训体系”等10条建议得到区委表彰。拓展协商渠道，建设省内一流的“互联网＋政协”云平台，建成了直通省、市政协的远程协商系统，围绕“精准扶贫”等民生议题进行“面对面”的协商互动，打造永不落幕的政协会议。

区政协围绕百姓关注的重点问题，开展形式多样的协商活动。如关注新区发展和改革工作，走访视察农村公路建设项目和幸福院，提出“借鉴经验作法、创新方式方法”等建议；关注检察工作，提出“加强队伍建设、全力创先争优”等建议。被提建议的单位表示，这些建议切合实际，针对性强，具有很强的指导意义。

【民主监督】 2016年，进一步完善民主监督运行机制，不断加大监督力度，强化监督实效。坚持把协商贯穿于提案办理全过程，形成“党政领导主动领办、主席会议成员领衔督办、专委会跟踪办理、提案委日常跟办”的提案督办工作格局。审查立案时与专委会协商，完善提案内容，确定承办部门；办理过程中承办部门通过“面对面”交流、电话沟通协商、书面征求意见等方式，协商办理方案；办理结束后跟踪督查，集中开展“回头看”，推动提案落实。全年收到提案49件，立案交办43件，见面率和满意率均100%；《解决古桑洲居民水污染问题》《加快推进停车产业化》《完善我区人民陪审员制度》等一大批民生事业问题得到有效解决。完善社情民意信息系统，收集委员信息30余条，向市政协报送20余条，《当前新型传销活动呈现三大变化值得警惕》等信息得到《社情民意专刊》刊发，为党政领导提供决策参考。“政协主席2017年工作畅想”等宣传稿得到《湘声报》《红网》等媒体采用，进一步扩大了政协的影响力。积极拓展监督的内容和途径。年内政协委员100余人次受邀参加法院案件听审、征地拆迁监督、检察院“公众开放日”、高新区人才招考面试、高层次人才招聘监督、对各单位的明察暗访等活动，取得了较好的民主监督效果。

【参政议政】 2016年，按照“党政所需、群众所盼、政协所能”的原则，坚持把助推经济社会科学发展作为参政议政的根本取向。主席会议成员实地走访视察法院、公安、交警等单位，从不同角度提出意见建议。视察嵩山路街道办事处，建议加强对联工委工作的领导、支持、关心，联工委聚焦主业，引导辖区委员积极作为，充分发挥委员作用。“一办四委”牵头组织调研课题，各委员活动组分别申报课题，全年开展专题调研22次，撰写出《实施绿色农业战略　打造美丽活力乡村》等调研报告22份，为助推新区科学发展建诤言、出实招、献良策。组织“精准扶贫”调研组，通过深入走访了解情况、赴茶陵县实地考察、到外地学习取经等方式，撰写的调研报告和理论文章《人民政协协商民主应向基层延伸》获市政协奖励。

【发挥委员主体作用】 2016年，委员小组活动与履职结合紧密，取得成效。农业组举办提案、社情民意业务培训班，开展“新农村建设”专题调研，赴省级“美丽乡村示范点”银田村等地走访调研；经济一组开展“神农福地，动力株洲”专题研讨会，到会率100%，集体协商通过《履职规章制度》，实行“企业式”管理，严格各项工作要求及制约机制；经济二组举行“观故里，走委员履职之路”主题活动，举行提案专题培训，现场答疑互动，提升履职水平。

【参与全区中心工作】 2016年，区政协发挥政协独特优势，积极协助区委区政府抓好重点工作落实，为促进经济社会科学发展鼓实劲、出实力、干实事。主席会议成员按照区委统一要求，在栗雨、泰山、三门片区征拆工作、神农大道A段、新马金谷等重点项目建设和扶贫攻坚工作中担纲履职，联系重点工作、项目20多项，帮扶企业30多家、贫困村2个。同时，机关干部积极协助社区迎接“创文”复检、综治民调、信访维稳等工作，为新区发展尽心尽力。

【自身建设】 2016年，区政协进一步完善机关管理制度，特别是狠抓会风会纪，所有机关会议和活动实施定置管理和全程录像制度，认真落实市纪委对会议的要求。扎实开展“两学一做”学习教育活动，勇于批评与自我批评，通过党组书记讲党课、视频学习、专题研讨、“唱响理想”歌咏比赛、“微党课”

竞赛等方式，进一步增强政治意识、大局意识、核心意识、看齐意识。精心编撰政协文集、图集、风采集三本，客观记录广大委员参政议政、建言献策历程，展现委员风采，受到一致好评。积极响应市委、区委号召，深入开展“企业帮扶年”“一进二访”“下基层、访民情、促平安、提民调”等系列活动，专门派干部常驻茶陵县麻沅村助力精准扶贫。

【新一届委员产生】 2016年是区政协换届之年，区政协严格按照《政协章程》规定和中央、省、市换届工作要求有序进行。区政协、区委组织部、区委统战部多次协商制定《筹备工作方案》，严把资格审查关，坚决防止“十五种负面清单”的人员提名为政协委员，确保委员既符合政治标准，又得到群众认可。换届后，区五届政协153名委员的结构更合理、代表性更强、层次更高，综合素质明显提升，吸收各阶层、各界别新的代表人物，充分体现改革和发展的要求，为区五届政协履职奠定了良好的基础。（龚寻芳）

群团 · 工商联

天元区总工会

【概况】 天元区总工会成立于1997年8月。2016年，有机关在编7人。内设机构办公室、职工维权帮扶中心和经费审查委员会。全区工会组织1880家(其中区域性、行业性工会组织66家)，有职工89330多人，工会会员78600多人(其中农民工31950多人，农民工会员27360多人)。区总工会直管的基层工会有区直机关工会、各镇、街道、工业园区、创业服务中心、高科、天易集团、文教、卫计、城管系统等16个联合工会。

2016年，天元区总工会加强工会干部队伍的培养。全年选送省、市培训5批次26人。区总工会以会代训3批次共128人次。开展对区第四届工会委员和代表的走访活动，共走访代表165人，普遍建立了工作联络制度，建立工会代表QQ群、微信群，充分发挥工会委员会和代表的积极性。

【民主管理】 全面推进厂务公开和职工代表大会规范化建设。全区有360多家建立完善了职代会制度。强力推动工资集体协商全覆盖。全年共有460多家企业开展了工资集体协商。努力创建和谐劳动关系企业和园区。在完善三方(政府、企业、工会)四家(人社局、工会、企业联合会、工商联)协调机制，明确“三方四家”的职责，整合资源，形成合力，共同促进构建和谐劳动关系工作的深入开展。年内，推荐中建五局株洲节能科技公司，湖南千金卫生用品公司为株洲市和谐劳动关系企业。

【职工之家建设】 2016年，推荐株洲高科集团工会，湖南科瑞变流公司工会为省级模范职工之家。区总和高科集团工会在中国动力谷联合建设的新区职工之家，投资近1.5亿元，完成主要场馆设施建设，待装修完工验收，即将正式挂牌。新区职工之家在营运后将为职工提供高质低价的文体活动服务，将建成国家级模范职工之家示范基地。

【职工医疗互助活动】 职工医疗互助活动这项工作被划入区委区政府重点中心工作范围，纳入全市民生实事考核之列。2016年度，全区参加住院医疗互助项目的职工有4340人，缴纳290320元互助金。参加女职工特殊疾病保障项目的职二为2992人，缴纳29920元互助金，圆满完成了市政府的考核指标。截至12月，2016年度申领医疗互助金共计74人次，发放补助金54640元。

【职工帮扶】 开展2016年元旦、春节“送温暖”活动，全区帮扶371名困难职工，发放救助金168200元。开展日常救助，全年发放生活救助13人12600元、医疗救助5人12000元。开展2016年度“大爱株洲•金秋助学”活动，发放3.2万元的助学金，助力8名困难职工子女走入大学校园。7月，与区委宣传部、区人社局、区建设局、区安监局等部门在全区建筑行业开展“关爱农民工，夏日送清凉”活动向环卫工人、建筑行业农民工、高温车间操作工等一线劳动者发放10万余元的西瓜、防暑降温药品等慰问物资。

【职工维权】 扎实做好职工维权工作，坚持从维护职工合法权益入手，做到工会维权在一线，构建和谐劳动关系在一线，工作热点、难点问题解决在一线。为积极稳妥地实施法律援助项目，区总工会特聘请专业律师事务所作为长期的维权服务合作伙伴，签订维权服务合约，为全区职工群众在维权上所需的法律服务买单。全年受理法律援助案件13起，帮助受援助人挽回损失41.7万元。

【劳模管理】 2016年，全区有劳模76名。为大力弘扬劳模精神，8月，区总工会会同区产业发展局，在汽配园组织劳模讲堂，传授劳模工作法。高科集团组织一场由全集团职工近500人参加的劳模报告会。组织劳模参加市总工会的疗休养活动。全年争取各级劳模慰问金困难生活金38万元，对全区85名劳模都进行慰问。

【劳动竞赛】 2016年，全区有26家企业，组织62名优秀职工参加全省“十行状元，百优工匠”的竞赛活动。区卫计局工会组织职工参加全国卫生系统的职工技能比武选拔赛，获得优异成绩。做好五一劳动奖章、工人先锋号、最美班组长的评选工作，向市总工会报送6名五一劳动奖章和最美班组长人选，推荐2个工人先锋号班组。（韩靖宇）

共青团天元区委员会

【概况】 共青团株洲市天元区委员会成立于1998年4月。2001年12月，天元区党政机关机构改革，团区委定编为区委的工作机构，设立专职书记。内设团区委办公室、天元区希望工程和株洲市天元区青年联合会办公室。核定书记职数1名，副书记职数1名，为全额拨款行政编制2名。

2016年，团区委围绕“四维”工作格局，紧跟共青团改革发展浪潮，在工委区委管委政府的坚强领导、团株洲市委的具体指导下，团结带领全区广大团员青年为新区在全市率先开启基本现代化新征程贡献青春力量。

一、加强青少年思想政治引领。在“五四”“六一”、建队日、纪念长征80周年等重要时间节点，深入开展主题团日、队日和宣传月活动，引领青少年向上向善。

二、切实维护青少年合法权益。本地区未发生青少年违法犯罪、未成年人权益保护方面的特重大案事件。开展“阳光行动 快乐中考”、寒暑假青少年自护教育等活动。共参与公安分局、少年法庭、区未检科协助开庭和提审十余次。天元区检察院未检科创新社会支持体系，建立“心理辅导、公益服务、法制教育、成长规划”四位一体的帮教模式，被最高人民检察院评为“未检工作贡献集体”，多个工作亮点被媒体宣传报道。

三、延续品牌服务青年需求。围绕新区青年在创业就业、情感婚恋、学习成才、文体兴趣等方面的需求，开展有针对性和实效性的服务。工青妇在天台金谷联合成立“恋恋吧”工作室，开展常态化的联谊交友活动。联合举办第五届“新区单身青年联谊会”，分“致青春·红领巾派对”和“当爱情遇上公益”两场，吸引700余名青年参与。12月举行新区青年联谊会5周年纪念舞会。

【青年人才创新创业活动】 2016年，团区委牢固树立和贯彻落实创新、协调、绿色、开放、共享发展理念，围绕打造中国动力谷的主题，紧扣新区发展大局，发挥生力军作用。一是服务青年人才创新创业创优。经推荐，方心科技刘珺获评“湖湘青年英才”荣誉称号。8月，开展“2016年株洲新区大学生暑期社会实践营”，历时10天，34名营员4个活动小组20个参观单位，让更多的大学生得以认识新区、感受新区、体悟新区，提升新区对于青年人才的吸引力。承接“湖大学子株洲新区行”活动，有来自湖南大学材料学院220余名师生前来参观实践。区青年创业者协会落户国家级众创空间——声色艺术工厂。

【青年志愿服务】 2016年，团区委深化“青年志愿服务”品牌项目。1月，开展共青团关爱农民工子女志愿服务行动，慰问困难青少年12名。2月，参与“2016青春快线返湘过年”株洲西高铁站接站活动。3月，在长江广场开展“雷锋家乡学雷锋”集中活动，市长阳卫国亲临现场问候志愿者们。组织青莲志愿者开展“送青莲 倡清廉”天元区廉政文化及

"两个法规"学习宣传活动。4月，开展蓝丝带行动之"蓝色行走，关注星星的孩子"，呼吁社会关注自闭症。以"N+1"项目为统揽，开展青年文明号集体小年夜慰问三门镇幸福院活动、欢庆"六一"留守儿童牵手与圆梦行动、蓝丝带行动之黄桃认购、"盛夏光年 不说再见"大型慈善义演、助学等活动。年内"希望工程一元捐"募得善款31043.8元。

【引导青年建功立业】 2016年，团区委引导青年在工作岗位建功立业。开展五四表彰、青年文明号创建。经高新区团工委推荐，时代新材弹性元件事业本部荣获2015年度"全国青年安全生产示范岗"称号。天元信联挂职干部谭晨的"助力圆梦 一路有爱"项目被中央、省金融团工委评为了"银团合作优秀项目"，天元区信联被省金融团工委评为"银团合作优秀机构"。戴永红、郭培获评第五届株洲市农村青年致富带头人。1月，承办大学生村干部考核汇报会。5月，开展"动力新区 乐业天元"之新区办公技能比拼活动，激发青年们强技能、重比拼、乐学习的工作激情。6月协办"党建领航 动力新区"微型党课竞赛活动。

【当好桥梁】 2016年，团区委充分发挥党和政府联系青年的桥梁纽带作用，为青年谋利，为党和政府分忧；积极发挥青年人创新精神，推动团组织对政府购买、新媒体推广等新事物参与和尝试。一是强化共青团网络新媒体工作能力。通过开展各类网络参与型活动，加强团属微信、微博的影响力和凝聚力，官方微信粉丝4000名，年内发布消息202篇，累计阅读量12万多次。开展"书香天元 青春共续：我有一壶酒，足以慰风尘"续诗、"我和从前合个影"照片征集、"两学一做"漫画征集等活动。拍摄了"N+1"项目宣传片、"青春对话·动力新区"宣传片，协助拍摄天元区2016年征兵宣传片。二是充实基层团组织专业化服务力量。推行"团干部+社工+志愿者"工作模式，不断完善覆盖重点群体，重点场所、重点环节的青少年事务社会工作服务体系。支持团干部考取专业社工资格证，组织41名社区干部及志愿者报考，有13人通过考试。三是推进"青年之家"建设。按照团中央、团省委要求，按照"组织+阵地"的思路，整合全区青少年各类服务平台，纳入"青年之家"品牌体系。12月，团市委为建设主体的"青年之家"落户高新区留创园。

【从严治团】 2016年，团区委以共青团深化改革为契机，不断加强基础团务工作。以"两学一做"学习教育为抓手，不断加强班子建设、廉政建设。推动基层共青团、中学共青团、少先队工作全面发展。完成团市委安排的各项基础性事务，开展联系青年"1+100"工作；加强对基层共青团的工作激励，设置"创新项目奖"，所有区属团组织通过申报项目、开展活动、评选表彰环节来开展工作，提高积极性、自主性和创新力；巩固学校少先队基础地位，在中学开展"强基固本"团员先进性建设，加强少先队辅导员队伍建设和培训激励。 （曾 铮）

天元区妇女联合会

【概况】 株洲市天元区妇女联合会，成立于1997年7月，是区委群团办事机构。核定行政编制3名。设妇联主席1名，副主席2名。内设区妇联办公室（加挂"区双学双比"协调领导小组办公室和区妇女儿童工作委员会、区巾帼建功领导小组办公室牌子）。

【举办"三八"表彰大会】 3月8日，在区政府举办庆"三八国际劳动妇女节106周年"表彰大会。会上授予黄志斌等16人"关爱支持妇女工作好领导"荣誉称号，授予谭勇等10人"落实妇儿发展规划先进个人"荣誉称号，授予吴丹等13人"优秀妇女工作者”荣誉称号，授予刘慧等10人“宣传先进个人”荣誉称号，授予陈瑶等22人“巾帼敬业明星”荣誉称号，授予帅清民等3人“巾帼创业明星”荣誉称号，授予罗立新等18人“优秀志愿者”荣誉称号，授予殷利君等14人“最美娘家人”荣誉称号，授予杨献忠等13人“最美女性”荣誉称号，授予鲍莎、林尧家庭等9户家庭“美德家庭”荣誉称号。并组织妇联执委、基层妇女主任及各界妇女精英代表百余人参观秋瑾故居。

【开展评创活动】 3—10月，持续开展“三个最美”寻找和五个“好”家庭的评比活动，评出最美孝星家庭、两型家庭、书香家庭、文明家庭、平安家庭等，全年妇联评选出各类优秀家庭130余户。推荐李璇等9人、李思等8户家庭获评市级各项先进。高科发展营销策划部获评“省巾帼文明岗”，小湖塘居委会获评“2015年度株洲市三八红旗集体”。

【“妇女之家”活动】 3月，在创业服务中心挂牌成立全省第一家独具特色功能、惠及各类女性的“妇女之家”。该“妇女之家”不仅涵盖以往普通“妇女之家”的职能，还增设“恋恋吧”“说说吧”。对某些上访对象，有针对性邀请专业志愿者进行心理疏导。全年开展活动20余次。

10月，评选出10家优秀妇女之家，并给每家拨付2万元工作经费。根据省、市妇联关于妇女之家要走千家进万户的要求，区妇联在雷打石镇选定一户退休领导干部家里挂牌成立集学习、娱乐为一体的“妇女之家”，“妇女之家”每周至少有一次亲子共读、一次练歌、一次跳舞活动，不仅吸引周边的留守妇女，还有附近很多男女老少都来参加活动，得到周边群众赞许。

【举办“稻花香·读书会”活动】 7月26－29日，在株洲市儒学会活动中心开展为期4天的“稻花香·读书会”活动，吸引50余户家庭参加活动，活动以唱读《古文观止》为主要内容。

【关爱妇女儿童】 联合卫生部门开展农村妇女“两癌”免费检查，全年检查农村适龄妇女2306人，并按要求及时上报；完善全国“两癌”母亲摸底统计系统，重新上报审核170人，获省两癌慰问资金5万元，获市妇联慰问资金5万，慰问“两癌”母亲70余人；加大对特困妇女儿童的关爱和帮扶。“六一”期间，拿出3万元对三门、雷打石留守儿童进行专门走访慰问。全年区妇联支助和慰问各类贫困和残疾妇女儿童20余万元，以传递党和政府的关爱和温暖。

【市花木兰防癌抗癌公益联合会成立】 11月24日，市妇联、天元区委区政府联合举办株洲市花木兰防癌抗癌公益联合会成立暨第二届“感恩慈母·向生活微笑”帮扶联欢会。市委副书记雷绍业、省妇联党组成员、副主席鲁华出席活动。株洲市花木兰防癌抗癌公益联合会的前身是花木兰抗癌协会，姐妹们通过文娱联欢、心理安慰、气功教学、养生保健等形式，加强与“两癌”患病妇女的对接和服务，帮助她们重塑信念、抵御病魔、健康生活。近两年来，该协会会员发展至400余名。

【维护妇女儿童合法权益】 天元区婚姻家庭调解委员会——“等等吧”工作多次被《中国妇女报》《中国工人报》《湖南日报》等国家级、省级媒体报道。区妇联婚调委3次在省综治委和省妇联的全省婚调工作推进会上做典型发言，2016年天元区婚调委“等等吧”模式被省综治委和省妇联向全省推介。全年接待来自省市州各级妇联组织来访500多人次，“等等吧”获省专项资金5万元。“吧主”小毛姐姐多次被省妇联、市妇联评为优秀妇女工作者，2016年被推评为“全国优秀人民调解员”。2016年，天元区婚调委被省综治委、省妇联评定为株洲市唯一的一家“婚姻家庭矛盾多元化解机制建设”试点单位，“吧主”接待来访来询400余人次。

【宣传《反家庭暴力法》】 3月1日，《中华人民共和国反家庭暴力法》正式实施，天元区妇联当日在湘银社区承办市妇联反家庭暴力法巡讲启动仪式，第一时间向广大群众发放《中华人民共和国反家庭暴力法（摘录）》《妇女法律援助服务手册》《未成年人法律援助服务手册》《农民工法律援助服务手册》等宣传资料1万份。之后，在各乡镇、办事处主办《反家庭暴力法》知识讲座，对基层妇联干部进行培训。 （彭凤英）

天元区残疾人联合会

【概况】 1997年天元区残疾人联合会成立，2000年7月，天元区残疾人联合会升格为独立核算的正科级单位。2016年，区残联编制6人，内设办公室和维权中心，下辖天元区残疾人劳动就业服务中心、天元区残疾人辅助器具服务站。

【康复工作】 一是继续做好白内障复明工作。天元区为全国白内障无障碍区。2016年，天元区完成白内障筛查197人，完成白内障手术98例89人，成功率100%，术后康复效果良好。二是精神病防治康复成效显著。全年对330名到规定医院及时就诊、按期服药的贫困精神病人给予500元每人的服药补贴。针对服药对象的特殊困难情况，按人均500元的标准发放困难补贴。对22名贫困精神病人住院对象按不超过治疗费用的80%的标准给予资金补助。三是辅助器具发放工作有条不紊。全年发放高靠背轮椅、普通轮椅、拐杖、盲杖、助听器、手杖等辅助器具234件，并安排辅具配送车送辅具上门。四是认真开展0～7岁残疾儿童抢救性康复工作。年内区残联先后将30名残疾儿童送到指定康复机构接受抢救性康复训练（其中智力残疾9名、脑瘫10名、自闭症11名）。

【残疾人教育就业】 2016年，区残联积极推进残疾儿童入学，三类残疾儿童受义务教育率达95%。扶助贫困残疾人及子女高中生、大学生25名。为省特教中专招生招2人，并发放资助金。举办3期残疾人职业技能和实用技术培训班，免费培训残疾人90名。开展盲人按摩进社区工作，重点扶持4家按摩店。全年创业扶持12人，重点帮扶10户残疾人家庭创业，辐射美容、养殖、机械等行业。

【社会保障救助】 2016年，区残联继续做好重度残疾人特殊生活补贴和重度残疾人护理补贴的发放工作，全区2700多人次受益。组织和帮助城乡残疾人普遍加入基本养老保险和基本医疗保险，建立健全残疾人参保台账。在春节、全国助残日、国际残疾人日等组织慰问特困残疾人1400余户。积极实施“阳光家园”项目，150名残疾人享受居家托养服务。开展“联千村帮万户”工程，扶助50多名贫困残疾人。

【组织建设】 2016年，区残联在连续3年的全市残疾人工作规范化建设基础上，指导各乡镇、街道争创全市示范乡镇，各乡镇、街道不断健全完善基础建设，无障碍设施、活动室、康复站等功能建设得到加强，年内有雷打石、群丰镇创建成功。率先在全市推出激励政策，引导基层创建残疾人工作示范村（社区），6个村（社区）积极带头，服务能力和水平明显提升。年内泰西成功创建全省无障碍建设示范社区。

【宣传文体活动】 2016年，天元区助残志愿服务联络站积极组织开展各类助残志愿活动5次。全年在各类媒体先后对康复、就业、组织、文化等各项工作进行报道，发表报道20余篇。年内指导和支持4个残疾人专门协会开展“蓝色行走”关爱自闭症儿童、“户外登山”“我是你的眼”盲人观影等活动，引导支持“春圆”、区心智障碍公益协会等助残志愿组织发展。

【残疾人权益维护】 2016年，区残联加大残疾人法律法规宣传力度，积极开展法律援助服务，全年接待来访25人，解决矛盾2起，无一起残疾人侵权案件。不断提高残疾人政治地位，在人大、政协换届中，推荐2名优秀代表担任人大代表和政协委员，为新区发展和残疾人事业献计出力。完成了30户贫困残疾人家庭无障碍改造。为950名残疾人办理了机动轮椅车燃油补贴，共计为92名残疾人办理好了爱心乘车卡。按照新的国家残疾人评定标准，认真做好二代残疾证换发工作。截至2016年，全区实有持证残疾人4300人，办证率35%。（唐　研）

天元区工商业联合会

【概况】 天元区工商业联合会（简称区工商联）成立于1997年，已历经五届。机关有工作人员7名，内设综合部、经联会员部、宣教党建部。天元区工商联是全国工商联的县（区）级机构，业务接受株洲市工商联的指导。天元区工商联对在辖区范围内的乡镇商会、市场分会、行业协会、街道商会等基层组织及非公有制经济人士为主的社会团体以及与工商联工作相关的社会团体，履行其业务主管单位责任。会员总数发展到891名，较上年增长42个。有基层分会9个，其中街镇商会6个、园区商会2个，行业商会1个。企业会员558个，个人会员330个，其中大型企业会员4个，中型企业会员98个，吸收了辖区内90%的规模以上企业入会。至2016年年底，辖区全部乡镇、街道已建立基层商会组织，各级行业组织覆盖本区主要产业。连续两年获评为全国“五好”县级工商联。

【换届选举】 5月31日，区工商联（总商会）召开第五次会员代表大会，大会圆满完成了换届选举等既定议程，选出了新一届执行委员会。向区非公有制经济人士发出《同心同德　同心同向　同心同行为在全市率先实现基本现代化而努力奋进》的倡议书，号召全区非公有制经济代表人士进一步增强政治意识和大局意识，积极为营造株洲新区良好的投资环境、建设美丽新区建言献策，积极反映非公有制经济企业正当的利益诉求，加强企业协作，加强会员间的交流沟通，把非公企业做优、做大、做强，努力提升非公有制经济的整体实力和市场竞争力。市工商联党组书记王坚，高新区工委书记、天元区委书记谢高进，高新区管委会主任李智，天元区区长董巍等领导参加会议。

【参政议政】 2016年，区工商联积极配合统战部门和人大、政协做好辖区内非公有制经济人士的有序安排，共举荐区内110多名非公有制代表人士进入各级人大政协和市工商联。11月，经区工商联推荐，天元区57名非公经济代表人士当选区人大代表和政协委员，16人当选市级人大代表和政协委员。另有6人当选市工商联兼职副主席，8人当选市总商会副会长，46人当选市联常执委。两会期间，区工商联积极组织引导区内各级人大、政协中的非公经济代表人士认真履行参政议政、民主监督职能，牵头组织辖区内非公经济界别的市、区两级人大代表、政协委员撰写了一批有见地的建议和提案。多数提案建议合理，紧扣当前天元区经济社会发展现状，为党委政府的工作提供了有力支持。

【组织建设】 3月23日，区工商联四届第五次执委会议召开。区委常委、组织部部长、统战部部长刘铁华到场讲话，会上表彰6个2015年度工商联工作先进单位和5名先进个人。9月28日，区委常委、统战部长周玉智出席区工商联五届第一次常委会议暨第一次主席会议并作讲话。积极组织会员企业间、行业间、商会间的信息交流，多次组织执委外出考察活动，到河南、内蒙古和云南等地进行考察交流，学习当地商会、非公企业的管理模式和先进经验。加强“五好”县级工商联建设，连续两年获评为全国“五好”县级工商联。

【光彩事业】 2016年，区工商联积极引导、组织会员开展各项社会公益活动。春节期间，蝶依斓、青商会等20多家非公企业及商会开展为特困户送年货活动，慰问天元区镇村和街道办事处多名困难户。肯特硬质合金、联谊房产等常执委企业积极组织爱心助学等公益活动，资助20名家庭贫困、品学兼优的学生。蝶依斓、日望精工公司为福利院捐赠财物。借助省市区各大媒体网络，区工商联及时跟进宣传非公企业和非公经济人士良好形象。

【协调服务】 2016年，区工商联加强对会员企业的服务，结合省市统战、工商联开展的“访民企、办实事、强信心”调研活动和“企业帮扶年”活动，多次积极走访会员企业，了解情况、反映诉求、提出建议，帮助企业解决发展中的实际困难和问题。为进一步贯彻落实中央、省领导重要讲话精神，区工商联启动会员企业大走访活动，先后走访了70家非公企业。对能现场推进解决的问题及时当场与各相关部门进行沟通，对一时难以解决的问题，认真记录整理，加强分析研究后再予以回复。借力省联、市联和动力谷成长学院等培训平台，组织非公经济人士和非公企业员工参加各类大型论坛、讲座、报告会20多场(次)，参会人员近800人次 。

【非公党建】 2016年，落实中央、省、市、区委组织部文件精神，对全区近6000家非公有制企业党的组织情况进行了摸底排查，按照进一步集中推进非公有制企业党的组织和工作覆盖的工作要求，并督导相关单位党组织的“两学一做”学习教育开展情况以及非公企业党组织组建情况。至年底，有200家非公经济组织建立152个党组织(党委4家，独立支部135个，联合支部13个，党员人数1432名)，党的工作覆盖率100%。 (梁 坤)

2012—2016年天元区非公经济增加值

表8

年度	天元区地区生产总值（亿元）	天元区非公经济增加值（亿元）	非公比重（%）
2012	200.19	108.5	54.2
2013	221.11	117.52	53.2
2014	248.09	127.29	51.3
2015	268.43	136.9	51
2016	300.88	143.4	47.7

(梁 坤)

株洲高新区 · 天元区

ZHUZHOUGAOXINQU · TIANYUANQU

2017年鉴

法治

政法委及综治

【概述】 中共株洲市天元区委政法委员会成立于1997年8月。天元区社会治安综合治理委员会办公室（简称区综治办）、中共天元区委防范和处理邪教问题领导小组办公室与区委政法委合署办公。2012年，天元区综治办全称更名为“天元区社会管理综合治理委员会办公室”。同年成立天元区维护社会稳定工作领导小组办公室（简称区稳定办），为正科级事业编制单位，定编2人，归口区委政法委领导和管理。2016年6月，经区编委会研究同意，区维稳办增加全额事业编制2名。至此，区委政法委及归口管理的机构共定编11名，其中政法专项编制6名，全额拨款事业编制4名，机关后勤服务全额拨款事业编制1个。设内设机构2个：办公室和执法监督室。2016年有在职人员12人（有军转干部1人不占本单位编制）。其中书记1人，副书记4人（其中1名副书记兼综治办主任，1名副书记兼防范和处理邪教问题领导小组办公室主任）。

2016年，区政法委以突出风险防控、服务发展大局为重点，着力维护社会稳定，强化社会综合治理，深入推进平安天元、法治天元和过硬政法队伍建设，全面提升政法工作能力和水平，不断推动政法综治工作实现了新跨越。全区政法综治工作继续保持了良好成效。年底全省128个县市区综治工作考评中，天元区连续第8年保持“全省平安区”称号。

【维护稳定】 2016年，区委政法委及时准确获取各类情报信息300余条，有效化解不安定因素和闹事苗头100余起，预防和妥善处置群体集访、重大矛盾纠纷等40余起，处置成功率达100%。其影响较大的有以“8·30”为代号的“众财”公司非法集资案，涉及群众近1000人，涉案资金逾5亿元。2016年维稳工作中的特点主要有三个：一是房地产领域的不稳定因素增多。年内处理因为合同纠纷、工程款纠纷、民工工资、房屋质量、延期交房、物业管理等房地产方面的不稳定事件近20起，都予以了及时有效处置。二是加大对“非正常上访”行为的打击力度。针对以上访为名要挟政府满足其无理诉求的“恶意进京非正常上访”人员，年内共批捕1人，刑拘2人，训诫9人次，有力打击“恶意进京非正常上访”行为。三是突出强化社会稳定风险评估。区、镇（街道）两级先后对“神龙大道A标段”“汽车博览园扩征项目”等8个重大项目开展了风险评估，由于坚持把矛盾纠纷化解稳控在前，未发生一例暴力拆迁和引发群众集体对抗事件。此外，做好了中央、省、市领导来区视察调研、中国动力谷、汽车博览园开园、建党95周年系列活动、区党代会、市党代会、十八届六中全会等20余项重大活动和敏感时期的安保维稳工作，确保了社会大局稳定。

【综合治理】 2016年，区委、区政府对政法综治工作高度重视，先后4次听取研究了政法综治工作，为综治工作开展奠定了良好基础。一是进一步理顺综治工作机制。年内，区、镇（街道）两级综治机构进一步强化，区政法委增加事业编制2名，区综治办主任进行调整。6个镇（街道）综治办主任全部实现由镇（街道）党（工）委副书记担（兼）任，规格更高。年内，还筹措资金115万余元，将原政务中心大厅改建成天元区“两个中心”（公共法律服务中心和社区矫正中心），面积450余平方米。二是深入开展综治“大走访”活动。3～5月、9～10月，围绕加强综治平安建设，组织1000多名区、镇机关干部职工开展平安建设“大走访”活动，共印制发放平安创建宣传资料等10万余份，累计上门入户8万余户，走访机关、企业、学校、社区各类对象10万余人次，先后收集和整理群众意见、建议400余条，排查和化解矛盾纠纷、为群众办好事、实事等600余件次。三是着力强化综治基层基础建设。为确保基层治安力量，2015年乡镇改革后，仍保留马家河派出所，同时年内又新增建设雷打石镇派出所。2015年以来，在城区街道已有专业巡防队伍的基础上，区政法委先后投入80余万元，采取以奖代投和镇自筹一部分的形式，3个镇均组建至少10人以上的专业巡防队伍，累计购置10万余元的巡逻摩托车、电动车等50余台，购置巡防、警用装备器材等，基层综治工作基础水平不断夯实。

【法治天元建设】 2016年，全区坚持一手抓执法司法公开，一手抓执法监督检查，加强统筹协调，促进法治天元建设。一是强化执法司法公开。坚持公开为常态、不公开为例外。区政法各单位坚持主动开展“公众开放日”等活动，年内先后组织邀请人大代表、政协委员、企业代表、律师、学生等群体参观活动5次。区政法各单位均开通了电话、网络、邮箱等沟通、举报、投诉途径，有的还开通了官方微博、微信互动平台。二是着力加强执法监督。年内，区委政法委不定期到政法各单位开展执法检查和上级交办、转办案件督查11次，结合涉法涉诉信访工作开展执法司法状况集中检查、考评3次，有力促进了政法各单位执法司法规范化建设。政法各单位通过完善办案执法流程、加强审核把关，严格责任追究等措施，着力加强了内部执法监督。三是推进法治建设落实。区委政法委牵头建立“行政执法和刑事司法相衔接”制度，构建信息共享平台。区法院严格落实立案登记制度改革要求，真正做到有案必立，有诉必理。开展“执行工作大会战”，适用各项强制措施果断对“老赖”亮剑，年内共受理执行案件1711件，执结1060件，执结标的6937万元。此外，年内天元区召开信访联席会议研究，先后对15起案件的受害当事人、家属共计给予近50万元的司法救助资金，有力促进社会和谐。

【服务大局】 2016年，全区政法机关始终坚持以服务发展大局为己任，围绕经济社会建设，结合自身职能优势，创造性地开展工作。一是切实服务重点工作。年内继续落实《全区政法机关服务重点项目建设实施意见》，区委政法委、区公安、检察、法院、司法各单位“一把手”均牵头联系1～2个重点建设项目。同时，区政法各单位结合自身工作特点，提前介入、主动作为，先后助推9个项目的“清零”、交地任务。年内共受理征地拆迁执行案件14件，结案13件，强拆5件，调解8件，有力保障项目建设推进。二是切实服务企业发展。年内，区政法各单位均对口联系1家以上辖区企业，先后累计上门到有关企业开展法制宣传、提供法律咨询服务、排忧解难等30余次。此外，区法院还结合天元区高新技术企业多的特点，充分发挥天元区法院拥有全市基层法院中唯一的知识产权审判庭的作用，年内审理知识产权案件7件，诉讼标的400余万元，有效保护权利人的合法权益。三是切实优化发展环境。坚持强化职能作用，采取硬措施优化“软环境”。全年政法机关共办理扰乱社会治安、破坏市场环境和破坏企业生产经营的各类治安、刑事案件30余件，为企业挽回各类损失等累计500余万元。共清理和简化与政法单位有关的行政审批、备案等事项近10项。此外，还开展了预防和打击职务犯罪反腐败专项行动，营造风清气正的良好政务环境。　　（易治国）

公　安

【概况】 2016年，株洲市公安局天元分局获取200余条预警性情报信息，超前掌握“涉军”“征地拆迁”“出租车”“众财”非法吸存案受损群众等群体试图赴省进京上访、大规模聚集等内幕信息，会同政府相关职能部门妥善处置群体性事件30余起；积极参与配合全区信访维稳工作，依法打击处理赴省进京“非正常上访”人员14人，确保全国“两会”、全市第十二次党代会、全区第五次党代会以及特别防护期等敏感时期的社会大局稳定。全年分局参与警保卫、维稳处突、拆迁拆违、治砂等行动460余次，出动警力8400余人次；调解阻工类纠纷46起，训诫、教育阻工人员100余人，配合国土部门执法暂扣货车17台、挖机8台；妥善处置因征地拆迁等引发的阻工、堵路群体性事件11起，依法打击非访、堵路、阻工类违法犯罪人员44人，训诫、警告14人。2016年，天元分局围绕群众反映强烈的多发性侵财、毒品犯罪、经济犯罪等案件开展重点攻坚，结合开展合成作战破“小案”专项行动、“严打整治百日会战”行动，截至11月23日，移诉各类违法犯罪人员323人，较2015年同期增长10.24%；行政拘留599人，较2015年同期增长17.22%；破获各类刑事案件1259起，较2015年同期增长59.17%，其中，现行刑事案件破案1186起，较2015年同期增长114.47%；八类案件破案44起，破案率60.27%；刑拘、取保、监居各类涉毒违法犯罪嫌疑人142人，较2015年同期增长23.48%。办理非法集资等经济案件10起，涉案资金8亿元，特别是侦破了涉及受害群众近1000余人、案值5.6亿元的“众财”投资有限公司非法集资“8·30”专案。

按照市公安局党委的总体部署，深入推进“大巡防”举措，分局专门组建了19支夜间查缉队伍；并以全市治安岗亭启用为契机，全面推行“接处警及机关民警轮值、巡防队员常驻、夜巡警力对口巡逻”为勤务模式的合成防控机制，发动160余名警力全天参与治安岗亭值守执勤，提升见警率和管事率。通过巡逻抓获各类违法犯罪人员270余人；立案3962起，较2015年同期下降7.02%。天元分局出台《天元区城中村消火栓建设四年规划》，争取了每年300万元的城中村消火栓建设专用经费；全力推进“涉枪涉暴隐患大排查”专项系列行动，收缴各类枪支22支、军用子弹109发、军用炮弹2发，以及雷管、炸药、鱼雷（烟花弹）等一批爆炸物品和管制器具；出动警力1900余人次，排查旅馆146家，排查娱乐场所241家，检查涉危涉爆单位11家，检查消防单位2309家，排查消防隐患1189处，配合办理消防案件17起；侦办黄赌案件11起，破获2起省厅督办治安目标案件；及时排查发现隐患漏洞39处。

全面推进派驻法制员、办案积分、主班侦查员制度，将执法监督关口前移，将专业执法资格考试成绩与民警晋职晋级、评先评优等相挂钩；严格落实办案民警、法制员、法制预审、分局领导案件“四级审核”把关流程，确保每起案件都做到实体合法、程序合法，办成经得起历史检验的铁案；严格落实“四个一律”“三进一公开”等制度规定，杜绝有案不立、办关系案、人情案等执法突出问题；出台了《关于加强执法办案过程监督的规定》等配套制度规定，为全体民警提供了明确清晰的执法指引。

积极组织开展“两学一做”学习教育、“马上就办、真抓实干”专项行动等全局性的集中行动，在分局内部推行“互学互帮”等队伍帮扶建设主题活动；严格落实“雁过拔毛”式腐败问题及“纠四风、治陋习”两个专项整治行动以及“清理民警违规从事营利活动、利用职权职务谋取利益问题”活动规定，对照开展党风廉政教育，认真落实自查自纠，重点查处执法领域存在的突出问题，共主动查处民警违法违纪案件1案2人，行政处分4人，停止执行职务3人，免职1人；出台《困难民警帮扶办法》，多渠道筹集救助基金，对工作表现突出的民警优先考虑救助，多方筹集60余万元资金，陆续资助了谭春阳等18名特困民警；按照“有为才有位、吃苦更吃香”的选用干部标准，在2016年的空缺科级干部领导职位竞争上岗过程中，着力推荐、重用了“湘警之星”曾晓明等40名科级和非科级领导干部。

【及时救助自杀人员】 1月12日下午，接市局110指挥中心指令，天元区法院一楼大厅有人喝农药自杀，立即出警处置。嵩山路派出所民警赶赴现场，经初步调查，自杀者罗某某，女，49岁，天元区人，系天元区老上访户，曾多次因房屋征收补偿标准等问题到多部门上访。当日其独自一人携带农药来到天元区人民法院，在法院一楼大厅喝下农药自杀。处警民警迅速将其送往市中心医院救治，因救治及时，罗某某身体无碍。

【赴贵阳抓获两名集资诈骗案犯罪嫌疑人】 2月5日，分局刑侦三队、刑侦二队民警赶赴贵阳花溪区金域华府小区，在贵阳警方协助下抓获涉嫌集资诈骗在逃人员刘劲（女，36岁）、张章（男，27岁）。2013年以来，犯罪嫌疑人刘劲（系湖南汇鑫联华投资管理有限公司法人）利用其株洲市交通银行客户经理身份，通过虚构项目，以高回报为饵，并承诺本息安全，骗取受害人周某等500余万元集资款后潜逃。犯罪嫌疑人张章明知刘劲是违法犯罪嫌疑人，仍提供隐藏住所。

【成功办理外国人非法居留案件】 4月20日，栗雨派出所成功办理一起外国人非法居留案件，对涉嫌非法入境居留的外国人依法居留审查。4月20日凌晨，栗雨派出所接110警称有外国人无证件非法居留，经现场了解发现有一名黑人男子和一名中国籍女子在场，遂将两人带回派出所。经审查，报警女子郝某（23岁，甘肃人）与黑人男子系朋友关系，因口角纠纷报警，该黑人男子自称名叫EBN，尼日利亚籍人员，于2012年5月以乌干达护照（化名）从广州白云机场入境，自称于2013年在广州将护照丢失，2014年认识郝某便随其来到天元区湖南工业大学附近租房居住至今，期间从事私教和贸易工作为生。经向市公安局出入境查询，未核实该外国人的真实身份。对涉嫌非法居留的黑人男子依法进行行政拘留。

【泰山路派出所破获系列入室盗窃案】 6月7日，泰山路派出所破获系列入室盗窃案，抓获犯罪嫌疑人1名。6月6日凌晨2时许，接家园小区陈先生报警，其家里进了小偷。接到报警后，民警迅速赶到了陈先生家外面，蹲守半小时后，嫌疑人李某（男，22岁，株洲人）携带盗窃的物品出门就被民警抓获。经审讯，李某对其到陈先生家中盗窃的事实供认不讳，并交代上月在陈先生家中连续盗窃2次，以及连续在天元区、芦淞区居民家中、办公室盗窃7次的犯罪事实。涉案价值4万余元。

【马家河派出所破获故意致人重伤案】 6月23日，马家河派出所成功破获一起故意伤害案，抓获犯罪嫌疑人2名。6月3日，接群众报警称其表哥许某牛被人殴打致伤。经查，受害人许某牛系精神病患者，6月3日当天在肖某家麻将馆精神病发作，打了肖某母亲，随后肖某叫上其表哥唐某将许某牛殴打致重伤后逃离。经鉴定，许某牛所受伤属重伤。6月23日，派出所民警在湖南工业大学附近将犯罪嫌疑人肖某和唐某抓获。经审讯，犯罪嫌疑人肖某和唐某对故意伤害他人的犯罪事实供认不讳。

【群丰派出所抓获盗墓贼】 7月7日22时许，群丰派出所民警巡逻至天元区新泰小区时，发现一男子骑着摩托车，鬼鬼祟祟四处张望。民警遂上前盘问，该男子支支吾吾，于是民警将其带回所里，经继续盘问，得知该男子名叫罗某（男，47岁），罗某交代5月在天元区群丰镇新文村盗掘一座修建于道光二十五年（1845年）的古墓的犯罪事实。

【禁毒大队捣毁贩毒窝点】 7月26日，禁毒大队成功捣毁一个隐匿于茶餐吧的贩卖毒品窝点，抓获涉毒人员4人，当场缴获疑似冰毒24.91克、麻古62粒。7月初，禁毒大队在工作中发现天元区嵩山路一带有个吸贩毒窝点，迅速开展前期侦查。7月26日晚，民警在蹲守时发现两名疑似吸毒人员进入茶楼后不到十分钟即离开。民警随即跟踪两人至天元区牛牌山路附近将两人抓获，并从身上搜出疑似毒品麻古0.09克，疑似毒品冰毒0.5克。经突审，吸毒人员朱某某（株洲县人，25岁）和唐某某（株洲县人，26岁）承认吸食了毒品，并交代毒品卖家正是茶楼老板。办案民警随即对茶楼老板万某和曾某某进行了抓捕，并在万某车内查获8小袋冰毒，6小袋麻古（计7.33克），在曾某某的黑色手包内查获25小袋冰毒，17小袋麻古（计23.61克）。

【刑侦大队抓获两名持枪抢劫网上逃犯】 10月10日，刑侦大队民警赶赴江西省萍乡市上栗县，经与上栗县公安局刑侦大队联合，一举在上栗县上栗镇中医院对面其租房将网上逃犯吴高省和黎文武抓获。经查，2015年8月18日凌晨5点许，犯罪嫌疑人吴高省携带枪支伙同犯罪嫌疑人黎文武窜至吴高省前女友易星洁在株洲市天元区圆方路的租房，吴高省威逼租房的王艳带其去找易星洁，在寻人的过程中，吴高省遇到易星洁的现任男友晏兵，吴高省将晏兵打伤（经鉴定为轻微伤）后抢走晏兵的黑色公文包及钱包等物品。

【捣毁隐蔽电游赌博场所】 10月17日晚上11时，治安大队捣毁位于长江南路阳光小区沿街门面“艾尚美容美发”门面二楼一隐蔽的电游赌博场所，当场抓获涉赌人员4名，收缴赌博金额1.7万余元，捣毁“百家乐”赌博机12台，收缴电游主板10块电脑主机1台。该处电游赌博场所位于天元区长江南路阳光小区沿街门面“艾尚美容美发”门面二楼，涉嫌开设赌场的老板谭某于2016年8月在外地购买电游赌博机12台，朱某出资参与经营，一楼经营美容美发作为掩饰，从事地下电游赌博营生。该门面内摆设可同时供10人进行赌博的“百家乐”赌博机，并请来薛某等人作为服务员负责为顾客上分，该场所每天赌博收入数千元。

【刑侦大队破获诈骗案】 10月18日，刑侦大队抓获一名诈骗犯罪嫌疑人，破获一起百万元诈骗案。10月18日，受害人曾靓怡和陈英到分局刑侦大队报案称被人以投资采石场的名义诈骗100多万元。刑侦大队通过初查，成功锁定犯罪嫌疑人颜某某。10月23日，将犯罪嫌疑人颜某某抓获。经查，2016年3—10月，颜某某以合伙投资茶陵县蚂蚁坑采石场、北京市广华新城物业项目的名义获得受害人曾靓怡和陈英的投资款合计约100余万元，颜某某并未将投资款用于茶陵县蚂蚁坑采石场、北京市广华新城物业项目两个项目，而是将所有获得的投资款项用于个人日常开销和参与网络赌博花销。

【接报网络诈骗案】 11月22日，天元分局接报一起网络诈骗案，涉案金额98万余元。经初步调查：11月15日，受害人黄宇（男，40岁，天元区人）的手机接到号码为“+0196852202”的来电，称其身份信息在武汉市汉江营业厅申办了一个电信手机号码，该号码经常对外发送大量的中彩短信，因此将会停用其正在使用的其他手机号码，并要求其拨打“027－85416311”进行报警。黄宇拨通该“报警”号码后，对方自称是武汉市公安局的民警，并称黄宇涉嫌一起诈骗案，要求其配合调查，之后向其发送一个附有通缉令的网页。当日黄宇按照对方要求，申办一张建设银行网银盾，后由对方全程远程操作其建设银行网上银行界面。11月15日至20日，对方转走黄宇建设银行储蓄卡内98万余元。11月22日上午，黄宇到天元区长江广场建设银行查询银行账户，发现被骗后报警。（陈瑜婷）

交通管理

【概况】 株洲市公安局交通警察支队天元大队前身为株洲市郊区交警大队，1997年8月更名为天元交警大队，为株洲市公安局交通警察支队所属正科级下属机构，负责天元区和株洲高新区道路交通安全管理工作，大队下设9个副科级内设单位。负责天元区内道路交通事故的勘察处理，对专业客货运企业的车辆及驾驶员实行安全管理，对交通参与者进行交通管理法律法规的宣传与教育，维护道路交通秩序，纠正和处理各类交通违法，对公路上发生的刑事、治安案件及群体性事件、突发事件进行先期处置。

2016年，有民警59人，借调4人。全年严格落实上级公安机关的各项政令、制度，着力落实勤务工作改革，开展交通安全宣传教育，加强交通安全隐患治理，预防和减少道路交通事故，实现辖区内道路交通安全形势平稳可控。年内，天元交警大队荣获湖南省2016年度春运道路交通安全保卫工作成绩突出集体、2016年度科技信息化工作先进集体、警务保障管理工作先进单位、2016年道路交通秩序勤务工作先进中队（第一执勤中队）。

【道路交通管理】　一是落实网格化的勤务模式。采用对讲机点名、系统定位和实地查勘相结合的方式，督促网格化勤务工作的落实，并通过每日接处警台账和周统计报表的登记，及时发现路面秩序、事故情况的动态特征，通过对结果的分析来评估执勤执法工作效果。二是开展党员义务护学。针对区内白鹤小学、银海小学、天元学校和北师大株洲附中等9所临近主干道路的中小学校附近路口设立“党员义务护学岗”，抽调机关党员参与“护学岗”执勤，保证广大师生的出行畅通安全。三是加强重点区域管控。针对武广高铁西站前期秩序混乱的情况，大队重拳出击，在城区警力十分有限的情况下，抽调政治素养高，业务能力强的第二执勤中队常驻武广西站专项开展交通秩序整治。第二执勤中队结合武广高铁西站的实际情况，打破原有工作模式，将工作时间延长到9：00～23:00，期间对武广高铁西站周边道路秩序不间断地进行整治，取得显著效果。站前路的车辆违停、逆行等现象大幅度减少，交通秩序显著好转。

【道路交通专项整治】　一是合成作战破“小案”，2016年，根据市公安局及市交警支队布置的合成作战破“小案”行动，精心组织酒驾专项整治行动30余次，查获酒驾、醉驾127人，其中立案79起，破案66起，震慑了酒驾、醉驾等违法行为，有效降低了辖区内因酒驾、醉驾导致的事故发案数。二是组织“三大行动”，组织警力对辖区道路特别是中小学、幼儿园周边道路安全隐患、标识标牌缺失等问题进行整理建档，对事故多发路段开展排查清理，对辖区客运企业和运危企业的内部台账、驾驶员安全管理等内容进行检查，对幼儿园接送车、公交车、公路客运车、危化运输车以及渣土运输车等2000余台重点车辆中存在逾期未年检、违法未清零的情况进行通报。通过走访、座谈、宣教、路查等措施，遏制和消除重点车辆违法行为。在“大排查大管控大整治”行动中，查处隐患35起，督促车辆开展违法清零工作120起，对270辆逾期未年检车辆发出通告，下达各类隐患整改通知15份。三是“两客一危一校一渣土”重点车辆专项整治。针对旅游包车、客车、运输危险化学品、校车和工程运输车等5类重点车辆开展专项整治，根据“两客一危一校一渣土”车辆通行的规律和特点，科学合理安排警力，加强对事故易发路段和危险路段的管控，严查客车超员、超速、带病行驶，驾驶人疲劳开车、工程运输车闯红灯等重点交通违法行为，保证辖区内道路交通环境井然有序。四是摩托车专项整治，抽调骨干力量专门成立摩托车整治小组，围绕区内长泰广场、教育局路口等重点路段，定期深入学校、乡镇地区，针对摩托车驾驶人无证驾驶、酒后驾驶、无牌无证、擅自改变机动车外形、不戴安全头盔、不定期进行安全技术检验等违法行为加强整治，肃清道路行车秩序，促使摩托车驾驶人自觉守法，尽最大可能将摩托车交通事故伤亡率下降。

【道路交通事故预防】　一是加强信息研判，事故中队每周对辖区内的事故进行分析研判，加强事故成因及安全形式的分析研究，把握季节事故发生的规律，找准事故预防的关键点和切入点，有的放矢，制定切实可行的事故预防工作措施，并狠抓落实。二是理顺运行机制，落实简易交通事故处理“快处快赔”机制，最大限度地减少交通事故对道路交通的影响，提高道路通行效率；启动“道路交通事故民事损害赔偿人民调解”工作，把矛盾纠纷化解在基层，消灭在萌芽状态；坚持交通事故回访机制，对因事故致死、致残的当事人或家属进行走访慰问，帮助走访对象调整心理状态，并提供力所能及的物质援助。三是加强隐患排查，针对辖区内事故多发路段、农村路段及临水临崖路段，加强隐患排查，对职权范围内的采取措施缓解或改善，其余路况复杂牵涉范围较广的形成书面材料上报区政府和上级有关部门。

【交通安全宣传】 一是大力开展未成年人交通安全教育活动。组织学生和幼儿园的小朋友到大队机关和执勤岗亭现场了解交通民警的工作，使未成年人对交警的工作有更加直观的认识，让未成年人成为交通安全小小宣讲员。组织民警和义务宣传员深入辖区中小学校开展各类交通安全宣传教育活动，通过各种学生喜闻乐见的形式，让交通安全知识深入人心。新学期开始前，大队在全区中小学校中广泛开展“文明交通第一课”活动，在开学前两周的时间内由各联校民警和义务宣讲员为学校义务授课，强调交通安全宣传的社会性，号召学生和家长一起自觉遵守交通法律法规。二是深入开展农村交通安全宣传工作，特别是加强“两站两员”（乡镇交通安全管理站、村组交通安全劝导站和乡镇交通安全管理员、村组交通安全劝导员）建设工作。通过“两站两员”这个宣传阵地，大队多次在农村集市上与交通安全管理员、劝导员一起开展交通安全义务宣讲活动，发放宣传资料、播放警示教育视频光碟，为群众提供各类交管服务咨询，以达到提高农村道路交通管理水平，增强农村群众交通安全意识的目的。

【队伍建设】 一是加强党建工作建设，大队支部把贯彻“学党章党规，学系列讲话，做合格党员”的“两学一做”学习教育作为党建的重要内容，认真开展政治学习教育活动，定期分析党员队伍中存在的倾向性问题，围绕基层交管工作实际情况，按期组织党员民警开展集中学习和专题研讨，不断提高党员民警“自我约束、自我反思、自我监督”的自觉性，树立正确的人生观、价值观和权力观。同时，加强内部督察，对民警因责任心不强、纪律性不严而造成严重后果和不良影响的，一律严肃处理。二是加大反腐倡廉教育力度。深入开展“雁过拔毛”“纠四风、治陋习”两个专项活动，通过谈心谈话、信访投诉和警务回访等渠道加强对民警工作作风、生活状态的关注，通过持续开展理想信念教育、法规纪律教育、先进示范教育、警示案例教育和忠诚教育、诚信教育等，大力推进廉政文化进警营，提高广大民警廉洁从警的思想觉悟，促进公正执法、文明执法。三是严格内部督察。充分发挥人大代表、政协委员、警风警纪监督员等阵地的舆论监督作用，紧密围绕“纪律作风集中教育整顿”要求开展督察，促进党员民警思想作风、工作作风真正转变。通过召开警民恳谈会，组织警营开放活动，登门入户深入群众之中，认真听取意见和建议，及时汇总梳理，制定整改措施。（刘　文）

法　院

【概况】 天元区人民法院成立于1997年8月，是株洲市区划调整后在原株洲市郊区人民法院的基础上组建而成。下设办公室、政治工作办公室、审判管理办公室、刑事审判庭、民事审判第一庭、民事审判第二庭、知识产权审判庭、行政审判庭、审判监督庭、立案庭、执行工作局、非诉行政案件执行局、书记官室、司法技术室、司法警察大队、研究室、少年法庭、三门人民法庭等内设机构和区纪委驻法院纪检组19

个部门，有政法专项编制57个，工勤编制3个。2016年有政法专项编制人数53人，工勤编制人数2人，区征管办借调事业编制人数8人，聘用人员80人。

2016年，天元区法院认真履行宪法和法律赋予的职责，各项工作取得了新进展。全年受理（含旧存）各类案件7286件，审（执）结5587件。

【刑事审判】　2016年，区法院坚持打防并重，全力维护社会和谐稳定，共审结刑事案件367件，判处罪犯414人。依法严惩“两抢一盗”犯罪案件103件，绑架、涉毒等严重侵犯人民群众生命财产安全的犯罪案件33件，切实增强人民群众安全感；依法打击生产销售伪劣商品、有毒有害食品等危害民生犯罪案件4件，保障人民群众用得安全、吃得放心。妥善审理非法吸收公众存款、集资诈骗等涉众型经济犯罪案件6件，有效化解群体性事件风险。认真开展未成年人案件综合审判试点工作，落实对未成年犯罪人实行教育、感化、挽救方针，实行集中管辖、集中审理，推行“圆桌法庭”和判后回访等举措，促进未成年罪犯真心悔过。积极参与社会管理综合治理，完善审判工作与社区矫正衔接机制，及时向社区移送矫正对象，参与对矫正对象的帮扶和帮教。

【民商事审判】　2016年，区法院主动适应经济社会发展新常态，注重促进经济发展和服务民生相结合，充分发挥民商事审判在平等保护、促进诚信建设、维护交易安全等方面的重要作用，全年审结民商事案件3411件，结案标的15.5亿元。民商事审判坚持“调解优先、调判结合”，调解、撤诉率55.82%，达到“案结事了人和”的目的；坚持“当判则判”，坚决防止因案件久拖不决而酿成新的矛盾、坚决防止涉诉群体性事件发生。

【行政审判】　2016年，区法院认真贯彻新修订的行政诉讼法，回应群众关切，解决“民告官难”问题，监督行政机关依法行政，促进司法与行政良性互动，全年审结行政诉讼案件126件。组织开展“项目攻坚年”等专项活动，执结非诉行政执行案件7件。征地拆迁执行案件是非诉行政执行案件的重中之重，2016年受理征地拆迁执行案件4件，结案4件。

【案件执行】　2016年，区法院执结案件1615件，执结标的1.22亿元。注重执行信息化建设，基本完成执行指挥中心建设，进一步完善司法信息查控系统。加大信用惩戒力度，发布限制出境、限制高消费令等失信被执行人名单。组织开展打击拒执犯罪、反规避执行、反消极执行、反干预执行“一打三反”专项行动，司法拘留、处罚案件被执行人和协助执行人，执行威慑力进一步增强。

【“一站式”诉讼服务】　2016年，区法院完成诉讼服务中心升级改造，提升“一站式”综合服务水平。推进乡镇、街道和矛盾多发地区工作联系点制度，开展巡回法庭、假日法庭等便民审判方式。关注弱势群体，为老、弱、病、残、孕等群体开辟诉讼绿色通道。依法准予经济困难的当事人减、免、缓交诉讼费79.73万元，免收133件追索抚养费、扶养费、赡养费和劳动争议案件的诉讼费。加大司法救助力度，落实刑事被害人、申请执行人以及涉诉信访救助资金，发放司法救助金12.5万元。

【司法公开】　2016年，区法院推行阳光司法，全面落实立案、庭审、执行、听证、文书、审务“六个公开”的要求。坚持审判公开原则，对依法应当公开审理的案件全部公开开庭进行审理，对于社会关注程度高、影响较大的案件，主动邀请人大代表、政协委员、社会各界人士、当事人亲属以及新闻媒体参加听审；开展“法院开放日”活动，依托“阳光司法”平台，及时发布审判执行信息。认真落实裁判文书上网要求，发挥司法裁判宣传法律知识、引领社会风尚功能。

（单　宁）

检　察

【概况】 株洲市天元区人民检察院现有编制56个，其中政法专项编制53个，事业编制3个。现有在职干警49人，其中检察长1人，副检察长4人，其他党组成员4人。内设政工室、办公室(含人民监督员办公室和研究室)、反贪污贿赂局、反渎职侵权局、公诉科、侦查监督科、检务督察室、监察室、控告申诉科和举报中心、民事行政检察科、监所检察科、检察技术科、法警大队、职务犯罪预防科、案件管理中心、未成年人刑事检察科共16个科局室队。2016年，区检察院充分履行检察职能，强化法律监督，维护公平正义，各项检察工作取得了新的进步，未检工作获得最高人民检察院的通报表彰。

2016年，天元区检察院受理公安机关报捕刑事案件205件262人，批准逮捕170件225人；受理移送审查起诉案件456件641人，依法提起公诉409件550人；其中办理涉毒案51件73人，集中打击盗窃、抢劫、抢夺等侵财型案件151件197人。该院切实贯彻落实中央反腐要求，坚持“老虎”“苍蝇”一起打。共立案查办贪污、贿赂、渎职等职务犯罪案件10件12人。严厉打击严重刑事犯罪，维护社会和谐稳定，同时强化了诉讼监督职能，有力地维护司法公正和社会公平正义。民行检察部门努力推进民行监督工作，办理督促履行职责案件4件、支持起诉案件3件。监所部门强化监督职能，针对监外执行中的违法和不当情形，发出纠正违法通知书13件、检察建议20件、检察意见书25件。举报控申科接待来信来访共7件，受理举报类线索4件；受理审查民事监督案件5件；刑事被害人救助案3件，其他司法救助2件；办理刑事申诉案件1件。同期，办公室、纪检监察、检务督察室、政工室等综合部门，服务大局，均取得较好成绩。

【职务犯罪侦查与预防】 2016年，区检察院积极践行侦防一体化办案模式，共立贪污贿赂、渎职等职务犯罪案件10件12人。反贪部门参与查办南方公司相关人员受贿系列案等一批社会影响大、群众反映好的贪污贿赂犯罪案件；反渎部门重点查办了市节能减排专项补贴资金管理领域和安全质量监督部门的渎职犯罪案件，取得了良好的法律效果和社会效果。2016年，共开展警示教育、职务犯罪预防知识讲座6场次。职务犯罪预防调查2件，提出预防检察建议2件。同时，服务辖区内企业开展职务犯罪预防工作，先后到辖区内的非公企业开展了预防公司员工职务犯罪的法制宣传活动，对全区公共卫生服务项目资金开展了预防调查。出台《服务非公企业行贿犯罪档案查询规定(试行)》，并主动上门提供行贿犯罪档案查询服务。

【刑事检察】 强力推进刑事检察工作促进新区和谐稳定。以维护社会稳定为首要任务，以人民群众对社会平安的需求为导向，突出打击刑事犯罪。2016年，侦查监督科受理公安机关报捕刑事案件205件262人，批准逮捕170件225人；其中，共批捕盗窃案件59件74人，贩毒案件28件41人；故意伤害案件13件16人；强奸案件4件4人；抢夺5件5人、诈骗4件4人；共追捕犯罪嫌疑人9人，均批准决定逮捕。向公安机关依法发出《纠正违法通知书》6份，公安机关均已回复并予纠正。公诉科受理移送审查起诉案件456件641人，受理人数同比上升15.91%，依法提起公诉409件550人，审结起诉人数同比上升49.46%；其中办理涉毒案51件73人，集中打击盗窃、抢劫、抢夺等侵财型案件151件197人。同时，该院注重打造未检工作品牌。省检察院党组书记、检察长游劝荣和党组副书记、副检察长卢乐云等领导先后带领两批次300余人次来区检察院视察指导未成年人刑事检察工作，对未检工作给予高度肯定。该院未检工作获得最高人民检察院的通报表彰。2016

年，共受案70件94人，审结62件84人，起诉45件60人，不起诉13件15人(其中附条件不起诉9人，不起诉16人)，合适成年人到场次数9人次，心理辅导66人次。

【检务督察室与案件管理中心】 检务督察室与案件管理中心采取合署办公形式，积极探索和完善工作机制，提高案件质量，促进执法规范化建设。2016年，共受理案件668件，其中补送更正23件；不予接收案件1件；送案审核667件，保持了不符合管辖受案零记录。同时，接收并录入判决书、批捕回执等外来文书共808份。为进一步理顺与公安、法院的案件流转关系，创建了“天元公检法联络微信群”。另外，坚持定期更新案件显示屏，案件显示屏滚动播出了批捕案件、公诉案件、重报案件、办结案件、律师接待等五项内容，及时对外展现了全院案件办理的实时动态，增强了大家对检察工作的进一步了解。对统一业务应用系统内自侦、刑检、民行、控申案件，依法依规对其办理程序是否合法、规范、及时、完备，进行了实时、动态的监督、提示、防控。2016年，重点做了两方面工作：一是针对日常流程监控发现的突出问题，制作《流程监控情况通报》共4期发送各业务部门，督促及时整改并杜绝再犯。二是针对线下办案、法院超期送达文书、公安机关对不在押嫌疑人未有效履行监管职责等不规范情形，向相关业务部门发送《流程监控通知书》6份，督促及时纠正。在开展日常流程监控的同时，重点对办结的反贪案件、反渎案件、民行案件、刑事申诉案件“四类案件”的纸质卷进行评查，并对不捕、不诉案件纸质卷进行抽查，基本上做到了当月评查和及时反馈。2016年，评查反贪案件、民行案件、刑事申诉案件以及不捕、不诉案件纸质卷共106件，发现问题43个。2016年，该院在市人民检察院执法质量考核排名中名列第一。

【打造“民生检察”】 一是注重民生领域执法监督。2016年8月，《株洲日报》曝光栗雨街道办事处月塘社区畜禽养殖污染问题和瀚水栗园小区、明月湖小区外卖小餐馆无证经营等问题，该院立即组织干警前往上述三个社区实地调查，核实情况后向辖区环保部门和食监部门发出检察建议，督促两部门依法处理，相关问题已整改到位。该院督促相关职能部门依法履职的同时，开展涉及民生领域的专题法治宣传15场次，发放宣传资料8000余份。二是注重案件信息公开。2016年，案管中心向相关业务部门制发案件信息发布的建议或提示函22个，督促和协调相关部门成功发布重要案件信息18条。共接待辩护人、诉讼代理人224人次，其中安排阅卷164次，通过网络办理辩护与代理76人次。坚持日增量更新方式公开883条案件程序性信息供申请人查询。为当事人提供案件信息查询78次。索建立了主动告知案件程序信息的公开新模式，即通过统一短信平台点对点发送短信70余条，及时告知律师最新的办案进展信息，特别是退查、重报、延期的案件信息，受到了广大律师朋友的一致好评。推动“人民检察院案件信息公开网”微信公众号的实行，为人民群众提供更精准、及时、便捷的案件信息公开服务。三是注重提升检察机关形象。派出检察干警1500余人次，走访村(居)民5000余人次，帮助协调解决各类问题110件；发放印有“天元区人民检察院及廉政监督电话”字样的打火机和环保袋各10000个；及时更新官方网站，发布重要工作信息和动态；在各类媒体平台宣传区检察院特色与亮点工作，树立检察机关正面形象。2016年下半年民意调查，天元区人民检察院检察官形象测评得分位居全市检察机关第一名。

【打造“活力检察”】 2016年，天元区检察院加强业务培训，加强岗位练兵，全面优化检察队伍的整体素质，不断提升规范执法水平。一是强化信念教育，确保政治过硬。扎实开展了“两学一做”学习教育活动，着力强化执法为民信念。二是强化监督制约，确保作风过硬。严格遵守中央八项规定，营造纪检监察严格问责的氛围。2016年，制定并推行《勤政廉政保证金》制度和《重大事项报告制度》，高标准严要求规范干警行为。加强对八小时以外的监督，净化“社交圈”“生活圈”“娱乐圈”。三是强化业务素质，确保本领过硬。鼓励干警参加继续教育，派员参加各级各类业务和业务竞赛。检察队伍中涌现出全省“最美青年卫士”、全省检察业务竞赛标兵、全市优秀检察干警、全市优秀公诉人等先进典型。四是强化创优意识，严格奖惩兑现。制定并实施了《创建全国先进基层检察院目标管理考核办法》《优秀案件评选奖励办法》等激励措施，奖优罚劣、奖勤罚懒，督促全院干警中规中矩地遵守制度，敢于担当，勇于创新。（彭雅瑜）

司法行政

【概况】 天元区司法局为区人民政府组成部门。其主要职能是负责全区法治宣传、基层人民调解、法律援助、法律服务、社区矫正、安置帮教等业务工作。2016年，全局系统有干部职工40人，其中政法专项编制23人、事业编制1人、区聘1人、区政府购买社会服务专职人员17人。局机关内设办公室、宣教股、基层股、社区矫正股、法规股等科室，负责管理二级机构区法律援助中心；区法建办、区联合调委会在局设办公室；下设泰山、嵩山、栗雨、马家河、群丰、雷打石、三门7个司法所和2个法律服务所，归口管理中兴、百杰、湘东3个律师事务所。

2016年，区司法局紧紧围绕新区经济建设中心，认真履行司法行政职能，着力加强全区司法行政系统的基层基础工作，全面完成年度工作任务。全年发放各类宣传资料18万余份（册），发放法治小围裙8000多条、法治小瓷杯9000多个。全年调处各类矛盾纠纷1168起，调处率100%，接受各类法律咨询2100余次，参与区领导交办处置的突发性事件和群体上访事件13起。充分发挥交通、医疗、物流、家庭等行业、专业调委会作用，及时组织化解调处交通事故损害赔偿、医疗、劳资等纠纷351件，并无民转刑事件发生。全年全区受理各类法律援助案件291件，其中民事案件230件、刑事案件61件，接待各类咨询300余起，发放宣传资料5万余份。截至12月，全区接收社区矫正对象632名，解除矫正429名。在册社区服刑人员203名，刑释人员68名，衔接率、寄送率、帮教率、监管率均100%。年内天元区获省“六五”普法先进县市区，区司法局先后荣获全国人民调解宣传工作先进单位、全省司法行政工作先进单位、全市政法工作先进单位、法治株洲建设工作先进集体，市“民生实事”项目工作先进集体、全区综治工作先进单位、禁毒工作先进单位。在全市司法行政综治暨非综治考核中排名第一。

【普法依法治理】 2016年，区司法局在认真总结“六五”普法经验的基础上，精心组织规划“七五”普法，提出“七五”普法初步设想，出台《关于在全区国家机关中实行“谁执法谁普法”责任制的意见》。加强全民法治宣传教育，结合重大活动、农村赶集、各类主题月（周、日）等时机，采取设立咨询台、发放宣传资料等方式，组织开展“职工健步行法律宣传”、禁毒、“安全生产活动月”“法润三湘”公共法律服务志愿者进街道（社区）和乡镇（村）、“万名律师乡村、社区行”等宣传活动。在全区社区(村)设立“万名律师乡村、社区行”信息公示牌95块。与湖南工业大学法学院建立大学生社区法律服务志愿者工作站，在城区3个办事处15个社区经常性开展法治宣传活动，增强了群众的法治意识、依法维权意识。在机关干部学法上，采取举办法制讲座、中心组学法、普法抽考、“如法网”普考等多种形式，开展学法用法活动，全面落实领导干部学法制度、任前法律知识考试、领导干部述法等制度。全区2658人通过“如法网”参加干部学法用法考试，参考率98%、合格率96%，干部法律素质明显提升。突出青少年遵纪守法教育。在全区37所中小学校聘任35名专业素质好、有责任心的政法干警担任中小学校的法制副校长和辅导员。在银海学校开展中小学生模拟法庭活动，并被评定为全省法治文化建设示范项目。坚持“一手抓治理，一手抓创建”，积极组织开展“依法决策示范领导班子”“法治机关”“法治企业”“法治学校”“依法办事示范窗口”评选等创建活动，全区70%以上的村（居）委会基本达到“民主法治示范村（社区）”建设标准，有3个单位被推荐为省依法办事示范窗口单位，5个单位被推荐为市依法办事示范窗口单位称号。

【人民调解】 2016年，区司法局按照省、市对司法所规范化建设标准及要求，加大资金经费的投入，完善规范基层司法所的上墙制度标牌、台账资料，添置电脑、打印机、复印机、执法记录仪等办公设备。在全区所有村、社区及重要的居民小区和交通路口设立“司法行政职能”便民公示牌200多块，下发14万多张便民服务卡，向群众宣传司法行政机关以及所属司法所的人民调解、法律服务职能，公开了司法所长和区法律援助中心律师、区内律师事务所驻村（社区）律师的联系方式。为解决司法所“一人所”问题，通过政府购买社会服务的形式聘请7名人民调解工作专职人员和10名社区矫正工作专职人员。完善区、镇（街道）、村（社区）三级矛盾纠纷排查调解网络，天元区在全市率先实行“重大矛盾纠纷调处‘以奖代补’”办法，有效地提高各级人民调解员的工作积极性。利用节日、重大活动、重要特护期等时机，主动深入重点工程、项目建设前沿，扎实开展“矛盾纠纷化解专项攻坚”活动，及时排查调处各类矛盾纠纷，及时将矛盾纠纷化解在基层，消灭在萌芽状态。

【法律援助】 区法援中心始终坚持以服务民生民利为出发点，积极发挥法律援助在保民生中的作用，深入开展“法律援助便民服务”主题活动，不断完善便民举措，努力扩大援助覆盖面和受惠人群，有效维护了弱势群体的合法权益。10月15日，纳入全省为民办实事项目考核任务的区公共法律服务中心建成运行，对全区层面的法律需求按照“接待受理、分流指派、限时办结、督查督办”的流程进行处置，让有法律需求的群众“一个门进来、一个窗口受理、一站式服务”，形成了线上线下公共法律服务综合体系。

【社区矫正和安置帮教】 2016年，社区矫正和安置帮教工作按照“衔接好、帮教好、监管好、引导好”的工作思路，进一步健全完善工作机制，规范强化报到、汇报、学习、劳动、考核等监管制度，落实排查清理、定期走访、交流谈心、帮困扶助等工作措施。高标准完成省委、省政府下达的“重点民生项目”和“为民办实事项目”天元区社区矫正中心建设，实现对社区服刑人员实施线上线下监管教育和矫治，有效预防和控制了脱管漏管和重新犯罪。

【“两个中心”建成运行】 2016年，根据省委、省政府和市委、市政府下达的天元区公共法律服务中心和社区矫正中心（简称“两个中心”）。中心选址原政务中心大厅，面积450平方米。经规划、设计、预算、立项、招标、主体改造、内部装修、设备安装于10月15日建成运行，总投资180万元。中心大厅具有公共法律服务平台、社区矫正人员监管平台职能，设有图书阅览区和等待休息区，同时设有律师室、私密室、调解室、会议室、社会联络室、教育培训室、心理矫治室、档案室、监控室、宣告训诫室、驻检（警）室和远程探视室等12间工作室。

（谭勇军　汤　慧）

株洲高新区 · 天元区
ZHUZHOUGAOXINQU · TIANYUANQU
2017年鉴

国防

天元区人民武装部

【概述】 株洲市天元区人民武装部为正团级单位，下辖军事、政工、后勤3个科。全区设基层武装部12个，即3镇各1个，3办各1个，湖南工业大学、市公交公司、太子奶集团、产业战线、市中心医院各1个。2016年，天元区人武部深入学习贯彻党的十八大精神，扎实开展“两学一做”学习教育，狠抓班子和干部队伍建设，严格按照《基层建设纲要》抓基层打基础，人武部全面建设和民兵预备役工作呈现整体推进、稳步发展的良好势头。区人武部被湖南省军区评为全面建设先进单位；被株洲军分区评为军事训练先进单位、安全工作先进单位；区委常委、区人武部部长文忠于被湖南省军区评为军事训练先进个人和优秀党务工作者；区人武部后勤科科长杨欢被株洲军分区嘉奖1次；雷打石镇武装部、群丰镇武装部、栗雨街道办事处武装部被军分区评为先进基层武装部；泰山办事处武装部部长王攀、栗雨街道办事处武装部干事汪光程、三门镇武装部干事陈雪飞被军分区评为优秀专武干部。

一、思想政治建设。深刻学习领会上级决策指示。深入传达学习习主席系列重要讲话、党的十八届六中全会精神，党员干部人人形成书面材料，人人作表态发言，切实用上级的指示精神统一思想和行动。扎实开展“两学一做”学习教育。紧密联系单位实际，认真进行调研，拟制实施方案，组织干部职工全员额、全过程、全要素参加教育；围绕开好专题民主生活会，组织个人认真学习上级指定的学习内容，组织参观刘少奇故居，班子成员进行交心谈心，撰写对照发言材料，召开专题党委会开展批评和自我批评，研究制定了加强班子建设的措施。通过专题教育，进一步加深了党委“一班人”对“两学一做”的理解，强化了模范践行的自觉性、坚定性；持续不断抓好经常性思想教育。加强对干部职工的思想疏导和教育引导，切实统一思想、凝聚共识；利用参加上级会议、议军会、专武干部集训等时机，对地方党政领导、专武干部开展随机教育；在组织民兵训练、执勤、遂行任务等时机，对民兵骨干和民兵队伍进行了经常性教育。

二、战备训练。一是狠抓民兵整组。第一批42个村（社区）级民兵营规范化建设全部达标。根据新的作战和支援保障任务，及时调整作战力量编成，细化作战任务。二是修订完善战备方案预案。根据省、市两级要求，结合本区实际，修改完善了《天元区人武部战备计划》。结合民兵整组和民兵训练，指导基层武装部进一步充实和完善了各种方案预案，重点完善防突袭、抗洪抢险、森林防火、重点目标守护、突发事件处置等战备行动方案。三是严密组织军事训练。年初，组织人武部首长机关强化训练；4月，选派2名基层专武干部参加省军区专武干部集训，2人均被评为优秀学员；其他专武干部按要求完成相关训练内容。全年上级赋予区人武部395个训练任务数，已分森林防火、2期民兵高炮、伪装防护、防化救护共5期组织，训练408人，每期训练，都能够严密组训，效果较好，圆满完成训练任务。

三、安全稳定工作。2016年，区人武部认真落实武器装备管理双人双锁、定期检查和擦拭保养、出入库登记统计等制度，严防枪支损坏和弹药流失；结合军分区开展保密清查和“百日安全”活动契机，加强对涉密计算机、存储介质和文电的管理，指定1名职工协助保密员完成日常保密业务工作；严格落实一日生活制度，加强节假日和八小时以外的管理，坚决纠治“非军事化”的倾向；认真落实了车辆派遣两证一条、出入营门登记等制度，严格遵守交通规则，切实树立军人的好样子和军车的好形象。年内区人武部保持了安全稳定发展态势。

四、党管武装工作。2016年，区人武部始终自觉接受军地双重领导，积极主动向党委政府汇报武装工作，争取地方领导对武装工作的大力支持。一是积极营造氛围。组织民兵参加森林扑火、维护社会稳定、扶贫帮困、对口助学和创文创卫等任务，不断融洽军政军民关系，进一步浓厚了党管武装工作氛围。二是不断强化观念。主动向地方党政领导汇报武装工作情况，使地方领导及时了解掌握上级军事机关的指示要求，增强依法抓建的意识和党管武装的观念。三是注重落实制度。认真贯彻省委、省政府、省军区《关于进一步加强新形势下党管武装工作的意见》，抓好议军会、现场办公、军事日活动、党管武装述职等制度的落实。年内区委议军会议重点就抓好国防教育基地配套设施建设、部队调整改革分流人员安置问题进行研究。

【“6•15”抗洪救灾】 6月15日，株洲城区突降暴雨，且持续时间较长，造成湘水湾小区出现严重内涝，部分群众被困，情况十分紧急。灾情就是命令，天元区人武部党委紧急召开会议，决定迅速组织民兵分队实施救援。出动抗洪抢险分队人员50人，橡皮艇2艘，车辆4台，转移受灾群众260余人次，转运各类物资6吨，最大限度地保障了人民群众的生命财产安全。

【召开党委专题民主生活会】 3月，区人武部党委召开党委扩大会议，“两学一做”学习教育活动安排。6月30日，区人武部党委专题召开民主生活会，全面分析部党委班子建设存在的主要问题，深入开展批评与自我批评，达到“红红脸、出出汗”的效果。市委常委、株洲军分区政委胡鹏飞大校列席会议并对民主生活会质量和加强部党委建设作重要讲话。

【开展“百日安全”活动】 按照上级统一部署，9月19日－12月31日，区人武部开展“百日安全”活动。此次活动以习近平主席依法治军从严治军重大战略思想为指导，以条令条例和军委国防动员部新颁六个部队管理规范性文件为依据，采取统分结合、上下联动、边学边抓、边查边改的方式，区分动员部署、学贯法规、排查整治、检查讲评4个阶段，按照“学、查、改、评”四个步骤组织实施。组织全体干部职工学习上级关于安全稳定工作的文件、规定8次，开展安全大检查3次，排查出五大类16个安全隐患和问题，并组织整改，确保了单位安全稳定。

【召开武装工作会议】 2月1日，2016年度区武装工作会议在区政府会议中心召开。会议总结2015年武装工作，表彰2015年度先进单位和个人，部署新年度武装工作。会议由政委彭书红主持，部长文忠于作工作报告，区委常委、常务副区长罗克俭出席会议并讲话。

【召开新兵入伍批准大会】 9月9日，天元区2016年度新兵入伍批准大会在区人武部灯光球场隆重举行。会议由区征兵办主任、区人武部副部长张建武主持，区委常委、区人武部部长、区征兵工作领导小组副组长文忠于宣读《天元区人民政府关于批准麦水龙等新兵入伍的决定》，组织全体新兵宣读入伍誓词，新兵代表进行表态发言，区领导给新兵代表佩戴大红花，新兵们一致表示，要牢记家乡父老的重托，为祖国为人民为家乡增光添彩。副区长刘建南出席会议并讲话。

【征集兵员】 4—9月，区人民政府征兵办通过调查摸底、广泛宣传、组织体检、政审走访、集体定兵、新兵回访等步骤程序，完成2016年度新兵征集任务，其中大学生94人，新兵文化素质在全市排名第一。

【扑灭山火】 2016年，区人武部先后8次组织出动民兵计190多人次扑灭山火近千亩。在执行扑火任务中，指挥员和灭火分队反应迅速、指挥及时、组织严密、安全高效，完成任务出色，受到当地群众赞扬。

（徐曙光 陈运刚）

公安消防

【概况】 1997年4月，成立河西公安消防大队，同年8月，更名为天元区公安消防大队，正营级，编4名，设大队长、政治教导员各1名。1998年2月，成立天元区公安消防中队，编制为20人。2001年6月18日，株洲市社区消防教育基地在中队建成对外开放。2012年大队升格为副团级，大队机关增编6人，总人数为10人，天元消防中队为47人。2013年8月，成立天元区栗雨消防站，编制为35人。2016年，天元区公安消防大队有天元、栗雨2个中队，共77人，配备执勤车辆12台（水罐消防车2台、水罐泡沫消防车3台、压缩空气泡沫消防车2台、抢险救援消防车2台、高喷消防车1台、25米云梯消防车1台、行政车1台），已订购1台18吨水罐消防车。大队列管重点单位94家，专职消防队1个，微型消防站164个，易燃易爆危险品场所10家，高层建筑186栋，地下建筑5栋，城市综合体1处，社会福利机构6家。

2016年，天元公安消防大队获市公安消防支队安全工作先进单位、监督执法先进单位、先进大队党委，天元区政法工作先进单位等荣誉称号。

【消防宣传监督】 2016年，全面落实消防安全责任。区委书记、区长等主要领导先后5次率队开展消防工作督察，多次专题听取汇报并作重要指示，区委常委会、区政府常务会先后6次专题研究消防工作，将消防工作纳入政府目标责任考核、领导干部政绩考评和社会治安综合治理考评范畴。年初，组织与各乡镇街道办、消安委成员单位、消防安全重点单位、公安派出所签订了年度消防工作责任状，明确了年度消防工作目标，并将消防工作纳入各级任期责任目标和年度工作计划。建立乡镇街道办、消安委成员单位季度考评，切实解决消防工作中许多重大问题。联合区安监、工商、质监、派出所等部门，对在建工地、装饰装修工程、“城中村”、易燃易爆、社区住宅楼、足浴等场所进行专项整治，全年召开联席会议4次，开展联合执法8次。

【优化消防安全环境】 2016年，大队相继开展冬春火灾防控、消防产品专项整治、夏季消防安全检查、校园周边消防安全环境专项整治、建筑工地、“城中村”、易燃易爆危险化学品单位、“三小”场所的消防安全大排查等工作，特别开展了春节、元宵节、“五一”、端午节等节假日期间“零点夜查行动”等，着力推动社会单位消防安全“四个能力”建设，深入推进街道乡镇网格化管理和消防安全重点单位“户籍化”管理工作，进一步推动城中村及无人管小区消火栓建设和社区微型消防站建设，启动29个消火栓的建设，完成57个社区微型消防站的建设，在各个环节形成消防工作有人抓、有人管的良好局面，从源头上控制了火灾隐患。行动期间，消防部门全警动员，全力以赴，大力推行消防安全“网格化”管理，依法利用关停、查封、拘留等手段，持续保持高压整治态势，有效净化全区消防安全环境。全年检查单位2860家，发现火灾隐患1991处，督促整改隐患1984处，临时查封单位22家，责令“三停”单位20家，罚款73万余元，拘留1人，审核、验收建筑工程14个，接处举报投诉90起，接警出动363次，其中灭火出动132次，抢险救援出动231次（其中参加社会救助149次，其他出动82次），解救被困人员35人，挽救财产损失千万余元，同比上年火灾四项指数基本持平。

【消防宣传教育】 紧紧围绕《全民消防安全宣传教育纲要》宣传贯彻，集中开展96119火灾隐患投诉举报宣传周、防灾减灾宣传周以及119消防宣传日等宣传活动。活动期间，设置消防横幅100余幅，制作消防宣传画8000份，发放消防扑克2000幅，发放宣传传单50000余份。利用200多家门店LED电子显示屏滚动播放宣传标语1000余条，联合制作600多张宣传板报。8月，经区政府常务会议同意，以后每年投入42万元经费采取政府购买“外包”服务模式开展消防宣传培训。9月开展以来，消防宣传“外包”成效明显增强，发布稿件40余篇次，阅读点击量50000多次，转发量10000多次；微信公众号原创推文70余篇，粉丝数量30000多次，上门入户宣传1000余户，集中培训50余场次，PC+移动互联网覆盖人群30余万人，并先后组织开展消防灭火、疏散逃生自救演练20余场，进一步扩大了消防宣传覆盖面。将消防安全知识纳入村两委培训、消防安全重点单位员工培训和中小学校安全教育内容，深入开展消防安全大培训，组织开展党政机关领导干部、镇长、村两委负责人消防安全培训，培训7名乡镇长、88名村两委负责人，培训消防控制室操作人员28人，消防安全管理人200余人，联合街道、公安派出所和相关职能部门，分行业、分系统、分辖区开展消防知识培训20余次。

【消防队伍建设】 坚持党委议训机制，定期召开会议研究部署。突出抓好辖区情况“六熟悉”和实战演练，开展重点单位和类型预案演练320次，修订完善各类预案100份，对辖区760个消火栓进行摸底，建立健全基础台账，确保辖区情况熟、数量明。健全战训工作考评机制，设立训练奖金，出台奖惩标准，推行每季训练考核制度，将训练成绩纳入干部绩效考核和士官等级评定。深入开展铁军中队达标创建活动，分岗位、分层次开展全员练兵工作，在支队组织的攻坚组队员复训中，大队夺得团体总分第一名。全年接警出动372起，出动车辆618台次，人员3630人次，解救群众36人。强力推进乡镇综合应急救援队伍建设，大力发展微型消防站等多种形式消防队伍，督促指导全区组建应急救援分队，建立应急救援片区联防点并配备消防车等器材装备，全区综合应急救援工作整体水平进一步提高。 （言文谦）

人民防空

【概况】 2016年，天元区人民防空办公室简称(区人防办)认真落实第七次全国人民防空会议精神，强化使命担当。坚决贯彻落实习近平总书记在第七次全国人民防空会议上指出的“建设强大巩固的现代人民防空体系，铸就坚不可摧的护民之盾的新目标”。区人防办按照“十三五”规划的要求，坚持给辖区中小学校免费配发各种器具及宣传资料和教材，坚持巡查维护辖区内的人防工程，保障人防设备工程完好。2016年，区人防办将人防指挥车车载短波电台更换为第三代军用电台，实现与军队电台互通互连。区人防办获株洲市人民防空先进单位称号，龙斌获湖南省人民防空先进个人荣誉称号。

【防空警报与工程维护管理】 坚持做好辖区内33台防空警报器的维护工作，确保每年“11·1”日的防空警报试鸣的正常鸣放。认真做好辖区内防空地下室的工程维护，确保战时功能不受任何影响，做到每月巡查一次，每季度抽查一次，做好维护记录，责任到人。

【人防宣传教育】 组织在校师生、社区、企业、机关人员结合每年“11·1”防空警报试鸣活动进行疏散隐蔽演练。并在当天的天元中学演练现场，邀请其他区的教育局领导、学校专干和社区居委会负责人、社区人防志愿者以及部分企事业单位相关负责人现场观摩，800余人参演。市人防办派驻1台人防通信指挥车在演练现场同步传输省、市人防指挥中心。

【人防训练】 2016年，在市人防办的组织下参加"湘防－2016"人防通信跨区演练，长途跋涉至江西鹰潭并与当地人防办联合进行通信接力演练；参加全市人防系统的军训活动。

【人防易地建设审批】 2016年，区人防办在区政务中心开设窗口，为进区企业提供政策咨询，受理人防易地建设审批，利用网上电子监察与政务系统同步审批。审批过程和办理时效公开透明，全年共审批进区企业的人防工程报批19起，审批建设工程面积98.31万平方米。（程保民）

株洲高新区 · 天元区

ZHUZHOUGAOXINQU · TIANYUANQU

2017年鉴

经济监督管理

发展和改革

【概况】 天元区发展和改革局是宏观经济社会综合管理部门，主要负责拟订国民经济和社会发展中长期规划、年度计划，促进宏观经济总量平衡、结构优化、物价稳定，推进经济体制改革，主要日常工作包括固定资产投资、项目攻坚、全面小康指标监测、政府投资项目立项审批以及园区工业项目以外的企业投资项目核准备案、招标核准、价格监管、价格鉴证服务等工作。

2016年，天元区发展和改革局内设办公室、发展改革办、项目审批办，下辖价格监督检查局、节能办公室、价格认证中心。核定行政编制10名（含价格监督检查局4名），事业编制5名，实有工作人员15名。

【宏观经济管理】 2016年，天元区地区生产总值突破300亿元，同比增长10.8%，增速全市第一。其中，第二产业增加值145.8亿元，同比增长11.3%；第三产业增加值达到144.1亿元，同比增长10.8%；三产结构比为3.6∶48.5∶47.9。

【全面小康指标监测】 继2015年实现全面小康之后，2016年继续实施全面小康指标监测，全区全面实现小康程度为95.7%，比上一年度提高0.8个百分点，实现程度全市第一，全省前列。

【项目攻坚与固定资产投资】 2016年，全区“项目攻坚”大力开展“大干一百天、全力保投资”活动，全区项目建设取得良好成就，获评“项目攻坚年”活动先进县市区，北汽二工厂、长城电脑株洲基地获评“项目建设管理先进工程”。2016年全区固定资产投资完成427亿元，同比增长13.6%，总额全市第一。公有制经济投资完成210亿元，同比增长32.6%。高新技术产业投资、汽车及零部件产业投资增长强劲，分别增长88.1%和832.7%，完成投资17亿元和23.7亿元。

【行政审批改革】 2016年2月，市发改委下放行政审批权限（株发改发〔2016〕20号），具体包括区投区建项目立项审批和招标核准、企业投资项目核准备案（园区工业项目由招商局负责核准备案），除向上争取资金、市级配套土地、市级平台公司项目、房地产项目、城市主干道、跨区项目外，辖区范围内所有项目一律在区里审批。市级行政审批权下放之后，区发展和改革局积极对接，重点解决了行政审批工作人员不足、没有办公场地、规章制度不健全、流程不规范等问题。向社会公开招聘5名工作人员，设立行政审批对外服务窗口，重新梳理行政审批事项，逐步建立行政审批工作流程和规章制度，出台《投资项目行政审批指南》和《投资项目审批流程》，进一步规范审批流程和审批材料清单，缩短审批流程。政府投资项目审批10个工作日办结；企业投资核准项目5个工作日办结；企业投资备案项目3个工作日办结；招投标事项核准10个工作日办结。全年完成立项审批服务项目106个，招投标核准服务项目59个，项目总投资233亿元。

【项目申报与管理】 2016年，区发改局完成兴湖家园配套基础设施项目、新马动力创新园公租房二期配套基础设施项目、长江南路城中村配套基础设施项目、博古山城中村配套基础设施等项目，项目总投资1.554亿元，下达中央预算内资金2830万元。完成了2017年中央预算内投资计划项目申报，上报“中国动力谷自主创新园——新兴产业‘双创’三年行动计划”等13个项目，项目总投资432.3亿元，申请中央资金12.6亿元。

【价格监管】 2016年，湖南省发改委分4批降低涉企行政事业性项目的收费标准，发改局积极做好政策贯彻落实，向社会公开公布。全年为公安部门提供价格鉴证服务109起，涉案标的金额达到376万元，支援公安和司法部门，，共同维护社会和谐稳定。

（苏联城　黄　崧）

工商行政管理

【概况】 株洲市工商行政管理局株洲高新技术开发区分局为市工商行政管理局副处级派出行政机构，与株洲市工商行政管理局天元分局合署办公。2016年4月，工商天元分局成立网络交易监督管理科，同时撤销三门工商所。2016年设有办公室、人事教育科、财务基建科、政策法规科、消费者权益保护科、市场（合同）规范管理科、企业和个体经济监督管理科、网络交易监督管理科、商标广告监督管理科、企业注册科、纪检监察室、公平交易科、个体劳动者私营企业协会、消费者委员会、信息中心、机关总支、工会等17个科室和群团机构；下辖王家坪、黄河北路、长江南路、雷打石4个工商所。有干部职工94人（包含退休16人），其中行政人员编制72名，工人编制6名。

2016年，工商天元分局认真贯彻落实全市工商行政管理工作会议和区委经济工作会议及区“两会”精神，积极适应经济发展新常态，进一步深化商事制度改革，强化市场主体后续监管，创新消费维权机制，并以创建文明单位为载体，全面加强队伍建设，致力创造全区工商行政管理工作新业绩，为新区经济发展营造公平竞争的市场环境。积极响应区委、区政府号召，立足工商职能，在全区扎实开展“项目攻坚年”和“企业帮扶年”活动，深入推进商事制度改革，不断优化准入环境，促进市场主体健康快速发展；切实转变监管理念，创新监管方式，突出监管重点，强化监管效能，做好市场秩序的“守护神”；创新消费维权机制，提升消费维权效能，积极构建有利于促进发展的和谐消费环境。工商天元分局被株洲高新区工委、天元区委评为文明建设红旗单位。

【注册登记管理】 根据《湖南省人民政府办公厅关于深化商事制度改革的实施意见》（湘政办发〔2015〕41号）的文件精神及市局的相关规定，从4月1日开始，工商天元分局承担注册资本为500万元以下（含500万元）的企业登记。根据省工商局《关于做好“五证合一、一照一码”登记制度改革有关工作的通知》的要求，分局从9月20日起，在“三证合一，一照一码”的基础上全面实施“五证合一，一照一码”，进一步推进工商注册登记便利化。2016年，分局办理新设立企业1532户，2015年同期为1106户，增长38.52%；变更注销迁入3906户，在2015年同期的基础上翻了近一番；个体户设立登记4008户，为2015年同期的2倍，每天前来注册大厅咨询办事的150人次左右。

【商标战略】 工商天元分局以优势企业争创省著名商标为重点，推进商标战略实施，增强企业的品牌意识；一是对区内的著名商标企业进行回访，了解品牌对企业的价值贡献；二是筛选走访、摸底辖区企业，培育、指导企业申报驰名商标、著名商标；三是做好省著名商标评选中的协调工作，争取株洲高新区、天元区获得更多著名商标；四是对辖区内申报2016年湖南省著名商标的株洲千金药业股份有限公司等18家企业开展实地核查工作，了解并帮助企业解决在商标注册、使用、保护和管理等方面的困难。2016年，全区有众普生科技（株洲）有限公司的“众普森”商标，株洲华锐硬质合金工具有限责任公司的顽石+字母，株洲千金药业股份有限公司的“千金静雅”商标，株洲金鼎硬质合金有限公司的“精鼎”商标，株洲市悠移农业科技发展有限公司的“悠移”商标+字母，株洲华通科技有限责任公司的“HUATONVISIO”商标等6家企业的6件商标成功获评湖南省著名商标。至此，辖区共有注册商标3232件，湖南省著名商标70件，驰名商标11件，马德里商标6件。

【企业及个体户年报】 2016年，分局积极规划部署，推进年报公示工作有序开展。一是推进年报安排部署。多次召开年报工作推进会，在传达省、市局年报工作要求的同时，就如何安排部署下一步年报工作，提出明确要求。二是加大年报宣传力度。通过在窗口、办事大厅等处张贴年报公告，发放宣传手册及年报须知、电话告知、短信提醒、上门催办和吊销僵尸企业等多元化方式，加快年报工作进度。三是热心指导企业、个体户年报录入公示。一方面在窗口主动指导企业和个体户填报年度报告，对前来窗口办事咨询的企业和群众提供面对面指导，耐心介绍、仔细讲解，手把手操作演示工商部门网上年度报告系统，帮助企业规范操作企业信息公示流程，准确、及时完成年报录入公示。另一方面多次深入企业、个体户进行现场操作演示，指导市场主体使用企业信用信息公示系统，帮助市场主体学会操作年度申报。2016年，企业应年报4801户，完成年报3914户，年报率81.52%；个体工商户应年报11674户，已年报10248户，年报率87.63%；农民专业合作社应年报87户，已年报75户，年报率86.21%。

【消费者权益保护】 2016年，工商天元分局严格按照市局强化“12315”消费投（申）诉平台建设要求，认真打造工商“12315”消费投（申）诉品牌效应，畅通市局、分局与工商所的消费者申诉举报案件系统，做到受理及时、流转接收及时、分流转办及时、处置及时、反馈及时，确保消费者申诉举报案件“事事有落实，件件有回音”。2016年，受理转办各类消费者投诉案件428起，办结428起，办结率100%；受理举报案件181起，办结181起，办结率100%；接待来人来电咨询265人次，答复率100%，为消费者挽回经济损失99.16万元。3月15日，在天虹超市广场组织烟草局、天虹超市等单位开展“3·15”国际消费者权益日宣传活动。活动现场发放宣传资料5000余份，受理消费者投诉5起，接受消费者咨询300余人次。此次活动得到《株洲日报》、株洲高新网、《株洲新区报》等媒体的宣传报道。

【查处取缔无照经营】 2016年，根据省、市局的相关工作要求，工商天元分局制定查处取缔无照经营行动实施方案，建立严格的考核奖惩制度，并与工商所签订责任书，工商所与片管干部签订责任书，通过网格化管理，责任到人，任务上肩。2016年，检查经营户2280户，清理无照128户，立案查处无照2户，罚款金额1.3万元，引导办照347户，取缔无照5户，责令悬挂执照15户。

【打击虚假违法广告】 2016年，工商天元分局运用新《中华人民共和国广告法》等法律法规，重点整治直接关系人民群众健康安全的医疗、药品、食品、房地产、建材和金融及非法集资等虚假广告，严查快办典型案件，突破疑难复杂案件。对屡次发布违法广告的经营单位以及涉及的产品，依照有关规定暂停其广告发布业务或暂停广告发布。2016年，查处广告案件12起，案值17万元，罚款23.5万元。

【打击传销】 2016年，根据省、市局的安排，工商天元分局把打击传销案件的查处作为整顿规范市场秩序的重点工作，加大传销案件的查处工作力度。通过开辟宣传栏、悬挂宣传横幅、制作发放宣传画、宣传资料等方式在湘银、东湖等社区营造打击传销舆论氛围，共计制作宣传画60余幅，发放资料5万多份，使广大群众充分认清传销的危害性。3月18日，根据群众举报，在公安部门配合下，在东湖社区查处以斯之钱、卢国建等为组织者的7名传销人员，解救被骗陷于传销组织的群众2名；5月27日成功解救广东罗定籍陷入传销人员2名，在市级媒体上宣传报道2次；11月3日，成功捣毁位于山河锦园的传销窝点，在得知陷入该窝点的一位来自安徽马鞍山的李姓男子没钱回家后，执法人员帮其垫付车费，购买回家火车票。

【实施“红盾护农”专项整治】 2016年，工商天元分局和各个工商所细分监管责任，将监管区域和监管职责分解到人。督促每户农资经营户按要求建立进销货台账、签订《质量承诺书》，每销售一批产品，农资经营户都向农户出示一张信誉卡。2016年，巡查农资经营户51户28人次；发放宣传资料120份，制作公示牌和承诺书102块，定做台账本300本，信誉卡3000张，宣传国家和有关部门的政策法规规章，有效地提高了农资经营户守法经营的自觉性。

【安全生产检查】 2016年，工商天元分局将安全生产监管工作与取缔无照经营工作结合起来，依法行政，督促、指导个体工商户合法经营。春节期间组织对辖区烟花爆竹生产、销售行为进行专项整治，及时消除安全隐患，预防安全事故发生。整治期间，出动检查人员150余人次，执法车辆30台次，重点对核准登记的烟花爆竹经营主体资格进行核查确认，并对各乡镇沿街门点和集贸市场等重点部位，烟酒日杂店等重点对象进行地毯式检查。检查发现9户无证无照烟花爆竹零售户，检查人员当场要求当事人停止经营，对无经营许可证销售烟花爆竹的责令下架。开展校园周边环境整治工作。组织对辖区内的网吧、电游室，特别是学校周边场所进行重点排查。在天台小学周边发现少量涉危险玩具小刀、泰山学校周边有危险玩具枪销售。对以上检查存在的问题，当场要求违禁商品下柜，及时改正。

【打击侵犯商标专用权行为】 2016年，工商天元分局对辖区含有“中国石化”字样的加油站进行全面检查，规范其经营行为。查处3家涉嫌销售侵犯“虹波”商标专用权石棉瓦的经营户，查处假冒“虹波”品牌石棉瓦995块，价值1.4万余元。

【网络市场监管专项行动】 2016年，工商天元分局组织执法人员检查网站51户，实地检查网站经营者13户，发现不规范网站9个，治理虚假网络广告12个。加强流通领域商品质量监管。组织开展多次对各类经营市场的专项执法行动，进一步规范经销商的经营行为，强化商品质量监管，净化市场环境，维护消费者的切身利益。

【砂石整治】 根据区政府的整体安排，工商天元分局配合区有关部门开展砂石整治工作。2016年，分局组织开展多次无照经营的专项整治行动。9月，为营造规范有序的砂石销售市场环境，无照经营整治组10名工商执法人员对园区4处5户无照洗砂场进行立案查处，对违法生产所用设备采取暂扣措施。

【“两型”门店建设】 根据区政府有关工作精神，工商天元分局积极行动，配合做好资源节约型和环境友好型的两型门店建设工作。4月，通过考察、了解，组织遇燕等你酒店、沙坡里金玉满堂酒店、逸景华天大酒店、延年酒店、晴溪庄园5家单位申报区“两型”示范门店。5月中旬，分局和区“两型”办工作人员对5家创建单位进行督查指导，实地检查落实创建情况，针对不同单位特点对他们在设施改造配备、宣传板报图片等方面提出合理意见和建议。12月，5家单位全部被评选为区“两型”示范门店。（李仁杰）

国土管理

【概况】 株洲市国土资源局天元分局为株洲市国土资源局派出的正科级单位，接受市国土资源局和天元区政府的双重领导。主要职能是对区辖范围内的国土资源进行管理：确保全区耕地保有量和基本农田保护面积不减少；审批进区项目的建设用地、非农建设用地、临时用地，组织镇村企事业单位用地；负责办理征地拆迁的有关事务；维护国土资源管理秩序；审批村民建房；负责农田基本建设整治项目的申报和管理；管理矿产资源和预防、治理地质灾害；收取土地收益金。分局内设征地拆迁所、执法监察大队、分局办公室、土地业务管理股、园区股（与土地业务管理股两块牌子一套人马）、矿产测绘管理股、雷打石国土中心所、群丰国土中心所、嵩山国土中心所。

2016年，国土天元分局围绕“保护资源、保障发展”的管理目标，紧扣“创新、协调、绿色、开放、共享”五大发展理念，团结务实，创新精干，较好地完成了全年工作目标任务，获评2016年株洲市文明单位，被区评为2016年度征拆征收工作先进单位，在全市国土资源系统年度考核中被评为2016年度国土资源工作先进单位。

【耕地保护与高标准农田整治】 2016年，国土天元分局严格执行耕地保护“五级五长”责任制，组织区与镇（办事处）、镇（办事处）与村组（社区）、村组（社区）与村民（居民）层层签订基本农田保护目标责任书，将基本农田保护工作层层分解，量化、细化，落实到位。对区内永久性基本农田标志牌进行维修维护，对有损基本农田的行为及时进行制止和查处，有效确保了区内耕地保有量不低于7487.93公顷，基本农田保护面积不少于4359.48公顷。有序高质推进三门镇桎木村80.12公顷总投资200万元的高标准农田整治工程，不定期对工程施工进度和施工质量进行全程跟踪管理，项目全部完工，并通过验收。

【建设用地管理】 国土天元分局按照“保重点、攻难点”的服务理念，集约高效用地，有效保障供给。2016年共完成园区工业用地出让14宗，面积97.93公顷。完成园区工业用地预审4宗。全年上报省厅的34宗用地项目（总面积241公顷）全部通过省厅的审批，并且成功追加用地指标项目11个，总面积39.79公顷，圆满完成266.67公顷的年报批任务，确保了北汽二工厂、海纳川汽车零配件、天易创业园等重点项目的落地。

【征地拆迁】 国土天元分局持续推进“依法、依规、依程序；公开、公平、公正；阳光拆迁”三原则，以“白＋黑”“5+2”的工作模式，力保区内重点项目的按时落地和被征拆对象的权益不受损害。2016年共完成交地49宗，538.6公顷，其中，市促投资项目交地13宗，面积99公顷，市攻坚计划项目交地36宗，面积439.6公顷，超额完成了年初406.6公顷的市攻坚计划任务。与1210户签订房屋拆迁协议，完成了1016户房屋的权属鉴定工作。

【执法监察】 2016年，建立土地执法共同监管责任制度，与各乡镇办、公安、拆违大队展开联动执法，全年制止土地违法案件40余宗，打击违法开采砂石行为30余起，配合区拆违大队拆除违章建筑488处，拆违面积达25万平方米。重抓2015年度土地卫片执法监督检查工作，立案查处违法图斑57个，顺利通过了武汉督察局的督查验收。开展2016年度全天候遥感监测核查工作，通过对88个监测图斑进行实地核查和回传，下半年全区仅发现3处违法占地行为，违法比率3.4%。

【矿产资源管理和测绘】 国土天元分局对辖区内4家矿山进行年检，分别与其签署守界开采承诺书；在汛期和高温时节开展安全生产隐患排查8次，开展矿山超深越界巡查23次，超深越界检测2次，发现问题及时下发整改函，确保了矿山依规有序开采。在地籍测绘方面，对区内的测量标志点进行8次巡查维修，签订23份测量标志点委托保护责任书。

【地灾防治】 国土天元分局制定并下发《天元区2016年度地质灾害防治方案》和《2016年度地质灾害应急预案》，成立地质灾害防治工作领导小组，组建23人的应急分队，健全了群测群防网络，落实汛期24小时值班值守工作，翻新地质灾害隐患点警示牌13块，完成村民边坡建房简易评估19户；全年共开展地质灾害巡查110余次，重点对三门镇石亭村付家组塌陷区加强了巡查，对天元区首创污水处理厂周边及泰山西村地质灾害点、三门镇上节街新增山体开裂隐患点进行了实地调查，编写了应急调查报告，并向相关责任部门及周边住户发放防灾明白卡；做好了雷打石镇养鲤村甜菜组山地滑坡应急处置立项项目，制定了避险防治措施；组织开展“防灾减灾”“安全生产月”宣传活动，发放宣传资料500余份。

【地籍管理】 国土天元分局开展农村宅基地和集体建设用地房地一体调查试点工作，圆满完成3镇（三门镇、雷打石镇、群丰镇）和3个街道办事处（栗雨街道办事处、嵩山街道办事处、泰山街道办事处）33000宗农村宅基地的外业调查；启动不动产统一登记，完成房屋所有权注销登记12户；规范开展村民建房审批，全年共踏勘村民建房230户，审批村民建房160户，发放村民建房用地批准书150份，颁发集体土地使用证12本。

【增减挂钩】 国土天元分局为优化农村土地利用结构，提高节约用地水平，在天元区首次开展2015年度城乡建设用地增减挂钩拆旧复垦工作。项目选址在三门镇和雷打石镇，建设总规模6.21公顷，预算总投资376.86万元。由于是市本级首个增减挂钩项目，在缺乏工作经验、流程不够完善的情况下，突破重重困难，在实践中摸索经验，完善流程，规范管理，制定了实施方案上报省厅并获批，通过专家设计和可研评审，完成财评、协调立项以及项目招投标工作，助力项目顺利进入实施阶段，为今后的增减挂钩工作提供了经验和思路。（陶　瑶）

土 地 储 备

【概况】 株洲高新技术产业开发区土地储备中心成立于2009年，为正科级全额拨款事业单位，接受株洲高新区（天元区）和市国土资源局的双重领导。内设办公室和业务室两个职能机构，有工作人员8名。全面负责园区内储备土地报批、收购、发证、融资、挂牌出让等工作；负责编制区域范围内土地的储备计划、出让计划；代表株洲市土地储备中心做好相关基础性工作。

【土地报批】 2016年，组织批回土地203.13公顷，其中包括长城硬盘电脑生产基地、汽博园储备地块一和储备地块二（株洲市2016年储备地块批次二建设用地项目）、新马园储备地块一和储备地块二（株洲市2016年储备地块批次用地一建设用地项目）、天易科技城自主创业园一期、二期、湘水湾生态公园三期（滨湖路地块）、月塘生态新城范围内长江西路限价商品房一号、二号地块、神农城核心区及森林路共6.53公顷用地等重点项目用地需求。

【土地挂牌】 2016年，组织土地挂牌出让145.45公顷，具体情况如下：商业地挂牌出让24.8公顷，包括28区3.3公顷、汽车博览园2.68公顷（地块二十八2.37公顷、天元加油站0.31公顷）、万丰湖北岸7.76公顷、万丰南岸11.07公顷；工业地挂牌出让67.58公顷，包括北汽二厂二期57.48公顷、钻石切削0.59公顷、松和设备6.73公顷、玛思自动化设备2.33公顷、高科建设0.45公顷；自主创业园所有地块挂牌共计36.67公顷、水心楼地块0.81公顷、长江南路普通商品房一期地块15.58公顷，成交总金额15.46亿元。

【土地融资】 2016年，区土地储备中心根据《关于加强土地储备与融资管理的实施意见》（湘国土资发〔2013〕44号）文件要求，将天易集团的博古山路、昆仑山路和逸镇地块共6宗地（共65.07公顷）纳入到储备，并办理了土地储备证，共计融资6.78亿元。（朱文强）

征地工作协调管理

【概况】 株洲市天元区重点工程协调管理办公室成立于2001年，2011年更名为株洲市天元区征地工作协调管理办公室，其重点工程协调和安置房建设工作职责划出。区征管办内设综合管理室、财务评审室、安置管理室、征地管理室。

2016年，市政府下达的天元区征拆工作任务40宗，406.6公顷。完成计划内项目36宗，面积439.62公顷，超额完成任务；促投资项目完成13宗，面积98.98公顷。完成遗留扫尾项目16宗。完成市级任务外征拆项目11宗，面积29.97公顷。在“百日攻坚”活动中，签字895户，拆房932栋，占全年任务的70.92%，是攻坚行动前完成量的2倍以上，全年累计签字1262户，拆房1322栋，交地65宗，交地538.6公顷，在全市2016年度考核排名稳居第一。

【凝心聚力征拆征收】 2016年，全区各级领导切实加强对征拆征收项目的协调调度，坚持周工作例会、政策会审和联合办公机制，及时研究解决项目存在的困难和问题；基层党政一把手、职能部门负责人坚持靠前指挥、身先士卒，强化对工作的督查、调度，成为全区推动征拆征收工作新常态。从区直部门抽调8人在项目发挥骨干作用。2016年，全区组织各级各类调度会150余次（含国有房屋征收调度会），政策会审会40余次，合署办公50次，答复和解决疑难问题60余例，全区上下“一盘棋”，征拆征收工作保持良好的氛围和态势。

【推行“阳光拆迁”】 2016年，全区基层责任单位和项目指挥部均做到坚定不移实施“阳光拆迁”，做好阳光公示和两次告知送达工作。公开区征管办、国土分局、指挥部三级监督举报电话，对出榜资料及补偿表进行公示，充分保障被征拆群众的知情权、参与权、监督权。相关职能部门及时加强督查考核，杜绝“阳光拆迁”走过场、止于形式。加大力度做好被征拆群众的思想工作，与其交流、交心、交朋友，做好答疑、解释、说服、安抚工作。采取逐户走访的方式进行宣传，赢得群众的理解和支持，确保全区的征拆工作保持阳光和谐的良好局面。5月17日、6月23日、10月20日市政府副秘书长王事兴一行3次督查考核天元区征拆征收工作，均给予高度评价。

【强化督查考核】 一是倒排时间自我加压。按照全市年初计划安排，全区有9宗75.27公顷“清零”任务，全区将“清零”计划任务倒排，每个项目均明确1名区级联系领导、1名基层责任单位负责人、1个工作班子、1套工作方案，全区20多个项目指挥部均处于满负荷工作状态，上下联动，全力以赴，掀起征拆征收“清零”项目攻坚高潮。二是强化督查考核，落实考评机制。制定切实可行的督查方案和考评考核办法，坚持做好项目日信息报送、周督查调度，月讲评通报。三是加大宣传力度。全区在《株洲日报》《株洲新区》报、株洲新闻综合频道、株洲法制频道等媒体宣传报道150余篇（条），编辑宣传稿件200余篇。截至12月18日，刊发《天元征地拆迁工作动态》40期，有效助推了征拆征收工作。

【敢于“亮剑”拆违】 2016年，全区司法拆除和行政拆违方面工作力度进一步加大。11月5日，在栗雨街道办事处南塘片区38区储备地项目成功执行1起司法拆除行动。全区加大补偿告知、限期腾地和司法立案后推进工作力度，及时研究解决司法进程序工作中存在的问题。全年全区拆除和控制违法建筑484处，面积25.1万平方米。组织拆违行动83次，其中一级拆违行动62次，二级拆违行动21次。（成 歆）

食品药品监督管理

【概况】 株洲市食品药品监督管理局天元分局是株洲市食品药品监督管理局的派出机构，于2011年11月15日挂牌成立。2015年机构体制改革后，建立了统一权威的食品药品安全监管机构。内设办公室、法监室、食品室、药械室、嵩山所、群丰所、泰山所，有在编工作人员28名，公益性岗位聘用制人员6名。主要负责天元区市局监管之外的食品生产、食品经营、餐饮、药品、医疗器械、保健食品、化妆品安全监管工作。2016年3月，食药监天元分局设立泰山所。2016年，食药监天元分局在食品监管体制改革、科普及法治宣传、日常监管等方面做了大量工作，进一步提升天元区食品安全总体保障能力和水平，确保全区未发生一起重大食品安全事故。天元区政府获2016年度全市食品药品安全工作先进单位。

【“四查”行动】 2016年，食药监分局紧紧围绕“保障公众食品药品安全”这一中心，扎实开展食品药品主体大普查、风险大排查、执法大检查、问题大清查行动。在“四查”过程中，共检查食品及药械保化生产经营主体5890户，对全区的食品药品安全情况进行深入摸底，基本建立食品药品生产经营基础数据库。

【快检室建设】 7月，食药监天元分局率先在祥云农贸市场建成并投入使用了食品安全快检室。快检室每天对农贸市场中的摊位进行随机抽检不少于20个批次，同时接受市民的自行送检。检测类别包括米、面、油、豆制品、水果蔬菜、干货、水产品等。检测项目包括农药残留检测、兽药残留检测、菌类、荧光增白剂检测、微生物检测、非法添加物检测等不少于80种检测项目。全年共检测农药残留2580批次，检测兽药残留350批次，检测添加剂200批次，收到市民自行送检样品293批次。祥云快检室的建成不仅让天元区食用农产品安全现状获得显著改善，也让公众食用农产品安全得到有效保障。

【重点时期区域专项】 2016年，食药监天元 分局认真落实元旦、春节、“五一”、中秋、国庆、两会等重点时期的食品市场开展专项整治。对重点时期的餐饮服务单位进行重点核查，把米、油、面、肉类等重点时期消费较多的食品作为重点，扎实做好重点期间的食品市场监管工作。同时，开展针对食品安全重点区域的专项检查工作。一是对学校（幼儿园）食堂进行专项检查，对全区的113家学校（幼儿园）食堂进行了全面监督检查，确保学校食堂食品安全，强化食品安全意识；二是以农村地区中小食品生产企业和食品生产加工小作坊、食品批发市场、集贸市场为重点检查对象，开展“扫雷”及“查无证、清死角、端窝点”等专项行动，加大对农村等偏远死角地区的规范整治力度。

【监督抽检处置】 为全面加强食品安全监管，提升食品安全监管效能，根据《中华人民共和国食品安全法》以及上级相关文件精神要求，分局结合实际，制定涵盖食品生产、流通以及餐饮和食用农产品的抽检计划。2016年，食药监天元分局计划抽检食用农产品240批次，完成371批次，并已录入系统。对于抽检不合格的问题食品做好核查处置工作，国家食品安全抽检监测信息系统和省市食品安全抽检监测信息系统中的核查处置已经全部录入，市局交办的27个核查处置也全部完成并上报。

【依法行政】 2016年，食药监天元分局强化行政执法与刑事司法的有效衔接，始终保持打击食品安全违法犯罪的高压态势，重点打击制假售假、违法添加等违法行为，全区共出动执法人员9312余人次，检查食品生产经营单位4598家次，受理群众投诉138起，立案71起，罚没金额40余万元，使食品安全领域违法犯罪行为得到严惩重处。加强依法行政、规范监管执法行为，全年没有一起行政复议、行政诉讼案件，保证执法过程的公平性公正性和合法性。

【明厨亮灶】 2016年，食药监分局积极推进“明厨亮灶”创建活动。天元分局重点选取就餐人数多的大型餐饮单位，免费安装厨房视频系统，着力实现餐饮单位后厨“透明化”、餐饮操作加工“可视化”、食品安全监督“实时化”。截至2016年年底，明厨亮灶已实施817家，覆盖率达53.40%。

【量化分级】 为进一步加强对餐饮服务食品安全管理，落实餐饮服务单位食品安全主体责任，实现社会共同监督治理，食药监天元分局根据许可管理、人员管理、场所环境、设施设备、采购贮存、加工制作、清洗消毒、食品添加剂等项目将区内的餐饮服务单位划分为优秀、良好、一般三个等级，并在餐饮服务单位醒目位置挂放量化分级公示牌，向消费者发出食品安全告示，促进餐饮服务单位不断提高食品安全管理水平。2016年，量化评价总户数1389户，完成90.78%，其中优秀等级48户、良好等级169户、一般等级1172户。 （胡一鸣）

统　计

【概况】 2016年，区委、区政府主要领导多次亲自过问统计工作，分管领导多次专题调度统计工作，切实为统计部门解决实际问题；在各类经济工作布置会上，听取统计部门意见和建议；区政府常务会将统计工作列为重要议题，全面支持统计工作；区直单位、镇街道领导对统计工作重视程度有提高，配合做好统计工作意识明显增强。

【筑牢统计基层基础】 遵照市统计局《关于进一步加强统计基层基础工作的意见》，机构改革中，全区镇办均按要求设立统计站，并明确主办统计员。同时落实镇街道、村（社区）统计“清单”规范化建设，镇办统计站已完成建立工作清单、资料清单、设备清单，98个村（社区）也按文件要求以及时间节点有条不紊地推进，切实提高源头数据质量。全面落实统计工作补贴。以贯彻执行全市深化统计改革的意见实施细则等文件为抓手，全面落实企业统计人员工作补贴，补贴由区全部兜底发放，并列入财政预算，为落实部门统计责任、打牢联网直报企业统计基础提供有力保障。2016年，400多家“四上”联网直报企业上报率、直报率、验收合格率、审核通过率“四率”均100%，地区生产总值、规模以上企业增加值等多项指标月度或季度多次在全市、城区排位靠前，精准、全面地反映我区经济发展情况。扎实开展业务培训普法教育。通过开展“数据造假、以数谋私”专项整治，做好统计普法宣传教育，制定年度统计执法检查计划并定期开展检查，进一步营造良好的工作氛围；组织400多人次企业统计员，参加全市统计业务技能培训，安排10余人赴复旦大学参加统计创新培训班。抓好统计名录库延伸以及数据质量监管。按照省、市要求，名录库更新维护节点延伸到乡镇（街道），完成更新维护4000多批次。联合行业部门，加强业务指导，及时做好“四上”入库工作，2016年累计“四上”入库13家，排城区第一。定期对直报企业进行数据质量抽查，强化对数据协调性、逻辑性、匹配性审核，同时加强与地区生产总值支撑数据责任部门的沟通和联系，争取责任部门数据对地区生产总值指标的有力支撑。

【统计服务换档升级】 围绕区委、区政府工作重点，加强统计预警监测服务，第一时间提供工业、消费、房地产、投资等重点领域运行的预警监测分析情况，行业主管部门联动跟踪监测投资、工业、商贸业、服务业等生产经营情况；坚持统计巡查巡访，各专业在完成日常报表后，定期深入园区、企业、投资项目等统计一线，强化与统计对象沟通联络，准确掌握全区经济走势，挖掘经济新的增长点。全力对接服务各类考核。加强与上级考核部门联络，汇报经济发展情况，确保上报数据得到上级认可，为绩效、小康等考核争先进位提供支撑；配合做好政绩考核民意调查对象上报工作，并积极对接市国调队，掌握政绩考核民意调查工作动态，及时反馈区领导、区考核办；配合人社局，抓好“民生100工程”统计数据收集、审核、评估，并及时将进度情况进行通报。加强统计调研分析。组织精干力量，开展以《加快实现创新发展路径研究——以中国动力谷为例》为课题的统计调研，积极为打造中国动力谷献言献策；在株洲新区报、区政府公众信息网等提供统计数据解读服务，为社会提供统计咨询服务；围绕区领导关心的难点热点问题，编发经济调研20多篇，多次得到书记、区长的肯定；积极提供统计产品，统计年鉴进行数据整理编辑，统计月报进行提质改版，向区委、区政府报送各类信息30多条。

【普查调查稳步推进】 第三次全国农业普查有序推进。工作保障有力，区政府专门下发农业普查文件，区、镇办两级顺利组建普查机构和普查办公室，村社区组建普查小组，区镇办两级均召开农普动员大会，精心选聘“两员”（普查指导员、普查员）300多人，选调了精干人员到普查办集中办公。积极对接财政部门，安排落实普查专项经费120万元，PDA等普查物资及时发放到位。培训扎实有效，组织普查业务培训20多场次，培训人员达到400多人次；直接派人分镇办开展普查业务、PDA技术操作培训，取得较好效果。工作措施到位，开展普查调度督查10余次，建立了PDA管理、岗位责任制、进度通报制、分片包干责任制等制度，确保工作有条不紊开展。落实市区领导对调查工作批示精神。接到市委书记毛腾飞对调查工作批示精神后，书记、区长、分管领导高度重视先后作出批示，要求提出统计部门贯彻落实意见。统计局积极争取，主动汇报，区政府安排专项经费5万元，主要用于增发调查员补贴、购买入户调查纪念品。为更好推进劳动力调查工作，分管领导主持，召集相关部门、镇办分管领导、抽样点社区主任、调查员进行专题布置落实，要求各部门、镇办全力支持配合调查工作，确保批示精神落实到实处。扎实开展各类专项调查。配合区委政法委，做好全区社会综合治理模拟民意调查工作，为区委、区政府掌握社情民意提供参考；根据市政府发展服务业集聚区发展的实施意见，组织骨干人员按时按质完成5个重点服务业集聚区清查摸底工作；严格按照株洲市统计局要求，做好进入全市工业经济运行监测系统企业筛选工作，并按月催促入选企业及时上报各类报表；严格执行规模以下服务业调查制度，认真组织111家规模以下服务业单位核实、数据季度收集、监测等工作。

【改善统计政风行风】 认真落实党风廉政建设。党员领导干部坚持以身作则，履行好一岗双责，带头严格执行廉洁规定。制定区统计局党风廉政建设主体清单，将党风廉政建设工作与统计业务工作同部署、同检查、同考核，确保党风廉政建设落实到实处。加大对机关干部工作实绩、平时考核，作为评价奖惩和评先评优的重要依据；严格执行各项财务管理制度，规范经费管理和支出，严控“三公”经费。认真落实统计行风建设要求。开展“数据造假、以数谋私”专项整治工作，着力提高源头统计数据质量，坚决遏制统计上弄虚作假行为。同时统计政风行风建设纳入领导班子和机关干部的重要考核目标，一把手与全体机关干部签订责任状，确保政风行风建设的落实到实处。认真开展“两学一做”学习教育活动。坚持高标准部署、严要求推进，切实做到了规定动作做到位，自选动作重实效，学习教育活动各阶段工作扎实有序推进。（谢子兵）

安全监督

【概况】 天元区安全生产监督管理局成立于2003年10月，为区人民政府组成部门。主要职责是代表政府行使全区安全生产综合监管职责，负责煤矿、非煤矿山、危险化学品、烟花爆竹和工贸企业的安全行政许可及日常安全监管，组织事故调查处理，协调事故应急救援，组织安全宣传教育培训，承担区安委会办公室的日常工作。截至2016年，全区共有煤矿1座、非煤矿山2座、危险化学品生产企业2家和批发经营企业25家、烟花爆竹生产和批发企业各1家、其他工业企业429家。行政编制3名，事业编8人。内设局办公室、危险化学品及烟花爆竹监管股、矿山及行业综合协调股（加挂职业安全健康监督管理股牌子）、天元区园区安全管理办公室（加挂天元区安全生产应急管理办公室）。区安全生产委员会办公室设局办公，承担全区安委会日常组织协调工作。2016年天元区被湖南省委、省政府评为“湖南省安全生产工作合格单位”，在全市2016年第二季度安全生产工作综合考核中，天元区被评为全市第一名，在全市2016年第二、第三季度“打非治违”专项活动中荣获两个第一名。

【健全监管体制】 建立以区政府主要领导为主任、常务副区长为常务副主任和其他政府分管领导为副主任、部门负责人为成员的区安全生产委员会，基层单位都相应设置了工作协调机构，形成全区较为完善的安全生产工作管理网络。区长、分管常务副区长多次现场召开安全隐患治理专题办公会议，现场研究处理重大安全隐患问题；修订完善区安全生产监管责任季度考核办法，成立4个区安全生产常年检查组，加大安全生产日常和突击性检查工作力度，形成常规考核检查督查机制，对镇（办）基层单位、区安委会成员单位、全区安监系统人员分季、分层次考核，并将安全生产纳入各成员单位区月（年）度绩效考核内容，考核结果经区安委会研究批准后，由区安委办印发考核情况通报并进行奖励，区政府每年拨付考核专项经费15万元，实行奖优罚劣；全面落实全区党政领导干部安全生产“一岗双责”和带队检查安全生产工作制度，组织开展200多次检查督查行动，有针对性地解决具体安全隐患问题，初步形成全区安全生产“党政同责、一岗双责、齐抓共管”的良好工作格局。

【“监管执法年”活动】 2016年是全省“安全生产监管执法年”，为全面落实省、市文件精神，区安监局强化部门安全生产监管责任，促进企业主体责任真正落实，制定《安全生产“监管执法年”活动方案》，成立监管执法年活动领导专门机构，摸清了监管企业底子，建立了企业台账，按照“分层级、分类别、全对接”的要求，认真编制本部门年度执法计划，并根据计划严格开展执法检查，同时，结合“打非治违”、重点行业领域整顿关闭攻坚战以及安全生产专项整治行动，由主管部门牵头，建立联合集中执法机制，根据监管执法年“两月一行动”工作安排，经常开展联合集中执法或联合执法行动，并按时上交“监管执法月报表”。通过严格执法，严厉处罚，严肃问责，狠抓安全生产监管责任和执法工作落实。截至10月，全区出动执法人员4069人次，检查生产经营单位2122家，下达行政处罚决定书35553份，经济处罚577.945万元。

【大排查大管控大整治】 为认真贯彻落实2016年6月29日全省安全生产紧急电视电话会议精神，深刻吸取郴州宜凤高速“6·26”特别重大道路交通事故教训，根据国务院、省、市电视电话会议精神，天元区安监局组织开展安全生产大排查、大管控、大整治专项行动，对全区所有行业领域、所有生产经营建设企业（含停产企业）和人员密集场所开展安全生产大排查、大管控、大整治。尤其突出道路和水上交通、煤矿、非煤矿山、危险化学品、烟花爆竹、民爆物品、消防、建筑施工、特种设备等重点行业领域的生产经营建设单位，深入开展暑期和汛期安全隐患排查治理，有针对性地开展全面检查，摸清安全隐患和薄弱环节，落实责任、认真整改、健全制度，彻底排除重大安全隐患。截至10月底，全区共派出检查人员916人，监督检查企事业单位1206家，责令改正违法行为461起，责令停产企业6家，排查并整治隐患128处，处以罚款9.23万元。

【“九打九治”专项整治行动】 2016年，为认真贯彻落实省、市安全生产“九打九治”打非治违工作方案精神，天元区安监局严格落实停产整顿、关闭取缔、上限处罚和严厉追责的“四个一律”执法措施，建立“黑名单”制度，强化联合执法，实行重大违法行为备案督办，加强社会监督，集中打击、整治非法违法和违规违章行为。此次整治行动共扣押4家非法砂场电机16台，取得良好的工作成效。截至10月底，共组织集中执法行动551次，出动执法人员2100人次，检查生产经营单位3807家，排查发现隐患2161处，其中已整改1867处。

【完善机制建设】 一是完善投入机制。建立安全生产举报奖励制度，对社会各界举报重大事故隐患和非法生产经营建设行为的有功人员实行奖励；为加大特种设备技术支撑力度，设立专家库，购买社会服务，聘请安全生产专家参与安全生产检查、隐患排查整改和项目验收工作。二是建立企业自查自改月报制度。针对辖区企业多、监管任务重的实际，实施生产经营单位安全生产隐患自查自改月（季）报工作制度，全面组织开展高危行业和规模以上工贸企业安全隐患自查自改月报工作，对不认真落实事故隐患自查自改月报工作的企业依法从重处罚；对存在重大安全隐患的，一律依法责令停产整顿，全面落实企业安全生产主体责任。三是完善标准化建设机制。为有效促进企业开展安全生产标准化建设，落实企业安全生产主体责任，全面提高企业安全生产本质化水平，制定《关于推进全区工贸行业企业安全生产标准化建设工作方案》，报请区政府设立50万元企业标准化建设专项基金，对达标企业按级分别奖励1万～5万元，力争用3年左右的时间，全区规模以上工贸行业企业和50%以上其他企业完成三级以上安全生产标准化建设。

【“大宣传大培训”行动】 为提高全民安全生产意识和法制观念，围绕“加强安全法治、保障安全生产”的活动主题，周密部署精心组织，充分利用电视、报刊、网络等媒体，开展了形式多样、内容丰富的宣传活动。一是6月16日，组织集中咨询活动。共发放各类宣传资料2万份，展出安全宣传板报38块，悬挂安全宣传标语36幅。二是加强职业病防治工作。围绕“依法防治职业病，切实关爱劳动者”这一主题，认真开展职业病防治宣传周活动，采取印发科普读物、张贴海报和宣传用语、现场咨询等多种形式，深入企业车间等进行面对面的宣传，当场解答企业与劳动者在生产中遇到的实际职业病问题，普及职业病防治知识。三是继续按计划实施安全生产“四大三基”三年行动计划。结合全区安全生产监管力量和队伍现状，编制天元区安监局《2016年度安全生产教育培训工作计划》，并分期分批组织全区乡镇、部门主要负责人、分管负责人和安全监管人员参加培训，并以党组中心组学习、专题培训等形式，切实增强领导干部和执法人员的安全生产法治意识；制定《天元区2016年安全生产示范乡镇创建工作实施方案》，深化安全生产示范乡镇创建，切实强化安全生产基层基础，全面提高基层安全生产管理水平。截至2016年，全区有4个镇（街道）被评为市级示范乡镇，泰山街道被评为省级示范乡镇，三门镇已申报省级示范乡镇。

【落后企业有序退出】 按照国家安监总局“非主产区烟花爆竹企业逐步淘汰，有序退出”的总体规划，根据《湖南省落后烟花爆竹企业退出工作领导小组关于印发湖南省落后烟花爆竹生产企业退出工作总体方案的通知》（湘烟花整〔2016〕1号）和《株洲市人民政府办公室关于印发株洲市落后烟花爆竹生产企业整顿治理和关闭退出工作总体方案的通知》文件要求，制定《天元区落后烟花爆竹生产企业退出工作方案》，成立烟花爆竹生产企业整顿治理和关闭退出工作领导小组，确保辖区内唯一一家爆竹生产企业在12月31日前完成相关全面退出工作。（邓婵娟）

农业与农村工作

农 村 工 作

【概况】 天元区农村工作局是天元区人民政府组成部门，办公地点位于株洲大道北1号高新大厦二楼。内设办公室、农企办、林业办、畜牧水产办，下设辖农村经济管理服务站(副科级)、产品质量安全监督检验检测中心(副科级)、农业技术推广服务中心(副科级)、蔬菜技术推广站，有工作人员22人(其中，在岗在编19人，临聘人员3人)。主要职能是编制农业、蔬菜、林业、畜牧水产业、乡镇企业、农机的发展规划，并组织实施；大力推进社会主义新农村建设，全面提升全区农业农村经济发展水平，实现城乡统筹发展，建立和谐农村。

2016年，全区农业农村经济运行态势良好，农村经济平稳增长。全区粮食播种面积12960公顷，总产量9.21万吨；全区共有蔬菜生产面积近1400公顷，蔬菜总产量2.28万吨；农副产品加工企业38家，休闲农庄共56家，其中国家四星级、省五星级2家，省四星级3家，市级星级9家，经营总收入1.28亿元。2016年，全区农业总产值10.5亿元，同比增长3%；农民人均纯收入23250元，同比增长8.5%。天元区农村工作局被省农机局授予全省农机行风政风建设先进单位荣誉称号。天元区人民政府获市人民政府农业机械化目标管理考核先进单位荣誉。

【全面落实惠农政策】 2016年，认真落实粮食直补、退耕还林、渔船燃油等各项惠农政策，其中，发放粮食直补1420万元；发放公益林资金160.059万元，退耕还林40.5125万元；发放禁渔期生活补贴25.56万元，共142人；落实农机购置补贴395户，发放国补资金169.03万元，农机报废补贴8.5万元，购置补贴机具448台；切实保障农民的基本权益。面向农户、养殖户开展涉农保险工作，提高农户、养殖户对自然灾害抵御能力。

【扶持农机专业合作组织】 根据区政府办《关于印发〈2016年天元区“民生100工程”考核指标任务分解表〉的通知》(株天政办函〔2016〕30号)文件要求，扶持精耕农机、新良农机、鑫耀农机和悠然农机4家农机专业合作社。新良农机合作社、众民农机合作社成功申报为2016年省级现代农机合作示范社。

【建设美丽乡村示范村】 2016年，天元区美丽乡村建设点为群丰镇新塘社区。全年投入589万元，占年度任务的100%。先后完成路灯安装、弯道改造工程、垃圾池建设、马路护坡工程建设、植树造林等任务，新建0.67公顷育苗大棚，栽种6个品种百合花2.13公顷，3个品种玫瑰花10公顷，迷迭香约60公顷。至年底，完成项目7个，占年计划任务100%。

【建设农产品标准化基地】 2016年，天元区农产品标准化基地完成6个。分别为群丰镇合花社区的天合标准化生产示范基地、悠移标准化生产示范基地、三门镇月形村的新合作绿芦笋标准化生产示范基地、雷打石镇铁篱村银海标准化生产示范基地、栗雨南塘标准化生产示范基地和农城网标准化生产示范基地。

【推进“三品一标”认证】 近几年来，区农村工作局坚持一手抓现代农业园区和农村主导产业发展，一手抓农业标准化生产，强力推进“三品一标”认证，并将认证作为推进现代农业发展、保障农产品质量安全、增强农产品市场竞争力的有力抓手，以助力现代农业发展。2016年，认证完成11个，分别是铁篱村银海蔬菜种植农民专业合作社生产的“无公害蔬菜”葱、大蒜、芹菜、番茄；壹加玖水果种植专业合作社的“绿色食品”湘云大蒜、湘云葡萄；大地蔬菜种植农民专业合作社的“无公害蔬菜”番茄、茄子、豇豆、扁豆；新合作生态农业开发有限公司的“绿色食品”木子田绿芦笋。

【蔬菜基地提质增效】 2016年，针对性地扶持5～8个蔬菜基地，着力加强基础建设，发展设施栽培，推广新品种和新技术，强化标准化生产、开展品牌创建和产品认证等五大方面推进蔬菜基地提质增效，不断提高基地保障供给能力。全年完成37.33公顷。其中，群丰镇合花社区20公顷，雷打石镇铁篱村12公顷，三门镇松柏村、株木村共5.33公顷。

【农产品追溯体系建设】 2015年始，天元区启动农产品质量安全追溯体系建设试点，至2016年年底，群丰镇悠移蔬菜基地成功建设农产品追溯体系。该基地安装可全程监控的视频网，可随时观看基地动态。

【开展植树造林】 2016年，根据湖南省发展和改革委员会、湖南省林业厅联合下发的湘发改投资〔2015〕650号文件精神要求，开展100公顷中央长江防护林工程，全区项目建设任务为：人工植苗造林100公顷，封山育林47.8公顷。其中，雷打石镇人工造林53.33公顷，封山育林25.33公顷；三门镇人工造林46.67公顷，封山育林22.47公顷。依据下达的计划，天元区积极开展作业设计、整地、种苗调配等各项工作，提前全面完成任务。

【推进土地确权】 2016年，区农村工作局完成农户人口及承包丘块信息调查摸底。外业工作即现场指界完成59个村（社区），占总村数的71%；基础信息电脑录入和公示图表打印。完成录入后第一次公示的59个村（社区），占71%，另15个村（社区）正进行第二轮公示。

【开展重金属污染治理】 2016年，天元区试点范围按照省农委统一安排，具体落实到3个镇43个村（社区）。至年底，完成撒施石灰面积1733.33公顷，完成喷施叶面阻控剂面积692.8公顷，完成绿肥实施面积200公顷，完成深耕改土面积2533.33公顷，种植结构调整计划任务基本完成；采土样610个，农产品样610个，水样384个，共采样1604个，已送到指定检测机构进行检测；推广低镉水稻品种2666.67公顷。进一步加强技术培训，通过委托培训机构形式，组织各镇农技人员、种植大户开展培训活动8期，培训1100人。

【保障农产品质量安全】 2016年，区农村工作局成立农产品质量安全领导小组，形成一把手亲手抓，分管领导具体抓，业务机构分工协作抓的工作机制。年初，区政府与镇（街道）、区农村工作局与各镇（街道）、各镇（街道）与各村（管理处）层层签订责任书。同时，完善区级农产品质量检测平台，新增分光光度计、农残速测仪、速测箱等检测配套设备，着力提高检测效率。全年抽检农产品4934批次，合格率100%。加强宣传力度，印发宣传资料4000份，举办培训班2期，出动宣传车辆4台次，提高了农民群众农产品质量安全意识。

【精准扶贫】 2016年4月，根据市委要求，天元区结对帮扶国家扶贫开发重点县茶陵县5个贫困村。成立区扶贫开发帮扶领导小组、组建5支驻村帮扶队，开展精准扶贫工作。大力扶持各村项目发展，落实帮扶资金465万元，以光伏发电作为发展突破口，带动村级集体经济增长。

【推进依法行政】 一是加大法律法规宣传力度。清明期间，组织森林防火宣传车在全区巡回宣传一周，发放1200余份禁火通告，提高全民防火的忧患意识。在“安全生产月”“法治宣传日”活动期间，制作宣传展板3块，发放《中华人民共和国农产品质量安全法》《中华人民共和国农村土地承包法》等法律资料1650份。二是规范依法行政行为。全年办理征占用林地24宗,征占用林地面积65.13公顷,为全区中心工作提供优质服务。配合市农委、市林业局、市畜牧水产局等上级主管部门开展联合执法行动4次,配合市农委开展农资打假活动3次。

【确保农村和谐稳定】 2016年,切实抓好动物防疫、森林防火、农机和渔业生产安全工作,确保不发生重大疫情、重大火灾事件和重大安全事故。做好矛盾纠纷化解工作。全年接待群众来访25起80余人次,调处纠纷12起。(李 倩)

水利建设

【概况】 天元区水利局成立于1997年7月,是株洲市天元区人民政府主管全区水行政工作的部门,内设办公室、水政水保股、工程技术股。下辖区农村排渍站、区防汛抗旱指挥部办公室、天元区移民管理办公室、杨柳水库管理所(天元区抗旱服务队)。

2016年,在职人数36人。全区水利基础设施有湘江防洪大堤47.957公里,其中山峦挡水3.152公里,人工堤防43.305公里,防洪墙1.5公里。上游南至株洲县龙船镇湖塘闸,下游北至湘潭县马家屋场;有排渍机埠32处、装机容量6329千瓦;抗旱机埠98处,装机容量1847千瓦;高中低排水渠48条,中型水库1座,总库容1118万立方米;小(1)型水库1座,总库容104万立方米;小(2)型水库23座,总库容403.92万立方米,山平塘5202口,总库容3201万立方米。

【农田水利建设】 2016年,天元区农田水利建设总投资为6710.96万元,其中专项资金投资1837.89万元。完成中央财政小型农田水利建设重点县项目2016年建设内容。衬砌灌溉渠道71条25.13公里,清淤、整修排水沟1条0.8公里;除险加固山塘66口,更新、改造泵站32处574.5千瓦;重建河坝1座;新增高效节水灌溉面积71.87公顷,铺设低压管道20.41公里,惠及三门镇的南江、湖坪等13个村2.58万人。

市"五小水利"工程建设总投资25万元,完成6口山塘改造,整修灌溉渠道1100米,渠道清淤1125立方米。农村安全饮水项目完成石塘村建设200米深机井1个和50立方米水塔1座,主水管已布设龙门寺附近农户。完成霞石村对地质队遗交老井改造,建设1个小型水塔对附近小学供水。

完成"以奖代补"农田水利基础设施建设项目39处,涉及4个乡镇(街道)及杨柳灌区的山塘、渠道、河坝以及水库安全警示牌等工程建设。完成对三门镇的鲁家坝及泉坝的整治工作。完成徐家港排渍站重建的各项协调工作。完成杨柳水库大坝、2座副坝、3处隧洞及引水灌渠维修,修复渠道水毁工程23处,清淤13公里。

【防汛抗旱】 2016年汛期来临前,区水利局组织精干力量对6个基层单位及杨柳水库管理所度汛准备情况进行认真细致排查,查出40处水患隐情,并立即布置整改。由检查组、镇(街道)责任人、村责任人、防守责任人4级签字,层层落实防汛责任。召开全区防汛抗旱工作动员会,修订下发《天元区防汛抗旱总预案》和《中小型水库度汛方案》,确保防汛责任到人。全年下拨水利工程维护和保养经费31.8万元,保障各类防汛设施正常运行。汛前对对陈埠港、韶溪港、隆兴机台控制屏进行改造,对潜水泵、变压器进行线路氧化处理和维护,清淤500立方米。"6·10"、"6·15"特大暴雨全区没有造成人员伤亡事故,但造成131处水毁灾情,区政府紧急拨付500万元专项资金,对全区损毁较严重的水利设施进行修复。7月9日，派出10名精干力量和1台专业排水设备及救灾物资前往益阳赫山区进行为期10天救援。7月12日，杨柳灌区开涵抗旱，抗旱渠全长89.1公里，抗旱用水时间75天，用水量650万立方米，平均每天用水量8.7万立方米，并为各镇（街道）免费提供100万元抗旱设备。

【水政执法】 2016年，天元区被列入第二批水行政执法试点单位。下发《天元区水行政执法责任制实施方案》，全区6镇、办设立6名水政监察员，沿河38个村每村设立1名水政监察协管员。结合全力落实湘江保护“河长制”工作要求，坚持定期对湘江河道进行常规巡查，由广州信诚物业有限公司负责全区河道保洁工作，积极配合市水务局进行查处水政违法案件。

开展多次打击非法采砂，整治非法码头行动。成立由公安、水利等部门共同组建的联合执法队伍，实行24小时不间断河道巡查，坚决打击违法采砂、洗沙行为，维护合法的砂场经营秩序。拆除47个违规砂石码头，并针对暴露出的矛盾纠纷，提供各种解决方案供领导参考和决策，基本保证该项工作的平稳过渡。组织对全区砂石经营权的拍卖工作，全区砂石场项目PPP协议于12月1日签订。长岭社区新建沙石转运基地将于2017年投入运营。

【水资源与水土保持】 2016年，区水利局对全区水土保持项目进行审核，收缴水土保持补偿费2.7万元。严格控制用水总量，确立水功能区限制纳污红线，天元区水功能区水质达标率95%以上。水功能区杨柳水库保留区水质目标达Ⅲ类。建设万丰湖、神农湖、栗雨湖、杨柳湖等一批水生态水系连通项目。

【水库移民工作】 天元区有水库移民2147人。2016年发放移民直补资金128.82万元，准确率和发放率均为100%。逐步解决航电枢纽抬田区、库岸垮塌等遗留问题。全年完成移民项目21处，其中水利基础设施建设3处。投资15万元，完成渠道整修2.9公里；投资68万元，完成道路建设6.5公里；投资62万元，完成村部和图书馆建设5处；投资25万元，扶持种养殖业3家；投资15万元，完成护岸工程2处；拨付扶助金10万元　　（姜　婷）

株洲高新区 · 天元区
ZHUZHOUGAOXINQU · TIANYUANQU
2017年鉴

工 业

产业发展

【概述】　株洲高新区产业发展局作为高新区管委会的内设机构，与天元区经济科技和信息化局一个机构两块牌子，为区人民政府工作部门。全局定编10人，内设综合科、科技管理科、企业管理科3个科室。

2016年，全区工业经济实现高位增长，天元区规模工业总产值突破400亿元，同比增长20%以上；规模工业增加值增长12%，高于全市5个百分点；高新技术产品增加值占规模工业增加值比重超过90%；汽车、电子信息等产业发展强劲，成为带动全区工业经济增长的火车头，北汽株洲一工厂产值突破100亿元，增长60%以上。全力开展项目百日攻坚，新增30家投资5000万元以上工业项目入库统计，完成工业固定资产投资85亿元。“十百千工程”卓有成效，新增销售收入过100亿元企业1家（北汽株洲分公司）、过30亿元企业1家（中车时代电动汽车公司）、过10亿元企业1家（株洲海纳川汽车底盘系统公司）、过5亿元企业1家（株洲麦格米特公司）、过亿元企业8家(延锋汽车饰件系统株洲有限公司、湖南千金协力药业有限公司、株洲首鹏汇隆钢材加工配送有限公司、湖南立方新能源科技有限责任公司、株洲三特环保节能股份有限公司、株洲市绝缘材料有限责任公司、博戈橡胶塑料（株洲）有限公司、湖南长城计算机系统有限公司；加大规模企业培育力度，全年新增规模企业17家（新增新投产7家，小升规10家）。

【服务企业】　一是扎实开展“企业帮扶年”活动。牵头制订企业帮扶年活动方案，安排160家企业作为全区重点帮扶对象，全年共收集各类问题290个，交由区政府承办问题182个。组织召开各类调度会10余次，向市“企业帮扶年”办公室报送帮扶企业的典型案例8篇，市区级媒体也多次进行宣传报道。截至年底，全区承办问题全部办结，满意率100%。二是加大企业公益培训。动力谷企业成长学院结合企业帮扶年的要求，2016年在办学的深度、强度、广度方面都进行大幅度调整，每次课程增加到一天，在原来10期企业经营管理大讲堂的基础上增加了10期创业企业辅导和6期“转型升级”沙龙，在培训对象上扩大到企业的各个阶层，参加现场培训和微信直播培训人数达到3万余人次。开设2期企业班组长培训班，聘请全国劳模采取企业现场教学的模式，得到了学员朋友的高度认可。三是积极为企业申报项目资金。累计为企业申报移动互联网、装备水平提升、智能制造示范等国家省市项目70余个，争取资金3000余万元。组织企业申报各级各类科技计划项目160余项，其中省级以上科技类项目30项，获得各类扶持资金1.9亿元，其中省级以上资金1.75亿元。组织认定园区第四批瞪羚企业9家，截至2016年，全区瞪羚企业39家，发放科技扶持周转金4460万元。

【创新创业】　一是创新创业平台建设如火如荼。新增7个国家级创新创业平台。其中，技术中心2家，中车时代电气企业技术中心获批国家级企业技术中心，株洲时代新材料科技股份有限公司获评中国橡胶行业交通装备减振降噪材料/制品技术中心；国家级科技孵化器1家，株洲高科企业孵化器有限公司获批国家级科技企业孵化器，系全市第2家国家级科技孵化器（第1家为高新区创业服务中心）；国家级众创空间4家，株洲轨道交通专业化众创空间、新动力众创空间、炎帝创客中心、株洲声色艺术工厂入选国家级众创空间（全市有5个国家级众创空间）。截至2016年，区域内各类众创空间面积达到1万余平方米，入驻团队（项目）120个，初创型小微企业80家，创业人员约1000人。二是创新创业活力强劲。通过政策引导、平台搭建，努力营造创新创业氛围，上至千人计划专家、省内外高校、科研院所教授，下至企业科技人员、大学在校生及毕业生创业热情高涨。在2016“株洲市万名人才计划”领军人才中，13名创新型领军人才中有5名是区内人才，10名创业型领军人才中有8名是区内人才。

【园区工作】 一是做好开发区审核公告目录修订工作。牵头组织协调高科、建设、国土、规划等部门，对高新区的四至范围、土地利用、规划编制等情况进行梳理，收集了大量资料整理形成了申报材料，争取国家对高新区扩区工作的支持。二是全力推进园区“五个一批”工作。全年园区标准厂房建成面积88.3万平方米，引进企业140余家，使用率达到80%，其他指标均能超额完成全年目标任务，在考核中居于前列。三是积极组织参与园区重大活动。参与制定了中国动力谷推进工作方案，组织召开了中国动力谷战略研究课题开题活动，做好了“湖南留学报国助力‘十三五’——海内外专家走进中国动力谷”活动的相关准备和组织工作。（杨　静）

北京汽车株洲分公司

【国内首款量产纯电动SUV下线】 3月30日，国内首款量产纯电动SUV——EX200在北京汽车株洲基地总装车间下线，北汽在推进“供给侧结构性改革”和实现新能源业务向更精准细分市场布局取得新的重大突破。湖南省经信委副巡视员黄学工，副市长何剑波，株洲高新区工委书记、天元区委书记谢高进，高新区管委会主任李智，北京汽车常务副总裁李继凯，北京汽车执行副总裁邬学斌，北汽新能源公司副总经理张青平，北京汽车株洲分公司党委书记、总经理黄文炳等与EX200项目团队、员工代表共同见证国内首款量产纯电动SUV—EX200下线。北京汽车株洲分公司党委书记、总经理黄文炳表示，北京汽车株洲基地把EX200作为企业结构转型的重要产品。北京汽车株洲基地通过提前介入EX200的生产导入，不断强化供应商零部件质量管控和EP试制造车阶段的质量评审，实现EX200产品质量的高效管控，有效保障了EX200产品的卓越品质。仪式上，北京汽车执行副总裁邬学斌从造型风格、电池充电、品质保证、安全可靠性等方面对EX200产品进行了全面介绍。邬学斌表示，国内首款量产纯电动SUV－－EX200下线不仅是北汽自主品牌在新能源产品的拓展，也展示了在新能源产品性能和品质上的重大提升，标志着北京汽车正式进入纯电动SUV市场。北京汽车常务副总裁李继凯要求，一是要练好内功，快速形成EX200纯电动汽车的大规模生产能力；二是要拓展市场，深入开展包括属地在内的新能源产品推广；三是要重视服务，不断提升新能源产品的售后响应速度和服务水平。

副市长何剑波表示，新能源汽车已经成为株洲市打造“中国动力谷”和建设“两型社会”的重点内容。株洲市政府将一如既往为北汽新能源产业营造良好的产业发展环境。

【召开北京汽车株洲分公司首次党代会】 4月15日，北京汽车株洲分公司第一次党代会在质量中心204会议室胜利召开。来自株洲分公司各阶层的党员代表齐聚一堂，为企业“十三五”发展新阶段党的建设工作建言献策，并选举产生新一届党委会和纪委会。市委组织部副部长、市委老干部局局长吴晓光，北京汽车党委委员、纪委书记李双双，北京汽车党委组织部部长杜雷等领导到大会指导。

会上，株洲分公司党委书记、总经理黄文炳代表公司党委作了党委工作报告。株洲分公司党委副书记、纪委书记杨明代表公司纪委作了纪委工作报告。大会通过民主选举产生新一届“两委”委员。马学义、史继林、杨明、张华川、季国伟、袁兆才、黄文炳(以姓氏笔画为序)等7人当选为新一届党委委员；王爱民、王楠、杨明、唐再思、唐炜等5人(以姓氏笔画为序)当选为新一届纪委委员。

【公司第二届职工运动会开幕】 5月19日，北京汽车株洲分公司第二届职工运动会风雨无阻地在湖南工贸技师学院隆重开幕。株洲市人大常委会副主任、市总工会主席王建之，株洲市人民政府副市长何剑波，湖南省总工会宣教部部长许波，湖南工贸技师学院院长陈洪星，北汽集团党委常委、工会主席张辉，北京汽车党委副书记、工会主席张国富及来自市总工会、市文体局、区政府、北汽集团及北京汽车相关企业的主要领导、北汽（株洲）配套企业工会联合会成员单位领导与株洲分公司近3000名职工参加运动会开幕式。株洲分公司党委副书记、纪委书记、工会主席杨明主持开幕式。

开幕式上，由北京汽车株洲分公司和北汽（株洲）配套企业工会联合会成员单位组成11个员工方阵。北京汽车株洲分公司党委书记、总经理黄文炳为运动会开幕式致辞。北京汽车党委副书记、工会主席张国富，株洲市人大常委会副主任、市总工会主席王建之分别在开幕式上讲话。北汽集团党委常委、工会主席张辉宣布株洲分公司第二届职工运动会开幕。随后，由650余名职工共同演绎第九套广播体操。第二届职工运动会设男女100米、200米、400米、800米、1500米、跳高、跳远、4×100米混合接力等15个单项的田径比赛，和龙行天下、运转乾坤等6个趣味项目。

【许达哲到公司调研】 9月7日，湖南省委副书记、省政府代省长许达哲到北京汽车株洲分公司总装车间现场调研企业生产运营情况和重点项目建设情况。在株洲分公司沙盘模型前，株洲分公司党委书记、总经理黄文炳向许达哲一行汇报了一工厂整体布局情况、项目建设情况和生产运营情况。当得知株洲分公司一工厂当前产能利用率达到115%，1—8月汽车生产总量较2015年同期增长48%，全年正朝着年产值100亿元的目标迈进时，许达哲十分高兴、频频点头，他还详细询问了近年来公司产品的产销情况，并勉励株洲分公司进一步加快发展步伐，早日实现产销100万辆。黄文炳还向许达哲一行详细汇报了二工厂项目整体规划和当前建设进展情况。许达哲认真察看着株洲分公司生产制造的每一款产品，并饶有兴趣地进入纯电动SUV EX200的驾驶室内查看产品内饰和空间布局。随后，他启动EX200亲自感受了一番，当发现EX200纯电动汽车电机启动后几乎没有发出丝毫声响时，许达哲很是高兴、连连称好。许达哲指出，要把创新作为转型升级的第一要务，并希望北汽集团进一步发挥产业龙头示范带动作用，加大在湘产业布局、产业链配套，并祝愿北汽集团发展越来越好，株洲分公司越做越强、越做越大。省政府副秘书长、办公厅主任石谋军，省委组织部副部长、省人社厅厅长贺安杰，市委书记毛腾飞，市委副书记、市长阳卫国，市委常委、秘书长周晓理，天元区区委书记周建光，天元区区委副书记、区长董巍，株洲分公司党委书记、总经理黄文炳及经营班子成员陪同调研。

【北汽威旺M50F下线】 10月10日，北汽威旺M50F在株洲分公司总装车间正式下线。市委副书记、市长阳卫国，市委常委、常务副市长何剑波，高新区管委会主任李智，株洲市政府秘书长陈旌，天元区区委书记周建光，北汽集团党委常委、董事、北京汽车党委副书记、总裁李峰，北京汽车党委副书记、工会主席张国富，北京汽车常务副总裁陈桂祥，北京汽车副总裁尹泰和，北京汽车总裁助理、威旺事业部总经理张朝翔，北京汽车质量中心主任杨学光，株洲分公司党委书记、总经理黄文炳及市、区相关委办局领导，威旺事业部、株洲分公司相关领导和职工代表300余人参加下线仪式。

北汽集团党委常委、董事、北京汽车党委副书记、总裁李峰指出，M50F的项目开发及生产试制工作均创造了北京汽车新品推进速度和推进质量的新纪录，再次打造了北京汽车自主品牌在QCD等各个维度的新标杆。李峰表示，M50F 正式下线是北京汽车自主品牌从量变到质变的完美诠释，标志着北京汽车自主品牌产品结构的进一步丰富，并将对北汽威旺品牌实现向上转型产生重要意义。

市委副书记、市长阳卫国表示，北汽威旺 M50F 产品下线是株洲汽车工业发展的重要里程碑，更是北京汽车和株洲市不断深化合作取得的又一重要成果。阳卫国希望北汽集团、北京汽车进一步加大在株洲的项目建设和产业布局，并表示汽车产业是株洲市培育发展新动能的重要增长点，将全力为北汽集团、北京汽车在株洲的发展做好全方位服务保障工作。

【周伯华调研株洲分公司】 11月8日，全国政协常委、经济委员会主任周伯华率专题考察组到株洲考察。走进株洲分公司总装分厂展厅，周伯华驻足于沙盘前，听讲解、问情况。当听到北汽株洲基地从规划、建设到落成仅用时18个月，年生产能力20万台，累计整车产量突破70万辆，且二工厂项目进展顺利，即将实现厂房封顶时，周伯华称赞道："北汽株洲人有精神！"沿总装生产线一路走来，周伯华与株洲分公司党委书记、总经理高建军认真交流。周伯华说："我是株洲市的老市长，对这里有感情，之前株洲只有电力机车、航空飞机这两张工业名片，多年来想发展汽车产业，却未能如愿。如今北汽来了，圆了株洲多年的汽车梦，而且这个产业正朝着千亿级迈进，感谢北汽给株洲带来的变化。"

行至产品展示区，获悉新能源电动车 EX260 续航里程达到 260 公里、威旺 M50F 售价只从 6 万多元起时，周伯华激动地鼓起了掌："汽车技术含量高、成本高，而株洲生产的自主品牌汽车价格亲民，可以让更多中低收入水平的家庭也能买得起车，这是让利于民，是有责任、有担当企业的表现。"市委副书记、市长阳卫国，高新区管委会主任李智，天元区区委书记周建光，株洲分公司党委书记、总经理高建军及经营班子成员陪同调研。

【技改扩能项目厂房主体结构封顶】 11月12日，北京汽车株洲基地技改扩能项目厂房主体结构封顶。副省长何报翔，省政府副秘书长熊方平，市委书记毛腾飞，市委常委、常务副市长何剑波，北汽集团党委常委、董事、北京汽车党委副书记、总裁李峰，北京汽车党委委员、常务副总裁陈桂祥，北京汽车株洲分公司党委书记、总经理高建军一同按下封顶按钮台，见证项目封顶。市领导毛朝晖、谭可敏，北京汽车领导黄文炳、岳晓莉参加活动。

北京汽车株洲基地技改扩能项目是湖南省重点项目，整体投资超过 50 亿元。根据规划，该项目占地面积 114.2 公顷，布局冲压、焊装、涂装、总装四大车间，可生产四大平台的车型。株洲基地技改扩能项目作为"中国制造 2025"战略提出后按智能制造标准全新规划建设的汽车工厂。全面采用自动化柔性生产线（以工艺设计为先导，以数控技术为核心，是自动化地完成企业多品种、多批量的加工、制造、装配、检测等过程的先进生产技术）；大量采用机器人生产，机器人 300 台以上，焊接自动化率 90% 以上等。 （朱祺君）

唐人神集团

【概况】 唐人神集团是一个以品种改良、安全饲料、健康养殖、肉品加工、价值服务五大产业一体化经营的首批农业产业化国家重点龙头企业。集团销售收入过100亿元，现有员工5000余人，其中具有大专以上文化程度的专业技术人员占员工总数的35%以上。集团在全国15个省市拥有80余家子公司，年饲料生产能力已达800多万吨，肉制品加工能力也已达到了10万吨，年生猪屠宰能力100万头。"骆驼"牌饲料、"唐人神"肉品先后荣获中国驰名商标，唐人神品牌价值45.32亿元。"美神"种猪通过美国 NSR 认证，达到美国同步育种水平，同时获得"国家生猪核心育种场"荣誉称号。

2011 年 3 月 25 日，公司首次发行 A 股在深圳证券交易所成功上市，成为我国生猪全产业链经营第一股的上市公司。集团已跨入全国饲料行业前十强企业、全国肉类行业前十强企业。

公司主要从事猪禽鱼饲料的研发、生产、销售，种猪遗传育种研发、生猪养殖与销售，肉品研发、加工与销售以及担保贷款、猪场智慧管理系统开发等价值服务，进一步完善了生猪养殖、饲料、肉品、并购投资等四大板块业务，美神种猪、骆驼饲料、唐人神肉品在业内享有美誉。饲料板块通过收购深圳比利美英伟营养饲料有限公司，建立高档教槽料技术优势，成功切入大型规模猪场；肉品板块确定中式风味、猪血豆腐肉肠、品牌生鲜、湘菜预制菜、湘品礼包五大产品方向；养猪板块推进年出栏 30 万头肥猪的湖南龙华农牧发展有限公司并购重组项目，加快母猪产能提升，继续扩大“公司 + 家庭农场”规模，各产业独立发展能力增强，协同发展效应凸显，生猪全产业链核心竞争优势明显提升。

2016 年，受国家供给侧结构性改革及国内宏观经济平稳运行影响，生猪产业步入提质增效稳步增长、转型发展关键性的一年，公司所处的饲料、养殖、肉品三大行业分别保持小幅增长或下降态势，行业规模化、集约化、标准化的发展趋势进一步突出，产业转型升级、商业模式创新、发展方式改革给企业带来全新的挑战，同时也赋予了企业新的发展机遇。

公司坚持生猪生态产业链平台发展战略，并以“拼了命也要赢得股东、客户、员工及同行的信任与尊重”——决战 2016 的决心，推动组织系统的变革创新，加快各板块内延与外延式发展，尤其是加快了饲料产业的并购发展，生猪产业母猪产能提升与布局发展，肉品产业的产品创新与渠道拓展。同时公司强化市场策略的调整、创新终端营销方式、完善阿米巴激励机制、管控成本费用、健全营运体系，实现了销量的大幅度增长，极大地提升了盈利能力，进一步打造了生猪产业链核心竞争优势。2016 年，集团公司实现销售收入约 109 亿元，比上年增长 17%，实现利润 2 亿多元，比上年增长 147%，上缴税金 8122 万元。企业财务状况良好，发展步伐稳定，增长速度较快。

2016 年，生猪产业链布局实现纵深发展，核心竞争优势凸显。公司坚持生猪全产业链发展战略，在强化饲料、养猪、肉品三大产业板块独立发展能力的同时，持续加强产业的协同发展，减少产业间的交易成本，进一步构建产品品质保障，有效规避行业周期风险，确保企业持续稳定发展，真正打造不可逾越的竞争屏障。年内公司收购国内知名猪关键营养高科技饲料企业——深圳比利美英伟生物技术股份有限公司 51% 股权，构建中高档全系列的饲料产品体系，成功切入超大型规模猪场，饲料研发能力、发展规模、品牌影响力显著提升。养猪板块全面推进猪场改造，使母猪产能扩大 1 倍，顺利推进 30 万头生猪规模的龙华农牧的并购重组项目，养猪产业初具规模。肉品板块确定中式风味、品牌生鲜、猪血豆腐肉肠、湘菜预制菜、湘品礼包五大产品方向，组建并购专业团队，有效推进产业并购基金运行。创新产业运营模式，实现快速发展。针对市场及消费特征的变化，及时调整产品定位与营销策略，加大市场网络开发与终端投入，创新商业模式，有效完善公司、经销商、顾客三者价值链设计，形成多方共赢的良性发展局面。完善营运管理体系，内控和盈利水平得到提升。公司管理既注重规范化与科学性，又兼顾灵活与适应性。以“问题”作为营运中心，推进试点、即时、定时、专题、现场、联动等六大营运工具，强化首席执行官周营运会制度，并自行开发重点工作营运督导信息化系统，极大地提升决策效率与执行力。以“规范化、流程化、数据化、信息化”四化建设为手段，持续推进管理制度与业务流程的优化与再造，加大培训力度，提升岗位操作技能，并创新推进职能部门价值项目管理，内控和盈利水平得到提升。加快人才引进步伐，完善激励机制，激发组织活力。集团与饲料、养猪、肉品等各业务板块大胆引进生产、营销、技术、审计、产业并购、管理等优秀精英与团队，淘汰无效人员，建立内部人才梯队。养猪板块组建一支80后养猪队伍，适应组织转型与发展。深化阿米巴机制，创新激励方案，推进营销组织机构变革，对能创造利润和价值的员工进行充分授权，整个组织焕发出新的活力，人员效率提升40%，人员收入提升20%。

【召开生猪产业发展规划研讨会】 5月6日，集团召开600万头生猪产业发展规划研讨会，确定集团生猪产业“3510”发展规划，即集团投资90亿元，通过自繁自养发展模式，公司＋家庭农场发展模式，公司＋轻资产猪场发展模式和合作与并购四大发展模式，运用8项行业领先技术，打造1+10成本竞争力，实现3年内年出栏生猪100万头，5年内年出栏生猪200万头，10年内年出栏生猪600万头的目标。印遇龙院士等30多名学者、养猪专家和媒体记者出席会议。

【韩永文率食品安全检查组到集团参观视察】 6月15日，省人大常委会党组书记、副主任韩永文率食品安全检查组到集团参观视察，集团董事长陶一山用手机现场演示扫二维码即可追溯养猪食粮安全、饲养安全和基因安全的“三维溯源”系统，韩永文对集团通过“三维溯源”保障食品安全的创新工作给予高度肯定，并提出要将这种互联网技术优势迅速转换公司的市场竞争优势。

【唐人神入围全国“民企制造业500强”】 8月25日，由全国工商联主办，工业和信息化部、国家工商总局支持的2016中国民营企业500强发布会在京召开，会上发布中国民营企业500强、中国民营企业制造业500强和中国民营企业服务业100强榜单，湖南10家企业入围“民企制造业500强”，唐人神集团位列该榜单306位，成为株洲唯一跻身榜单企业。

【卢展工率全国政协专题调研组到集团调研】 9月9日，全国政协副主席卢展工率全国政协专题调研组到集团调研，当董事长陶一山汇报近期推出的“中式西做、西式中味”新产品——猪血豆腐肉肠，在市场上供不应求时，祖籍邵阳的全国政协提案委员会副主任、湖南省政协原主席胡彪补充道：“邵阳猪血丸子有几千年的历史，湖南人都喜欢吃，在全国也很有名，唐人神猪血豆腐肉肠是邵阳猪血丸子的升级版”。在了解到唐人神猪血豆腐肉肠选用可溯源冷鲜肉、新鲜猪血和仿水磨工艺豆腐，传承湖湘经典，原汁原味后，副主席卢展工讲：“中餐我们要品尝唐人神猪血豆腐肉肠”。

【陶一山当选中国饲料工业协会常务副会长】 12月9日，中国饲料工业协会第七次会员代表大会在北京召开。农业部副部长于康震，原副部长、中国饲料工业协会第六届理事会会长高鸿宾等讲话。会上表彰一批中国饲料工业协会先进集体和先进工作者，唐人神集团荣获2016年全国十大领军饲料企业。集团创始人兼首席执行官陶一山当选为常务副会长。（邓祥建）

株洲千金药业股份有限公司

【概况】 株洲千金药业股份有限公司（以下简称：千金药业）创建于1966年，1993年进行股份制改造，2004年在上海证券交易所上市（股票代码600479），2005年“千金”商标被评为中国驰名商标。公司系湖南省制药行业的龙头企业，中国制药百强企业，国家技术创新示范企业，农业产业化国家重点龙头企业。

公司旗下共有13家控股子公司，员工6000余人。经营范围涵盖中成药、化学药、医疗器械、中药衍生品（养生保健）的研制和销售，医药批发及零售，中药材种植和加工等领域。母公司千金药业现有片剂、颗粒剂、胶囊剂等8个剂型，13条生产线，产能达15亿元。主要产品有妇科千金片（胶囊）、补血益

母丸（颗粒）、椿乳凝胶等14个独家品种，拥有200多项专利，50多个生产批文。其中：妇科千金片（胶囊）是"国家秘密技术项目"、中药保护品种、《国家基本药物》、《国家医保目录甲类品种》、《中国药典》收载品种；连续十余年保持妇科口服类中成药第一品牌的地位。公司产品销往全国，与36000余家医疗机构、3000余家连锁药店企业、390000余家药店进行产品营销和品牌营销合作，并在全国拥有50余家一级战略商业合作伙伴。

2016年，集团实现合并经营规模33.5亿元，实现利税4.62亿元。销售规模、实缴税收均位居湖南省制药行业前列。

【妇科千金胶囊"国家中药保护品种"成功延保】 2016年年初，千金药业成功获得妇科千金胶囊"国家中药保护品种"证书及审批件，保护期延长至2021年3月22日。国家中药保护品种系国家为提高中药品种质量，保护中药生产企业合法权益，对质量稳定、疗效确切的中药品种实行分级保护。妇科千金胶囊属于对特定疾病有特殊疗效或显著疗效的品种，被列入二级保护，保护期内其他企业不得进行仿制或研究生产，公司将继续拥有本品独家生产的优势地位，为提升本品核心竞争力增添一块金字招牌。

【湘江药业一项发明专利获第十七届中国专利优秀奖】 2016年初，湘江药业的发明专利——拉米夫定非对映选择合成方法（ZL200910043203.8）获国家知识产权局授予的第十七届中国专利优秀奖。

湘江药业于2003年启动拉米夫定原料和片剂的国产化研究，针对拉米夫定原料和片剂生产中的关键技术进行研究攻关，发明了新的具有自主知识产权的制备技术，拥有3项发明专利（包括本次获第十七届中国专利优秀奖的发明专利），并实现拉米夫定片国内首仿。产品于2011年5月1日如期上市，降低了国内9300万慢性乙肝患者的医疗费用，减轻了国家的医疗支出。

【"千金"品牌价值14.22亿元】 8月22日，在西普会发布2016"健康中国·品牌榜"系列榜单中，千金药业荣获"健康中国·品牌榜"妇科用药第一品牌。这是继2015年之后，再次蝉联该类别品牌榜桂冠。"千金"品牌在此次价值榜中排行第37名，价值14.22亿元。

多年来，千金药业从研发、生产到销售始终紧紧围绕消费者（C资源），严把产品质量关，无论是在OTC市场还是医疗市场，一直将坚持为消费者提供优质的服务作为己任。获得了广大消费者的信任，成为妇科用药第一品牌。千金药业一直以消费者（C端）为核心进行品牌和产品的定位，专注女性健康产业，以帮助女性构筑优质生活的健康基石为使命。

【湘江药业拉米夫定专利获湖南专利奖一等奖】 2月26日，在湖南省科学技术奖励大会上，千金湘江药业发明专利——拉米夫定非对映选择合成方法（ZL200910043203.8）获湖南专利奖一等奖。

自2011年上市以来，千金湘江拉米夫定片销售额逐年递增，累计完成销售4.1亿元，实现了良好经济效益。同时，本专利产品为国内首仿，实现了拉米夫定国产药替代进口药，社会效益显著。"拉米夫定非对映选择合成方法"先后获得2014年株洲市首届政府专利奖一等奖、2015年第十七届中国专利优秀奖。依托该专利技术成果形成的"国产拉米夫定原料和片剂的研制及产业化"项目获2014年湖南科学技术进步奖一等奖，并被评为2014年度湖南省产业技术创新十大标志性成果。

【妇科千金片获批湖南省科技重大专项】 3月1日，由千金药业作为课题负责单位的"湖南典型中药大品种二次开发与关键药材研究与示范"项目成功获得湖南省科技重大专项立项支持，千金药业获得项目总经费210万元，分3年划拨。本专项以典型中药大品种妇科千金片及相应中药材资源的研究为主要内容，开展药材资源、药效物质基础、质量标准提升、上市后临床再评价和新制剂开发等研究。同时针对关键药材千斤拔进行种质筛选、野生变家种栽培技术及质量提升研究，在保障原药材优质资源的同时打造全国知名的湘产品牌道地药材，推动中药大品种妇科千金片进一步做大做强。该项目的成功获批，彰显了妇科千金片作为治疗妇科炎症首选药物的科技含量；由此取得的重大成果，将全面提高妇科千金片的产品质量，确保临床用药质量可控、均一、安全。

【妇科千金片获“最具互联网影响力药品品牌”称号】 9月22日，在第九届中国健康总评榜颁奖盛典上，千金药业的“妇科千金片”获得妇科用药类“最具互联网影响力药品品牌”殊荣。妇科千金片获此殊荣，印证了千金营销人在品牌营销和互联网电商营销方面的实力。

【千金瑰秘酒业公司成立】 10月9日，千金药业集团旗下新成员——株洲千金瑰秘酒业股份有限公司（以下简称酒业公司）正式成立。江端预担任酒业公司董事长，孟君担任总经理。

酒业公司的成立，是千金药业推进中药衍生产业跨界发展的重要一步。酒业公司主要产品为“瑰秘”牌女性酒饮，该产品是在千金集团“两跳战略”的指导下，由千金药业衍生产品开发部历时3年精心打造而成的，预计在2016年年底前上市销售。公司致力于打造中国女性酒饮第一品牌，成为中国女性酒饮标杆企业。

【妇科千金片/胶囊标准化项目获中央财政专项经费支持】 7月19日，在国家中药标准化项目推进会上，妇科千金片/胶囊标准化项目获得500万元中央财政专项经费支持，项目分3年完成，第一年100万元专项经费已下发到省发改委。

千金药业从2015年已经开始与北京大学、中国人民解放军第三〇二医院等科研机构就标准化项目进行了深度的产学研合作，以期建立妇科千金片/胶囊全过程质量控制标准及先进产品标准，确保产品安全有效，质量可控及可持续性发展。

【千金药业中药六类新药萹菊尿炎颗粒获临床批件】 4月，千金药业自主研发的新药萹菊尿炎颗粒，获得国家食品药品监督管理总局颁发的《药物临床试验批件》。

该产品主要用于治疗下尿路感染，属中药六类新药，这是公司近7年获得的唯一一个创新中药复方制剂临床批件。千金药业拥有该品种的自主知识产权，并申请了国家发明专利。萹菊尿炎颗粒主要由萹蓄、野菊花、石韦等几味药材组方而成，具有清热解毒、利湿通淋的功效，用于湿热下注证，症见尿频、尿急、尿痛、尿道灼热，下尿路感染见上述证候者。本品是以精准定位为下尿路感染，在充分了解病因病机的基础上，合理运用各种中药，临床上取得良好疗效且不良反应及耐药性小，深得专家认可，将其开发成使用方便的现代中药制剂，必将造福广大尿路感染患者，也将产生极大的社会效益和经济效益。

2015年3月，千金药业萹菊尿炎颗粒项目组按照《药品注册管理办法》及有关技术指导原则要求，对其进行系统的药学、药理毒理研究。经向CFDA提出新药临床申请，2016年1月通过国家药品审评中心针对该项目的审评咨询会。（卢诗婕）

株洲钻石切削刀具股份有限公司

【概况】 株洲钻石切削刀具股份有限公司成立于2002年6月，位于株洲市国家级高新技术产业开发区内，注册资本74193.57万元，是国内领先的硬质合金切削刀具综合供应商。作为湖南省高新技术企业、国家创新型企业、国家火炬计划重点高新技术企业、全国刀具标准化技术委员会数控刀具组组长单位，公司引领和推进了国内硬质合金切削行业的发展。至2016年，公司先后获湖南省纳税50强、湖南省文明标兵单位、湖南省智能制造示范企业、湖南省加速推进新型工业化先进单位、湖南省国际知名品牌、湖南省信息化示范企业、自主创新先进单位、中国有色金属行业先进集体、中国国家质量奖优质奖、最受欢迎国产刀具品牌、中国机床工业行业综合效益十佳企业、刀具行业品牌综合影响力十佳单位、清科最具投资价值企业50强、最具发展潜力企业、德国北威州投资奖等称号。

公司坚持以技术自主创新作为长远、可持续发展的强动力。公司的研发中心是硬质合金国家重点实验室的核心组成部分，自主研发、授权专利的数量居国内硬质合金切削刀具制造企业之首，其中多项核心技术达到国际领先或国际先进水平。自2009年承担首批国家“高档数控机床与基础制造装备”科技重大专项课题以来，公司先后承担课题8项，合作参与课题27项，课题涵盖了航空航天、模具制造、汽车行业、高速铁路、能源工程等多个应用领域，取得一系列具备自主知识产权的研究成果，大部分成果成功实现产业化。公司立足国内市场，持续加强品牌建设和推广，稳步拓展国际市场。已树立具有竞争力的国际品牌形象，国际业务的市场覆盖面越来越广，产品远销60多个国家和地区。

【市场工作】　突出重点终端客户发展。完善区域营销模式，调整工作重心，抓住大型国企“集中采购”“阳光采购”的机遇，利用国家重大专项及创新平台优势资源，先后与航天、军工、汽车、船舶等行业一批重点终端客户达成战略合作。突出重点产品的销售。加大数控刀片营销力度，积极开展不同牌号、不同系列的促销，稳定了产品销量。突出重点市场的开发，围绕刹车盘、轴承、不锈钢、压缩机、阀门、汽配等重点市场，积极组织市场调研与开发，取得了较好的效果。突出海外市场发展。加强海外市场人才队伍建设，不断推进业务员本地化与一批国际化大公司建立合作关系，海外市场实现逆势增长。举办了汽车刀具技术研讨及客户体验开放日活动，通过大型展会、微信专题、网站专栏、EDM电子刊物等形式，全方位开展宣传推广，有效提升了公司的品牌影响力及市场渗透力。

【科研工作】　重大专项平台建设稳步推进，汽车课题通过了任务预验收。进一步加强与航空航天和军工企业的科技合作；先后获评机械工业优秀科技成果项目奖、优秀工程技术研究中心和优秀实验室；进一步完善材质牌号构架体系，整体刀具标准化钻头推广成效显著。数控刀片生产工艺进一步优化。开展尺寸稳定性提升和混合料系统性研究，取得明显成效，技术服务体系进一步健全。围绕重点经销商、重点客户和重点市场，建立新的技术服务体系。新产品开发进一步加强，新产品推广效率日益显现。全年申请专利41项，获得专利授权35项；公司员工江爱胜获得中国发明协会中国发明创新人物奖。

【管理工作】　2016年，公司管理体制发生重大变化，成为中钨高新直管企业，给公司带来新的发展机遇，注入了新的发展动力。CTPM活动继续深化。6S管理在园区实现全覆盖，CTPM改善活动全面开展，降本增效效果明显，全年完成精细化项目15个，完成改善提案7267条，其中重点提案557条。人力资源管理继续加强。根据生产和工作实际需要，推进员工在内部的合理流动。继续完善以重点工作和劳动生产率为重点内容的考核模式，降低人工成本、提高工作效率的意识进一步增强。质量管理持续加强。四大类产品合格率保持较高水平。职业健康安全环保工作扎实有效，全年实现健康安全生产和达标排放。

【大事摘要】 1月21日，公司技术总监汤爱民获评杰出英才奖，公司超细晶粒整体硬质合金纳米涂层系列精密铣刀项目获评株洲高新区、天元区优秀科技成果奖。2月24日，公司获评第二届“湖南省十大知识产权领军企业”。公司已申请专利363项，其中发明专利200项，PCT途径申请了6项外国专利，一件专利已在日本和美国获得授权。5月16日，公司研发中心员工江爱胜获得了国家第九届“发明创业奖 · 人物奖”。5月29日，国务院国资委主任、党委副书记肖亚庆，副主任、党委委员黄丹华在湖南省副省长张剑飞，中国五矿董事长、党组书记何文波，株洲市委书记毛腾飞，市委副书记、市长阳卫国等陪同下到公司调研。6月1—7日，在国家“十二五”科技创新成就展上，公司作为“高档数控机床与基础制造装备”科技重大专项7个代表单位之一应邀参加展览。主要展出“十二五”期间公司承担的“汽车发动机配套精密高效刀具开发”和“航空发动机盘环轴零件国产化成套刀具产品开发及应用”两个课题所开发的部分代表性刀具。8月23日，中国五矿集团党委副书记、副总经理董明俊，副总经理李福利，人力资源部总经理宗庆生一行到公司参观，中钨高新董事长李仲泽，总经理谢康德等陪同参观。9月7日，工信部原材料工业司司长周长益、工信部原材料工业司有色处处长靖大伟一行到公司调研考察，并听取了相关情况汇报，湖南省经信委党组书记、主任谢超英等领导陪同调研考察。11月10日，公司开展“汽车工具技术研讨会暨客户体验日”活动，汽车制造业领域工作的知名专家、学者、行业精英等齐聚株洲，一起体验切削加工应用方案，探讨国内汽车刀具技术发展。 （汤 蓉）

湖南湘瓷科艺股份有限公司

【概况】 湖南湘瓷科艺有限公司的前身系清末(1905—1906年)由熊希龄先生在醴陵举办的官立湖南瓷业学堂和湖南瓷业公司。1955年9月组建设立湖南省陶瓷研究所，为省属科研事业单位，经过几十年的发展，现为一家省属高新技术企业，取得省级以上科研成果240项，其中获国家级奖励4项，省级奖励110项，专利20项。

公司地处株洲市天元区珠江路228号。经营：电力电子真空陶瓷管、陶瓷玻璃用金装饰材料、艺术陶瓷三块。主要产品包括：电真空陶瓷管瓷件(白瓷)、金属化元件，陶瓷玻璃用金水、金膏、釉下五彩颜料，其它高性能工程陶瓷，釉下五彩艺术陈设瓷、日用陶瓷套具等。鉴于湘瓷科艺自2000年转制、2003年增资扩股改造后，因体制不顺、机制不活，经营连年下滑。为挽救企业，维持公司经营和职工稳定，并进一步促进公司产业发展，在董事会反复与各位股东特别是两大国有股东协调沟通，并与多家不同所有制性质的投资者洽谈后所提出的建议，公司股东大会决定以增资扩股方式引进社会资本，进一步深化公司改革，2014年5月29日公司作出关于定向发行股份进行增资扩股的决议，由现有的国有资本控股公司改制为混合所有制公司。增资扩股工作于2016年10月在湖南省联合产权交易所挂牌交易成功，株洲汇鑫市政建设工程有限公司成为公司第一大股东，公司将以新的体制、机制，承载湘瓷科艺的品牌优势，打造精密结构陶瓷、艺术陶瓷制造航母。 （旷映波）

中车株洲电力机车研究所风电事业部

【概况】 中车株洲电力机车研究所有限公司(以下简称株洲所)是中国中车股份有限公司旗下全资子公司。2006年8月，株洲所将在轨道交通领域服务50年的成功经验应用于风电装备整机制造领域，成立风电事业部，专业从事大型风力发电机组与关键部件的设计、制造和销售以及风电场的建设、运营和咨询服务。2016年,公司完成销售收入13.09亿元,公司员工600多人,其中工程技术人员有370余人。公司凭借强大的技术研发团队,针对中国特殊的电网条件、气候条件、风资源情况进行了针对性的开发。

通过与业主及行业协会良好的互动和交流,风电事业部与中广核、国华、五凌电力、中电建等优质客户建立良好的合作关系,共签订战略合作协议8份;全年签订风资源开发协议196万千瓦,通过风资源合作,先后与中能建投资分公司、中电建西勘院、国华新能源等公司形成战略合作关系,为整机市场订单的获取提供了有效支撑;并与中国风能协会、鉴衡认证中心、中国电科院等行业关键机构建立了良好的合作关系;在有效改善客户结构的同时,向业内展示了积极的形象,促进了株洲所风电与行业的深度融合。

技术研发围绕市场需求,快速完成平台性系列化产品的开发。2MW/D116、2MW/D121、2.5MW/D121、2.5MW/D126、1.5MW/D93等机型全年共获设计认证、型式认证、低穿认证等10余份;完成了全功率试验台、半实物仿真测试台,变桨试验台、载荷测试系统等急缺资源的建设,为提升产品可靠性提供了保证。成功申报"风力发电智能控制技术"湖南省工程研究中心。2016年,仰天湖、库伦、广灵二期127台风机顺利退出质保。截至2016年年底,风电事业部自成立以来累计出质保台数584台,所有到期出质保的风机已经全部顺利退出质保,处于行业领先水平。 (李 娜)

株洲时代电子技术有限公司

【概况】 株洲时代电子技术有限公司创建于1992年,是株洲中车时代电气股份有限公司的全资子公司。坐落在高新技术开发区内,占地面积6.67公顷,注册资金8000万元,有员工240余人。主要从事控制用计算机产品及软件、养路机械电气控制系统、中小功率变流技术及产品、检测技术产品、传感器产品及其他机电一体化技术、自动化技术产品的研发、销售以及技术转让、咨询、服务。公司顺利通过必维公司质量体系认证、太平洋标准协会BSI环境管理体系认证和职业健康安全管理体系,通过湖南省科技厅的高新技术企业认定。

2016年,公司实现销售收入6.85亿元,圆满完成全年指标。大型养路机械配件销售再创新高;电气系统市场地位进一步巩固,与铁建高新装备股份有限公司加强合作,实现其配套新造车电气控制系统占有率达100%,网络版电气测控系统在新造车辆中的占有率实现100%全覆盖;高精度测量项目遍地开花,获得广深线、广茂线、同浦线建网测量项目,上海局测量小车订单等。

【科研开发】 2016年,公司以"着力自主创新,加大、加快新技术、新产品推广应用力度"为科研工作思路,积极开展科技创新工作,推进快速换轨作业车、地铁、国铁双动力打磨车等高端整机研制项目、钢轨探伤系统以及新一代轨道工程机械通用网络控制平台等自主产品研制。自主化研制的GMCD－48型双动力打磨车控制系统在双动力国铁48磨头钢轨打磨车上完成装车、调试,整车在株机厂顺利完成型式试验,在广铁局顺利完成正线试验;自主化研制的DGM－16型地铁打磨车双动力控制系统在长沙地铁通过考核;快速换轨作业车顺利完成济南局100公里现场换轨试验,顺利通过考核评审;CDW－32Ⅱ道岔捣固稳定车电气系统和QS－1200高效清筛机控制系统,完成70%的电气控制系统的国产化研制;钢轨铣磨车自主化铣削控制系统完成装车、调试及相关试验,成为国内首家掌握钢轨铣削核心控制技术企业;昆明地铁和北京地铁铣轨车电气系统的首件试制也相继完成并开始装车;除雪车电气控制系统已完成小批量装车。 (刘 杰)

株洲高新区 · 天元区

ZHUZHOUGAOXINQU · TIANYUANQU

2017年鉴

商贸 · 招商 · 金融

商贸粮食

【概况】 株洲市天元区商务和粮食局是天元区人民政府主管全区内外贸易、国际经济合作、粮食(含食用植物油)流通和粮食储备的工作部门。机关行政编制7名,后勤全额拨款事业编制1名,内设办公室、内贸办、外经贸办、粮食行业发展指导和调控办公室4个职能股室。下设全额拨款事业单位天元区军粮供应办公室,核定编制2名。

2016年,天元区社会消费品零售总额为134.4亿元,同比增长10%,位居城区第三。全区外贸进出口总额113466万美元,总量排名全市第一。

【"下升上"工作】 2016年,市商务和粮食局下达天元区限额以上三产企业个数目标20家。11月8日下午,区政府常务副区长李征兵召集区产业局、食药分局、商务和粮食局等9家单位分管负责人会议,对全区2016年度新增新投产规模工业和限额以上三产企业及"下升上"工作进行部署调度。会议要求各责任单位立即行动起来,加强配合,务必在12月中旬完成目标任务。年内,全区有22家企业申报,超额完成市局下达任务要求。

【电子商务】 2016年,天元区实施电商拓市场、电商促消费、电商扩投资、电商创优势工作取得成效。年内全区新增实体企业开展电子商务67家,实现网络销售额26亿元。一是夯实电子商务工作基础。成立区电商工作领导小组,印发天元区《加快电子商务发展的若干意见》,设立专项扶持资金,落实专门人员和经费,积极推动电子商务发展;制定《电子商务与现代农业融合实施方案》,依托株洲邮政和悠移农业科技发展有限公司打造天元区现代农业、特色农产品企业;召开政府常务会议研究部署全区电子商务工作;理顺全区电子商务工作机制,推动各街道办事处、镇成立电商工作领导小组,设立业务室,推进全区电子商务工作。二是加强舆论宣传。通过区政府门户网站和《株洲新区》报等媒体宣传电子商务活动,打造电商宣传阵地。积极引导天虹与腾讯达成战略合作并推出天虹微信公众号,通过微信平台实现线下线上全覆盖;重点向省厅推荐千金药业的千金医药城的应用电子商务平台项目、大汉惠普的电子商务产业园区建设项目,争取省级财政资金支持。三是指导电子商务产业园区建设。多次深入在建新马金谷(电子商务产业园区)听取园区建设经验介绍,提出建设性意见。四是开展电子商务企业认定工作。组织开展第二批省级电子商务企业认定,组织株洲唐伯虎网络科技公司、株洲市每天惠电子商务有限公司等10家电子商务企业申报,均通过省厅审核认证。

【流通产业实现新突破】 2016年,根据株洲市商务和粮食局下发的《"企业帮扶年"行动实施方案》,对全市成长性较好、税收贡献大、有市场竞争力的重点流通企业和流通项目进行帮扶。天元区商务和粮食局安排工作人员将文件精神上门传达到企业,在企业自愿基础上,向市商务和粮食局推荐株洲市盛世芙蓉餐饮管理有限公司等16家位于天元区的商贸流通企业列入帮扶对象,全力帮助这些企业解决发展中存在的难题,助推企业发展壮大。

【助推外贸发展】 2016年,株洲高新区主要出口骨干企业中车株机、株冶火炬、南方进出口、株硬集团等由于海外订单减少,导致出口业务大幅下降。区商务和粮食局针对外贸工作建立四个机制,即调度机制、对接机制、跟踪机制和服务机制。每月召开经济工作调度会议,通报当月外贸情况,分析其中存在的问题,安排部署下一步工作。深入企业实地调研,加强与重点企业的沟通,同时做好中小企业的跟踪服务,确保一个不漏;加大服务力度,主动送政策上门，帮助企业研究政策、兑现政策，将对企业有利的政策用足用活，帮助企业开拓市场、做大增量。全年为区内外贸企业“三证合一”证照更新换代换证百本，为园区申请外贸综合服务企业一家已获省厅批准。积极协调财政和市商贸粮食局，推荐众普科技等6家企业申报中央外经贸发展补助专项资金。

【高新区外贸综合服务中心获省商务厅认定】 湖南省商务厅、财政厅联合下文公布2016年度第一批园区外贸综合服务中心，由株洲恒信商务有限公司承办的株洲高新技术产业开发区外贸综合服务中心位列其中。该中心是依托经认定的外贸综合服务企业或有实力的外贸企业，为区内开展对外贸易的企业提供对外贸易咨询、进出口相关资质申领、退税、核销、物流、报关、报检、信保、融资等“一站式”全程免费指导服务。

【区级储备粮轮换】 按照区级储备粮相关规定，经天元区商务和粮食局研究决定对储存在白关粮库op5仓143吨区级储备粮进行轮换。11月16日，副区长周天浩带领区商务和粮食局负责人考察白关粮食储备库。周区长充分肯定神农米业对天元区储备粮食的管理工作，要求认真贯彻执行国家粮食安全战略决策，全面严格落实粮食安全责任制，进一步强化粮食安全的主体责任，确保粮食安全。

【放心粮油示范网点建设】 2016年，市商务和粮食局下达天元区新建1家放心粮油示范网点的任务。区商务和粮食局高度重视，成立放心粮油工程建设领导小组，安排粮食指导和调控办公室具体负责工作任务，做到责任到人，分工明确。领导小组工作人员对辖区3个街道办事处的粮油经营店(点)的经营面积、经营品种、店铺管理、店容店貌等情况进行全面排查。在综合分析辖区内粮油经营店(点)的情况后，最终确定由株百栗雨超市粮油柜台申报全市“放心粮油”示范网点。申报企业确认后，领导小组工作人员对照《株洲市放心粮油示范企业申报条件》，督促企业逐条按要求进行完善。8月12日，株百栗雨超市粮油柜台正式通过株洲市放心粮油示范工程领导小组验收考核。10月28日，株洲市放心粮油工作领导小组正式授予株百栗雨超市粮油柜台放心粮油示范经销点。

【早稻托市收购】 7月30日全省启动早稻托市收购。天元区商务和粮食局认真落实“五要五不准”粮食收购准则，切实维护好粮食收购市场秩序，并把“两学一做”要求贯穿收购全程，让农民交“放心粮”“舒心粮”。8月22日，天元区商务和粮食局局长彭炯带领工作人员前往三门粮站检查早稻托市收购工作。彭炯局长一行现场查看粮食收购政策、入库流程、质价标准、入库样品上墙上柜宣传情况；直接问询农民对粮食企业开展的人性化服务、结算一卡通使用满意情况；叮嘱粮库工作人员要严格按国家粮食质量标准收购粮食，加快入库工作，减少农民售粮等待时间，要注意安全，做好设备设施维护。截至9月底，全区“四专一封闭”粮食收储工作顺利完成，托市收购粮食2446吨。

【参加株洲市粮食行业职业技能竞赛】 4月8日，株洲市商务和粮食局联合市人力资源和社会保障局、市总工会举办株洲市粮食行业职业技能竞赛。来自全市6个县市区和市属粮食企业近30名粮油保管员和质检员参加比赛。天元区商务和粮食局选送的龙建军、唐双两位选手分别参加粮油保管员、粮油质检员两个项目的角逐。两位选手比赛中沉着冷静取得较好的成绩。天元区商务和粮食局获得此次株洲市粮食行业技能竞赛“优秀组织奖”。

【商贸领域安全生产大检查】 为全面落实各级部门有关安全生产工作会议精神，天元区商务和粮食局根据统一部署，决定在7—9月开展全区商贸流通领域安全生产集中大检查。7月18日，天元区商务和粮食局局长彭炯带领工作人员来到长江北路加油站，对站内消防许可、消防设施、消防器材、消防制度等情况进行了细致地检查，全面拉开了天元区商贸流通领域安全生产大检查的序幕。在全面开展商贸领域大检查的基础上，将突出人员密集场所、劳动密集型企业等重点部位，重点抓好成品油库和加油站、商场、超市、农贸市场、餐饮企业等重点场所安全隐患的排查治理，围绕近期省内外重特大事故和省内较大事故暴露出的问题开展检查。

【安全生产咨询日活动】 6月16日，天元区安委会统一组织各成员单位在天元购物广场前坪集中开展“安全生产宣传咨询日”活动。区商务和粮食局结合商贸流通企业实际，向社会公众免费赠送相关安全生产宣传资料2000余份、摆放安全生产警示教育图片展板，进一步扩大安全生产教育影响面，提高企业安全生产综合管理能力、提升职工安全素质和事故防范能力，增强全民安全生产意识。

【商贸流通领域安全生产督查】 5月20日，市商务和粮食局局长袁生华带领市场体系建设科、流通发展科等科室负责人组成的督查组对天元区商务和粮食局的安全生产工作进行督查。副区长黄芳、局长彭炯详细汇报了近两年来天元区商务和粮食局有关安全生产工作及安全生产监管执法年工作情况。督查组工作人员认真查看相关的资料。督查组对天元区商务和粮食安全生产工作给予充分肯定。袁生华要求天元区要一如既往地秉承安全生产管行业必须管安全、管业务必须管安全、管生产经营必须管安全的“属地管理、分级负责”等原则，进一步落实好商务部门安全生产的工作职责，确保辖区商贸流通行业的安全稳定。

【节前安全生产大检查】 1月22—26日，天元区商务和粮食局开展对城区内重点大型商场、超市、加油（气）站的安全生产情况大检查工作。一是要求重点商贸流通企业深刻认识安全促销的重要性和必要性，增强安全生产管理主动性、自觉性和社会责任感，切实落实安全生产责任。二是与企业商讨节日安保措施，解决商品挤占通道、电力设备安全等问题；三是了解应急处理预案演练的情况；四是检查安全设施是否正常有效、疏散通道是否畅通无障碍；五是检查安全生产管理措施是否落实到位、到岗、到人。

【全区商贸系统火灾防控工作】 根据《天元区今冬明春火灾防控工作方案》的通知文件精神，天元区商务和粮食局积极行动，决定从2016年10月31日起至2017年3月31日开展全区商贸系统今冬明春火灾防控工作，制定《全区商贸系统今冬明春火灾防控工作方案》。此次防控将重点开展冬春季节消防安全专项检查、重大节会消防安全保卫、所属行业管理单位的消防安全管理、扎实做好火灾应急和疏散演练以及开展冬春季节防火宣传教育5项重点工作。

【开展食品安全宣传周“主题日”活动】 6月17日，株洲市商务和粮食系统集中在天元超市前坪开展宣传周“主题日”活动。

区商务和粮食局紧紧围绕宣传周“尚德守法共治共享食品安全”主题，突出尚德守法、共治共享的理念，通过设立食品安全咨询台、摆放食品安全展板，向市民发放《放心粮油知识手册》、宣传单，开展问卷调查等形式多样的活动，调动社会民众广泛参与宣传教育活动，加强对新修订《中华人民共和国食品安全法》等相关法律法规的学习宣传贯彻，引导食品企业及从业人员学法、知法、守法、用法，为维护群众身体健康、促进社会和谐奠定坚实保障。

【祥云农贸市场食品快速检测室】 7月26日，全市首个食品安全快速检测室在天元区祥云农贸市场内投入使用，为市民“菜篮子”安全增添一道新的保障。快速检测室主要针对市民日常所需的米、面、油、水果蔬菜、豆制品、肉类、干货、水产品等进行检测，每天对市场内不少于20批次的食品进行抽检，并将近三天的抽检结果在市场LED电子显示屏上循环公示。

【民情大走访】 根据天元区综治委的安排部署，区商务和粮食局局长带领工作人员于4月13－16日分4组进入天元区尚格社区辖下早安华晨小区，对小区13、15、16、17栋居民进行走访。入户工作人员佩戴统一的工作证，选择下午6～8点居民下班时间段入户。询问了解调查对象基本情况及家庭情况，并详细记录群众的意见、建议，然后详细宣传平安创建、民调的相关知识，发放有走访人办公电话的“民情联系卡”。此次走访居民120户，得到被走访民众的支持和肯定。

【互联网金融机构摸底排查】 根据株洲市商务和粮食局等13个部门关于印发《株洲市商品现货交易场所风险专项整治工作实施方案》的通知及株洲市打击和处置非法集资工作领导小组办公室《关于加快推进互联网金融风险专项整治摸底排查工作的通知》的文件精神，天元区商务和粮食局安排专人负责，立即开展行动。根据区打非办提供的资料，区商务和粮食局对辖区内7家重点企业按照注册地址上门摸底，及时将排查报告和相关资料上报市商务和粮食局及区处非办。

【政协提案办理】 2016年，天元区政府办交予区商务和粮食局负责办理天元区政协四届五次会议第2045007号提案(《定期举办社区旧货跳蚤市场，设立社区捐赠角》)。6月底给予政协委员回复，得到5位委员好评。

【多米新街农贸超市开业】 9月13日，位于黄河北路中建御山和苑的多米新街市开门营业，天元区又新增一家大型农贸超市。多米新街市由湖南飞翔商业管理有限公司经营管理，总营业面积5000平方米，经营涵盖蔬菜、肉类、水果、粮油、干货、豆制品、卤菜、熟食、海鲜、水产等20多个种类，是一家集购物、休闲、配送于一体的新生代五星农贸中心。 （陈灿华）

招商引资

【概况】 株洲高新区招商合作局(简称招商局)成立于1993年7月，内设3个科室，即综合科、投资促进科、项目管理科；下设两中心一招商处，即行政审批代理服务中心、投资促进中心和深圳招商处。主要工作职责是招商引资、项目建设协调、行政审批代理及客户服务。

2016年，招商局全力贯彻落实区委经济工作会议、区第五次党代会等重要会议精神，按照“招商引资是第一菜单”及“项目引进居首要地位”的工作原则，积极创新招商思路、完善招商机制、优化招商环境，进一步强化招商力度，狠抓工作落实。全年共完成实际到位外资32228.71万美元，同比增长11.60%；实际到位内资54.82亿元人民币，同比增长14.94%，内、外资总量均排名全市第一，其中内资增幅排名全市第一。全区实现新签项目22个，完成全年任务目标的110%；其中，亿元以上项目16个；策划包装招商项目20个，开展小分队招商64次；重点招商履约项目已有14个实现全部履约，完成全年任务目标的105.26%，并有13个项目正式开工建设，完成全年任务目标的136.84%，圆满完成了各项任务指标要求。

【举办中国动力谷项目对接推介会】 4月16—17日，第十四届中国国际人才交流大会在深圳举行。天元区组团参会，并设置了展厅，重点宣传推介中国动力谷项目及株洲市人才引进、创新创业扶持政策等，引起高度关注。市委常委、组织部部长、统战部部长彭爱华，高新区管委会主任李智出席活动。

大会期间，株洲高新区召开“中国动力谷项目对接推介会”，重点推介了中车株机、中车株洲所、山河科技3家企业，并与香港发明创新总会、广州中国科学院先进研究所、湖南中科图灵信息有限公司签约，这些公司及科研机构将落户高新区内的动力谷自主创新园。以原香港理工大学副校长、香港生产力促进局原副总裁吕新荣博士为代表的一大批高层次人才，将加盟高新区创新创业。

【举办汽车零部件配套企业招商对接会】 4月22日，来自全国20多个省近40家汽车零部件企业的负责人聚集株洲万豪酒店，参加“株洲高新区汽车产业零部件配套企业招商对接会”。在对接会上，株洲高新区与新瑞永成、海口通达、上海永红、山东安格朗4家零部件配套企业签订意向协议，涉及汽车内外饰件、消排系统、空滤橡塑制品、冲压焊接等产品。

【举办长城电脑株洲基地配套企业对接会】 5月27日，株洲高新区在深圳举办“长城电脑株洲基地配套企业对接会”，成功签约深圳贝尔、深圳麦格米特、深圳三昇源科技、深圳凯利亚电业4个项目。长城公司总裁周庚申、株洲高新区管委会主任李智参加对接会。

2015年年底，长城电脑与株洲市人民政府、株洲高新技术产业开发区合作，率先入驻株洲天易科技城，打造中国电子自主可控计算机整机生产基地以及自主可控计算机测试中心。项目实施以来，得到了株洲高新区管委会的大力支持以及高效、优质的服务，2016年4月6日，项目主体工程已圆满封顶。此次招商对接会拟进一步引进高端制造产业和电子信息技术产业的配套企业，培育发展相关配套服务业，力求在园区内形成区域产业集聚和上下游产业集群。来自全国的100余家电子信息行业的企业参加对接会，会上详细介绍了株洲高新区的投资环境，并就天易科技城自主创业园进行了专题推介，积极引入配套企业，与长城共同谱写厂商共赢的新篇章，加快株洲智能制造和“智慧株洲”建设。

【“沪洽周”招商】 8月18—20日，“2016年湖南(上海)投资贸易洽谈周”(以下简称“沪洽周”)在上海举行，株洲高新区组团参加此次活动，主推动力产业，共签约10个项目，项目总投资共计内资33.79亿元人民币、外资5000万美元。18日上午，在湖南省项目推介主场湖南制造强省建设合作对接会上，株洲高新区成功签约中港印CBF、龙创汽车设计、亿华电动车辆生产基地、全自动食品装备生产线4个项目。18日下午，在“上海工商界知名人士恳谈会暨重大项目签约仪式”上，株洲高新区正式签约国家新能源机动车检测中心株洲分中心。湖南省副省长何报翔，株洲市副市长杨胜跃，天元区区长董巍参加签约仪式。19日上午，“湖南株洲·中国动力谷产业对接暨市情推介会”在上海举行，这是2016年湖南“沪洽周”的专题招商活动之一，也是湖南省首次针对动力产业进行的专题招商活动。株洲高新区成功签约金属双极板氢燃料电池产业化、韩国大世汽车座椅、菲斯罗克电产品研发生产基地、增强现实技术(AR)系统等5个重点项目。会议由副市长杨胜跃主持，市委副书记、市长阳卫国致欢迎辞，副市长何剑波介绍了株洲市情并推介株洲动力产业，中国工程院院士刘友梅作《轨道交通装备发展战略思考》主题演讲，省经信委副主任陈松岭就湖南省动力产业政策进行了解读。副省长何报翔、省政府副秘书长熊方平、省商务厅厅长徐湘平、省工商联副主席李曦、省旅游局副局长高扬先、省政府驻沪办副主任皮庆侯，株洲高新区管委会主任李智，以及长三角动力产业企业及配套企业负责人、项目签约代表等逾200人出席会议。

【四大措施助推项目履约】 全区“大干一百天，全力保投资”活动开展以来，区招商合作局进一步强化工作力度，领导挂帅，责任科室跟进，着力四大措施，全力以赴抓好招商引资工作。一是明确分工，责任到人。招商合作局根据区委、区政府“大干一百天、全力保投资”活动方案，结合自身的实际制定了详细的工作方案、督查机制和考评机制，由管委会副主任牵头，明确分工，责任到人，形成了高效的工作机制。二是落实项目评审机制，提高入园项目质量。该局进一步完善《入园项目评估决策体系》，建立项目入园审批科学决策程序，实行环保一票否决制，聘请专业的评估咨询机构进行科学评价，财政、税务等相关部门对各自涉及项目决策评分，未达标准不予通过，对项目质量进行严格把关，提高项目入驻成功率。三是提高服务水平，推进项目履约落地。为推进项目履约尽快落地。制定《项目进区程序服务指南》，让企业一次性了解办事流程及所需资料，委派专人上门走访，全程协助企业办理行政审批手续，加快企业报批进度、降低办事成本，并逐步建立了“集中受理，全程协办”的服务体系。四是实行每周调度，每月考评机制。建立了切实可行的督查考核制度，每周向工委、管委、区委、区政府上报项目履约进展情况。每月管委例会对工作进度进行督查考评，考评结果直接与绩效工资挂钩，奖惩分明。截至年底，株洲高新区有14个重点招商项目完成全部履约，履约率为73.68%，完成全年目标任务的105.26%，其中，13个项目开工建设，完成全年目标任务的136.84%，提前超额完成全年目标任务。

【召开中国动力谷产业促进大会】 12月16日，株洲新区召开中国动力谷产业促进大会，正式实施招商引资、项目引进新机制，开通了招商信息管理系统，打造招商新局面，促进株洲·中国动力谷产业发展。高新区管委会主任李智，高新区工委副书记、天元区委书记周建光，天元区区长董巍参加会议并发言。

完善招商体制、调整招商机制新方案是在贯彻落实区第五次党代会精神、大力打造株洲·中国动力谷、深入实施“引进来”招商政策的新形势下确立的，进一步理顺了全区招商引资工作体制，突出专业招商、联动招商。新机制站在“招商引资是株洲高新区(天元区)经济发展第一菜单”的高度，进一步明确了招商体制的组织架构、职责职能，成立株洲高新区(天元区)招商工作领导小组并设立汽车及新能源汽车产业促进工作组、轨道交通及通用航空产业促进工作组、电子信息产业促进工作组、新材料产业促进工作组、新能源产业促进工作组和现代服务产业促进工作组。

新的招商机制针对每一个重点产业确定一个牵头领导、组建一个专业运营机构、落实一套工作推进方案、制定一套专项扶持政策、建立一个专业项目库、成立一支专业招商队伍、实施一套考核激励机制“八个一”的工作体制；对项目引进公共政策、相关产业政策进行了修改完善；进一步强化了在财政制度、土地及标准厂房、投融资、政务服务、建设环境、招商工作经费等方面的保障；在项目评审决策、招商考核激励等方面出台更加规范详细的政策，进一步加大了对项目的扶持力度。（蔡华章）

株洲高新区2016年度引进项目情况表

表8

序号	项目名称	总投资(万元)	用地面积	项目内容	合同类型
1	国家新能源机动车检测中心株洲分中心	109000	8.93公顷	国家新能源机动车产品质量监督检测中心拟借用中车株洲所在设备方面的优势，在株洲高新区成立新能源机动车检测中心，主要承担中部地区新能源机动车整车及零部件检测业务	协议

续表 8

序号	项目名称	总投资（万元）	用地面积	项目内容	合同类型
2	天易科技城自主创新园一期	100000	36公顷	株洲天易建设发展有限公司投资10亿元建设单层、多层厂房、企业创意中心、管理中心、仓储物流中心及其他配套设施	合同
3	全自动禽类脱毛工作间生产线项目	62000	6.87公顷	北京海通新维投资发展有限责任公司在株洲高新区建设年产2000台全自动智能化禽类屠宰工作间生产线	合同
4	华品轨道交通项目	52900	10.73公顷	建设三大板块项目，包括动力轨工程技术研究中心、动力轨及线路轨道设备制造中心及高效智能个人快轨磁浮交通系统示范基地	合同
5	立方新能源电池项目	50000	先租后购34000平方米	湖南立方新能源科技有限责任公司在天易科技城投资建设研发、生产和销售高技术绿色电池项目	合同
6	金属双极板氢燃料电池产业化项目	30000	一期研发中心1500平方米	清华大学核研院责任教授、国家氢能标准技术委员会主任、世界氢能学会副主席毛宗强教授及其专家团队均是氢能源利用方面的顶尖人才。结合国家新能源汽车发展战略，为推动车用氢燃料电池的产业化，该技术团队拟与高新区内企业合作成立湖南振邦氢能科技有限公司，共同开发金属双极板氢燃料电池产业化项目。该项目将在国家“863”项目的研究基础之上开展，可填补氢燃料电池产业领域国内空白	合同
7	龙创汽车设计项目	25000	厂房面积4491.4平方米	项目主营产品和服务：整车工程服务（包括车型研究、造型设计、布置及可行性设计、工程设计、计算机辅助工程、整车集成、属性设计、试验及验证工程、同步工程）；样车试制；模具设计与开发等	合同
8	亿华电动车辆生产基地项目	20000	4公顷	建设年产3000台套新能源电动车辆生产基地。项目主营产品和服务：新能源电动车辆的研发、生产及销售	合同
9	天智园智能产业孵化基地	18000	2.47公顷	深圳市贝尔信智能系统有限公司拟在天易科技城建设多层众创空间，创建国家级孵化器	合同
10	菲斯罗克光电产品研发生产基地项目	12000	厂房面积4020.18平方米	北京菲斯罗克光电技术有限公司是一家面向能源、数字信息传输、国防基础等领域的精密测量仪器和重大装备研究与应用的高新技术企业，公司依托光电团队多年科研成果，在高新区建设光电子器件与组件、光电传感器与仪表、智能仪器设备与系统集成等产品生产及研发基地	合同
11	中港印总部及研发项目	5000万美元		中港印能源集团有限公司拟建设中港印CBF（洁净煤炭）制造中心及碳纤维原材料生产基地	协议
12	永成汽车部件项目	20000	3.33公顷	常州市永成车配厂拟建设30万台套汽车仪表板及保险杠制造基地	协议
13	安格朗汽车配件项目	15000		河北安格朗汽车科技有限公司拟建设车身冲压线及焊接线制造基地	协议
14	艾美新材料项目	15000	3500平方米	株洲艾美新材料有限公司购买天易科技城3500平方米厂房建设研发及生产高品质的易切削铍铜棒线（UNS）项目	合同

续表 8

序号	项目名称	总投资（万元）	用地面积	项目内容	合同类型
15	赛德欧幕墙项目	12000	10906.92平方米	湖南赛德欧幕墙工程有限公司购买新马金谷2.2期10906.92平方米投资幕墙生产基地。	合同
16	田龙铁道电气项目	12000	10710平方米	株洲田龙铁道电气股份有限公司购买动力谷3.2期10710平方米厂房投资电气装置等生产、研发。	合同
17	中湘桥梁支架生产基地项目	8000	3500平方米	株洲市中湘实业有限公司购买天易科技城3500平方米厂房建设桥梁支架产品生产基地。	合同
18	安森生物科技项目	7000	3348平方米	湖南安森生物科技有限公司购买新马金谷电商产业园3.2期3348平方米投资安森生物科技项目。	合同
19	九华时代风电项目	5000	2567.03平方米	湘潭市九华时代风电有限公司购买新马金谷2567.03平方米厂房投资风电项目。	合同
20	众普森产业项目	6000	5977.24平方米	众普森科技（株洲）有限公司租赁动力谷3.1期5977.24平方米投资建设众普森产业项目。	合同
21	海口通达排气系统项目	4000	—	佛吉亚与万向通达拟合资建设汽车排气系统制造基地。	协议
22	永红汽车零部件项目	3000	—	常州市永成车配厂拟建设30万台套汽车仪表板及保险杠制造基地。	协议

（蔡华章）

金　融

【概述】 2003年，株洲高新区设立金融服务局，帮助企业多渠道筹措资金，推进高新技术产业化进程。2006年，株洲高新区金融服务中心（简称中心）。主要职责是配合上级监管机构贯彻执行国家金融工作的有关方针、政策和法律、法规，同时结合高新区实际，提出工作意见，并组织实施；协助上级监管机构和市有关部门整顿与规范金融秩序，协调处理金融风险防范和化解工作，协调地方金融资源的优化配置；推动高新区社会信用体系的建立，维护社会稳定，促进金融安全区的建设，营造金融生态环境；根据高新区国民经济和社会发展总体规划，编制和修订高新区金融业发展的意见与建议；及时掌握金融机构的信贷政策、资金投放重点和新的金融服务产品，为促进高新技术产业发展拓宽融资渠道，争取国有商业银行和其他金融机构对株洲高新区的金融支持；负责协调高新区管委会、天元区政府与金融机构的信贷关系，做好配合协调和信息交流工作；及时掌握企业的基本情况，特别是资金需求和大的发展举措，利用现代化管理方法做好企业（项目）的基本评价，有的放矢地向金融机构推介产业项目、招商引资项目和基础设施建设项目；积极协调区内企业与金融机构的关系，促进银企建立良好的互信合作关系。

至2016年，天元区辖区内有国有及股份制商业银行机构19家，证券营业部11家，保险公司23家，融资性担保公司5家，小额贷款公司4家；主导管理的基金3支，参与管理的基金或投资公司3家，参与投资的基金或投资公司3支。全区已逐步建立以银行业金融机构为主，小额贷款公司、融资性担保公司等新型金融组织为补充，覆盖银行、保险、证券等各金融业态的较为完善的现代金融服务体系。

【服务企业挂牌上市】 2016年，中心走访拟上市后备企业，调研企业实际发展情况，听取企业有关建议。协调解决企业上市改制过程中遇到的困难与问题。出台新三板挂牌及上市补贴政策，根据企业挂牌板块的不同，及时修订补贴政策。帮助所有新三板、四板挂牌企业获得株洲市企业挂牌上市资金补贴。帮助唐人神、利德浆料等12家企业争取湖南省促进企业直接融资引导资金567.5万元以及株洲市政府600余万元的支持。2013年开始建立拟挂牌上市后备企业库，筛选40家企业进行重点培育，每年更新后备库名单，并上报株洲市经济金融办，帮助园区企业参与全市拟上市后备企业的遴选，享受市级优惠政策。

【成立湖南股权交易所株洲分所】 6月28日，在天元区高科总部壹号成立湖南股权交易所株洲分所。与湖南股权交易所、市经信委等机构合作，组建株洲邦众中小企业投融资服务中心有限公司，共同为园区中小微企业提供股权挂牌、投融资对接、培训辅导、产品发行、专家会诊等服务。至2016年年底，株洲高新区上市公司有6家，新三板挂牌企业12家(其中壹星科技是田心高科园企业)，湖南省股权交易所挂牌企业75家(其中完成股份制改造的有3家)。创业板拟上市后备企业2家(其中飞鹿涂料是金山园企业)，新三板拟挂牌后备企业3家。

【科技银行业务】 2016年，科技银行合作银行机构有7家，分别为建设银行、浦发银行、中国银行、邮政储蓄银行、工商银行、华融湘江银行、天元信用联社。管委会投入风险补偿基金9000万元。经过4年的业务发展，与银行的合作模式注重其创新能力。从“助保贷”“税融通”到“瞪羚企业贷”信用贷款的产品逐步增多，额度也有所提升。至2016年科技银行已为百余家企业发放授信近5亿元，贷款余额为2亿元，并与株洲市风险补偿基金签订联动合作协议。

【规范担保、小贷行业发展】 2016年，天元区辖区内有融资性担保公司6家(华友担保已停业)，注册资本合计24.81亿元(不含华友担保)。小额贷款公司4家，注册资本合计4.4亿元。截至年底，全区5家融资性担保公司担保贷款116户，担保余额新增12.15亿元，期末担保户数1844户，担保余额13.14亿元；全区4家小额贷款共发放贷款57笔，贷款余额新增0.37亿元，期末贷款159户，贷款余额3.43亿元。

【打击非法集资】 2016年，天元区调整打非工作领导小组，建立处非工作长效机制，制定打非工作预警方案。中心与市处非办紧密联系，联合区公安分局、工商分局定期开展涉非风险排查。公安分局立案集资诈骗案11起，立案非法吸收公众存款案7起，18起案件全部告破。移送起诉“涉非”犯罪嫌疑人26人，逮捕1人，取保4人，网上追逃1人。共扣押、冻结、查封资产价值7000万元，冻结现金33万元，追缴非法所得200万元。通过排查，取缔非法投资担保公司30家，清退非法集资款3066万元。其中江苏百地等8家公司集资款全部清退。 （杨 焰）

信用合作联社

【概况】 株洲市天元区农村信用合作联社(简称天元区联社)位于株洲市天元区长江北路277号，成立于1997年12月，辖河西、天台山、嵩山、群丰、马家河5个信用社，1个营业部，4个分社，共10个营业网点，内设综合管理部、财务科技部、业务发展部、信贷管理部、金融市场部、风险管理部、稽核保卫部7个职能部门，现有员工148人。截至2016年年末，各项存款35.06亿元，比年初净增6.59亿元，增速

23.31%；累放贷款10.97亿元，贷款余额12.94亿元；全年实现财务总收入24881万元，同比增加4909万元，增幅为24.58%；实现经营利润11398元，同比增加2014万元，增幅为21.46%。经营等级达到3级，较上年提升1个等级；绩效等级达到A，较上年度提升5个等级。

2016年，天元区联社荣获株洲市文明建设先进单位，湖南省农村信用社等级考核先进单位，中央金融团工委、共青团湖南省金融工作委员会2015—2016年度银团合作优秀派出机构，天元区工会工作先进单位，株洲市农村信用社系统气排球比赛亚军、株洲市农村信用社案防教育操作知识竞赛二等奖；联社营业部荣获株洲市青年文明号称号。

【助力园区企业发展】 天元区联社作为高科企业协会副会长单位，主动加强与辖内7个园区的对接，全面加强企业信贷支持；与株洲火炬投资担保有限公司签署株洲高新区科技银行信贷风险补偿资金合作协议，创新“科技银行”合作模式；就“动力谷”园区综合金融服务的相关事项与株洲动力谷管理有限公司签订全面战略合作协议，量体裁衣推出“创业贷、创投贷、助力贷、便民贷”等特色产品。全年发放园区贷款75笔，金额21819万元。

【做实社区街道金融服务】 2016年，天元区联社提出根植社区“向下、向小、向特色”的“三向”转型发展战略和“扬长避短，集优成势”的发展思路。对辖内61个社区实施网格化管理，利用社区和物业的平台，建立微信群、QQ群，实现了居民信息收集、意见反馈、档案建立、需求分析和跟踪服务的一条龙、全方位服务，共发布宣传广告100余条次，推送宣传信息5000余条次，发放宣传折页过万余份，上门走访农户896户，建成信用村4个，完成农户建档744户，完成评级授信210户，授信金额1429万元；商户251户，已建档213户，已完成评级授信67户，授信金额3999万元。

【“创业贷”助力“创客”创业】 “创业贷”是天元区联社为落实市委市政府、高新区管委会关于支持创业创新创新的有关精神，更好地适应“大众创业、万众创新”的新趋势新要求，与株洲高新区科技银行合作推出的首款创业类纯信用金融产品。是为满足辖区内拥有专利权、软件著作权等知识产权的高新技术人才、创业企业（团队）创业过程中的资金需求，发放由风险基金提供风险代偿的贷款业务。该款产品不需担保、抵押，有效解决“创客”们在创业初期缺资金，又无有效抵押物的实际困难。“随借随还”，即在贷款期限内（最长期限3年），不借不产生利息，把借的部分补上后不算利息，这种模式能最大限度地帮助创业团队缓解资金压力。

2015年10月，湖南工业大学大四学生汪凯创立株洲众享科技文化发展有限公司，随后入驻新动力众创空间，主营自动售货机、校园广告、高铁广告等业务。由众创空间运营方推荐，并经科技银行、众创空间运营方、农信社三方联合对项目潜力、团队素质等多方位考核评估后，汪凯团队获得3年期首笔“创业贷”10万元的信贷支持，成为第一个吃到“螃蟹”的人。

【加快转型业务发展】 2016年，天元区联社突破传统经营模式，大力拓展转型业务。一是电子银行业务稳步推进。新增手机银行开户7287户，电子银行替代率达到56%，营销ETC672户，营销POS机228户，社保IC卡信息采集12941户。二是资金业务贡献突出。实现资金营运收入13009万元，同比增加5812万元，资金业务收入贡献度达到52.9%，同比增加16.79个百分点。三是中间业务持续增长。全年实现中间业务收入489万元，同比增加129万元。

【发行首期同业存单】 10月26日，天元区联社在全国银行间市场成功发行2016年首期同业存单。该期同业存单采用报价方式发行，发行金额2亿元，期限1个月，利率3%。发行公告发布后，受到省内外银行业机构的广泛关注，认购刚开始即被抢购一空。发行利率低于市场同期平均利率、显著低于浙江、江苏和广东省等经济发达省份某些优质农商行发行价格，受到市场热捧。

【成为动力谷创新创业投资引导基金战略合作银行】 6月3日，中国动力谷创新创业投资引导基金战略合作银行签约仪式暨银企对接会在株洲中国动力谷自主创新园新动力咖啡隆重举行。天元区联社作为3家战略合作银行之一，联社理事长何联兵及其他2家银行代表一同与动力谷科技创新服务中心签署中国动力谷创新创业投资引导基金战略合作银行协议，为高新区初创型、科技型企业开辟融资渠道，搭建起坚实的支撑平台。

【"助力圆梦一路有爱"项目荣获国家级表彰】 9月29日，2016年度全国选派银行业金融机构优秀青年干部赴县级团委挂职工作推进（电视电话）会议在北京召开，天元区联社"助力圆梦一路有爱"项目被评为2015—2016年度"银团合作优秀项目"。"银团合作"工作启动以来，天元区联社积极响应号召，选派优秀青年干部谭晨赴共青团株洲市天元区委员会挂职一年。其中，为切实服务困难青少年群体，天元区联社携手共青团天元区委员会成立"助力圆梦一路有爱"项目。2015年9月赴三门镇福星村慰问留守儿童，捐赠儿童读本100余本；2016年3月派出志愿者开展"雷锋家乡学雷锋"活动；2016年8月联合团区委举办"盛夏光年不说再见"大型慈善义演，现场为6名家庭困难的优秀高三毕业生募集善款1.4万余元。

【启动"雄鹰计划"】 4月21—25日，天元区联社10名"雄鹰"学员参加由株洲天元区联社与城郊联社联合组织的对公团队"雄鹰计划"第一期封闭式培训班。"雄鹰计划"项目预计为期两年，自2016年4月—2018年3月。通过现场教学与非现场辅导相结合，集中学习与学员自学相结合，理论学习与实操训练相结合等方式，系统性提升对公客户经理的专业能力和职业素养，提升联社相关管理部门的支撑保障和综合创新能力，打造一支具备较强实战能力的对公客户经理队伍。为确保"雄鹰计划"的有力实施，天元区联社成立"雄鹰计划"实施领导小组，制定"雄鹰计划"学员日常行为管理办法，加强学员日常管理和学绩考核。

【员工教育培训】 2016年，组织各类学习培训48期，参训人员1256人次，培训面100%。组织各类业务考试8场次，参加人员256人次。加强与专业培训机构合作，定期派人参加培训公司的公开课，全年派人外出培训28次，参训人数210人次。3月，组织举行后备人才选拔考试，通过考试、结构化面试、民主推荐和考察新选拔5名优秀员工进入后备人才库。建立完善激励机制，鼓励员工参加与自身工作有关的从业资格培训或继续教育培训，年内有68人获得奖励。选派队员代表参加株洲银行业协会"2016年监管法规政策落实年知识抢答赛"，取得第一名。

【打击电信网络诈骗】 天元区联社根据公安部及有关监管部门工作要求，制定电信诈骗紧急止付和快速冻结流程，并在全辖范围内开展了打击电信网络新型违法犯罪情况的检查及相关宣传工作。2016年累计处置电信诈骗事件10余起，避免客户损失20余万元。

【株洲农商行获中国银监会批准筹建】 11月23日，中国银监会下发《关于筹建株洲农村商业银行股份有限公司的批复》，株洲农村商业银行筹建工作取得阶段性成果。株洲农村商业银行由株洲市城郊农村信用社联合社、株洲市天元区农村信用社合作联社合并组建，有在职员工528人，营业网点遍布城乡，截至2016年10月末总资产144.26亿元。（周彪林）

株洲高新区·天元区
ZHUZHOUGAOXINQU·TIANYUANQU
2017年鉴

财税审计

财　　政

【概况】 株洲高新区财政局和天元区财政局按“一套班子，两块牌子”履行双重职能。内设综合法规科、园区财管科、预算科、行财科、企业财务管理科、国库科、社保科、信息管理科、国有资产管理科9个职能科室，归口管理非税收入征收管理办公室、国库集中支付核算中心，财政投资评审中心、乡镇财政服务中心4个二级机构，在职干部职工40人。主要负责贯彻执行国家财税方针政策，深化财税体制改革，组织全区财政收入，编制财政预算并组织执行，管理财政性经济发展支出，预算绩效管理，政府投资项目评审管理，国有资产管理，全区会计管理，镇办财政业务指导，区政府采购管理，区本级财政工资统发等各项工作。2016年，区财政被评为五年一届的全省财政系统先进集体、省级文明单位、全市先进基层党组织；全市财政目标管理考核排名第一，获评优秀等级；获得全市财政系统“两学一做”知识抢答赛第一名。

【预算执行情况】 2016年，全区完成一般公共预算收入70.06亿元，为年度预算的100.99%，比上年增长9.56%。其中：地方收入完成47.75亿元，为年度预算的103%，增长11.75%。完成一般公共预算支出43.5亿元。完成政府性基金预算收入1.12亿元，完成政府性基金预算支出1.77亿元。完成国有资本经营预算收入5500万元，国有资本经营预算支出5500万元。完成社会保险基金预算收入8500万元，完成社会保险基金预算支出6527万元。

【支持发展】 2016年，财政支出全力助推重点项目建设，加大对产城一体建设投入，全年建设支出完成18亿元，重点支持北汽二工厂、中国动力谷自主创新园、天易自主创业园等重大建设项目；积极推广PPP模式，建立PPP项目库，涵盖10个项目，投资规模207亿元；置换地方政府债务14.96亿元，新增地方政府债券1.17亿元；投入园区产业创新发展资金4.28亿元；投入园区产业扶持奖励资金2.63亿元，科技银行实现1亿元积累，撬动10亿元融资，有效缓解区内中小企业融资难的问题。深入开展“企业帮扶年”活动，严格落实减税降费政策和面向小微企业的税收优惠政策，切实减轻企业税费负担。争取到位北汽、美的万豪、湘水湾等项目政策兑现资金3700余万元，指导众普森科技有限公司等10家进出口业务企业成功争取到位235万元中央外经贸发展专项资金支持。

【民生保障】 2016年，全区用于民生的支出完成29亿元，占一般公共预算支出比重的69%。一是教育支出5.67亿元，增长61%，支持新马、尚格、凿石等7所等学校的建设，完善教育经费保障机制，改善教育基础设施条件，落实乡村教师支持政策，健全家庭经济困难学生资助体系，促进教育均衡发展；二是社保和就业支出8.6亿元，增长13%。加大对整合国家危房改造与“五保”政策等资金投入绩效的研究，创新“南江村幸福院财政投入模式”，已建成49家，获评全省首家财政投入模式创新项目，在省内外得到推介。三是医疗卫生支出1.5亿元，增长19%。不断提高城镇居民医保、新农合、人均基本公共卫生服务经费补助标准。四是文化体育与传媒支出0.41亿元，达到人均公共文化支出考核要求；五是大力扶持“三农”发展。全区农林水、镇办等事务支出2.45亿元，增长17%。加大对镇办重点项目支出和运转支出的保障力度。切实加大对基层社区和村的投入。落实各项补贴政策，通过“一卡通”发放各项惠农补贴资金1984万元。

【“营改增”改革】 2016年，“营改增”试点工作全面铺开，税制转换平稳过渡，行业总体税负实现了只减不增。同年，区财政在有效化解“营改增”等政策性减收6亿元，积极化解财力缺口，研判改革政策，把握时点，上半年清欠多组织营业税1.6亿元，增加财力3000万元，减少收入缺口近7000万元。争取到中央财政营改增财力补助6600万元。

【预决算公开改革】 天元区财政部门认真贯彻落实《中华人民共和国预算法》要求，全面实施财政预决算公开，将预决算公开的要求量化、具体化，区本级除1家涉密单位涉密信息外，其他一级预算单位全部公开了部门预决算和三公经费预决算。

【公务卡制度改革】 天元区财政印发《关于区级预算单位实施公务卡强制结算目录的通知》《关于实行公务卡结算支付电子化管理的通知》《株洲市天元区财政授权支付业务操作规程》3个制度，公务卡制度改革覆盖到全区所有国库集中支付改革单位，财政资金管理进一步规范。

【公车制度改革和乡镇国库集中支付改革】 天元区财政制定并上报《株洲市天元区党政机关公务用车制度改革车辆处置方案》，明确车辆处置范围、职责划分及工作步骤。根据天元区公务用车制度改革总体方案基本程序和主要内容，于年底前组织完成80余台车辆封存移交工作。天元区财政制定镇(办)国库集中支付改革实施方案，全面启动镇(办)国库集中支付改革并实现正式上线运行。

【政府采购和投资评审工作】 2016年，加强政府采购管理。完善政府集中采购目录及政府采购限额标准，完成采购规模12064万元，节约率15%。借助园区企业政府采购服务平台，帮助企业取得省内外中标项目16个，中标金额30329万元。加强政府投资评审监管，前移财政投资评审关口，完成园区、市政、教育、民生等134个项目的预决算评审，送审金额87436万元，审减5926万元，审减率6.8%。

【财政管理】 天元区财政深入推进依法理财，以内控基础性评价工作为起点，全面推进全区内控制度建设；严格公务支出管理，“三公”经费开支同比大幅下降；强化专项资金监督检查，清查撤并财政专户，财政专户资金不断规范；落实“纠‘四风’、治陋习”和“雁过拔毛”式腐败问题专项整治有关工作，开展财政资金安全检查；开展行政事业单位国有资产清查，完成全区130家行政事业单位资产清查工作，全面摸清“家底”；加大统筹财政资金和盘活存量资金力度，开展预算单位财政结转结余资金的清理，整合资金近8000万元，确保年初预算重点项目执行到位。

【陈文君获评湖南省人民满意的公务员】 陈文君，女，中共党员，汉族，54岁，本科学历，高级会计师，从事财政工作35年，现任株洲高新区(天元区)财政局党组书记、局长，多次被评为先进个人、优秀共产党员和优秀市人大代表，连续多年考核为优秀，先后被记二等功1次、三等功3次，2016年获评第六届湖南省人民满意的公务员荣誉。她是株洲市财经领域的行家里手，是财政工作方面的专家型领导干部，具有精湛的业务才能和较强的领导才能，为株洲高新区(天元区)财政经济实现跨越式发展做出突出贡献，自2010年12月上任以来，株洲高新区(天元区)财政收入以每年10亿元台阶跨越，2011年30亿元，2013年40亿元，2014年50亿元，2015年60亿元，2016年70亿元。

【全区资产清查】 为全面规范和加强行政事业单位国有资产管理，推进资产管理与预算管理、财务管理相结合，根据省、市《行政事业单位资产清查核实管理办法》的有关政策及要求，株洲高新区、天元区以2015年12月31日为资产清查工作基准日。自2016年4月中旬开始，组织开展全区行政事业单位资产清查工作。此次资产清查工作历时4个多月，完成2016年全区130家行政事业单位资产清查工作。通过此次资产清查：一是摸清行政事业单位资产存量、资产管理情况及资产收益的“家底”，清查出全区各行政事业单位的资产盘盈、资产损失、资金挂账等情况，此次被清查的行政事业单位130家，清查资产总额27亿元，清查负债总额7亿元，这是全区自2000年以来，进行的一次规模最大、最全面的资产清查工作。二是对各单位的实物和账面资产作了认真的清点和清理，并对资产的盘盈、盘亏由会计师事务所出具鉴定报告，全面掌握了行政事业单位闲置资产（包括出租、出借）、担保、对外投资等情况，为进一步盘活现有存量资产得到有效利用奠定了工作基础。三是为促进各单位完善国有资产管理制度，管好用好单位资产，防止资产损失，各部门、单位将利用这次资产清查成果，逐步建立国有资产管理制度，最终实现对单位固定资产建立“一物一卡一条码”的管理制度。四是督促各单位根据资产处置结果及时做好相应的账务调整，如调整会计差错、账表不一致的地方，最终做到账账相符、账表相符，账实相符。五是各单位、各部门的国有资产管理意识得到加强，进一步夯实了国资管理工作的基础。（邓 稳 谭 慧）

2016年天元区一般公共预算收入完成情况表

表9　　单位：万元

收入项目	金额	收入项目	金额
一般公共预算收入	700638	11．车船税	—
其中：税收收入	523175	12．耕地占用税	5911
非税收入	177463	13．契税	89774
税收收入比例（%）	74.67	14．其他税收收入	—
一、地方收入	477508	（二）非税收入	177463
地方税收收入比例（%）	62.84	1．专项收入	13521
（一）税收收入	300045	其中：排污费收入	—
1．增值税	51455	教育费附加	13393
其中：改征增值税	25290	2．行政事业性收费收入	3841
2．营业税	53178	3．罚没收入	596
3．企业所得税（28%部分）	18120	4．国有资本经营收入	—
4．个人所得税（28%部分）	9683	5．国有资源（资产）有偿使用收入	159351
5．资源税（75%部分）	3	6．其他收入	154
6．城市维护建设税	18930	二、上划中央收入	171961
7．房产税	11261	三、上划省级收入	51169
8．印花税	5427	附：国税部门征收	206198
9．城镇土地使用税	10205	地税部门征收	330385
10．土地增值税	26098	财政部门征收	164055

（谭 慧）

2016年天元区一般公共预算支出完成情况表

表10

单位：万元

收入项目	金额	收入项目	金额
一般公共预算支出	434963	10.城乡社区事务	266649
1.一般公共服务	32136	11.农林水事务	15711
2.国防	10	12.交通运输	459
3.公共安全	7623	13.资源勘探电力信息等事务	4570
4.教育	56668	14.商业服务业等事务	20
5.科学技术	7767	15.国土海洋气象等	1
6.文化体育与传媒	4114	16.住房保障支出	1834
7.社会保障和就业	18840	17.粮油物资储备事务	182
8.医疗卫生	14705	18.债务付息支出	1888
9.节能环保	1786		

（邓　稳）

国家税务

【概况】 2016年，株洲市天元区国家税务局在职干部职工108人，其中公务员101人，事业干部5人，工勤人员2人。区局内设13个科室，下辖1个税务分局。负责辖区6446户企业，8218户个体户的税收征管。其中一般纳税人2423户，年纳税（国税部分）500万元以上的税源大户57户。2016年，区国税局组织各项税收收入20.6亿元，同比增收2.79亿元，增长15.65%。

【税收征管】 2016年，区国税局克服经济减速、结构减税、行业减收的压力，坚持组织收入原则，始终保持迎难而上、真抓实干的劲头和勇气。班子成员分片负责，及时解决收入工作的困难和问题；收核部门做好税收预测分析，合理分配税收计划，加大收入工作的调控力度。税源管理部门及时监控纳税人申报情况，逐户催报催缴，扎实开展风险排查以及日常征管，集中开展药店、汽车修理、大中型超市等行业专项税收整顿。全年组织收入20.6亿元，完成年初目标的106.11%，同比增收2.79亿元，增长15.65%，收入增长额连续2年稳居全市第一，占全市增长总额53%。

【税制改革】 2016年，区国税局全面“营改增”平稳落地。此次“营改增”试点纳税人4603户，占全市总户数的四分之一。区国税局全力以赴，迎难而上，连续夺取“开好票”“报好税”“分析好”“改进好”四场战役的胜利。四大行业入库税收5.1亿元，占全市四大行业税收的42%。积极推行微信分流、预审分流、场地分流、快道分流、车辆分流等方式，缓减办税压力；局领导带头在办税厅值班，“营改增”专干现场指导纳税人办税；业务部门“白+

黑”“5+2”，按质按量完成了信息采集录入工作；法规部门印发宣传资料5000余份，群发政策信息上万条；开展营改增培训12期，培训纳税人4000余户；团支部组织青年税干走进湖南工大学举办营改增知识抢答赛，在广大师生中引起强烈反响。

【纳税服务】 2016年，区国税局突出便民利民，劲吹便民春风。开展需求大征集，服务大走访活动，党组成员带队，广泛征集纳税人意见、建议，及时帮助解决一些涉税难题。减税降负提速，税户更加满意。全面落实改善民生、高新技术企业等系列税收优惠政策，累计减免税额4.7亿元。加强政策宣传和辅导，为促进小微企业发展减免税额2401万元。办理增值税退税额7313万元，企业所得税减免税额1.7亿元。

【国地合作】 2016年，天元区国地税合作事项不断推进。联合办理税务登记，联合开展纳税人业务培训，联合纳税信用评价，联合为大企业提供个性化纳税服务，联合服务管理“走出去”企业。全年召开联席会议5次，共享非正常户、定期定额户、欠税户等涉税信息超过5000条。与地税局“互派人员、互设窗口”，响应株洲市企业帮扶年号召，联合走访多户企业，为纳税人答疑解惑，受到好评。天元区国税局推进国地税合作得到区委区政府领导的批示赞扬，受到国家税务总局肯定，并在总局简报上推广。

【信用评价】 2016年，区国税局加强信用建设，营造良好环境。与区地税局联合开展信用评价，参加评价的纳税人2813户，最终评定A类55户，B类2093户，C类399户，D类266户；对纳税信用评价实施动态管理，对英大泰和财产保险股份有限公司株洲中心支公司、中信银行股份有限公司株洲支行、湖南省地质工程勘察院进行信用等级调整；联合推进“银税互动”，放大诚信纳税效应，协助9户中小企业通过“税融通”“税易贷”等项目获得贷款超过2000万元；依法为3户纳税人提供相关信用信息证明，为辖区内广大纳税人，特别是小微企业解决融资难题，助力企业发展。

【队伍建设】 2016年，区国税局以增强“三员”（共产党员、公务员、税务人员）身份意识为抓手，深入推进“两学一做”学习教育，推动规范党建工作纵向发展。坚持领导带头学习，开展手抄党章、参观红军标语博物馆、重温入党誓词等活动，确保每一名党员对学习教育的切入点、关键点、落脚点心中有数。扎实开展“雁过拔毛”式腐败问题和“纠‘四风’、治陋习”专项整治工作，压实两个责任，坚持把纪律规矩挺在前面。不断完善内控外评机制，建立联席会议制度，防范执法风险。结合“五四”青年节活动，组织参观胡耀邦故居，进行勤政廉政宣誓，营造浓厚的廉政文化氛围。60多名干部克服诸多困难，利用业余时间加班加点，参加天元区机关干部职工大合唱比赛并荣获二等奖。

【党委换届】 2016年，区国税局根据《中国共产党党和国家机关基层组织工作条例》《中国共产党基层组织选举工作暂行条例》有关选举工作要求和规定，做好党委换届选举工作。制定实施方案，由各支部推荐，党组研究，确定党委委员候选人名单。7月4日召开全体党员大会，采取无记名投票的方式，选举产生新一届党委委员，选举彭学里为党委书记、唐可华为党委副书记。同时做好3个支部改选，配齐支委成员。

【创建学习型机关】 2016年，区国税局持续开展“3331”，用3年的时间（2015—2017），树立3个层次（局长和副局长、科长和副科长、科员3个层次中均要有注册会计师、税务师、律师，打造3个门类

（注册会计师、税务师、律师），3年内“三师”（注册会计师，税务师，律师）人数占全局干部总人数10%以上人才工程。年内，“三师”团队继续壮大，5名干部成功通过国家税务师资格考试，全局“三师”比例达9.26%。岗位大练兵、业务大比武成绩斐然，实现代表市局参加省局竞赛人数全市第一，入选专业骨干人数全市第一，备战总局竞赛集训人数全市第一，2名干部成功入选省局素质提升“115”工程——专业骨干项目。创建学习型税务机关工作被市局评为2016年亮点工作一类项目。（汤艳桃）

2016年区国税局分税种完成情况表

表12　　单位：万元

项目	入库收入	上年同期入库	同比增减额	同比(%)
工商税收合计	206173	178265	27908	15.66%
1. 增值税	146485	121375	25110	20.69%
2. 消费税	24666	15152	9514	62.79%
3. 企业所得税	35022	41738	−6716	−16.09%

（汤艳桃）

地方税务

【概况】 2016年，株洲市高新区（天元区）地方税务局现有在职干部92名，内设机构11个（4个管理科、7个内设科室），直属机构2个（办税服务厅、稽查局），派出机构2个（两个税务征收分局）。全年区地税局完成各项地税收入22.03亿元（不含契税），同比增收11199万元，契税完成8.98亿元。2016年5月1日前完成了“营改增”税制改革，全面深入推进国地税合作，积极主动开展地税征管转型探索，并取得了阶段性成果。队伍建设与文明创建工作均稳步推进，队伍凝聚力、战斗力进一步增强，2016年获得“共筑中国梦、唱响新区情”天元区机关干部职工合唱比赛二等奖。

【组织收入】 2016年，区地税局完成各项地税收入22.03亿元(不含契税)，同比增收11199万元，契税完成8.98亿元，圆满完成了市局和区政府下达的税收任务。在组织收入过程中，严格遵守收入纪律，没有“空转”、收“过头税”、混库、混级次等违规行为，确保收入实实在在、有质量增长。

【清理欠税】 2016年，区地税局成立欠税清理领导小组，定人定责，组织对辖内欠税企业进行“地毯式”全面摸底清查，重点突出清理房地产、建安企业欠税大户，施展全面清算、欠税公告、协控联管等“组合拳”，对难以收回的欠税及时向区委区政府汇报，借助区公安局经侦大队集体约谈8户欠税大户，及时催缴税款；对欠税“钉子户”敢于亮剑，严格采取查、冻、扣等税收保全和强制执行措施，确保尽最大努力清理了辖内欠税。全年清出营业税欠税近2亿元。

【营改增】 2016年，区地税局按照上级要求，成立“营改增”工作领导小组，全面部署推开“营改增”。通过主动上门、发放纳税事项告知书、召开座谈会等各种手段做好“营改增”宣传辅导工作，从政策对接，到纳税服务，主动与区国税沟通衔接，有力保障业务运转衔接有序。此次区地税局向区国税局移交建筑业、销售不动产、金融业和生活服务业纳税人3326户，交接资料户籍零差错、数据零差错，确保在5月1日前全面完成了“营改增”工作。

【国地税合作】 2016年，区地税局推动国地税纳税服务深度融合，与区国税局先后5次召开联席会议，联合下发合作方案及实施细则，对总局国地税合作规范(3.0版)的51个合作项目及相关工作规程进行深入探讨，建立健全合作机制。国税、地税互设窗口，互派人员，实现联合办税；联合开展税法宣传1次、纳税人培训班9次；联合共享征管数据5000余条；联合开展税收分析1次；对2153户纳税人联合开展信用评价；响应株洲市企业帮扶年号召，联合走访多户企业，为纳税人答疑解惑，受到纳税人好评。

【征管转型】 2016年是地税征管转型年，针对“营改增”后地税“以票控税”手段丧失、税源管理难度加大等问题，区地税局主动探索转型，强化地方税种管理。以个人所得税为重点，低税负起步，普遍征收，增强个体户纳税意识，个体户征管扩面50%；针对行政事业单位税收管理不到位、代扣代缴不规范等问题，主动作为，规范税收秩序，全年新增121家办证行政事业单位；坚持以综合治税取代以票管税，加强第三方信息采集与应用，推进部门协税、社会综合治税，与工商局实现个人股权转让信息共享和联动，实现源泉控管，入库股权转让个人所得税税款142.60万元；土地使用税管理充分运用“以地控税”手段，通过与国土局进行信息比对，新增税源信息77条，年税源1272.85万元，实际补缴税款1347.54万元、滞纳金13.64万元。

【纳税服务】 2016年，区地税局完成办税大厅改造，增设办税服务窗口，对办税大厅各功能区进行重新规划改造，增添排队等候座椅、资料填写桌，新设导税台；完善压力舒缓室，严格强化领导值班制度，办税服务厅管理更加规范，服务更加便捷优质。充分发挥税收政策作用助推经济社会发展，为超过7000户纳税人办理完成房产交易契税减免手续，减免契税6175.25万元；受理土地使用税困难减免35户次，减免金额474.10万元；房产税困难减免30户次，减免金额663.07万元；企业所得税优惠备案13户次，减免企业所得税2740.55万元。组织开展“问需求、优服务、促改革”活动和“企业帮扶年”活动，走访纳税人105户，发放回收纳税人满意度调查问卷136份，收集纳税人意见及建议30条，主动对接、协调解决企业税收难题，收到纳税人手写表扬信1封，锦旗1面。

【队伍建设】 2016年，区地税局交流轮岗干部40人，择优选出2名中层正职、4名中层副职。着力提高干部的基础能力、岗位能力、专业能力，精心挑选16名年轻骨干力量参加市地税局组织的辽宁税专培训，年内举办各类培训班10余期，有2人获得“市局征管能手”，新增1名“三师”人才。组织实施“三员”考核，利用绩效考核激发队伍活力，全年绩效考核处罚46名人员，扣发奖金近万元。

【文化建设】 2016年，区地税局强化文化引领，进一步挖掘“兴税惟新、止于至善”文化主题内涵，完成文化展厅规划。推动省文明单位届满再创工作，进一步完善“三室一厅”建设，美化办公楼院落，开展“道德讲堂”活动，组织志愿者活动传播正能量，组织参加演讲比赛、合唱比赛、趣味运动会活动，增强全体党员奉献地税事业的责任感、归属感和成就感。罗希在市地税局“为党旗添彩为税徽争光”演讲比赛中获得二等奖；区地税局合唱代表队在天元区机关合唱比赛决赛中获得二等奖。

【党风廉政建设】 2016年，区地税局认真落实全面从严治党要求，稳步推进“两学一做”，通过邀请党校专家解读，组织干部到法院现场旁听庭审，局领导带头讲党课，开展专题讨论，撰写心得体会，挖掘“我身边的优秀党员”彭力峰的优秀事迹等方式抓好“学”；通过认真落实党建“一岗双责”，健全完善党建工作责任制和工作格局，实行党员量化考核，开展精准扶贫、重点帮扶活动，拨付帮扶款3万元，带领干部深入帮扶点扶贫，用实际行动落实“做”。进一步规范内部行政管理，完善政府采购、财务管理等后勤管理制度，严格按照政府招标程序规范采购行为，减少人为干预，确保“阳光采购”；完成公车改革；严控财务收支规模，三公经费同比下降21.43%。狠纠不正之风，开展“雁过拔毛”式腐败和“纠四风、治陋习”专项整治，开展“四风”问题提醒谈话3人次，对13名干部进行经济处罚，队伍作风持续好转。（资 娟）

2016年天元区地税分税种入库情况表

表13 单位：万元

税 种	本年累计	同比增减额	同比增长(%)
总收入合计(不含契税)	220292.37	11199.60	7.55
税及五费	210002.44	—	—
税及附加	208478.40	9865.77	4.97
一、纯税合计	196529.19	10808.65	5.82
增值税	217.16	217.16	100.00
营业税	60924.28	0.00	0.00
企业所得税	29834.86	11255.51	60.58
个人所得税	25629.20	1569.72	6.52
资源税	4.48	−8.42	−65.25
城市维护建设税	16870.54	−1285.20	−7.08
房产税	11260.51	−538.22	−4.56
印花税	5193.43	561.31	12.12
土地使用税	14578.73	2279.08	18.53
土地增值税	26098.39	3062.53	13.29
车船税	6.91	3.89	128.77

续表 13

税 种	本年累计	同比增减额	同比增长%
耕地占用税	5910.68	-6308.71	-51.63
二、费金合计	23763.18	390.95	1.67
教育费附加	7179.03	-805.08	-10.08
地方教育费附加	4770.17	-137.80	-2.81
其他罚没收入	14.52	-19.99	-57.93
文化事业费	47.63	-76.69	-61.69
社会保险基金	8497.41	1197.09	16.40
残疾人就业保障金	366.37	28.86	8.55
工会经费	1772.81	59.09	3.45
防洪保安资金	1110.04	168.42	17.89
价格调节基金	5.19	-22.95	-81.56
三、契税	89774.38	-7489.92	-7.70
四、个人代开	2339.14	234.97	11.17

（资 娟）

审 计

【概况】 株洲市天元区审计局（以下简称区审计局）为株洲市天元区人民政府工作部门，正科级行政单位。内设办公室、经济责任审计办公室、财政财务收支审计组等3个科室，核定机关行政编制7名、机关后勤服务全额拨款事业编制1名。下设天元区建设项目审计监督中心，副科级全额拨款事业单位，核定事业编制6名。2016年，区审计局（含二级机构）实有在编人员11人，其中具有注册会计师、注册造价工程师等执业资格6人。

2016年，区审计局紧紧围绕新区中心工作，全面推进落实审计“全覆盖”要求，以理念创新引领审计工作，突出重点，强化服务，充分发挥国家审计在促进经济和社会发展中的作用，审计工作的力度、广度、深度不断拓展，审计工作层次和水平不断提升。全年共完成审计项目139个，为年度计划的100%，其中：预算执行审计项目5个，经济责任审计项目9个，基建审计项目122个，民生和其他专项资金审计项目3个。共查出违规金额3118万元，管理不规范金额139032万元。审计处理处罚96784万元，其中：应上缴财政22923万元，应归还原渠道资金55万元，应调账处理金额73806万元。审计基建工程结算金额330866万元，核减金额6529万元。提交审计报告97篇，提出审计建议并被采纳114条，报送审计情况专报1篇、审计要情1篇，送达审计督促整改通知书1份，公开审计结果1篇。向区纪检机关移送违法违纪问题线索2件。2项审计技术成果分获省审计厅应用奖和鼓励奖。区审计局党支部被工委、区委评为2016年度“‘动力引擎’—先进基层党组织”称号。

【财政预算执行情况审计】 2015年度区本级财政预算执行和其他财政财务收支情况审计，围绕财政资金的收支与管理使用这条线，落实全口径财政预决算监督要求，在新预算法的框架下重点突出财政预算编制的科学性、财政资金保障能力、使用效益等方面的审计，延伸审计区治违监察大队、原区计生局、原区卫生和区产业局等四个单位的部门预算执行和专项资金使用情况，查出应缴未缴预算收入等违规和管理不规范金额98570万元，注重从体制、机制、制度层面分析原因，提出加大往来款项清理、盘活财政存量资金、加强偿债资金预算管理、强化预算单位财务管理等建议和意见，促使区财政部门不断深化财政体制改革和健全公共财政体系，进一步提高财政管理水平。审计结果向区人大常委会进行了报告，并在政府门户网站进行了公开。

【领导干部经济责任审计】 2016年，区审计局共完成9名领导干部经济责任审计，审计结果报告全面反映了领导干部对重大经济决策、财政管理以及“三公”经费支出等方面的履职情况，查出未按规定纳入预算管理等违规和管理不规范金额31140万元。为提高审计效率，区审计局将原区卫生局、原区计生局、区治违监察大队等三个单位的部门预算执行情况审计和经济责任审计相结合，实现一次进点，完成两个任务，出具一份部门预算执行情况审计报告和一份经济责任审计报告。同时大胆创新审计方式和方法，通过撰写《审计情况专报》、《审计要情》，向区领导报告审计查出的突出问题，引起高度关注，并获限期整改批示；通过向被审计单位的主管部门下达《审计督促整改通知书》，有效促进审计查出问题的整改落实，提高了领导干部增强依法行政、依法理财和廉洁自律意识。

【建设项目竣工结算审计】 2016年，区审计局基建审计继续以规范政府投资行为，提高审计效率，提升审计质量，防范审计风险为目标，积极探索审计购买社会服务方式，建立健全了天元区政府投资项目工程造价咨询中介机构备选库，招标确定30家入围中介机构。全面加强基建审计内控管理，疏理完善《高新区、天元区基建项目审计流程和审计时限的规定》等规章制度，严格贯彻执行建设单位初审、外委中介机构复审(审计人员复审)、审计人员复核(交叉复核)的“三审”终审审计制度，不断强化重大项目跟踪审计，确保基建项目审计服务质量保持规范、高效的水准。审计报告(审计说明)全面披露基建工程项目存在“超计划超规模建设、违规招投标、建设单位肢解发包工程”等突出问题，提出合理化建议和意见，促进被审计单位进一步加强建设项目管理，切实保障政府投资效益最大化。全年共审计基建投资审计项目122个，审核工程结算金额330866万元，审定金额324337万元，审减金额6529万元，查出超规模超标准项目资金11116万元。此外，区审计局会同天易集团、区法制办等单位多次与中建五局协商，协助核减月塘生态新城拖欠工程款财务费用3300万元。

【专项资金审计】 2016年，民生审计加大对保障性住房、医疗保险等民生工程和专项资金的审计监督，围绕关系国计民生的重点问题开展审计和审计调查，跟踪检查相关惠民政策贯彻落实情况，促进更好地统筹民生改善与经济发展。年内，重点抓好省厅统一部署的荷塘区2015年保障性安居工程交叉审计、天元区2016年医疗保险基金审计、区人防下洞费补助发放情况专项审计调查等民生和其他专项资金审计项目，查出资金滞留闲置等违规和管理不规范金额1324万元，着力揭示和反映政策落实情况，政策目标是否实现以及资金分配情况，财务核算和管理中存在的问题，促使有关单位进一步加强专项资金管理，确保专项资金使用的规范性、科学性。

【党风廉政建设】 2016年，区审计局切实加强党风廉政建设，深化对权力运行的制约和监督，从严治理审计队伍，不断增强自身免疫力。一是全面落实党风廉政建设主体责任，主要领导担任第一责任人，分管领导认真履行“一岗双责”责任，切实加强审计廉政纪律的监督。二是夯实党建基础。组织局党支部换届选举，及时配齐配强支委班子。切实加强党员管理，补缴党费1.2万元，发展预备党员1名。抓实党组民主生活制度落实，党组织解决自身问题和领导单位发展的能力也得到了有效提高。三是打牢廉洁从政意识。以学习教育活动为抓手，开展廉政法规的学习，不断提高审计干部廉洁意识。对照廉政准则八个方面、审计“八不准”工作纪律，规范审计干部从审行为，严格控制项目质量风险和自身廉洁从审风险，全年实现了审计质量无复议，机关效能无违纪，党风廉政无举报。四是加强内控机制建设。扎牢廉政建设的制度“笼子”，严格执行“三重一大”决策制度，重大问题与班子成员互相沟通，反复研究，形成一致意见，自觉维护班子团结和单位整体形象。（张荐钧）

建设·环境保护

城 市 规 划

【概况】 株洲市规划局天元分局（简称天元分局）是株洲市规划局直属的正科级事业单位，主要职责是负责天元区范围内集体土地上的乡村建设项目规划许可，协助配合完成天元区范围内的规划编制工作，协调推进天元区范围内的项目建设，按照职责分工做好天元区范围内的拆违控违工作。2016年，天元分局一是积极配合完成相关规划编制。协助完成三门镇、雷打石镇"多规合一"下的镇总体规划初步成果编制工作，会同天元区城乡建设局与市规划院签订天元区范围内的村庄规划设计合同，配合完成武广片区02、03单元等控制性详细规划的调整审查。二是提升项目审批服务效能。村民建房审批以规划中心所为主体，定期会同乡镇、国土部门进行实地踏勘。全年完成村民建房踏勘433户，上报市局私房联席审查会过会235户。完成莲花社区服务中心选址、竹山安置小区、月塘安置小区、泉源小区项目审批及方案审查。核发竹山小区北部地块（天元名门）、安泰小区二期、泉源安置小区项目建设工程规划许可证。三是协调推进重大项目建设。完成湘江大道群丰镇服务区拆迁安置点的选址工作、湘江段群丰砂石码头初步设计方案审查、湘江大道雷打石镇安置点总图调整（因地质原因）、湘江大道高台岭安置点用地范围及总平面图调整。四是严格依法做好拆违控违。拆违控违工作实行网络化管理，责任到人。每周一检查，月度一考核采取明暗检查相结合，举报及时一案一查处。协助区拆违大队做好拆违工作，拆除永久性砖混建筑物24处，总计建筑面积10531.68平方米；拆除简易结构建筑149处，总计建筑面积33165.57平方米；控制违法建设124处，总计建筑面积22544.36平方米；服务项目建设拆除违法建筑93处，总计建筑面积98675.38平方米。

【启动"多规合一"工作试点】 2016年，按照全市在"一区一县九镇"开展"多规合一"工作试点的统一部署（含天元区三门镇），天元分局先后配合区相关部门组织召开规划研讨会、专家评审会、技术审查会，就三门镇"多规合一"下的镇总体规划编制听取有关部门的建议与意见，确定专门的规划编制工作队伍，在初步成果出台后参与进行技术审查，确保形成高质量的规划成果。

【推进村民集中居住点建设】 2016年，市城乡统筹考核任务要求每个县（市）区至少建设一个农村集中居住点。天元分局在报区政府常务会议审议通过后，确定湘江大道拆迁所涉及的群丰、雷打石2个镇8个村（社区）234户，采用择址连片重建的方式进行安置，并由政府相关部门统一组织选址、设计、完成宅基地"三通一平"工作，然后由农民严格按照设计图纸，统一外立面建筑风格、材质、颜色自行进行施工建设。在整个安置点按照规划设计要求建设完工，经验收合格后，采取以奖代补的方式，按每户2万元的标准进行奖励。（李 礼）

城 市 建 设

【概况】 株洲高新区开发建设局作为高新区管委会内设机构，与天元区城乡建设局一个机构两块牌子，为区人民政府工作部门。根据最新"三定"要求，主要职责是负责局属城区市政工程建设及水、电、气、通讯等配套协调工作，负责农村公路建设管理；负责园区工业项目建设协调和服务，及区重点建设项目的协调、调度、督查和考核；负责园区内工业项目及市政项目施工许可审批、发证和建工统计工作，指导全区乡镇规划工作；负责全区安置房建设管理，配合开展全区保障性住房、农村危房改造、棚户区改造等工作，协调安置房办证历史遗留问题；负责本区园林绿化养护工作及市政基础设施日常管理和养护。内设综合科、工程管理科、规划管理科、建设管理科、住房保障科、市政园林管理科六个科室，归口管理区重点建设工程管理办公室、区交通公路管理站、区市政工程维护处。局机关有工作人员29人(局在编人员24人，区聘2人，局自聘人员3人)，重点办3人，交管站7人，市政工程维护处66人。

2016年，全区完成市政基础设施建设完成投资约18.32亿元；房地产开发项目完成投资101.86亿元，同比增长6.0%。全区商品房销售面积260.88万平方米，同比增长24.3%；2016建筑业同比增加值7.0%。全年城市建设围绕“全市争第一、全省争一流、全国争前移”总目标和“转型升级”总战略，区建设局积极主动适应职能转变要求，以项目建设为抓手，突出抓好园区管理服务，持续加大市政基础设施建设力度，扎实推进各项工作，取得较好工作成绩。获评2016年度全市交通运输发展目标管理考核先进单位、2016年全市“项目攻坚年”活动考核先进城区、2016年“企业帮扶年”工作先进单位、2016年投资统计工作先进单位；2016年全区计划生育综合治理工作红旗单位、2016年度安全生产工作先进单位、2016年投资统计工作中先进单位、2016年年鉴工作先进单位；区市政工程维护处获2016年天元区文明建设工作先进单位、2016年天元区无偿献血工作红旗单位。

【市政建设】 2016年，超额完成市政基础设施建设，构建和丰富城市交通的“毛细血管”。全年投资4445万元，启动15条城区小街小巷改造。完成城市风景东侧城市支路、株洲大道南辅道旁支路(大汉惠普段)、规划06路、长江广场改造、黄河路(天台路－黄山路)拓宽改造以及长江南支路一、二新建工程等7个2016年市交通畅通3年行动计划考核项目；建宁中学学生出入通道道路提质、西环线辅道旁支路、新闻路车道拓宽、珠江北路香山美境路口改造等4个区人大、区政协委员建议案的督办项目全面完成。

【城镇基础设施建设】 2016年，加快乡村路网构建，不断完善农村功能。重点以断头路、连通路、“窄路加宽”工程为主体思路推进乡村路网构建，全年财政投入1000万元，完成村道硬化及窄路加宽里程60公里。投入180万元，完成S335三月线、Y053霞石至铁篱、Y049泉丰至响水等3条农村公路22.2公里道路安保设施建设。加强对农村公路的管理养护，实现农村公路养护常养率100%，路况优良90%以上。

【园区服务】 2016年，园区项目建设服务再提速。在严格承接市级下放管理权限的基础上，进一步完善和简化项目报建审批流程，压缩审批时限，最大限度实现审批的“提速”“提质”“提效”，“三证”办理较以前提速1/3以上。对建设项目实行提前介入、靠前服务，由“找上门”变为“走上门”服务，真正为企业当好参谋和助手。对新入园的北汽二工厂、紫金科技等项目从项目前期、项目申报、组织实施等方面全程进行跟踪服务，为园区项目报建提供全方位、保姆式贴身服务。建立审批工作责任制和审批监督制约机制，推行容缺办理，最大限度方便园区企业。全年依法依规为新入园企业审批“建设用地规划许可证”11本，核发用地面积73.38万平方米；审批发放“建设工程规划许可证”24本，审批工程占地面积94.59万平方米；审批发放“建筑工程施工许可证”31本，审批建筑面积52.55万平方米，工程总造价11.82亿元；对政府融资平台公司投资建设的重点工业项目，尝试办理“建筑工程临时施工许可证”，发放“建筑工程临时施工许可证”3本。

【住房保障】 2016年，加快保障性住房建设。按照“公开、公平、公正”“自愿自主”的原则，加快农村危房改造进度，全年完成农村危房改造90户，推广五保危房集中联建模式，新建集中联建点7个，47户。全面建成新马动力创新园二期248套公租房建设，发放廉租补贴340户。

【市政园林】 提高城市设施管养水平，营造良好的城市环境。全区纳入管养的城市道路450万平方米、雨污排水管道422公里、雨污窨井1.7万座、排水明渠17公里、各类桥梁20座。在经费不足人员偏少的情况下，全年累计完成辖区沥青路面铣刨16849平方米、沥青路面修复34491平方米、砼路面及基础处理5520平方米、开槽灌缝116010米、人行道修复14695平方米、下水管道疏通13350米、清掏检查井40927座；完成栗雨湖周边水系雨污水管道改造、黑龙江路和汇加路交叉口水患整治工程、泰山西村护坡加固及挡墙加固工程。围绕“提升绿化景观品位，打造精品小游园”，对辖区范围内263.67万平方米绿地草花进行定期维护管理，全年更换草花6次；办理破占绿审批28起，破(占)道审批79起。投资140万元，完成海天路和老年公寓2个小游园建设。

【重点项目建设】 2016年，全区列入市重点建设项目44个，计划完成投资133.6亿元，实际完成投资156.5亿元，超额完成投资22.9亿元，为计划投资的117.13%。产业类项目26个，计划完成投资76.17亿元，实际完成投资86.6亿元，为年计划的113.7%。北汽二工厂发挥龙头企业作用，计划完成投资20亿元，实际完成投资25.46亿元，占产业类项目投资的29.4%，带动海纳川零部件产业园、首鹏汇隆、汽车零部件产业基地等配套项目建设。天易科技城自主创业园一期计划完成投资10亿元，实际完成投资11亿元，占产业类项目投资的12.7%，引进长城电脑、立方新能源等项目打造电子信息产业园区。基础设施类项目14个，计划完成投资55.38亿元，实际完成投资67.43亿元，为年计划的121.75%。完成投资超10亿元项目3个：武广新城综合开发计划完成投资20亿元，实际完成投资24.88亿元，占基础设施类项目投资的36.9%；新马EBD计划完成投资10亿元，实际完成投资11亿元，占基础设施类项目投资的16.3%；新马汽车零配件产业园基础设施计划完成投资16.68亿元，实际完成投资17.18亿元，占基础设施类项目投资的25.5%。完成投资比例超180%项目3个：湘江大道、湘江七桥、武广高铁连接线(城发段)。

【重点项目建设后续能量足】 2016年，全区新开工项目目标任务13个，实际有19个开工建设。其中旭阳轨道交通生产基地、三中心建设、株百天元城、天元区公共停车场、新马学校等项目均大幅超额完成年计划投资。竣工项目全年目标任务8个，实际竣工项目10个。日望精工、高性能精密复杂硬质合金切削刀具、长城电脑基地三个项目实现竣工投产；规划150、151路两个新建项目2016年开工，年内实现竣工。

【村庄规划】 2016年，区建设局助推新型城镇化建设。一是启动“多规合一”规划编制工作。按照市区工作要求，启动三门、雷打石两镇“多规合一”规划编制工作，经过设计院前期摸底、调查、征求意见，已完成初步成果。二是完善村庄规划。围绕建设绿色城市、特色乡镇、美丽乡村、生态绿廊的目标，按照“做大做强城镇、做精做美乡村”的总体思路，结合村庄合并的实际，对原已编制的村庄进行调整与增加。全年指导编制和修编村庄规划11个，其中三门镇7个，雷打石镇4个。三是调整村道规划。围绕实现镇村到城区的半小时交通圈，适当调整县、乡、村道交通网络规划，重点突出村道与主干道公路的对接，打造村村通和组组通道路。

【民生100工程】 2016年，区建设局完成“民生100”工程考核目标任务。全年完成1724户棚户区及保利花园605户改扩翻项目，完成安置房办证358户，办证量占考核任务的178.1%。完成22.2公里农村安保设施建设，设置护栏、警示桩、反光镜、减速带、标志标牌等，完成曾家桥危桥改造，提高道路安全系数。完成农村公路提质改造26公里，考核任务完结率236.4%。新建农村客运招呼站16个，行政村客运班车通达率100%，提前完成小康社会建设目标要求。

【点亮天元】 2016年，区建设局持续推进并优化“点亮天元”工程建设。在三门、雷打石、群丰等三个乡镇13个村（社区）部分村民集中居住点和主干道路组织实施“点亮天元”工程建设，安装路灯460盏，解决百姓夜间出行问题。 （林 琳）

2016年天元区市政基础设施建设项目表

表15

序号	项目名称	起止点	性质	建设规模	项目投资（万元）	开工时间	竣工时间	备注
1	长江南支路一新建工程	长江南路—城中村房屋	新建	长200米，宽14米	200	2016.03	2016.06	
2	长江南支路二新建工程	滨江路—规划118路	新建	长170米，宽15米	170	2016.03	2016.06	
3	城市风景东侧城市支路新建工程	规划50路—城市风景南侧大门口	新建	长285米，宽12米	198	2016.03	2016.06	
4	规划06路一期	长江北路—规划05路	新建	长168米，宽15米	194	2016.08	2016.12	
5	株洲大道南辅道旁支路	黄河北路—西环线辅道	新建	长126米，宽15米	130	2016.06	2016.08	
6	西环线辅道旁支路	黄河北路—株洲大道	新建	长450米，宽6米	650	2016.01	2016.12	
7	黄河路拓宽工程	黄山路—天台路	改建	长1396米，车道拓宽	1000	2016.06	2016.12	
8	长江广场交叉口改造工程	长江广场右拐弯车道拓宽	改建	车道拓宽	300	2016.09	2016.12	
9	建宁中学道路	珠江南路	改建	长100米，宽12米	70	2016.09	2016.10	
10	新闻路车道拓宽	新闻路	改建	长20米，宽1.5米	20	2016.09	2016.10	
11	珠江北路香山美境路口改造	珠江北路四街区	改建	长80米，宽8米	50	2016.10	2016.11	

（黄 江）

城 市 管 理

【概况】 天元区城市管理和行政执法局内设办公室、综合管理办(办证服务中心)、考核办、业务法规室4个科室，下设城市管理行政执法大队、环境卫生管理处、物业管理处、数字化城管监督指挥中心、会计核算中心5个二级机构，主要负责全区道路、广场、公共场所的市容监察、卫生清扫保洁、协调指导辖区内物业管理和全区数字化城市管理的监督、指挥、调度等。2016年，天元区率先试点城市网格化管理，将城管执法重心向街道、网格下移；投入1100多万元，完成5座乡镇垃圾直运站建设和垃圾清运招标，率先实现城乡生活垃圾处理一体化；积极推进老旧小区改造和棚户区改扩翻，改造完成老旧小区25个；将新马工业园周边等建成道路全部纳入日常清扫保洁范围，园区管理标准同主城区实现同步。全年城市管理总奖金、总分数位列全市第一，获城市管理优秀城区。

【成立区城市管理委员会】 2月26日，区政府决定成立以区长为主任，相关区领导为副主任，区监察、财政、人社、编办等23个部门为成员单位的区城市管理委员会，建立联席会议制度，定期研究城市管理重点难点问题，实现对全区城市管理工作的统一组织、指挥、调配和协调，建立起真正意义的大城管格局，并由城管局承担区城市管理委员会办公室日常性工作。

【率先实现城乡生活垃圾处理一体化】 2016年，区城管局按照全区机构改革工作要求，新增对全区城乡同治的指导、协调、监督和考核职能。对照工作要求，进一步强化对乡镇环境卫生和城管执法工作的指导，初步建成了城乡管理体制、考评体系、垃圾处理、城管执法“四统一”的工作机制。深入实施城乡同治，实现垃圾处理减量化、资源化、无害化处理。全年投入1100多万元，完成5座乡镇垃圾直运站建设，购置垃圾清运车4台，垃圾压缩箱9台，并完成垃圾清运市场化招标，农村垃圾直运站于10月正式投入使用，天元区率先在全市实现城乡生活垃圾处理一体化。

【试点城市网格化管理模式】 2016年，天元区率先在全市试点城市网格化执法模式，将城管执法重心向街道、网格下移，以网格为单位开展城管执法和市容纠章，每个街道设立一支城管中队，建立城管大队、街道办事处双重管理机制，实行网格长负责制，做到日常监管在网格，考核奖惩在网格，责任落实在网格。

【园区管理与主城区实现同步】 重拳整治园区城市管理问题，成立直属中队，实现对园区渣土问题的专人、全天候监管；在园区道路建立洗车平台4个，严控渣土车辆进出，按照“道路建成即列入移交、建成即同步管理、建成即同一标准”的原则，将新马工业园周边等建成道路全部纳入日常清扫保洁范围，实现城市管理标准全城同步。

【推进老旧小区物业管理全覆盖】 2016年，区城管局继续推进老旧小区实施物业管理工作，投入600万元完成锦吉家园、金泉等23个小区的基础设施改造；按照全市棚户区改造统一安排，组织实施改扩翻项目，区财政配套投入120万元完成保利花园小区606户的翻新改造。

【建立区领导督查城市管理工作机制】 9月起，由区城市管理委员会牵头，每周安排区委常委和城管委领导分组对城市管理工作情况开展督查，并将结果纳入区级城市管理宏观考评和单位月度绩效考核，区委书记周建光、区长董巍等分别带队进行督查，现场交办问题。全年开展督查24次，交办重难点问题60余处。

【市容市貌整治】 加强联动协调，联合交警开展车辆违章占道经营、无牌渣土车违章运输等专项整治；坚持以人为本，合理进行新疆摊贩管理，联合公安等部门妥善处理金锦路、天伦路、二宫前坪等9处违规摊贩；注重长效，开展机动车乱停放、违规招店牌、早夜市等专项整治，共处罚机动车乱停放4300余台次、拆除破损违规招牌1300余块；强化渣土监管，加大对偷倒渣土、不按审批路线运输等典型违规车辆的处罚力度，查获渣土车辆违章现象860余起，市容管理水平不断提升。

【环境卫生干净整洁】 强化道路清扫和车辆管理，建立天台工业园区环卫小型临时停车场，缓解环卫停车压力；加强交接班清扫保洁和垃圾收集工作，采取“业务考核+绩效考核”的双重考核模式，提高环卫作业质量；开展环卫设施大排查，完成19座公厕的修复，升级改造滨江、森林路垃圾中转站，增补、更换主次干道果皮箱1100多个；提高农村垃圾无害化处理水平，为3个镇添置勾臂垃圾箱30多个。

【物业管理更加严格规范】 强化物业企业监管，完成9家物业公司的资质初步认定、3家物业公司三级资质转正初步核定和4家物业公司法人、资质变更登记工作；规范物业行业管理，积极组织物业管理培训，指导并监督华晨国际、蓝筹公寓等12个小区的业主委员会选举和成立工作；缓解物业管理矛盾，妥善处理协力颐景园、旺城天悦、大江官邸等小区物业纠纷30余起。

【数字城管智慧高效】 2016年，加强信息采集员日常管理和培训，信息采集更为主动、全面。年内共采集城市管理问题案卷21.6万余条，其中重难点问题6.7万余条，案卷积分较上年提高近40%；优化调整案卷处置时限，轻微问题处置时间缩短一半，案卷按期处置率和按期结案率分别为99.2%和99.5%；畅通市民参与渠道，受理“市长热线”、“城管服务热线”、短信、微信举报6500多件，全部按期处置，市民主动参与城市管理的热情明显提高。 （张 慧）

城市建设管理协调

【概况】 株洲市天元区城市建设和管理委员会办公室为正科级全额拨款的区政府直属事业单位，核定人员编制8名。科室设置为综合办、考评办、创建办3个内设机构。主要职能负责组织、协调、调度、考核全区各相关单位对违法建设的防控和拆除工作，负责全区城市创建综合整治工作及各项创建工作达标的组织实施，负责组织协调全区湘江保护和治理工作，协调考核全区治理“三乱”工作和取缔非法砂场工作。

【治违控违工作】 2016年，全区共组织一级拆违行动67次，二级拆违行动36次，司法强拆5次，累计控制和拆除新增违建484处，面积25.1万平方米，超额完成2016年度株洲市经济发展升级重点工作考核中全年拆除10万平方米违法建设的任务指标。年内天元区在全市五城区治违季度考评排名中，获3个第二名，一个第三名，排名全市第一。

【湘江流域治理和保护工作】 2016年，天元区湘江治理和保护第二个三年行动计划实施方案以及项目实施提交政府常务会议讨论和通过。深化工业污染防治，完成凿石港排污泵站工程。新建砂场的可研、环评、立项、协议谈判、土地租赁、项目施工图均已完成，正按PPP方式运作。

【“三乱”专项治理】 通过日巡夜控、严防死守、露头便打、重拳出击，努力将“三乱”（乱砍、乱挖、乱采）行为控制在萌芽状态，全年制止“三乱”行为50余起，成功打击“三乱”行为（立案）12起，扣押后八轮20台次，挖机、装载机20台次，罚款17.7万余元，在河道砂场全线关停的高压形势下有力遏制“三乱”行为蔓延趋势，也为万丰湖、湘江大道、高科园区等市区重点项目起到保驾护航作用。

【依法取缔非法砂场】 2016年，区建管办牵头区公安、城管、治违、国土、工商以及基层单位等部门积极介入非法洗砂场整治，制订三步走工作计划，成功拆除了高科地块内5家非法洗砂场，对3家死灰复燃的非法砂场进行拆除。

【治违考评】 4月13日，区人民政府印发《2016年天元区治违考评办法》。办法5章14条，从考评机构、考评对象、考评内容、考核奖罚等方面作出明确规定。在进一步建立健全“上下齐心、群防群治”的治违网络大格局下，2016年考评办法再次提高全区治违考评奖励基金（奖金额度从500万元增加到

580万元）和举报奖励标准（奖励标准从200元增加到500元）。对6个基层单位的考核实行月度考核和讲评，月度兑现。2016年度治违考核结果为：第一名，三门镇；第二名，雷打石镇；第三名，泰山路街道，第四名，嵩山路街道，第五名，群丰镇；第六名，栗雨街道。

【湘江治理和保护实施方案】 为持续推进湘江保护和治理工作，全面贯彻落实《株洲市湘江保护和治理第二个“三年行动计划”实施方案》等文件精神，制定天元区湘江保护和治理第二个“三年（2016—2018年）行动计划”行动方案，安排17个项目，其中，提高用水效率类项目7个，工业污染防治类项目5个，城镇生活污染治理类项目2个，农业农村污染防治类项目1个，生态保护类项目2个。（王 军）

“两型社会”建设

【概况】 2009年5月19日，成立株洲市天元区资源节约型和环境友好型 建设综合配套改革领导小组办公室（简称“两型”办），为天元区人民政府专门负责管理辖区内“两型社会”建设综合配套改革工作的正科级全额拨款事业单位。主要负责全区“两型社会”建设改革试验中的规划（方案、计划）编制、政策研究、“两型”项目策划和建设协调、综合配套改革的策划和推动、“两型”示范单位创建的指导和督促考核、低碳清洁技术的推广、生态绿心保护协调等工作。2016年，有全额拨款事业编制5名。

2016年，区“两型”办紧紧围绕“两型社会”建设工作主题，深入推进两型示范创建，积极推进绿心生态保护与发展，大力推广低碳清洁技术，“两型社会”建设改革工作取得较好的成绩。

【绿心保护】 2016年，区“两型”办积极做好绿心保护工作。组织召开绿心工作会议，制订并下发2016年天元区绿心保护工作计划，组织签订绿心保护责任状，组织更新维护绿心保护标识标牌。组织相关责任单位不定期对绿心地区违法违规行为进行巡查，及时发现问题，及早整治和恢复生态。协调高科、天易、规划等单位和部门，根据绿心总规局部修改的原则，并结合天元区建设实际，制定绿心范围局部修改方案。年内，完成《石塘社区绿心村庄规划》编制。全面完成2015年绿心区域农村环境综合整治项目扫尾工程，改造古桑洲社区70余户居民饮用水设施，新建垃圾池25个，新建光伏路灯100余盏，拓宽村道1.3公里，绿化村道1.3公里。2016年，重点策划完成五云峰生态循环农业示范园项目可行性研究，并指导项目公司流转土地66.67公顷，开始建设花卉苗木园。

【“两型”示范创建】 2016年，召开全区“两型”示范创建工作部署会议，制定并下发《天元区2016年两型示范创建工作计划》，推进“两型”集成创建。组织并指导逸景华天、长岭中心小学、利德电子浆料等24家单位、17户家庭创建为2016年“两型”示范创建单位。石塘社区作为省级绿心区域“两型”示范基地，通过开展系列创建工作，其居民生活环境得到较大改善，所安装的太阳能光伏路灯、新栽种的绿色植物、新建的垃圾池、新创建的“两型”家庭均得到当地居民高度赞扬。2016年，组织申报一批省级“两型”示范创建项目，争取省、市级“两型”资金补助270万元。

【清洁低碳技术】 2016年，在金德工业园、新马金谷、谢家冲社区等建设和运营4.0兆瓦屋顶发电项目。全面启动“互联网e+”废旧物资资源化利用服务创新项目，运用互联网技术，将废旧物资资源化利用、交换或捐赠融为一体，通过政府引导支持、居民分类收集、社区（站点）归集整理、专业队伍回收、专业化处理等步骤搭建全区废旧物资再生利用平台。该项目设立衣旧换新体验馆，开发“‘两型’先锋，绿色尖兵”手机APP系统，建立800平方米标准化仓储、分拣中心，开始对废旧纺织品进行回收、分拣分类处理，并联合多家下游企业进行综合利用。该项目获省“两型”委、省财政厅连续支持。

【生态文明建设】 2016年，制定《天元区生态文明建设体制改革实施方案》。联合马家河镇、群丰镇、雷打石镇、三门镇推进城乡统筹发展改革工作。推进环境第三方治理体制机制改革，深入新九方、北汽公司等企业进行调研，研究制定《天元区环境污染第三方治理改革实施办法》。

【“两型”文化宣传】 2016年，区“两型”办组织开展全区节能宣传周活动，免费发放“两型”知识漫画读本1万余册，环保购物袋1.5万个，居民填写问卷调查5000余份。开展学雷锋“两型”宣传活动，现场发放宣传单，倡导“垃圾分类，人人有责”。组织开展绿色购物我先行，低碳环保促“两型”主题宣传活动，倡导绿色购物，号召市民加入“绿色购物 · 我先行”的绿色行动中来。相继组织“快乐童年、筑梦两型”夏令营、“节能领跑、绿色发展”等主题宣传活动。在神农城景区西线的桃霞岛区域建设“天元‘两型’示范展示林”，在岛上栽种200余棵桃树。展示近年来天元区所推荐获评的省、市“两型”创建单位。在株洲网开辟“两型”建设网络专题，开设“两型”创建、“两型”项目、“两型”政策、“两型”知识等板块，组织宣传报道100余篇。 （罗 敏）

治理违法建设

【概况】 天元区治理违法建设协调监察大队有执法人员57名，正式在编人员6名，协管员51名。内设办公室、考核办、财务室，下辖嵩泰中队、栗雨一中队、栗雨二中队、群丰一中队、群丰二中队，三门雷打石中队6个中队。

2016年，区治违大队控制和拆除违法建设484处，面积25.1万平方米；组织拆违行动83次，其中一级拆违行动62次，二级拆违行动21次；配合城市3区集中拆违行动5次；接待办理群众举报、群众来访249件；处理市长热线、信箱389件。

【优化组合】 2016年，天元区征地拆迁项目59宗，494.9公顷，为确保项目顺利完成征地任务，区治违大队在加大区域巡查力度、严防抢搭抢建现象的同时，人员重新进行优化组合，专门成立项目小组，加强小组成员业务素质培训，集中收集被征地块具体信息，为项目指挥部做违建户思想工作、下达法律文书、督促户主主动配合算账签字工作，工作成效明显。

【拆除新增违建】 2016年，湘潭至古亭500千伏输电工程、小湖塘街心公园、西环线辅道、天易科技城二期、高科储备地滨江地块等项目的相继开征，区治违大队以全天候的工作模式，加派人员对项目区域开展巡控，通过“快、准、狠”拆除加耐心细致政策宣教，坚决控制新增违法建设。据统计，全年大队拆除项目内新增违法建设8万余平方米。

【服务项目建设】 2016年，区治违大队积极配合项目处置存量违法建设。一是配合项目指挥部上门做违建户思想工作，对其下达法律文书，争取户主主动完成房屋算账签字工作。开展“大干一百天，全力保投资”活动以来，区治违大队迅速掀起工作高潮，配合栗雨街道凿石片区湘水湾码头、新塘三期7号地、湘水湾1号、2号地块、559、神农大道项目上户做思想工作并下达文书68户，促签字62户；配合栗雨街道南塘片区2.64公顷、凿石路、西环线辅道、栗塘路A段、栗雨南路项目上户做思想工作并下达文书16户，促签字9户；配合栗雨街道王家坪社区规划一、三路、栗合路、西环线辅道项目上户做思想工作并下达文书14户，促签字11户；配合栗雨街道万丰社区和中路社区高科集团第9、10、11批次统征地项目上户做思想工作并下达文书23户，促签字20

户；配合栗雨街道大石桥社区38区储备地与三桥匝道项目上户做思想工作并下达文书22户，促签字22户；配合群丰镇湘江大道、可编程控制器及变频器研发生产基地、天易科技城、云景里、高端精密轴承生产基地项目上户做思想工作并下达文书13户，促签字13户。据统计，区治违大队全年配合项目下达法律文书326户，促成户主主动配合算账签字比率达90%。二是联合国土、规划、公安、基层单位，组织强制拆违行动。全年对天易科技城、小湖塘街心公园、神农生态隔离带、工业大学、市民中心、西环线辅道、38区储备地等项目内干扰征拆工作的“钉子”违建户依法依规予以严厉打击，组织行动对其违法建设进行拆除。据统计，全年在服务项目中拆除违法建设近17万平方米。

【完善治违调查】 2016年，区治违大队联合基层单位开展为期3个月违建大普查工作。组织镇街道治违专干、信息员对辖区内的违法建设情况进行全面摸底调查，采取1户1档并增加照片模式，全面掌握违建数据，同时将原有基础资料进行补充。年底，按照市考评委《关于认真做好迎接全国城市建成区违法建设治理工作专项督查的函》要求，区治违大队再次完善基础资料，为全市大拆违工作打下了坚实的基础。

【卫片执法】 2016年，卫片执法工作在国土、基层单位等多部门配合下，区治违大队多次上门做违建户主工作，以自拆加助拆方式，对违法图斑进行处理。11月底，天元区通过武汉督查局卫片执法检查违法占地57个图斑的督促整改验收。

【整治非法砂场】 2016年，区政府对栗雨办事处新马社区、仙岭社区内已征地块和控规地块内的5处非法砂场采取集中整治行动。区治违大队积极配合，对砂场内违法建设下达限期自拆通知书；派出骨干力量对户主展开强大思想攻势。9月底，5家非法砂场全部整治完毕。11—12月，区治违大队连续组织行动，对新马社区、仙岭社区、金龙社区内的非法砂场进行整治。

【快速处理】 4月，区治违大队启动行政强拆程序，拆除当地群众多次联名上访举报的泰华一村一处由业主委员会多年前自建的经营性房屋。8月，位于群丰镇响塘社区1所老学校，该校由原来的1层加建至3层，违法建设面积2060平方米，区治违大队快速行动，联合基层单位等执法人员240人，对该抢搭抢建的违法建设进行拆除。11月，佳兆业金域天下二期9栋一户主在屋顶加建，并建起50平方米露天游泳池，区治违大队联合相关部门快速将其拆除。 （殷 平）

保障住房开发建设

【概况】 株洲市天元区保障住房开发建设有限公司是天元区委、区政府为全面推进保障性住房建设，进一步加强和规范保障性住房管理，解决中低收入家庭住房困难而成立的，于2014年4月30日正式注册登记，注册资金2亿元。经过三年的发展，公司项目总投资6.6亿元，资产达14.4亿元，基本完成了兴湖二期、泉源一期、安泰二期的建设，努力践行着区政府安置房“欠债清零”的承诺。公司有员工25人。内设综合协调部、融资财务部、报批报建部、工程建设部、营销策划部5个部门。2016年，公司围绕“增资转型”的工作目标，积极推动安置房建设的同时，统筹推进公益项目、资产管理、投资建设等多领域，全年完成投资3.2亿元，实现销售1亿元，争取政策性补助资金2200万元，公司注册实收资本增加为1.54亿元。

【项目建设】 兴湖、泉源、安泰3个安置项目899套安置房全部建成，部分已交付使用；天泰商品房项目完成主体工程；竹山商品房正进行基础施工；长江北支路二街区安置区配套道路、区政府立体停车库项目完成大部分工作量，年底基本建成；小湖塘公园启动。

【报批报建】 在安置房建设审批绿色通道取消的情况下，公司积极协调市财政、规划、消防等部门，及时完成兴湖、安泰、泉源3个安置房项目和天泰、竹山2个商品房项目前期报建手续，启动安置房项目竣工验收，完成小湖塘社区公园方案审查。同时，报批限价商品房土地14公顷。

【增资贷款】 2016年，公司对区剩余国有资产和与嵩泰两办置业公司的资产进行入账清查、审计评估，完成了区剩余国有资产划拨和与嵩泰两办置业公司股权置换资产合并工作，大幅度增加了公司资产规模，确保了国有资产保值升值。积极申请相关政策资金，获得2016年专项补助资金共2200万元，争取18.87公顷安置地及嵩泰两办安置房门面5.1万平方米的商业变性及土地出让金返还政策。

【营销策划】 2016年安置房销售累计回款1亿元，同时推进天泰、竹山两个商品房项目的销售市场调研和择优比对，确定了销售价格、销售模式和合作单位，以期项目利润最大化。同时谋划商业地产开发，完成月塘地块、中路地块、栗3嵩4地块、安泰三期等地块的现状和价值点的调研和定位分析报告，提供了未来适宜的开发方向。

【产业投资】 参股智能停车库产业，与株洲市天桥起重机股份有限公司等3家单位，成立湖南天桥利亨停车装备有限公司，公司投资1100万元，占股22%。参与金融投资，实行资本运作，公司投入8624万元资金入股由城郊联合社和天元区联社两社合并重组发起成立的株洲农商行，占4.9%股份。

【探索创新型村镇投资建设】 深入江浙沿海考察，认真学习借鉴成功经验，主动对接镇办（村）置业公司探索生产安置用地合作开发模式。经过多次研究探讨，修订方案，积极筹备并成立天元区村镇建设开发有限公司，努力为全区村镇开发建设创立打造新的平台。

【保障住房建设】 2016年，天元区保障住房开发建设有限公司总投资超过亿元，建设安置房小区3个，占地面积11.2公顷，建筑总面积12.6万平方米，计899套安置房，基本完成兴湖二期、安泰三期、泉源一期安置房建设。

兴湖二期项目：位于天元区规划五十三区，南临兴湖一期，东接黄河北路，北靠滨江北路湘江风光带，占地面积6.9公顷，建筑面积88036平方米，12栋住宅，户数669户。兴湖二期安置小区10月15日全面竣工，11月交付使用。

安泰二期项目：位于天元区栗合路与凿石路交汇处，二期开发1.62公顷，总建筑面积19236平方米，建设4栋多层安置房住宅120套。4月20日完成主体工程验收，年底完成附属工程。

泉源一期项目：位于天元区栗雨街道泉源社区，占地2.72公顷，用地性质为国有划拨土地，共分两期开发，目前一期开发完成，建设多层住宅8栋，共计110套房屋，总建筑面积约18705平方米。9月底完成主体工程验收，至年底基本实成附属工程施工。

（徐 珺）

环 境 保 护

【概况】 株洲市环保局天元分局是全区环境保护的统一监管单位，同时加挂天元区环境监察大队的牌子。下设综合办、一、二中队，年末在职职工18人。

2016年，全区环保工作狠抓污染防治，强化环境监督管理，较好地完成了环保工作各项任务。年内天元区空气质量优良天数281天，优良率77%，较上年增加1.2%；湘江天元区段水质上升到Ⅱ类标准，饮用水源水质达标率100%；全年未发生突发环境事件，环境安全得到保障；国家生态工业示范园创建持续推进；环境污染投诉得到及时处理，处理好市、区人大建议2起，12345投诉960起，处理率100%，人民群众对环境保护工作的满意率持续上升。

【严守环保“三同时”制度】 2016年，天元环保分局严把审批关，坚决执行环保“三同时”制度，通过强化环境管理，不断提高环保服务质量和效率，严格履行对外服务承诺，主动提前介入，考前服务，依法审批。严格执行环评制度，把好项目准入关，坚决做到对超过污染总量控制指标、生态破坏严重项目不符合环保法律法规和国家产业政策的项目、选址与规划不符、布局不合理的项目、群众反映强烈的项目，以及污染防治技术不成熟的项目一律不批。全年审批建设项目60个，其中：报告书项目15个，报告表类项目40个，报告登记表项目5个，“三同时”验收35家，环境影响评价和“三同时”制度执行率100%。

【环境执法】 2016年，天元环保分局认真开展环境执法。一是开展清查环保违规行为建设项目专项行动，查处违法违建项目43家，其中工业项目17个、三产项目2个、规模化畜禽养殖项目24个、完善备案25个、淘汰关闭项目1个、整顿规范项目17个，整治完成率100%。二是加大企业监管力度，完成随机抽查制度，并严格按随机抽查要求完成企业检查频次，分局对涉有机废气企业进行多次突击排查、检查。对违法行为进行立案查处，行政处罚金额6万元，对88家排污单位征收71余万元的排污费。三是加强危废管理，对48家企业进行审批登记，并录入湖南危险废物管理系统加强监督管理。四是继续加强城区环境综合整治，加大群众反映较大的城区餐饮油烟污染问题的监督力度，切实解决群众反映的热点、难点问题，全年处理投诉420余起，处理率100%，回复率100%，处理信访5起。

【推动生态保护】 一是生态红线划定工作，结合天元区土地利用总体规划调整，通过与省环保厅的多次沟通与对接，圆满地完成天元区生态红线的落图与面积核定工作。将新马工业园，天易科技城及天元区利用规划中的有条件超设区调减出生态红线范围，解决困扰园区发展多年的规划相符性问题；二是天元区绿心地区区域农村环境综合整治综合工作。配合区“两型”办完成辖区内绿心区域的农村环境综合整治工作，建设生活污水处理设施266套，生活垃圾收集池5个，饮用水水源保护设施3套，畜禽养殖污水处理设备2套，有效解决项目区农村环境问题；三是农村环境综合整治稳步推进。成立工作领导小组并制定工作方案及目标考核细则，探索绿心保护和发展新途径，落实生态保护红线及管控制度，强制拆除6家非法采砂洗场。

【创建生态示范园区】 一是针对湖南省环保厅预验收报告的整改意见，分局制定创建示范园区整改工作实施方案，3月由区政府主持召开相关责任部门主要负责人参加的工作布置会，将各项指标和责任分解到相关责任部门，并落实到具体工作人员；二是积极做好协调和沟通工作。根据株洲高新区实际情况和存在的问题，积极向省环保厅汇报请求支持。到国家环保部了解新的管理办法要求和新的政策，取得国家环保部理解和支持；三是根据新的管理办法要求和高新区近年发展情况，重新刻录新的视频和宣传资料；四是重新编制《株洲高新技术开发区国家生态工业示范园环保质量报告书（2011—2015年）》，与中国环境科学研究所专家一起对《株洲高新技术产业开发区创建国家生态工业示范园区技术指导》和《株洲高新技术产业开发园区建设规划回顾性评估报告》重新进行修订；五是重新收集和完善各种指标数据和支撑材料，建立新的档案台账，做到指标数据与支撑材料相一致，解决指标数据相互矛盾和多种统计工作口径问题；六是按省环保厅验收组意见，补全产业发展生态方案、主要污染物控制方案、循环利用和低碳经济措施，完善重点项目完成情况（验收）等台账资料。　（凌向东）

株洲高新区·天元区

ZHUZHOUGAOXINQU·TIANYUANQU

2017年鉴

园区建设

高科园区建设

【概况】 株洲高科集团有限公司(简称高科集团)是高新区管委会1999年出资成立的国有独资企业,主要负责河西示范园的开发建设,拥有土地一级开发权、经营权和收益权。公司肩负“点燃科技火种、缔造产业乐园”使命,按照“产城一体、创新驱动、绿色崛起”园区转型升级总要求,秉承“一体两翼、服务产业”发展战略,定位园区发展商。公司本部员工108人,设综合管理部等9个职能部室,下辖株洲高科发展有限公司、株洲高科汽车园投资发展有限公司、湖南高科园创企业管理服务有限公司等全资公司8家,株洲高科企业孵化器有限公司、株洲汽车园经营管理有限公司等控股公司13家,株洲中车时代高新投资有限责任公司、湖南弘高高技术服务创业投资有限公司等参股公司20家。公司业务涉及土地开发、工程建设、商住房产、工业房产、创业孵化、企业投资、金融服务、物业管理等领域,构建土地一级开发、土地二级配套建设以及创新创业服务三大平台。截至2016年年底,公司注册资本20亿元,总资产374亿元,净资产159亿元,信用等级AA+,实现营业收入18.2亿元,净利润3.1亿元。公司荣获国家级科技企业孵化器、国家级示范众创空间、湖南省2016届文明标兵单位等荣誉称号。

【投融资工作】 2016年,高科公司抢抓融资机遇,拓宽融资渠道,融资到位80.13亿元,其中间接融资12.63亿元、直接融资67.5亿元,有息负债本金162亿元;取得中诚信国际评级公司AA+主体信用评级,获批20亿元银行间永续票据,发行11.3亿元双创企业孵化债,筹备规模不超过1.5亿美元境外;完成长河科技、太昌电子、尚水智能、锦轩化工4个项目投资。

【土地开发】 2016年,高科公司完成投资25.6亿元,批回用地指标86.33公顷,完成征地拆迁161.13公顷,平整土地133.33公顷,新建道路2公里,续建道路13公里;土地挂牌92.4公顷,其中工业地67.6公顷,商业地24.8公顷;对欧格瑞二期、五矿、高远二期进行闲置地及低效用地清理,完成松和设备企业的交地。

【项目建设】 万丰湖生态水系景观开园;省重点项目S330高科段全线通车;新马学校主体封顶;中国动力谷研发中心、加速器、人才公寓竣工验收,运动区、公租房、6期创意独栋主体封顶,4.1期荣获全国安全文明标准化示范工地;新马金谷1.2期与2.1期竣工验收,3.1期主体封顶;北汽大道下穿工程正式开工,汽车交易中心完成主体封顶,汽车城市展厅交付使用,4S店4家建成营业、5家在建;慧谷阳光三期交房;万丰上院·湖韵一期封顶。

【创新创业金融服务】 引进上海豪生酒店集团合作开展豪宜酒店运营;与株洲县渌口南洲工业园签订合作协议提供管理咨询服务,实现园区服务业务输出和拓展;线下动力谷、汽配园一站式服务中心、汽博园O2O平台完成建设并试运行;火炬资产管理资产规模8.7亿元,科技银行累计授信余额8.18亿元,贷款余额3.5亿元;出资参股科创基金、青创基金、园区产业发展基金、天使基金以及土地开发基金。

【新设子公司】 10月,成立株洲园创香樟文化创意有限公司,注册资本150万元,由湖南高科园创企业管理服务有限公司、湖南一颗香樟文化创意有限公司以及管理团队持股共同打造的一站式文化品牌创意及传播服务公司。12月,成立株洲高科汽车园信息科技有限公司,注册资本160万元,由株洲高科汽车园投资发展有限公司和株洲高科火炬信息服务有限公司共同打造的一家汽车后市场服务的信息公司。同月,成立株洲高科园创众禾文化传播有限公司，注册资本100万元，由湖南高科园创企业管理服务有限公司联合湖南众禾文化发展有限公司共同打造的一家广告文化传媒公司。

【获批国家级科技企业孵化器】 12月30日，国家科技部火炬中心公布认定株洲高科企业孵化器有限公司为国家级科技企业孵化器(国科发火〔2016〕418号)。2016年年初，公司启动创建筹备工作，以中小企业促进园和汽配园智尚科技大厦两个孵化基地为申报基地，总孵化面积6.8万平方米，旨在完善“创业苗圃+孵化器+加速器”三位一体的科技创新孵化链条，打造“政务、中介、投融资、培训”四大服务平台。2016年11月，以湖南省排名第一的成绩通过湖南省科技厅组织的专家评审，并经科技部二次评审、公示后，株洲高科企业孵化器有限公司申报国家级科技孵化器成功获批。

【万丰湖生态景观公园开园】 5月16日，万丰湖生态景观公园正式开园。市委书记毛腾飞宣布万丰湖开园，市委副书记、代市长阳卫国、市领导刘力量、黄曙光、刘光跃、周晓理、谢高进、李智出席开园仪式。项目位于新马创新城中心地带的万丰港流域，南起京港澳高速，北至湘江，东、西分别为万丰路、新丰路所夹，总占地面积133.33公顷，其中水体66.67公顷、山体公园10公顷，全长约5公里，总投资约12亿元。项目的设计定位是依托河湖自然资源优势，结合周边地区规划，将河道治理、防洪工程与园林工程有机结合，形成具有滨水特色的自然景观，与湘江风光带、武广绿带一起构建环形的株洲大河西生态绿色走廊，带动新马EBD和中国动力谷自主创新园的开发建设，提升新马创新城生态环境、土地价值与生活品质。

【株洲·汽车展示交易综合平台启动开工】 6月29日，举行汽车展示交易综合平台启动开工仪式。株洲高新区工委书记谢高进主持仪式，市委副书记、市长阳卫国宣布开工。项目占地面积10.47公顷，总投资约7.4亿元，包括汽车交易中心、汽车信息大楼、汽车员工公寓、汽车主题酒店和商业配套等业态。旨在打造“中南地区功能最全、消费者最放心的一站式汽车展示交易平台”，为长株潭的汽车经销商、汽车电商、汽车金融、汽车物流等汽贸企业提供一个集群化办公及生活服务空间。

【北汽大道下穿工程开工建设】 11月11日，株洲大道主道汽车博览园段施行全幅封路，标志着北汽大道下穿及京珠高速互通工程正式开工。项目总投资约1亿元，主要包括北汽大道下穿株洲大道桥梁、南北辅道改造、P匝道、A匝道跨线桥加宽、A、B匝道桥梁及路基工程建设。旨在彻底解决汽车博览园与周边道路交通对接的瓶颈问题，提升进出园区的便捷性，实现园区与京珠高速公路的互通，形成汽博园南北片区的大融合。

【新马学校完成主体封顶】 11月24日，新马学校完成主体工程。项目位于株洲大道北侧，东临新马大道，西接万丰路，南靠万水路，总用地面积5.6公顷，总投资约2.3亿元，包括教学楼、科学楼、宿舍楼、活动中心、塑胶运动场等附属设施，设计规模为60个教学班，可提供2700个学位。项目于2016年5月开工。

【获批20亿元中期票据】 12月21日，株洲高科集团20亿元中期票据通过中国银行间市场交易商协会审批，由中国建设银行股份有限公司主承销。

（沈 强）

科技企业孵化

【概况】 株洲高新技术产业开发区创业服务中心是株洲高新区直属的公益型科技事业单位，主要担负着为株洲高新区培育高新技术企业和企业管理人才，推动大学生以科技创业带动社会就业工作，促进高新技术成果转化，加速高新技术服务体系建设等一系列任务。1999年12月由国家科技部认定为国家级科技企业孵化器。创业服务中心与株洲留学人员创业园实行两块牌子一套人马的管理体制，拥有创业园总部和天台金谷两个孵化基地，孵化面积有14万多平方米，内设留学人员管理部、企业管理部、综合管理部、物业管理部、天台金谷管理办公室。

2016年，创业服务中心创新思路、大胆改革，在引进高科技企业的同时，还集聚了管理咨询、法律咨询、社会组织等多领域专业资源。并且积极对接海内外优秀资源，扩展服务能力。与美国北卡州合作建立国际化的创新创业服务平台，与团市委、市民政局共同筹建株洲市首家实体化青年创业服务平台——青年之家。全年引进孵化企业20多家，毕业企业3家，现工业总产值5.1亿元。创业服务中心获评天元区2016年度安全生产工作先进单位，金谷创业苗圃被认定为湖南省第一批众创空间。

【开展国际科技合作】 2016年，创业服务中心作为投资主体单位之一，与湖南省产业技术协同创新有限公司、长沙高新技术产业开发区创业服务中心、湘潭高新技术创业服务中心和湖南雅创科技服务有限公司共同组建湖南北卡国际创新创业服务有限公司。公司将与美国北卡创新设计与创业中心联手打造一个国际化的科技交流平台——湖南北卡创新创业中心，这将有力促进创业服务中心与世界高新技术和海外高级人才的对接。同时，创业服务中心向省人社厅申报了部省共建株洲留学人员创业园的请求，并赴国家人社部专业技术人员管理司汇报有关事项，赴最新通过省部共建的中国威海留学人员创业园考察学习，借鉴沿海地区成功经验，不断优化平台建设，提升平台质量，为创业者们提供更多更优质的资源和服务。

【项目扶持带动科技创新能力提升】 为帮助企业获得科研支持，促进自主创新，2016年创业服务中心向科技部、工信部、人力资源保障部及省市相关部门申报各类科技项目23项，并获得资金2000多万元。株洲君安软件技术研发有限公司开发的智能电力变压器装置项目入选2016年度中国留学人员回国创业启动支持计划，被评为优秀项目，获得20万元专项扶持资金。中车轨道、嘉诚科技、华锐硬质合金三家企业被评为株洲高新区2016年第四批瞪羚企业，获得相应免息周转扶持资金共计350万元。株洲真创环保科技有限公司和株洲嘉源电气有限公司获市科技成果转化项目支持25万元。创睿联科、君安软件公司分别荣获第五届中国创新创业大赛(湖南赛区)暨第三届湖南省创新创业大赛团队三等奖和优秀奖。“钊告天下”公益平台荣获株洲市创新创业大赛团队组一等奖。株洲丛发环保科技有限公司和株洲逆光联合信息科技有限公司获得高新区2016年度技术创新奖。株洲广义电子技术有限公司的机车视频产品，于11月进行CRCC铁路产品认证(铁路行业最高标准)扩项评审。截止2016年年底该公司是全国机车视频生产行业中取得生产资质的仅有的6家企业之一。株洲致诚企业管理咨询有限公司被认定为株洲市2016年度科技创新券服务机构。

【开展高层次人才及项目对接服务】 为让社会更好地认识和支持这些中小微企业的发展，创业服务中心组织企业参加各种交流对接活动，宣传和推介企业。积极组团参加2016湖南留学人员暨高层次人才创新创业成果对接和人才需求展示系列活动，园内21家留学人员企业设立了展位，其中两家企业参加了路演。积极组织参加湖南省2016年全国大众创业万众创新湖南活动周成果展示活动、2016年中国(长沙)科技成果转化交易会、湖南省2016年精准服务进园区(株洲专场)活动。在湖南股权交易所株洲分所正式揭牌前夕，组织园区各中小企业免费在湖南股权交易所的优先板(Q板)挂牌展示，株洲君安软件技术有限公司与股权交易所株洲分所成功对接。全年在《湖南工人报》、株洲新闻联播、《株洲日报》等省、市各级媒体发表24篇报道，推介创业中心亮点工作和园内企业创业典型。

【开展“四访一解”活动】 一方面组织开展以访企业生产、访职工生活、访政策落实、访发展大计，为园区企业发展解难题为主要内容的“四访一解”活动。中心党委组织所有机关干部走访园内入驻企业，与创业者们面对面交流，了解企业生产经营情况、实际需求、遇到的困难以及职工的思想生活状况，帮助企业解决问题，提高企业发展能力。这次活动共走访了103家企业，收集意见和建议60条。另一方面，认真开展企业帮扶年的各项工作，走访了“企业帮扶年”对口帮扶企业，了解企业的生产经营状况及存在的问题和困难，并积极协调有关部门妥善解决。

【优质升级孵化平台】 按照科技部对科技企业孵化器的要求，中心积极调整园区产业结构，规范入园企业管理。一方面，对园区企业进行全面普查，清退与淘汰一批久占孵化资源而没有产生孵化效益的高负债、高耗能企业以及非科技研发、生产型企业，共清退企业18家。另一方面，结合株洲产业集群特色，紧紧围绕“高端制造、软件与信息、新能源、新材料、生物与医药”五大领域，积极开展项目引进。对申请入驻园区的企业进行实地考察、严格审核把关，提高企业入驻门槛，确保新入园企业或项目团队确实有孵化需求，并且符合科技企业孵化器入园条件。2016年，共引进科技型企业26家，其中与团市委、市民政局共同筹建的株洲市“青年之家”综合服务平台，是株洲市首家实体化青年服务平台。(张力群)

天易示范区建设

【概况】 湖南天易集团有限公司(简称天易集团)是株洲高新区管委会出资成立的大型国有独资企业，主要负责株洲天易示范区范围内的城市片区和产业园区开发及经营管理，业务范围涉及城市片区开发运营、科技园区开发运营、产业服务及对外投资管理等。2009年3月，株洲高新区管委会出资2.5亿元成立湖南天易示范区开发建设有限公司。2011年5月，公司整体升级为湖南天易集团有限公司。公司注册资本15亿元。截至2016年，天易集团资产总额320亿元，净资产149亿元。公司下设10个部门，下辖全资或控股、参股子公司11家，有员工300人。2016年，公司开发建设五大百亿项目，神农城项目基本完成，正积极推进湘水湾、月塘生态新城、株洲市新一代信息技术产业园、五云峰健康生态城项目建设。

【湖南天易众创孵化器有限公司注册成立】 2016年1月，湖南天易集团旗下子公司湖南天易众创孵化器有限公司注册成立并全面启动运营，注册资本2000万元。公司作为天易科技城自主创业园运营管理商，立足于园区入驻企业的发展需求，采取市场化运作模式，承担园区管理、企业孵化服务、招商引资以及创业投资等业务，力争用5年左右的时间达到国家级孵化器的水平，成为撬动园区发展的核心动力。

【株洲市金猴迎春灯会】 “株洲市2016金猴迎春灯会”春节期间在神农城持续开放。神农城金猴迎春灯会12米高的金猴、喜庆吉祥的财神等绚丽的花灯将神农城装点得绚丽多彩。此次灯会由湖南天易集团有限公司出资承办，2月3日在神农城景区正式开放，整个灯会持续到元宵节。其间，20组花灯在神农城展出。包括传统元素的金猴造型、财神造型，现代元素的冰雪奇缘、米老鼠、叮当猫、小黄人、海底世界、丛林冒险等主题元素的卡通花灯造型以及超具现代感的彩虹通道。春节期间，这些花灯点亮株洲的夜空，成为株洲夜晚一道最亮丽的风景线。

【举办2016植树节暨树木认养大型公益活动】 3月12日，在第38个全国植树节，由湖南天易集团举办的“绿植希望放飞梦想”2016年植树节暨神农城景区树木认养大型公益活动在神农畔启动。集团公司董事长、党委书记陈大雄等领导带领员工们积极参与种植活动，来自天元区团委、中建五局、贝尔信、优托邦、东方园林、大禹园林、长建物业和逸景华天等多家企事业单位的志愿者代表、神农坛义工以及热心市民等400余人参与本次植树和树木认养活动。活动引进上千棵树，包括白妙樱、染井吉野樱、红叶羽毛枫、银杏、碧桃等多个名贵树种。市民现场报名认养超过200人。

【市委书记、代市长到自主创业园考察】 4月18日，市委书记毛腾飞，市委副书记、代市长阳卫国一行到天易科技城自主创业园开展项目攻坚年重点项目考察。天易集团董事长陈大雄、总经理吴兵陪同考察。毛腾飞对项目建设取得的成绩给予充分肯定，认为天易集团在项目建设上工作扎实，措施得力，成效明显。他要求进一步将思想和行动统一到“项目攻坚年”活动中来，始终坚持项目建设不动摇，要攻坚推进重点项目，倒排工期，组织实施好开工、竣工、前期策划、融资、征拆、招商履约六大攻坚行动，在重点环节和关键部位全力攻坚，把产业园区打造成为生产、生态、生活协调发展的新城市群典范，成为株洲创新驱动发展的重要动力源。

【中高层管理干部基金知识培训】 4月22日，天易集团中高层管理干部基金知识培训培训在公司13楼会议室举行。邀请知名风险投资人、著名资本运营专家许志勇教授讲解基金知识。此次培训，全场座无虚席。

【设立株洲市先进装备制造创业投资基金】 5月10日，在市“企业帮扶年”重点项目签约仪式上，集团公司与株洲联诚集团、高新创投集团签订战略合作框架协议，三方作为首期出资人共同设立株洲市先进装备制造创业投资基金。此是株洲市首家混合所有制创投基金，总规模10亿元，同时申请国家配套引导基金支持，将主要投资株洲先进装备制造产业领域的中小微企业，通过投资区域内处于初创期和早中期的创新型企业，促进自主创新成果产业化，培育新兴产业。

【市第一个智能立体停车场项目开工建设】 神农城区域立体停车场项目总投资4.2亿元，新增车位5400个，计划分3期建设，4年内全部完成。其中，一期水心楼北侧地块立体停车场项目，投资5000万元，占地面积3000平方米，新增车位400个，2016年12月交付使用；二期主要完成广电北侧地块、大剧院北侧地块和艺术中心南侧地块立体停车场建设，拟建1500个停车位，2017年3月启动，2018年3月完成建设并交付使用；三期完成艺术中心北侧、大剧院南侧道路对面附属绿地地下停车场建设，泰山办事处安置房生产配套用地立体停车场建设，拟建停车位3500个，项目2018年3月启动，2019年12月交付使用。

【湖南天易阳光私募股权基金管理有限公司成立】 公司由天易集团和北京正泰阳光私募股权投资基金管理有限公司共同设立，7月底获取营业执照。公司由专业基金团队掌管，专业从事受托管理及基金管理。

【天易科技城自主创业园项目签约】 10月21日，天易科技城自主创业园项目入园签约仪式在株洲市天元区政府常委会议室举行，区委书记周建光出席仪式并致辞。此次签约入园的企业4家，均为株洲本土企业。其中湖南立方新能源科技有限公司是一家集研发、生产和销售高技术绿色电池为一体的新兴技术型企业，为特斯拉汽车公司在其官方网站上公布的旗下动力电池的新一轮供应商；株洲艾美新材料有限公司为中国的国防军工、航空航天和通信电子做出突出贡献。

【市房博会在神农艺术中心举行】 11月23日，2016株洲房地产博览会(简称房博会)在神农艺术中心开幕。本届房博会由株洲市人民政府主办，以"创新·协调·绿色·开放·共享"为主题。博览会为期5天，有56家企业参展，除普通房、别墅、大平层，还有公寓、写字楼等，参展楼盘73个，面积近220万平方米，基本涵盖株洲楼市全部板块区域和产品序列。本届房博会施行房补政策，置业者在房博会上购买新建商品房可享受每平方米50元的财政补贴。

【集团通过档案工作规范化管理省一级评估】 12月19日，株洲市档案局、天元区档案局评审组专家一行到公司进行档案工作规范化管理省一级评估。通过听取公司汇报、专家现场评估、集中评议、综合点评等几个环节考评，最终以92分通过档案工作规范化省一级的评估，成为全市第一家通过档案工作规范化管理省一级评估的企业单位。

【湖南长城自主可控计算机整机在株洲天易科技城下线】 12月24日，湖南长城计算机系统有限公司自主可控计算机整机下线暨中国电子与株洲市政府"智慧株洲"建设合作启动大会在株洲天易科技城召开。省委副书记、省长许达哲，国防科技大学校长杨学军，副省长张剑飞，中国电子董事长、党组书记芮晓武，市委书记毛腾飞，市委副书记、市长阳卫国出席大会。（覃 莺）

自主创新园建设

【概况】 中国动力谷自主创新园位于长株潭"融城"核心位置，规划总用地面积358.8公顷，其中产业用地约315.93公顷，配套商业用地42.84公顷，总投资223亿元。项目定位为集"人才聚合、创新研发、创业孵化、科技服务"四大功能于一体的中国动力谷创新创业核心载体，以营造"山·水·林·园"于一体的生态研发与生产环境，打造政策政务、人才服务、科技金融、公共技术、商务配套、创新文化六大平台，构建科学完善的创新创业服务体系，着力建设中国动力谷科技创新集聚区。2015年1月，设立全额拨款事业单位株洲高新区动力谷科技创新服务中心。主要负责中国动力谷自主创新园的服务与管理，担负为株洲高新区培育引进高端人才、科研创新团队和企业研发机构，促进科技成果转化，建设创新服务体系等职责。内设招才引智部、平台发展部、管理服务部、综合财务部。至2016年，园区已开发面积66.67公顷，完成投资30亿元。北片区展示中心、国际学术交流中心、动力谷大厦完成主体建设；研发中心、加速器已竣工验收。南片区运动区、9万平方米总部、4栋公租房完成建设；人才公寓竣工验收。成立以来，中国动力谷自主创新园先后获得湖南省海智计划工作基地、株洲市创业孵化基地、省级科技企业孵化器、省级众创空间、国家级众创空间、湖南省双创示范基地、轨道交通国家专业化众创空间、湖南省省级创业孵化基地等资质和荣誉，园区招才引智、科技金融、园区管理服务、品牌文化建设等工作有序开展。

【株洲高新区在深圳中国动力谷项目对接推介会】 4月16—17日，第十四届中国国际人才交流大会在深圳举行。其间，株洲高新区管委会召开中国动力谷项目对接推介会，重点推介中车株机、中车株洲所、山河科技3家企业；同时与香港发明创新总会、广州中国科学院先进研究所、湖南中科图灵信息有限公司3家企业和科研机构“联姻”。中共株洲市委常委、组织部部长、统战部部长彭爱华，株洲市政府党组成员、株洲高新区管委会主任李智等参加大会。

【召开中国动力谷建设与发展专家座谈会】 9月19日，株洲高新区组织召开中国动力谷建设与发展专家座谈会，就下阶段中国动力谷建设与发展思路听取来自省市领导、行业代表和专家的建议。株洲高新区管委会主任李智、天元区委书记周建光、天元区区长董巍参加会议。中国动力谷的建设不能只唱独角戏，如何为中国动力谷的建设提档加速，专家们达成“四共”：一是共识，即提高和统一思想认识；二是共建，即国家、省、市、区联动；三是共享，即整合创新创业资源；四是共赢，即打造有影响力的新名片。

【毛腾飞等领导专题调研中国动力谷建设与发展】 11月2日，市委书记毛腾飞召开专题会议调研株洲·中国动力谷建设，考察中国动力谷自主创新园菲斯罗克、桓基铁路、格兰德芯、宏迅亿安4家企业，听取区委书记周建光关于《株洲·中国动力谷建设实施方案(2016—2025)》(建议稿)的汇报和与会企业及科研院所意见和建议，对下一阶段株洲·中国动力谷建设工作做出安排。毛腾飞书记指出，要认清大势、把握大势，进一步增强建设株洲·中国动力谷的使命感和责任感；要突出重点，务实推进株洲·中国动力谷的建设；要强化工作举措，全力保障株洲·中国动力谷建设。市领导雷绍业、黄曙光、何剑波、毛朝晖、羊贵平、李智，省发改委工业处处长欧阳晓风等3位领导，市委有关部门、市直有关单位、市辖区主要负责人列席会议。

【招才引智】 至2016年，中国动力谷自主创新园签约企业77家，其中，研发中心入驻高端创新创业项目29家，加速器入驻企业18家，新动力众创空间入驻创新创业团队30家，另有10家金融机构、14家科技中介服务机构签订入园协议，15个高校、科研院所在园区设立科研成果转化基地。2016年，中国动力谷自主创新园积极接洽三大动力及相关产业的创新项目，引进中车时代电动汽车系统产业化、振邦氢能氢燃料电池研发产业化等新能源汽车领域核心项目；引进凯创技术公司机车直流开关国产化、易维科技轨道交通检测试验设备研制项目等轨道交通领域核心配套企业；引进中国图灵、华品轨道、渌珀新材、普林特增材制造等国际国内领先水平的高新技术产业项目；加速器入驻菲斯罗克光电技术、桓基铁路电子电气等动力制造产业化项目；引进清华大学毛宗强博士、中科院广州先进技术所贺庆博士等为代表的高层次人才以及其他各类研发人才150余人。全年园区企业实现产值3.6亿元，税收2800万元。

【轨道交通自动化技术与装备协同创新中心】 5月16日，株洲高新区联合中车株洲所、湖南大学、湖南工业大学等单位成立的轨道交通自动化技术与装备协同创新中心正式入驻中国动力谷自主创新园。主要开展建设轨道交通关键技术研发平台，解决轨道交通自动化领域的关键科学与共性技术问题，提升产业技术创新水平；建设轨道交通科技创新公共服务平台，解决技术攻关和中小企业的创新需求，全方位服务涵盖轨道交通产业链企业；建设自主创新创业孵化平台，培育、吸引富有创新能力的团队和项目，建成创新人才、企业的孵化中心。

【新动力众创空间】 9月29日，新动力众创获评“国家级众创空间”，空间坐落于中国动力谷自主创新园研发中心，总面积3400平方米，拥有319个卡位、

23个独立房间、2个综合办公室、1个书吧、1个路演厅。新动力众创空间致力于为创业者提供良好的工作空间、网络空间、社交空间和资源共享空间，在实用的基础上营造出轻松灵动的整体氛围。此空间已入驻创新创业团队30家。

【科技金融】 2016年年初，株洲高新区常委会同意设立中国动力谷创新创业投资引导基金。引导基金主要以机构参股、跟进投资等方式，引导社会资本共同设立天使、创投、并购等不同投资阶段、轨道交通、通用航空、新能源汽车等不同产业方向的子基金，重点扶持处于初创期和早中期的高端创新创业团队和企业，引导社会资本对轨道交通、通用航空、新能源汽车、动力相关产业等战略性新兴产业的投资。在必要情况下，引导基金可直接投资株洲高新区引进的高端创新团队和企业，以及需要政府重点扶持和鼓励的动力相关产业的创业企业。引导基金的资金来源为株洲高新区政府出资，总规模5亿元，后续资金由株洲高新区财政逐年拨付到位，基金运作产生的收益留存基金滚动发展。4月，株洲高新区动力谷科技创新服务中心设立株洲动力谷创新创业投资管理有限责任公司，负责中国动力谷创新创业投资引导基金的日常运作及中国动力谷金融服务体系的建设工作。为吸引国内外优质创新创业资本、项目、技术、人才向株洲高新区集聚，支持三大动力产业及相关产业的创新发展，形成政府引导、市场决策的多元化创业投资体系。

【园区管理与服务】 中国动力谷自主创新园集聚高端创新创业人才，以远见视觉公司贺庆博士、天碁动力程晓晟博士等为代表的高层次人才以及其他各类人才1000余人常驻园区办公，帮助园区高端人才申报各类创新创业支持和奖励，其中方心科技刘珺获2016年“湖湘青年英才”支持计划；宏迅亿安朱浩，格兰德芯科技公司彭平，宁山湖轻合金朱强、刘正白，振邦氢能毛宗强，远见视觉贺庆，方心科技刘珺为代表的6个项目获2016年度株洲市创业类领军人才计划支持，占全市60%；格兰德芯彭平博士获“区5211”政策支持。此外，园区还专门为入园企业提供高效、快捷的各项人事代理服务，并组织大型的人才招聘会，免费为企业发布招聘信息，解决企业用人问题。

【众创公寓】 位于株洲中国动力谷自主创新园内，项目总建筑面积14800平方米；配有大堂及休息区商务中心、超市、餐厅、活动室、瑜伽房、健身中心、书茶吧等；客房分单人间、双人间、套间，共169间，具有四星级酒店标准，专为园区企业管理层与其家庭之间的和谐生活提供住宿配套服务。公寓9月正式启动试营业，配套服务进一步完善。（刘 玲）

株洲高新区 · 天元区

ZHUZHOUGAOXINQU · TIANYUANQU

2017年鉴

社会事业

教　育

【概况】 天元区教育局成立于1997年8月，是区政府直属正科级全额拨款单位。2016年，天元区教育局内设办公室（群团办）、人事政工股、教育股、督导室（天元区人民政府教育督导室）、计财股等5个职能股室和天元区教育科学研究室、教育技术装备站、会计核算中心、后勤服务中心、青少年活动中心5个二级机构，核定机关行政编制10名，后勤服务事业编1名，二级机构事业编32名。

2016年，全区有义务教育学校38所，其中公办学校36所，民办学校2所；在编教师1328人；在校中小学生共32518人（公办学校27294人，民办学校5224人）。其中：小学生24148人（公办小学20445人，民办学校3703人），初中生8370人（公办学校6849人，民办学校1521人）；全系统有30个党（总）支部，其中事业单位党总支1个、党支部22个；社会党组织党总支1个、党支部7个，全系统有党员822名，其中女性487人、本科以上学历630人、35岁以下党员313人、流动党员58人、退休党员87人；2016年发展党员9人、按期转正9人。

天元教育围绕教育更添活力和群众更加满意要求，坚定“均衡、优质、活力、特色”发展目标，整合城乡教育资源，创新教育配套建设，破解城区“大班额”难题，推进“活力课堂”建设，适龄少儿享受到了较高质量的义务教育，让学生健康快乐成长的总体氛围初步形成。先后荣获全国义务教育发展基本均衡县市区、全国校园阳光体育先进县市区、湖南省义务教育均衡发展先进县市区、湖南省第二轮教育两项督导评估先进县市区、湖南省平安校园先进县市区、湖南省现代教育技术实验区、湖南省学前教育发展先进区、全省首批教育强区、株洲市安全工作红旗单位、株洲市文明建设先进单位等称号。

【纪检队伍建设】 2016年，根据《中国共产党章程》《中国共产党党内监督条例》和《关于进一步加强全省纪检监察组织机构和队伍建设的意见》，11月24日，天元区教育局召开纪检监察工作全覆盖暨2016年党风廉政建设工作总结大会，宣布正式成立天元区教育系统纪检员队伍，率先建立一支由23人组成的政治坚定、公道正派的纪检员队伍，进一步明确监督主体和监督职责，不断促进天元教育健康、阳光、持续发展。

【阳光招生】 2016年，天元区中小学继续执行划片招生政策，招生文件首次以区政府名义下发。一是解决本区农村进城务工购房户子女入学问题。对符合“天元区农村户籍，父母在天元区城区务工一年以上，并在天元区城区购房且居住，在农村确无监护能力的小一、初一学生”条件，由教育局在城区统筹安排学位，家长不得择校。二是白鹤小学空余学位全部实行电脑摇号派位。三是将“集团化办学”写入招生文件。2016年秋季，全区接收小学、初中新生分别为5033人和3087人，在校学生总数32518人，较2015年增长10.02%，实现每个学生“有学上，上好学”的目标。2016年秋季实际在读外来务工随迁子女14450人，占学生总人数44.43%，分别安排在各城区学校，且与常住户口学生混合编班，同等享受义务教育“两免一补”政策，落实同城待遇。小学、初中平均班额分别为44.3人和48.7人。

【快乐德育】 2016年，围绕立德树人根本任务，加强和改进中小学德育工作，区教育局出台《株洲市天元区中小学生德育综合改革实施方案（2016—2018年）》《株洲市天元区中小学心理健康教育行动计划（2016—2018年）》。推动全区培育和践行社会主义核心价值观的落实，进一步推进“六礼三仪”文明习惯养成教育和劳动教育。德育工作获得社会各方的积极肯定：《德育评价体系建设》项目获株洲市县市区2016年度中小学德育示范项目；建宁实验中学《优化家庭教育，提升办学品质》、白鹤小学《开展五自行动，争做五星小白鹤》、银海学校《班主任发展共同体建设》、栗雨小学《强德育课程建设　育栗雨“五自”学生》、天台小学《温馨彩虹桥　连接家社校》、马家河中学《“六礼三仪”习惯养成教育》获株洲市学校2016年度中小学德育示范项目；天元中学获株洲市首批中小学心理健康教育特色学校；银海小学获“株洲市推进‘六礼三仪’文明习惯养成教育优秀单位”。

【校园足球】 2016年起，全区5～9年级按每周1节的标准开设足球课，每周开展训练和教学，各学校均成立校级足球梯队和社团。开展第二届区级校园足球联赛和足球基本功抽测，以赛促练，以测促练。开展区级足球示范学校评选，年内天元中学、栗雨小学、泰山学校获评全国足球特色学校。

【教育质量】 2016年，天元区初中质量快速上升。区教育局进一步强化学校的教学质量意识，精心组织中考模考、艺术中考、体育中考、期末抽考、教育质量健康体检等5次考试，对考试程序进行规范，特别是中考模考，采用随机编排考号、使用标准答题卡、网上阅卷和智能数据分析。2016年区中考初三5A生89人、一次性合格率98.02%、人均644.86分，三项指标均遥居五县五区公办学校首位。其中：建宁实验中学、天元中学、三门镇中学5A生分别为59人、24人、6人。初二生地成绩再创新高，双A生367人，是2015年的1.6倍。课业减负取得突破。继续参加教育部“区域教育质量健康体检与改进提升”项目试点。天元区以2014年监测数据为依据，剖析原因，对症下药，坚持以行政手段强力推进减负工作。通过规范办学行为、改革课堂教学、开展社团活动、重构校园文化，扎实推进“优质轻负”工程。12月15日—16日，第三届全国数据驱动教学改进专题研讨会在郑州市中原区举行。天元区作为湖南省唯一的县市区代表发言，副局长彭英以《减负提质，办人民满意的幸福教育》为题作典型经验介绍，获得与会人员的一致好评。同时在研讨会论文征评中，天元区教育局、白鹤小学分别获得教育局、学校类一等奖（株洲地区仅4个）。

【集团化办学】 5月，天元区出台《关于整体推进集团化办学的实施方案》，在全市率先启动集团化办学。采取“名校领办，集团办学”模式，以省、市一流名校白鹤小学、天台小学、天元小学、天元中学牵头，组建白鹤小学集团、天台小学集团、天元小学集团和天元中学集团等4个教育集团。一是从主校抽调何亩文、马谋幸、张涧欣、李双等优秀管理人员到分校任职，为分校带去先进的管理理念。二是对主校与分校实行“人、财、物统一管理和捆绑考核评估”。通过办学理念移植、教学资源共享、集团内师资流动等方式，主校、分校逐步融为一体，共同发展。三是设立集团化办学专项经费。对分校进行改扩建，开通5条教育公交专线方便学生上、下学，拨付集团化办学奖补资金。2016年秋季，6所分校起始年级新生人数分别比上年增长240%、167%、93%、38%、31%、17%，缓解了主城区学位压力。

【均衡发展】 2016年，天元区小学、初中适龄儿童入学率均为100%。具有随班就读能力的62名三类残疾儿童全部入学，对重度残疾未入学的15名适龄儿童开展了送教上门工作。6月，在“湖南省随班就读与送教上门工作研讨会”上，副局长彭英以《让每一个残疾学生都能共享优质教育成果》为题，代表株洲市作典型经验发言。出台《学生资助工作手册》，启动了民办学校寄宿生生活资助，开展了“建档立卡”贫困学生摸底工作，全年资助1527人次，发放资助金73.5万元，较上年增长52%，资助金全部采用银行卡发放。9月，开展了金秋助学活动，筹集助学金35万余元。11月，天元区经验材料《四项措施全面助推城乡教育一体化》被国家教育部编入

"义务教育综合改革与均衡发展暨统筹推进县域内城乡义务教育一体化改革发展专题研讨班"交流材料，由国家教育部向全国推介，是湖南省唯一入选的县市区。

【活力课堂2·0+互联网】 天元区教育局再用一个三年计划（2014—2017），打造"活力课堂"的升级版——活力课堂+互联网。2016年，围绕"活力课堂+互联网"的中心工作，进一步深化以"活力课堂"为核心的课程改革，从众多信息技术中选择"从微课走起"，对"微课"进行"创新应用"和"广泛使用"，促进适当"翻转课堂"的研究，独创的"PC端微课+移动端微课"解决了技术瓶颈。在株洲市教科院主办的"城区教研共同体"活动中，分享与展示"活力课堂+互联网"的初期探索，得到与会专家和老师们的高度评价，湖南教育电视台等多家媒体进行报道。

【信息技术与学科深度融合】 2016年，采取试点研究与盟校小范围推进的策略，取得阶段性研究成果。深化"二维码"研究，关注教师专业成长和学生核心素养。"二维码"的使用，得到国家教育部、省教育厅等领导和学者杜占元、王柯敏、应若平、焦建利、黎加厚的高度赞誉，也诞生出第一个原创性成果——移动微码（可分享、流动的微序列二维码资源）。截至到12月，自主研发的"移动微码"资源210个，3200个微课。12月，在教育部组织的首届中国微课与翻转课堂创新发展论坛上，教研室分享《移动微码在教育教学管理中的创新应用》得到与会专家认可与肯定。探究免费"移动微课"小技术的研究，创造性地将小影、易企秀、初页，荔枝FM、问卷星、UMU等用于微课制作、前置性作业布置、作业反馈、数据采集、学生成长档案、汇报与总结、工作部署、听课评课、教学反思等方面。10月底，在湖南省教科院、电教馆组织的全省经验推广会上，局长董运喜作专题介绍，银海学校、天台小学、白鹤小学的案例给全省的教研同行留下深刻印象。建立"株洲天元教研"微信服务平台、"鱼骨式在线备课"平台、《周五见》教师网络学习平台、基于"O2O模式"的王子微课PALACEQQ群。

【学前教育】 2016年，天元区教育局批准5所民办幼儿园：株洲市天元区搏卡拉生态幼儿园（园位200个）、株洲市天元区康馨佳园幼儿园（园位240个）、株洲市天元区泰西崇文幼儿园（园位240个）、株洲市天元区红黄蓝幼儿园（园位280个）、株洲市天元区君德礼幼儿园（园位200个），共计增加幼儿园园位1160个。撤销二所民办幼儿园：株洲市天元区旗云托儿所，株洲市总工会第二文化宫幼儿园，减少园位120个。新成立一所公办幼儿园：株洲市天元区新马中心幼儿园，该园是由栗雨街道办事处出资建设、装修后移交天元区教育局主办的一所全日制公办幼儿园。2014年5月开始基建，2015年1月完成主体建设，2016年9月5日正式开园。占地面积3000平方米，房屋建筑面积1986平方米。能开设小、中、大共8个班，提供220个园位。截至2016年年底，天元区有幼儿园82所，其中公办园8所，民办普惠园29所（普惠园位4980个），在园幼儿12716人。

【人事改革】 2016年，面向全日制普通高校应届优秀师范类毕业生招聘教师26名。启动面向全日制普通高校2017届优秀师范类毕业生招聘教师机制，计划招聘教师104名。继续探索"城乡结盟、捆绑考核"机制，按照"地缘相近、规模匹配、优势互补、资源共享"的原则，将区域内的36所公办学校结为七大盟校。进行集团化办学试点、扩充，盘活优质教育资源总量，实现师资、理念、品牌和成果共享。按照《天元区事业单位岗位设置管理实施方案》，将岗位设置工资全部落实到位，涉及在职教师511人，退休教师281人，补拨岗位异动工资365万元，并于7月将岗位设置工资纳入统发系统。全年安排组织266名教师参加国培、省培、市培项目，参培率、合格率、达标率均100%。落实市教师培训中心“十百千万”工程。完成教育家成长书院、千节优质课堂教学资源2016年度建设任务，组织名特优教师送培到乡，落实乡村教师长期帮扶机制，保障专项经费投入和支撑。组织开展区级各项培训。遴选60名教师参加心理咨询师认证培训；组织全区各公办民办幼儿园园长、副园长和部分优秀幼儿教师60余人参加由株洲市广播电视大学承办的园长任职资格培训。组织全体教师参加信息技术应用能力提升培训。完成信息技术应用能力提升的网络研修和集中培训学习1663人。

【教育装备】 5月5日，省教育厅副厅长应若平调研株洲教育信息化发展，实地了解银海学校、长岭中心小学教育信息化应用情况，局长董运喜以《创新驱动，以用定建，区域整体推进教育信息化网络平台建设》作专题汇报。5月18日，长岭中心校召开网络联校现场会，为农村学校提供了教育信息化样本。以同步课堂、互动评课、集体备课等形式解决农村教育资源不均衡的问题。5月，教育部专家组来株洲调研网络学习空间人人通应用情况，银海学校被教育部选定为“网络空间人人通”应用国培基地。11月22—23日，银海学校举办了教育部——中国电信中小学校长“网络学习空间人人通”专项培训，取得较好成效。在2015—2016年度“一师一优课、一课一名师”活动中，天元区教育局获得市级优秀组织奖。2016年，全区投入158万元，提升区域网络带宽，实施“三通”升级工程，为全区中小学校安装企业级无线AP，实现全区校园无线网络全覆盖。

【平安校园】 2016年，天元区教育局出台《天元区教育局关于进一步加强中小学校、幼儿园安全管理工作的实施意见》。学校、幼儿园设专门的安全管理办公室，由1名副校(园)长任安全管理办公室主任，区教育局聘请3名专职安全督查员，长期进校、入园，督查各项安全管理工作。学校、幼儿园聘请123名专业的持证保安，配齐防护盾牌、防刺背心、橡胶警棍、安全钢叉、防爆头盔等安防器械，安装校园视频监控。投入130万元在全区36所公办中小学校门口安装键式紧急报警柱和校园安全巡更系统，校(园)长、保安每日进行校园安全巡视，并与公安机关联网。区领导带队督查校园安全工作11次，局领导干部带队下校督查安全工作59次，下发安全隐患整改通知书29份，请求上级部门解决安全隐患报告5份。整改、处置小蓝天幼儿园消防隐患、马家河中学围墙被水淹等较大安全隐患30处。2016年，天元区获评湖南省平安校园建设先进县市区，天元区教育局获评株洲市教育系统2016年度安全生产工作红旗单位，天元中学成功创建湖南省食品安全示范学校，建宁实验中学成功创建株洲市防震减灾科普示范校，七彩童年幼儿园成功创建株洲市平安校园。

【督学责任区】 4月，区教育局发文，将全区公办中小学校及公办幼儿园划分为3个督学责任区：城区小学(幼儿园)片区、农村小学片区，中学片区。聘请8位责任督学(1位为专职督学，7位为兼职督学)，由中小学校党支部书记兼任。召开天元区中小学校督导室成立暨责任督学培训大会，颁发聘书，发放工作胸牌和随访工作手册。全年安排责任督学外出长沙、西安、醴陵等地参加学习培训5次，完成专项督导5次。

【新校建设】 2016年新马小学和白鹤小学尚格分校建设正式启动。其中，新马小学总投资约2.6亿元，设计办学规模60个教学班，可提供2700个学位。该校位于株洲大道北侧90区G－05地块，东北紧临城市主干道新马大道，西南邻万丰路，东南邻万水路，北靠山地公园。总占地5.58公顷，净用地面积4.73公顷，总建筑面积约为36736平方米。2016年完成了主体封顶。白鹤小学尚格分校在二十二区尚格名城小区内，北临滨江北路，西临君山路，占地3.43公顷，总建筑面积21971.34平方米，概算投资12236.01万元，办学规模为36个教学班，可提供1620个学位，2016年7月启动建设。两校将于2017年秋季开学。

【民生工程】 2016年，区教育局严格按照文件要求，为民办实事项目均按计划实施，所有工作均如期如质顺利完成。向民办幼儿园购买普惠服务工程65%；资助中小学生1527人次发放资助金73.52982万元；投入470758元对王家坪中心小学校门、道路进行改造；村小资源普惠工程培训率100%，应用率60%，推送资源500条。

【经费保障】 统一城乡、公民办义务教育保障机制，义务教育公用经费严格按国家规定的基准定额，其中小学600元／生·年，初中800元／生·年，农村学校点校不足100人的按100人拨付生均公用经费，农村寄宿生公用经费补助标准按350元／生·年拨付，高于国家规定的200元／生·年的标准，特殊生补助标准为6000元／生·年。2016年拨付义务教育保障资金2205.74万元。免费提供教科书人数185人，补助资金0.72万元；特困生救助584人，发放补助金额28.51万元。贫困幼儿救助860人，发放补助金额86万元；贫困寄宿生生活救助758人，发放贫困寄宿生生活补助费44.3万元。加强国有资产管理，从4月底开始对教育局机关及所辖二级机构、中小学校和幼儿园共45个单位的国有资产进行清查，已全部完成自查、会计事务所的审计、教育局审核工作及财政最终审核工作。制定《株洲市天元区教育局教育专项资金审批管理暂行办法》，加强对学校、幼儿园专项资金的管理和督查。进一步规范中小学收费行为，联合监审等部门加强对学校食堂和工会专账监管。（谢光华）

2016年天元区中、小学校基本情况表

表15

序号	名称	地址	班级数（个）	在校学生（人）	建筑面积（平方米）	建校时间	校长姓名	备注
1	天元区群丰镇长岭中心小学	群丰镇长岭街	6	229	1735	1946年	谭高翔	公办
2	天元区群丰镇江璜小学	群丰镇江璜村	6	113	1378	1976年	刘　雄	公办
3	天元区群丰镇旗云学校	群丰镇旗云村	6	159	1472	1951年	罗艳霞	公办
4	天元区群丰镇妙泉学校	群丰镇妙泉村	6	186	1695	1968年	彭　靖	公办
5	天元区群丰镇响塘学校	群丰镇响塘村	6	235	956	1990年	谭建军	公办
6	天元区马家河月塘小学	马家河镇月塘村	6	245	1416	1973年	张涧欣	公办
7	天元区新马小学	马家河镇新马村	6	161	646	1974年	何　利	公办
8	天元区金龙小学	马家河镇金龙村	7	282	991	1972年	彭海英	公办
9	天元区天台小学	天元区天台小区	33	1702	8600	2005年	邓水群	公办
10	天元区滨江小学	天元区滨江一村	17	824	4848	1994年	王建军	公办
11	天元区白鹤小学	天元区白鹤路	37	1793	12626	2002年	刘　容	公办
12	天元区银海学校	天元区银海路	51	2667	15454	2007年	文艳云	公办

续表 15

序号	名 称	地 址	班级数（个）	在校学生（人）	建筑面积（平方米）	建校时间	校长姓名	备注
13	天元区王家坪尚格希望中心小学	天元区马家河镇	9	477	2050	2001年	马谋幸	公办
14	天元区栗雨小学	栗雨街道新东路1号	40	2181	11210	2010年	何亩文	公办
15	天元区凿石小学	马家河镇凿石村	6	231	1100	1990年	李 双	公办
16	天元区砖桥中心小学	雷打石镇砖桥村	6	233	2043	1951年	陈 平	公办
17	天元区建强学校	雷打石镇建强村	6	158	1353	1969年	刘 琼	公办
18	天元区胜塘学校	雷打石镇胜塘村	6	146	2481	1945年	姜子美	公办
19	天元区泉丰学校	雷打石镇泉丰村	6	86	1366	1954年	万炳均	公办
20	天元区三门镇莲花小学	三门镇莲花村	6	141	1650	1974年	宋迎春	公办
21	天元区三门中心小学	三门镇下节街	15	685	2650	1930年	程 琳	公办
22	天元区三门镇株木小学	三门镇株木村	4	109	1450	1981年	龙 茜	公办
23	天元区三门镇梽木小学	三门镇梽木村	6	132	2057	1946年	张 华	公办
24	天元区天元小学	天元区黑龙江路	53	2918	20993	2013年	杨碧琼	公办
25	天元区泰山小学	天元区牛形山路	68	3585	26339	1955年	谭新艳	公办
26	天元区群丰镇石塘山教学点	群丰镇石塘山	2	15	482	1956年	彭 靖	公办
27	天元区新林学校	雷打石镇新林村	6	104	1558	1956年	何赞习	公办
28	天元区三门镇石亭小学	三门镇石亭村	4	34	910	1975年	王 芳	公办
29	天元区三门镇杨柳小学	三门镇杨柳村	6	144	1284	1978年	文友粮	公办
30	天元区霞石学校	雷打石镇霞石村	6	164	1222.56	1995年	刘建元	公办
31	天元区群丰镇中学	群丰镇	6	229	6412	1979年	谭文辉	公办
32	天元区马家河中学	马家河镇	10	528	11292.32	1875年	吴学平	公办
33	天元区天元中学	天元区黑龙江路	44	2248	22754	2013年	吴学平	公办
34	天元区三门镇中学	三门镇下节街	10	443	7280	1992年	范伟忠	公办
35	天元区雷打石镇中学	雷打石镇	9	362	10525	1949年	林太泉	公办
36	天元区三门株木中学	三门镇株木村	6	171	6423	1984年	张冬良	公办
37	天元区建宁实验中学	天元区珠江南路	52	2867	48188	2014年	唐厚睦	公办
38	天元区太阳宫小学	天元区桥北社区	16	606	3655	1998年	曲湘云	民办
39	北师大株洲附属学校	庐山路210号	79	4614	146222	2005年	陈耀文	民办

（谢光华）

科学技术

【概况】 天元区经济科技信息化局前身为天元区科技局。主要职能为制定与组织科技项目，管理全区民营科技企业和专利工作，负责对外技术交流和智力引进、科技人员专业培训和继续教育、科技成果评选等。2000年10月，天元区科技局、科协、经委与株洲高新区产业发展局合并办公。

2016年，区经科信局紧紧围绕打造株洲·中国动力谷工作目标，不断创新工作思路，着力在壮大产业规模、推进科技创新、开展企业服务等方面下功夫，较好地完成了年初制定的工作目标任务。R&D经费投入强度3.2%以上，高新技术产品产值占规模工业总产值比重93.5%；河西示范园高新技术企业84家，占规模企业数68%；完成专利申请1918件，其中发明专利申请817件。同比分别增长24%、26%，总量稳居全市第一，专利申请更有质量。万人有效发明专利拥有量达到18件。

【搭建创新创业平台】 2016年，全区新增6个国家级创新创业平台。其中，株洲时代新材料科技股份有限公司获评中国橡胶行业交通装备减振降噪材料/制品技术中心；株洲高科企业孵化器有限公司获批国家级科技企业孵化器，系全市第2家国家级科技孵化器；株洲轨道交通专业化众创空间、新动力众创空间、炎帝创客中心、株洲声色艺术工厂入选国家级众创空间。2016年区域内各类众创空间面积达到1万余平方米，已经入驻团队（项目）120个，初创型小微企业80家，创业人员约1000人。在2016“株洲市万名人才计划”领军人才中，全市13名创新型领军人才中有5名是区内人才，10名创业型领军人才中有8名是区内人才。

【高新技术企业申报创新高】 2016年，区经科信局通过开展高企申报培训、深入企业实地指导等多方措施，组织29家企业申报高新技术企业，有28家企业通过评审，其中19家为新认定，高新技术企业申报量、通过量均占据全市三分之一强，创近年新高。全年新认定后天元区高新技术企业84家，占规模企业数达到68%，产业结构更趋优化。

【争取企业科技扶持资金】 2016年，区经科信局组织申报各类科技项目160项，立项126项，争取财政资金36997.8万元，比2016年增长59.9%。另外向市科技局申报市级科技指导性计划项目72项，经认定后，可为企业研发费用加计扣除，直接为企业减免收税2000万元以上。继续增加区级财政对科技创新的支持力度，全年计划完成科技经费支出4000万元，实际完成5255万元，超额完成1255万元，其中支持瞪羚企业3600万元。参照市“创新十条”政策，对2015年新认定的9家高新技术企业、2015年及2016年新认定的市级工程技术中心和企业创新中心等进行奖励和补助，发放资金111万元。

【知识产权工作】 2016年，区经科信局完成专利申请1918件，其中发明专利申请817件。同比分别增长24%、26%，总量稳居全市第一，首次出现发明专利申请量增幅高于专利申请量增幅，专利申请更有质量。开展知识产权执法，调查涉嫌假冒专利20件，协调专利纠纷案件3起。资源整合，拓宽科技型中小企业融资渠道，促成弗拉德、旭阳机电等专利质押贷款，涉及金额1770万元。

【科普宣传】 市科技局授予区经科信局2016年度县市区防震减灾先进单位，栗雨小学代表株洲市成功创建省级防震减灾示范学校，建宁中学成功创建市级防震减灾示范学校。大力实施科普惠农计划和社区科普益民计划，组织申报两个省级科普示范社区、一个市级农村科普示范基地、一名市级农村科普带头人、两个市级科普示范社区、两个市级先进农村专业技术协会。积极争取上级科协给予区内科普示范基地和示范社区的资金80万元，其中国家科协给予湘银社区20万元的资金支持。 （廖 怿）

2016 年株洲高新区高新技术企业表

表 17

序号	单位名称	领域	法人代表	区域
1	南车株洲电力机车有限公司	高新改造传统	周清和	田心园
2	湖南中车时代电动汽车股份有限公司 原名：湖南南车时代电动汽车股份有限公司	高新改造传统	申宇翔	河西示范园
3	株洲时代电子技术有限公司	电子信息技术	李东林	河西示范园
4	株洲时代新材料科技股份有限公司	新材料技术	曾鸿平	河西示范园
5	株洲通达铁路电机厂	高新改造传统	黄秋蓉	河西示范园
6	株洲中车特种装备科技有限公司 原名：株洲南车特种装备科技有限公司 原名：株洲九方工模具有限责任公司	高新改造传统	杨力强	田心园
7	株洲中车时代电气股份有限公司 原名：株洲南车时代电气股份有限公司	高新改造传统	丁荣军	田心园
8	株洲庆云电力机车配件工厂有限公司	高新改造传统	凌正中	董家塅园
9	株洲冶炼集团股份有限公司	新材料技术	曹修远	河西示范园
10	株洲联诚集团有限责任公司	高新改造传统	肖勇民	田心园
11	南车株洲电机有限公司 原名：株洲南车电机股份有限公司	高新改造传统	周军军	田心园
12	株洲九方装备股份有限公司 原名：株洲九方装备模具实业有限公司	高新改造传统	杨　军	田心园
13	株洲欧格瑞传动股份有限公司	高新改造传统	潘晓东	河西示范园
14	株洲千金药业股份有限公司	生物医药技术	朱飞锦	河西示范园
15	株洲时代橡塑元件开发有限责任公司	新材料技术	曾鸿平	河西示范园
16	株洲欧科亿硬质合金有限公司 原名：株洲精诚实业有限公司	新材料技术	袁美和	董家塅园
17	株洲市九华新材料涂装实业有限公司	新材料技术	杨　炯	田心园
18	株洲南方阀门股份有限公司	高新改造传统	黄　靖	河西示范园
19	株洲中航动科南方燃气轮机成套制造安装有限公司 原名：株洲南方燃气轮机成套制造安装有限公司	新能源及节能技术	邹定国	董家塅园
20	中车株洲电力机车研究所有限公司 原名：南车株洲电力机车研究所有限公司	高新改造传统	丁荣军	田心园
21	株洲湘依铁路机车电器有限公司	高新改造传统	李公武	河西示范园
22	中国南方航空工业(集团)有限公司公司	航空航天技术	彭建武	董家塅园
23	株洲南方机电制造有限公司	高新改造传统	龚　川	河西示范园

续表 17

序号	单位名称	领域	法人代表	区域
24	株洲四方电气有限公司	电子信息技术	李　杰	河西示范园
25	唐人神集团股份有限公司	生物与新医药技术	陶一山	河西示范园
27	湘煤立达矿山装备股份有限公司 原名：株洲力达液压机械有限责任公司	高新技术改造传统	宁胜利	河西示范园
28	株洲日望电子科技有限公司	电子信息技术	彭　军	河西示范园
29	株洲易力达机电有限公司	高新改造传统	彭天祥	董家塅园
30	株洲田龙铁道电气有限公司	电子信息技术	郭照华	河西示范园
31	株洲电力机车厂长河机电产品开发公司	电子信息技术	刘志平	河西示范园
32	株洲电力机车广缘科技有限公司	高新改造传统	肖勇民	田心园
33	株洲中达特科电子科技有限公司	电子信息技术	李立中	河西示范园
34	株洲宏大高分子材料有限公司	新材料	曾维楚	河西示范园
35	株洲名扬橡胶有限公司	高新改造传统产业	段扬名	董家塅园
36	株洲精工硬质合金有限公司	新材料技术	袁少勇	河西示范园
37	株洲中车时代装备技术有限公司 原名：株洲时代装备技术有限责任公司	高新改造传统	李东林	田心园
38	株洲科瑞变流电气有限公司	电子信息技术	丁劲松	河西示范园
39	株洲日望精工有限公司	高新改造传统产业	贺建权	河西示范园
40	湖南航翔燃气轮机有限公司	新能源及节能	蔡三定	董家塅园
41	株洲三新包装技术有限公司	高新改造传统产业	刘为成	河西示范园
42	湖南中普技术股份有限公司 原名：湖南中普防雷股份有限公司 原名：株洲普天中普防雷科技有限公司	电子信息技术	—	河西示范园
43	株洲九方热表技术有限公司	高新改造传统	杨　军	田心园
44	株洲九方制动设备有限公司	高新改造传统	肖永民	田心园
45	株洲电力机车电机修造有限公司	高新改造传统	肖勇民	田心园
46	株洲旭阳机电科技开发有限公司	高新改造传统产业	邓　卓	河西示范园
47	湖南南方宇航工业有限公司 原名：南方宇航工业股份有限公司	航空航天技术	宁福顺	董家塅园
48	湖南利德电子浆料股份有限公司 原名：湖南利德电子浆料有限公司	新材料	宁敏文	河西示范园
49	株洲弗拉德科技有限公司	新材料	言伟雄	河西示范园
50	株洲新时代输送机械有限公司	高新改造传统		河西示范园

续表 17

序号	单位名称	领域	法人代表	区域
51	株洲华通科技有限责任公司	电子信息	喻　方	河西示范园
52	株洲华锐硬质合金工具有限责任公司	新材料	肖旭凯	河西示范园
53	湖南永盛新材料股份有限公司 原名：株洲永盛电池材料有限公司	新材料技术	潘　勇	河西示范园
54	株洲变流技术国家工程研究中心有限公司	新能源技术	任其昌	田心园
55	株洲钻石切削刀具股份有限公司	新材料技术	杨伯华	河西示范园
56	株洲金鼎硬质合金有限公司	新材料技术	高　勇	河西示范园
57	湖南炎帝生物工程有限公司	生物与新医药技术	厉农帆	河西示范园
58	株洲中车天力锻业有限公司 原名：株洲天力锻业有限责任公司	新材料技术	杨　军	田心园
59	株洲星联铁道车辆机电装备有限责任公司	高新改造传统产业	蔡日辉	河西示范园
60	株洲肯特硬质合金有限公司	新材料技术	张国顺	河西示范园
61	株洲天桥舜臣选煤机械有限责任公司 原名：株洲舜臣选煤机械有限责任公司	高新改造传统产业	成固平	河西示范园
62	株洲晶昱实业有限责任公司	新材料技术	周　博	田心园
63	株洲高新技术产业开发区壹星科技有限公司	高新改造传统产业	谢成昆	田心园
64	湖南山河科技股份有限公司 2013年3月从长沙搬至株洲	航空航天	—	董家塅园
65	湖南千金协力药业有限责任公司	生物与新医药技术	叶胜利	河西示范园
66	湖南富利来环保科技工程有限公司	资源与环境污技术	刘博成	河西示范园
67	西迪技术股份有限公司 株洲西迪硬质合金科技股份有限公司 原名：株洲西迪硬质合金科技有限公司	新材料技术	徐跃华	董家塅园
68	湖南维格磁流体股份有限公司	高新改造传统产业	言继春	河西示范园
69	湖南高远电池有限公司 原名：株洲市高远电池有限公司	新能源与节能技术	唐杰雄	河西示范园
70	湖南生命伟业环保科技股份有限公司 原名：湖南生命伟业科技有限责任公司	资源与环境技术	刘献军	河西示范园
71	中建五局建筑节能科技有限公司	新能源与节能技术	李水生	河西示范园
72	株洲海天工程塑料实业股份有限公司	新材料技术	仇伟建	河西示范园
73	湖南神通光电科技有限责任公司	新材料技术	曹清华	董家塅园
74	株洲博雅实业有限公司	高新改造传统技术	周　博	田心园
75	株洲九方铸造有限责任公司	新材料	杨　军	田心园
76	湖南宇丰农科生态工程有限公司	资源与环境	郭诗卉	河西示范园

续表 17

序号	单位名称	领域	法人代表	区域
77	株洲金韦硬质合金有限公司	新材料	刘惠仁	河西示范园
78	株洲悍威磁电科技有限公司	高新改造传统技术	任争胜	河西示范园
79	湖南新九方科技有限公司	资源与环境技术	罗君伟	河西示范园
80	湖南明鼎科技有限公司	高新改造传统产业	张裕俊	河西示范园
81	株洲汇隆实业有限公司	高新改造传统产业	—	河西示范园
82	湖南南方宇航高精传动有限公司	高新改造传统技术	彭天祥	董家塅园
83	株洲中车机电科技有限公司 原名：株洲南车机电科技有限公司	高新改造传统	胡文波	田心园
84	中航湖南通用航空发动机有限公司	航空航天技术	杨鱼峰	董家塅园
85	湖南特科能热处理有限公司	新材料技术	杨尚荣	河西示范园
86	株洲红龙电工有限公司	高新技术改造传统	蔡炳秋	河西示范园
87	株洲瑞德尔冶金设备制造有限公司	高新技术改造传统	成　凯	河西示范园
88	株洲三特环保节能股份有限公司	资源环境技术	陈万玲	河西示范园
89	株洲博雅科技股份有限公司	新材料	周　博	田心园
90	株洲荣达铁路机电公司	高新改造传统	黄立新	田心园
91	株洲广义电子技术有限公司	电子信息	陈侠飞	河西示范园
92	株洲明益鑫轨道交通装备制造有限公司	高新改造传统产业	胡　晓	河西示范园
93	湖南九方焊接技术有限公司	高技术服务业	黄立新	田心园
94	株洲市太昌电子电气设备有限公司	电子信息技术	翁艳彬	河西示范园
95	湖南铁道职业技术学院天一实业有限公司	高新改造传统产业	胡应平	河西示范园
96	株洲市创锐高强陶瓷有限公司	新材料	姜　桂	河西示范园
97	株洲科锐硬质合金股份有限公司	新材料	尹新龙	河西示范园
98	株洲市微朗科技有限公司	高新改造传统产业	童永胜	河西示范园
99	株洲开元自动焊接装备有限公司	高新改造传统产业	沈亚辉	河西示范园
100	株洲湘火炬汽车灯具有限责任公司	高新改造传统产业	呼惟明	河西示范园
101	株洲嘉成科技发展有限公司	电子信息技术	郑　祎	河西示范园
102	株洲佳邦难熔金属有限公司	新材料	吴　博	河西示范园
103	株洲车城机车配件有限公司	先进制造与自动化	何　卫	田心园
104	株洲长河电力机车科技有限公司	电子信息技术	宋　永	田心园
105	中航动力株洲航空零部件制造有限公司	航空航天	张智勇	董家塅园

续表 17

序号	单位名称	领域	法人代表	区域
106	株洲电力机车气动设备有限责任公司	先进制造与自动化	肖勇民	田心园
107	株洲华信精密工业股份有限公司	先进制造与自动化	谢钧辉	河西示范园
108	株洲麦格米特电气有限责任公司	先进制造与自动化	童永胜	河西示范园
109	株洲新时代环保科技有限公司	资源与环境	陈　英	河西示范园
110	众普森科技(株洲)有限公司	电子信息	钟　帅	河西示范园
111	湖南天源工业设备有限公司	新材料	严关水	河西示范园
112	湖南竞宁智能科技有限公司	电子信息	梁木文	河西示范园
113	株洲盈定自动化设备科技有限公司	先进制造与自动化	郑圣泉	河西示范园
114	株洲凯丰实业有限公司	高技术服务业	尹　姮	河西示范园
115	株洲合力电磁技术有限公司	先进制造与自动化	贺　兵	河西示范园
116	湖南水之源环保科技工程有限公司	资源与环境	黄　顾	河西示范园
117	湖南方心科技有限公司	电子信息技术	刘　珺	河西示范园
118	株洲高新电业股份有限公司	先进制造与自动化	任　科	河西示范园
119	株洲桓基铁路电子电器有限公司	电子信息技术	郭长征	河西示范园
120	株洲市瑞邦医疗器材制品有限责任公司	先进制造与自动化	贺亦峰	河西示范园
121	株洲鸿新实业有限公司	新能源及节能	谭会明	河西示范园
122	湖南康琪壹佰生物科技有限公司	生物与新医药	王　强	河西示范园
123	湖南澳维环保科技有限公司	新材料技术	彭　军	河西示范园
124	湖南澳德信息科技有限公司	电子信息技术	夏　闽	河西示范园
125	湖南立方新能源科技有限责任公司	新能源及节能技术	涂　健	河西示范园

（廖 怿）

卫生和计划生育

【概况】 2015年12月，组建天元区卫生和计划生育局，为承担全区医疗卫生计生工作的政府组成局。有行政编制10名，其中局长兼书记1名，副局长4名，会计核算中心4名。主要负责全区医疗卫生和计划生育行政管理、妇幼保健、卫生应急、农村卫生、社区卫生、精神卫生、传染病防治、慢性病管理、新型农村合作医疗管理、计划生育服务、医药卫生体制改革、卫生监督执法、爱国卫生等工作。区红十字会与区卫计局合署办公。下辖直属二级机构11个，包括区妇幼保健计划生育服务中心、区疾控中心、区卫计监督执法局、区新型农村合作医疗管理办公室、区卫计会计核算中心、4个卫生院和3个社区卫生服务中心；全区共有6个基层卫计办，各级各类医疗机构190家，卫生计生工作人员600余人。年内荣获湖南省计划生育优秀区、全省无偿献血先进区等省级以上荣誉，雷打石镇卫生院被评为全国群众满意的乡镇卫生院。

【民生实事】 2016年，区卫计局承担民生实事任务2项，其中省为民办实事和市“民生100”工程各1项。一是做好重性精神疾病救治救助工作。2016年按照省为民办实事要求，重点做好重性精神疾病救治救助工作。全年54名贫困重性精神疾病患者接受住院救治救助，完成年度任务数的135%。二是全面开展居民疾病谱调查。2016年5月，天元区全面启动居民疾病谱调查工作，随机抽取5个镇（街道），20个村（社区）3726名居民开展调查。撰写社区诊断报告及天元区居民期望寿命调查结果分析报告。全区2016年平均期望寿命为77.51岁。

【计划生育工作】 2016年，区卫计局坚持和完善计划生育目标管理责任制，明确新形势下必须继续坚持计划生育基本国策不变。一是强化计划生育基层基础工作。2016年期末人口数26.03万人，已婚育龄妇女4.87万人，出生3375例，死亡1884例，人口自然增长率5.77‰；符合政策生育率98.19%；出生人口性别比104.55；二是强化居民健康卡信息采集。全区可提交卡管平台制卡数为25.53万，占常住人口85.76%；三是强化计划生育奖励扶助。农村奖励扶助对象987人，计划生育特别扶助对象196人，计划生育手术并发症扶助对象10人，独生子女保健费对象5218人，发放奖励扶助资金1035万元；四是强化整治“两非”工作。以区卫计局主导、部门协作的工作机制，对辖区内所有医疗卫生单位的B超记录、图像等进行筛查，成功查处2例“两非”典型案件；五是强化计划生育综合治理。各综合治理单位在预防和查处违法生育、流动人口服务和管理等方面紧密协作，全区社会抚养费立案率100%，共有1例多孩结案；六是强化流动人口均等化服务。全年流入人口入库总数48828人，流出人口入库总数7006人，入库率97.5%，流动人口健康档案建档率86.84%，0—6岁儿童预防接种率100%，均超过考核指标；七是强化卫计宣传氛围。积极发挥宣传教育先导作用，突出计划生育政策、公共卫生等重点内容，开展有针对性的宣传服务活动；八是强化计生协会工作。全面提升“一地一品”工程、“悄悄话室”和“等等吧”3项特色活动。

【国家基本公共卫生服务均等化工作】 为推进天元区基本公共卫生服务逐步均等化，最大限度的预防疾病，天元区紧抓建立居民健康档案，采取卫生院联合村卫生室入户、联合村卫生室到村部、点面结合等方式积极推进城乡居民健康档案建立工作，做到信息反馈、建档资料收集、讲解同步进行，至2016年，全区居民累计建档235386份，建档率83.15%，通过金仕达和融达系统查询建立居民电子健康档案234260份，建档率为82.75%；对9213名65岁以上老年人进行健康体检，规范管理9135人，规范管理率99.15%，0–6岁儿童健康管理18838人，孕产妇健康管理3057人，全区累计管理高血压患者11888人，管理糖尿病患者3916人。对562名重性精神病病人进行规范管理，并定期进行跟踪回访。

【妇幼保健与计生服务】 2016年，全区妇幼保健计划生育服务不断加强。一是出生缺陷综合防控工作实现新突破。切实加强孕产妇管理，狠抓免费婚前医学检查，检查3434人，婚检率79.56%；750对接受了免费孕前优生健康检查；孕中期产前筛查7100人次，产前检查率96.35%；免费出生缺陷干预检测22人；免费叶酸发放3058人，目标人群也由原来的农村扩大到城镇，真正做到“提标扩面”；二是大力实施“一法两纲”和“三网监测”工作。全区5岁以下儿童死亡13人，死亡率4.01 ‰，婴儿死亡7人，死亡率2.16 ‰，新生儿死亡6人，死亡率1.85‰；新生儿疾病筛查5965例，听力筛查5743例，有效预防新生儿神经管畸形。住院分娩率100%,孕产妇死亡率为0,高危孕产妇住院监护分娩率100%;住院分娩补助1384人,补助金额42万元,救助高危重症贫困孕产妇85人,救助金额17.14万元;三是积极开展农村适龄妇女“两癌”筛查工作。2016年5—6月集中开展农村妇女“两癌”免费检查,区内35—64岁农村常住女性人口11390人受益,检查项目在2015年免费妇女病普查的基础上增加宫颈细胞学检查(TCT检查),乳腺彩色超声检查,共筛查2306人,极大地提高农村妇女“两癌”防治知识知晓率,真正做到早发现、早诊断、早治疗;四是扎实开展计划生育技术服务工作。继续做好“三查一治”工作,指导育龄群众进行避孕方法知情选择,降低意外妊娠。开展计划生育节育手术并发症和病残儿鉴定工作,全区鉴定计划生育手术并发症5人,无病残儿鉴定。

【疾病预防控制】 2016年,全区公共卫生工作逐步完善,重大疾病得到有效控制,疾病预防控制工作全面推进。传染病防治工作坚持24小时疫情值班和应急处置机动队值班制度,建立异常信息快速反应机制。全年全区报告法定传染病20种,3563例,累计发病率为1629.8/10万。无甲类传染病报告;报告乙类传染病14种,678例,与2015年同期累计(901例)减少24.75%,死亡4例(艾滋病2例、肺结核1例、人感染H7N9禽流感1例);报告丙类传染病6种,2885例,与2015年同期累计(1984例)比增加45.41%,无死亡病例报告。报告HIV20例,死亡2例。年内,天元区率先在全市开展学生结核病筛查工作,对全区小学一、二、三年级学生及教师共计14948人开展结核病筛查。接诊病人310例,发现活动性肺结核病人148例,其中初治涂阳病人61例。完成艾滋病自愿咨询检测577人次,经检测HIV结果阴性576人,HIV结果阳性1例。开展预防接种规范化管理工作,以及适龄儿童接种率交叉调查,调查28个村和社区362名1—6岁儿童,11种免疫规划疫苗全程接种率大于90%,建证建卡率大于95%。认真开展春秋季入托入学预防接种证查验、补种工作,共查验32所小学,80所幼儿园,查验覆盖率100%;应查验6695人,实查验6695人,查验率100%;已补证32人,补种779人,补种率95%以上。积极开展“4·25全国儿童预防接种宣传日”和“7·28世界肝炎日”宣传活动。强化对慢病病人的管理,全区建档244049份,管理高血压病人11932人,糖尿病病人3986人,重性精神病病人753人。全面落实高危人群筛查工作,对全区65岁以上老年人开展免费体检,对慢性病人进行年度体检,定期下乡、下社区义诊,主动发现高危人群并进行管理和登记。积极开展健康教育宣传,开展公众健康咨询服务活动98次,接受咨询人数达16301人次,举办健康知识讲座151次,参加听讲人数达6068人次。

【公共卫生突发事件应急处置】 2016年,报告突发公共卫生事件2起(输入性人感染H7N9禽流感和输入性登革热疫情各1起)、流感样病例暴发疫情4起(白鹤小学、天元小学各1起、建宁实验中学2起)。在6月15日暴雨后,组织专业队伍前往隆兴、东湖、大坪和莲花4个受灾严重社区开展环境消毒、发放消毒物资和开展灾后防病宣传教育。

【新型农村合作医疗】 2016年,市政府办公室印发《株洲市城乡居民大病保险实施方案》后,区新农合办联合区财政局、民政局、各镇(办事处),严格对照市政府下发补偿标准对辖区内重大疾病患者展开全面摸排筛查工作,对132名患者救助工作全面落实到位。2016年,全区参合人数104307人,参合率99.5%。全年筹集基金总额5897.23万元,累计补助12.29万人次,补助金额4653.27万元(其中包括2015年度大病保险二次追补132人,补偿金额80.67万元),住院率12.55%,基金使用率85.86%,人均住院补偿金额3096元(高出全市人均补助400

元），年度个人最高补偿15万元。平均住院费用补偿率60.16%；区镇（街道）两级政策范围内补助金额占累计住院费用比例76.51%，大大减轻了参合农民特别是患有重大疾病家庭的医疗负担。

【区卫生计生监督综合执法局成立】2016年1月，天元区卫生计生综合监督执法局成立，为天元区卫生和计划生育局直属全额拨款的副科级事业单位，核定编制为10名，其中正式在编人员9名，聘用人员6名。负责计划生育、医疗卫生、公共场所卫生、生活饮用水卫生以及打击“两非”等方面的综合监管职能，对卫生和计生两方面监督执法资源进行有效整合和优化，实现优势互补。

【卫生计生监督执法】 2016年，区卫生监督执法工作坚持“依法行政、秉公执法、勤政廉洁、为民服务”的服务宗旨，加强卫生执法监督体系建设，加大卫生监督执法力度。一是创新工作机制，提高执法水平。全年受理新办公共场所卫生许可证172家，年审公共场所卫生许可证170家，并对新办9证门店实行一店一档案管理。全年共出动卫生监督车辆1861车次，日常卫生监督频次6625人次，监督检查公共场所经营单位4112户次。二是加强医疗监督，规范医疗市场。对辖区内183家医疗机构开展日常监督工作，监管单位的建档率达100%，监督覆盖率达100%。三是积极开展学校卫生专项整治。联合区教育局对全区38所中、小学及2所教学点进行学校卫生监督执法专项行动检查。联合区疾控中心进行学校卫生采样监测，共采水样67份，其中合格水样59份。针对辖区11家游泳场所进行专项监督检查，对发现的问题的场所限期整改。

【爱国卫生工作】 2016年，区卫计局按照年度除“四害”工作计划，积极组织人力广泛开展了“四害”孳生地情况调查，组织各基层单位和专业公司有计划地开展以除“四害”为重点的春、秋季除害行动，全年发放除四害药物共计12万元，完成150个改厕任务指标。和极开展爱国卫生月宣传活动，采取多种形式广泛宣传爱国卫生运动。普及卫生知识，按照省、市级创建工作要求，对全区30家省级文明卫生单位进行了复查验收。

【红十字会工作】 2016年，区红十字会组织大型集中献血活动12场次，完成无偿献血2479人次，献血量超过80万毫升，完成年度任务的170%。制作大型户外无偿献血公益广告2700平方米，开展无偿献血专题讲座1场，在中小学校、社区、企业普及应急救护知识，开展应急救护知识培训12场次。（易锦霞）

文化体育旅游

【概况】 株洲市天元区文化体育和旅游局成立于1997年8月（成立之初为天元区文化广播体育局，2002年6月机构改革，更名为天元区文化体育局，2011年5月文化体制改革，更名为天元区文化体育新闻出版局，2015年12月根据“三定”文件，更名为天元区文化体育和旅游局，内设办公室、社会文化体育股、市场股、旅游股；下设二级机构区文化馆；在编在岗14人，区聘1人。

天元区文化体育和旅游局是区人民政府职能管理组成局，主管全区文化、体育、新闻出版、旅游工作，贯彻执行国家和省、市关于文化、体育、新闻出版、旅游工作的方针政策、法律法规，研究拟订相关政策、规章及相关产业发展战略规划，负责全区文化、体育和旅游事业发展规划并督促实施情况；指导、协调、配合和组织全区性文化和体育活动；监督和管理全区新闻出版市场，开展“扫黄打非”工作；管理全区文物工作。

【群众文化活动】 2016年，区文体旅游局在各社区广场举办“欢乐潇湘·幸福新区”大型群众文艺会演活动，通过海选、展演2个阶段，分片、分社区共演出8场。此次活动有98个群众业余艺术团队报名，221个节目，1800余人参与其中，有2.8万余人观看。7月，“欢乐潇湘·幸福新区”天元区2016年大型群众文艺汇演专场晚会在美的时代广场前坪精彩上演。15个群众自编自演的原创节目，震撼全场，为天元区百姓献上一场文艺盛宴。

【机关干部职工合唱比赛】 8—10月，天元区举办“共筑中国梦唱响新区情”天元区机关干部职工合唱比赛，活动得到各镇、街道，区直机关各单位及市直驻区各单位干部职工的积极参与。比赛分为初赛和决赛两个阶段进行，吸引18支合唱队伍、1200余名参赛选手参赛。10月21日，决赛在区政府会议中心隆重举行。来自全区12支参赛队近千名干部职工用深情嘹亮的歌声歌颂党、歌颂祖国，抒发“凝聚中国动力，建设幸福天元”的美好情怀。区委书记周建光、市文体新局局长杨小幼、区长董巍等领导观看了比赛。

【文化馆工作】 区文化馆自2015年7月开馆以来，坚持文化惠民。据统计，有48支群众文艺团队定期通过预约免费使用区文化馆活动场地和设施设备，组织开展专业培训、小型演出，文化交流活动130多场次，接待省市区级参观5次。区文化馆被评为株洲市2016年优秀团队称号。同时，圆满完成公益电影540场的放映工作。

【创建国家公共文化服务体系示范区】 切实抓好公共文化服务体系示范区创建工作。一是出台2个创建工作指导文件，组织召开调度会议2次，编辑创建工作信息11期。二是扎实推进乡镇(街道)综合文化站和村(社区)综合文化服务中心建设。三是按要求做好中期评估资料的收集、整理工作，整理创新案例5个，接受上级检查督查调研4次。四是天元区图书馆建设工作稳步推进。确定天元区图书馆选址在中国动力谷自主创新园研发中心D栋二楼新动力众创空间西侧，已完成图书馆建设的设计方案。

【群众体育建设】 万丰湖体育休闲公园基本建成。标准围栏塑胶篮球场3片，儿童游戏场、门球场、羽毛球场、健身区等初具规模；沿湖13公里健身步道，更是广大长跑爱好者的最爱。首届湖南跑团联赛、株洲市第三届全民健身节暨万丰湖半程马拉松挑战赛都在这里举行。投资2600万元，近9000平方米的中国动力谷新建大型综合体育馆主体落成。村、社区新建群众健身场地热情高涨，年内省市区三级配置健身路径器材32套，新建泰办新塘社区小型社区多功能体育健身广场。举办健身广场舞培训班，48人经过理论和实践考核，获得三级社会体育指导员证书。株洲市龙舟协会悠移庄园代表队代表株洲市参加湖南省2016年度龙舟赛，取得第四名。8月为全民健身月，在嵩办小湖塘社区举办了“全民健身专场演出”活动，区武术协会、广场舞协会等进行优秀节目展演。

【旅游产业发展】 2016年，区文化体育和旅游局出台《株洲市天元区旅游产业发展总体规划》(2016－2020年)。三门镇响水村获评2016年湖南省美丽乡村称号。国家AAAA级景区神农城、AAA级景区悠移庄园分别年接待游客500万和60万人次；全面启动湘江风光带、万丰湖创建工作。

【新闻出版工作】 2016年，落实软件正版化工作，区政府机关30家单位分两批签订软件采购合同，采购正版199套(2家单位自购)。扎实推进全民阅读工作。建设5处书吧(区政务中心、声色艺术工厂、高新幼儿园、区法律服务中心、美的城青年之家）。组织举办“青春共续，诗歌共享”“4.23”世界读书日系列活动、“我的书屋我的梦”征文、“全民阅读进校园”“劳动杯·诗歌献给劳动者”诗词大赛等活动。认真落实直播卫星户户通工程建设2200套（三门镇1100套、雷打石镇900套、群丰镇200套）。此项工作获评湖南省直播卫星户户通工程建设先进单位。

【安全生产】 2016年，按照“一岗双责，党政同责”的要求，切实抓好文化、体育、旅游三大块的安全生产工作。一是切实做好干部职工的安全生产教育工作。全年组织安全生产方面学习3次，其中专业消防培训1次。二是加强安全生产检查。结合安全生产检查、创文迎复检、禁毒宣传等多项工作，组织对KTV、网吧、出版物零售店、电子游戏场所、星级宾馆、酒店、旅行社等开展安全生产检查300多家次，发放安全生产资料、创文资料400多份，提醒各生产经营单位时刻绷紧安全生产这根弦。与区消防大队联合开展专项检查4次。三是抓好大型文艺活动安全保卫工作。（周易佳）

株洲高新区 · 天元区
ZHUZHOUGAOXINQU · TIANYUANQU
2017年鉴

街道 · 镇

泰山路街道办事处

【概况】 泰山路街道办事处于1997年8月株洲市区划调整时成立，2012年新办公楼搬迁至天元区黄山路，辖天台路以南的城区及临近部分农村区域，东部、南部临湘江，西与栗雨街道办事处接壤，北与嵩山路街道办事处交界，辖区面积13平方公里。2016年，街道下设17个社区居委会，人口10.5万人。机关在职干部职工63人，管理处在职干部职工21人，居委会在职干部职工66人。有51个基层党组织，其中社区党组织17个，两新党组织33个，机关支部1个，共产党员1606人。

【党建七项重点任务】 2016年，街道集中开展党员组织关系排查1531人次，查找失联党员57名，整理党员档案671份；检查、补缴党费208人次，7.3万元；排查党代会代表和党员违纪违法2人。大力推进“两新”组织党的工作全覆盖，排查两新组织156家，新建党支部4个，派出党建指导员34名。

【征地拆迁】 2016年是街道拆迁扫尾的攻坚年。继续坚持“三位一体”的工作模式，严格执行政策底线，形成公平、公正、公开的拆迁导向。落实拆迁工作包户责任制，下大力气突破了一批重点户、难点户。全年新征任务地块1宗，神农大道A段合计面积1.6公顷；续征的任务地块3宗，神农城生态隔离带3号地2.44公顷、湖南工业大学三期31.87公顷、33区3期、4期4.1公顷，合计面积38.41公顷。新征续征地4宗，交地任务40余公顷。列为遗留问题项目2宗，8.27公顷和27区储备地，合计面积32.78公顷。全年完成签字91个编号，面积47067.7平方米，拆房93个编号，面积50039.5平方米。遗留问题扫尾项目27区储备地、8.27公顷，均在9月全部完成签字、拆屋工作，合计交地面积6.31公顷；临时新增地块1宗，珠江北支路项目，面积0.22公顷，房屋580平方米，完整交地。在全区征地拆迁月度考核中，街道稳居前三；在百日攻坚3次考核中，2次获奖。自2015年街道在全区镇(街道)率先实现大拆迁圆满收官之后，2016年又率先进入拆迁清零扫尾阶段。

【全国文明城市复检】 8月15日和16日，全国文明城市复检测评工作顺利通过；在15日晚上的入户调查工作中未出现一例拒检现象，得到检查组的认可。作为迎检的主战场，全年投入600多万元，承担老旧小区、城中村、农贸市场的保洁和管理工作，处理数字城管案件6.4万件，按期结案率超过99.5%。设计制作3300块公益广告牌和6幅大型公益广告牌，入户发放文明城市宣传资料2万余份。广场社区关爱自闭症特殊群体“蓝丝带行动”、文家冲社区少年夏令营、泰西社区“微马公益组织”、大岭社区“同心社区”系列志愿者活动，为文明建设添砖加瓦。

【安全生产】 坚持“安全第一，预防为主，综合治理”的工作方针，通过召开各类会议、宣传活动、督促检查等形式，加大安全生产宣传和监督检查力度；与各社区、辖区单位、门店签订了安全责任状，明确安全生产责任及安全生产任务，使安全责任层层落实；全面贯彻落实“党政同责、一岗双责、失职追责”的安全生产工作责任制，深化领导干部带队检查安全生产工作，积极组织开展监管执法年及打非治违活动，对安全隐患排查做到“全覆盖、零容忍、严执法、重实效”，确保了辖区安全生产形势持续稳定。全年发放灭火器1186具、灭火器箱234个；城中村配置消防水带36条、消防接扣36个、消防水枪12支、消防扳手12个。16个社区微型消防站内的各类制度及器材设施全部配备齐全并能正常使用。排查治理中，抓好正常的每月一次行政执法检查，消除安全隐患；结合节假日，抓好专项安全生产检查整治工作，召开安全生产工作部署会6次，出动检查23次，检查单位235家，下发11份执法文书，取缔6家非法经营液化气和1家非法经营烟花爆竹行为。全年通过电子屏、悬挂宣传横幅、张贴宣传公告、制作安全宣传栏、发放各类宣传资料、开展安全培训及演练等，提高干部群众的安全意识。全年发放宣传资料2万余份，制作宣传横幅18条、开展安全培训3次、制作宣传栏5块。

【社会综合治理】 积极开展平安创建大走访活动。上户25063户，发放民情联系卡近3万张，张贴民情服务卡3500张，制作平安创建宣传马甲200件，收集有效意见建议1000余条；开展大型宣传活动6次，发放平安创建知识问答纪念品500件，制作车库出入口平安创建提示牌318块。开展平安家庭模范户评选活动，评选319户，挂牌290户。4月19日晚，联合派出所在张家园3－8队开展打击地下六合彩专项活动，组织50余人参加，发放宣传资料300余份，收缴六合彩相关报纸30张，全套书籍1套，生肖排期表2张。为辖区勇救轻生女子的渔民钱新文、袁银玉夫妇申报见义勇为先进个人，钱新文被评为市级见义勇为先进个人，袁银玉被评为区级见义勇为先进个人。社会综治民调、辖区压发案工作在全市24个重点乡镇(街道)排名显著前移，公众安全感大幅提高。

【禁毒工作】 2016年，辖内有吸毒人员265人，社区戒毒人员16人。在“6·26”国际禁毒日，通过宣传栏、横幅、展板等形式向居民宣传毒品的危害，呼吁大家远离毒品，开展大型宣传活动4次，发放宣传资料2000余份，更新宣传栏17个，滚动播放宣传标语电子屏30余个。

【群众接待工作】 2016年，接待来访群众86批次，共计980余人次；市长信箱和上级部门转交的群众来信3封，回复群众来信3封；接收市长热线1634条，办理市长热线达到了回复率100%，处理率97%；处理网上信访56件。下大力气化解社会矛盾，有效化解和处理了天台1队、2队生活用水、渡口9队、10队城中村问题、财富湘江、奥园广场开发商与业主的纠纷等问题。

【卫计工作】 2016年，街道狠抓统计质量，定期进行数据分析，逐步健全完善了全员人口管理信息系统。年内常住人口80152人，流动人口24412人，出生人口869人，出生人口性别比为104.47，自然增长率8.48‰；办理一孩生育证454本，二孩生育证466本，再生育证24本；居民健康卡采集且已匹配成功人数81725人，信息采集有效率93.16%；网格化人房绑定36650人，人业绑定23479人，网格化的人员关联比率51%。街道流动人口占全区流动人口总数的一半以上，针对流动人口范围广、人口密集、流动性大、情况复杂的特点，不定期组织专干对散户、门店、市场、工地、娱乐场所进行集中清理，摸底排查，发放计生宣传资料和免费的避孕药具，联合泰山卫计服务中心，建立了流动人口健康档案，对流动人口进行“同管理、同服务、同享受”，增强他们的归属感。全年采集流动人口信息4956人，其中育龄妇女1397人，办理流动人口证64人；常住人口流出485人，流动人口离开8745人；流动人口育龄孕检5476次，发放计生药具2000余盒，计生宣传资料1500余份，并组织流动人口关怀关爱活动2次。加大奖励扶助工作的宣传力度，让每个家庭了解计划生育奖励扶助制度，对符合奖励扶助的家庭进行严格的审批、公示，现享受农村奖励扶助家庭17人，特别扶助家庭76人，其中独生子女死亡家庭57人，独生子女伤残家庭19人，享受城镇独生子女父母奖励对象4321。全年有179人接受免费孕前优生检查，19对夫妇参加了出生缺陷干预检查，免费发放叶酸508瓶。关爱计生特殊(失独)家庭。采用“三对一”的工作模式，为36户57人计生特殊（失独）家庭，开展上门上户了解生活状况、为他们购买计生意外保险。

【劳动保障】 申报滨江、泰园、广场、天台、金锦、湘紫、文家冲7个社区平台提质升级改造，均通过市级验收。城镇新增就业任务2400人，失业人员再就业任务1200人，就业困难人员就业任务200人，零就业家庭动态就业100%。及时为灵活就业人员落实养老、医疗社会保险补贴，灵活就业人员养老保险人数23人，医疗保险补贴人数88人。至2016年，征地转城人员申报通过清理申报6724人，并建立各社区失地人员花名册电子档，全年及时为126名园艺场征地转城人员纳入社保进行申报；为53名“五类”军队退役人员落实养老保险补贴8.7万元，医疗保险补贴2.8万元，并发放公益性岗位补贴70.2万元；城乡居民养老保险参保续保1280人，城镇居民医疗保险参保续保6256人，农垦养老保险参保续保4089人，收缴养老保险177.9万余元，农垦养老保险退休人员1538人，发放农垦退休金3000多万元，确保了辖区居民及时享受社保补贴政策。接管的市内企业退休人员1023人，区内农垦退休1538人；企业退休人员视频认证8861人，农垦退休人员认证1538人，劳保站对企业退休人员档案进行了分类整理，完善了台账，并统一对接管的企业退休人员、农垦退休人员退休金进行了审核和调整待遇。

5月以来，围绕就业、创业工作，举办8期每期6天的创业培训班，培训学员229名；召开创业经验交流座谈会，编写了《弘扬创业精神·分享创业智慧》读本。全年申请创业补贴人员有384人，人平发放补贴8000元，调动了辖区人员创业的积极性。5月26日，组织第三届“名企泰山行”就业困难人员招聘会，邀请辖区和园区企业30余家，提供涉及管理、销售、技术、服务等领域共500余岗位，800多名居民参与，现场求职登记289人。

【民政残联工作】 2016年，街道有城市低保585户800人，农村低保7户12人。对606户低保对象进行资料和低保证年审，因退休、小孩毕业等原因取消10户15人，减少4人1260元，因家庭变故造成困难的调增8户2030元。低保标准由420元提至470元；对患重大疾病、重度残疾的特困低保家庭提标97户128人6920元。做好第三批次、第四批次托底救助的发放工作，2户托底救助36万元；临时救助5人1.2万元。春节特困慰问92人3.2万元；春节临时救助慰问84人4.4万元。5月24日，开展“残健同行·情暖泰山”助残日活动，宣扬优秀残疾人创业典型5名；慰问已就业特困残疾人20名2.3万元。2016年，街道有优抚对象60人；年内新增5名参战人员，1名其他参加核试验部队退役人员。街道为持有二代残疾证残疾人为524人，春节慰问特困残疾人105人10500元；发放燃油补贴58人15080元；发放精神病免费服药补贴47人23500元。

【城市管理】 2016年，城管中队组织整治活动76次，回复和处理上级督办、媒体曝光、群众投诉共82件。做好泰山西村、天台小区一期棚户区改造长效管理工作，2个小区都成立业主管理委员会，泰山西村为业主自治，每户每月收取20元卫生费，天台小区一期引进佳和物业按每户每月0.50元/平方米收取物业管理费用。启动对朝阳小区、滨江二期和金涛小区等6个小区进行改造。日常环境治理施行清扫保洁市场化作业，将老旧小区、城中村以及城郊结合部、10家农贸市场、3个安置小区分别承包给天园物业公司、宏达物业公司、天府物业公司和家佳物业公司，配置密闭式环保垃圾桶400多个。组织指导和协助好辖区物业管理工作，对物业管理退出的小区及时协调、引导自治或跟进管理。

【群众文化】 6月26日晚，街道举办庆祝建党95周年暨第二届群众文化艺术节。泰和同心公益协会现场捐赠3万元，资助10户因病致贫的困难家庭，其中有4户为自闭症儿童家庭。加强辖区小区健身路径建设，为张家园、泰园、云里、新塘等社区争取到省体育总局配送的健身器材各一套。家园社区钻石怡园小区居民通过参加“2016公益体彩·赢在社区”全民健身赛活动获得第四名，为小区居民赢得一套价值3万元的健身器材。全年各社区组织文化体育活动达150多场次，为社会和谐稳定汇聚强大的正能量。

【社区建设】 继续推行“街道为民办实事、社区为民办小事”，各社区累计投入320.4万元，办成民生小事58件，城中村、老旧小区累计安装消防栓61个、路灯及楼道灯594盏、监控102个。谢家冲社区对金泰园小区的老旧小区改造，对道路和路灯进行了维护和改造，居民一起捐款修建的凉亭，社区和居民的积极配合，成为老旧小区改造的“金泰园现象”。广场社区在2月18日禽流感事件、5月护坡垮塌事件中排除险情，解决隐患；继续开展“蓝丝带活动”和贫困儿童帮助活动，以同心圆自闭症儿童康复中心为帮扶点，帮助自闭症儿童患者80余人。大岭社区搭建社区“520”服务平台，引入株洲市同心社会工作服务中心参与到社区的管理和服务，使得社区服务工作更加专业化，职业化，本土化；完成棉纺厂小区监控设施、楼道432盏LED节能灯的改造安装、120把“爱心椅”的安装以及光伏发电站和光伏分类垃圾箱的安装。张家园社区全面完成沿江风光带的道路拓宽硬化110米，周边防护栏和排水管道的铺置；启动城建小区“普惠”改造工程；跟进1－9队自来水改造。家园社区开展老年人免费兴趣班，有书画、音乐、舞蹈等多种类型，开班100多次，1000多人次参加。泰园社区增加安装4个高清摄像头，完成荣华居小区改造，对城中村的下水和破损路面进行维护。泰西社区完成徐家冲3队农民街路灯安装，对珠江花园小区公共环境（绿化、照明）进行全面提质改造。铁西社区成立社区志愿者义务巡逻队，白天“义务巡逻员”在小区巡逻，晚上声讯保安公司在小区巡逻，开启“双巡逻”模式。徐家冲社区对双龙小区进行提质改造，对城中村1队、2队7000多平方米危房进行拆除，对道路进行硬化。滨江社区对辖区100多家门店进行火灾隐患大排查，在滨江主马路安灯装20盏光伏路灯。文家冲社区探索“社区＋志愿者＋社工”的社会服务模式，全年志愿者工作站开展各类活动20多次，调解各类矛盾纠纷15起。金锦社区在金锦花园及渡口九、十队安装路灯14个、监控摄像头24个。云里社区完成朝阳小区、新天地小区和金涛小区老旧小区改造，在9－12队安装光伏路灯25盏、安防监控摄像头16个。

【牛形山长者照护之家启动运营】 1月7日，“牛形山长者照护之家”正式启动运营，是天元区首家集日间照料、居家养老、全托于一体的社区养老服务机构。服务中心是由政府政策引导、企业自主运营、街道监督管理的养老机构，由湖南盛康养老产业发展有限公司运营，接受街道的监督指导，所使用的场地由街道提供，区政府提供装修资金，是政府扶持引导、民间力量运营、街道进行监督的敬老养老工程。投入400余万元，建筑面积1500平方米，有50个全托床位，设有医务室、棋牌室、多功能厅、书画阅览室、理疗康复室、老年餐厅、健康屋等，主要涵盖生活照料、家政服务、康复服务、日托服务、心理咨询、精神慰藉，可接纳200多人休息健身。服务中心服务内容包括机构养老、居家养老、日间照料等服务，机构养老有生活照料、康复护理、文化娱乐、营养膳食等，居家养老有上门服务、健康管理、紧急求助、家电维修等，日间照料有康复护理、文化娱乐等，为辖区范围内生活自理、半自理、失能失智的全龄段老年人提供多层次全方位的养老服务。全年入住老人89人次，居家会员221人，日间照料103人，提供上门服务892次，送餐307人次，惠及500多个家庭，最大限度地满足了广大老年人的养老需求。

【一馆一场一站建设】 12月1日，泰山路街道民俗博物馆、农民文化广场暨新塘社区服务站在施工现场举行开工典礼。泰山路街道“一馆一场一站”项目占地0.65公顷，建筑面积2572平方米，投资500多万元，集文化传承、社区服务、体育健身等功能于一体。民俗博物馆和与之配套的农民文化广场的启动，将大力地推进街道的转型，满足辖区居民的文化生活需要。街道将把一馆一场打造成让园艺场居民的后代了解家园历史，传承乡村文明的传统文化教育基地，把河西园艺场的乡村文明留在这里。

（毛 鑫）

嵩山路街道办事处

【概况】 嵩山路街道办事处成立于1997年8月，辖区面积15平方公里，常住人口11万人。东临湘江，西与马家河办事处、泰山办事处、栗雨办事处交界，北接株洲大道，地处株洲高新区建设的前沿阵地，区位优势独特、水陆交通便捷，人居环境优美。2016年，辖东湖、隆兴、湘银、花园里、白鹤、莲花、尚格、香山、小湖塘、桥北、大坪、大湖塘、佳美13个社区居委会，有69个党组织，共产党员1298人。

嵩山路街道办事处为天元区人民政府派出机构，属于二类乡镇办事处。办事处机关内设党政、经济发展(加挂安全生产监督管理站)、社会事务(加挂食品药品安全监督管理站)、人口和计划生育(与计生站合署办公)、社会管理综合治理5个办公室(加挂维护稳定工作领导小组办公室和纪检监察办公室)。下辖财政所、劳动社会保障和最低生活保障管理服务站、计划生育技术服务站、综合文化站、安置房建设管理办公室、征地工作协调管理所、城市管理办公室7个经济监督和事业单位。街道设置司法所，实行区、街道两级共同管理，以司法局管理为主。办事处核定编制44名，2016年在编人员36名。年内嵩山路街道办事处成功创建湖南省级文明单位，被区委、区政府授予安全生产工作先进单位、政协先进基层联工委等荣誉称号。

【征地拆迁】 2016年，街道征地拆迁项目有10宗地块，项目83.4公顷。交地项目5宗：小湖塘街心公园项目、神农生态隔离带2号地块项目、大汉惠普项目(突击项目)、3个中心项目、创客中心项目，交地27.07公顷，签字125户，拆房146栋，完成全年征地拆迁工作任务。

【城市管理】 2016年，街道按照“大队管面、中队包块、分队包片、队员包段”的原则，实行社区、管理处属地管理原则，严格落实“定人、定点、定时、定责”责任制，切实加强对辖区夜市、占道经营、出店经营、店外作业、门店招牌等问题的管理整治。进一步强化辖区内的环境卫生，在原有3家专业公司下增聘3家专业服务公司，有清扫保洁人员173人，辖区环卫清扫、垃圾清运、牛皮癣清除全面实现市场化、专业化、社会化运作。

【置业公司】 2016年，街道办事处办结安置房屋权证2523本，完成率92%，门面产权证42本，完成率100%；完成第一批2076权证的发放，完成率为94%；完成天元世家(兴湖二期)669套安置房的建设和销售工作，完成637套安置房交房工作，基本完成街道(2011年市政府2号文件前)所有征地拆迁安置户的历史性安置任务。

【综治信访】 2016年，街道接待群众一般来信来访240人次，参加市、区接访和劝返160人次，处理网上来信、投诉、来访(含网上转办、交办)73件。源头预防、窗口前移效果明显。基本化解尤清权夫妇、王亿娥夫妇、胡克辉、佳兆业等多年信访积案；积极协调处理东湖管理处五队、六队、八队饮用水污染、湘银小区一期7栋31户业主水改造等群体性问题；参与协调城市风景、庐山恋小区业主、新安居商铺业主与开发商之间的矛盾。

【安全生产】 2016年，街道高度重视安全工作，定期召开党政联席会研究部署安全生产工作，党政领导定时深入辖区企业、门店等生产一线，对安全生产责任制度“五到位五落实”情况、事故隐患排查治理情况等进行督导，切实落实“一岗双责、党政同责”制度，签订各类“四安”责任书60份、集中执法行动169次，出动执法人员80余人次，检查生产经营单位100余家，排查整改安全隐患53处，成功打非2起，消防网格化排查登记1156家。

【低保救助】 2016年，辖区城乡享受低保共589户750人，发放低保金25.98万元；全面贯彻落实“阳光低保”，狠抓低保规范化审批，在“阳光低保”自纠自查行动中，清退43户48人，有效地对低保对象进行实时动态管理；做好重特大疾病医疗救助工作，托底救助3人，发放救助金额25万元，护理补贴2人，助学补助4人，发放助学补助1.4万元；1～3季度大病救助人数93人，救助金额263600元，成功为74户居民申请“金彩明天”廉租房。

【计生工作】 2016年，街道出生774人，死亡人数397人，自然增长率为4.29‰，计划生育家庭系列奖励政策兑现到位率100%。按上级健康卡采集录入工作要求，街道系统人口数为50548人，与公安匹配成功的人口数达到38831人，采集办卡人数为58984人，匹配成功人数达到57122人。年内新增城镇独生子女父母奖励对象133人，独生子女费新增发放91人。

【劳动保障】 2016年，街道城镇新增就业2105人，完成目标任务的100.2%；下岗失业人员再就业1000人，完成目标任务的100%；其中“就业困难”人员就业205人，完成目标任务的102.5%，城镇登记失业率控制在3.00%；共接待政策咨询2000余人次，累计办理就业失业登记证2053本，认定就业困难对象525人；辖区社会保险征缴、扩面工作圆满完成，新增灵活就业人员养老保险优惠82人、农垦新增参保117人、退休67人，农垦养老保险续保3603人，共计为2109人发放养老金4370.18万元，收缴农垦保险金339.95万元，为农垦死亡64人办理了丧葬抚恤金；企业离退休人员社会化管理到位，新增接管企业退休人员32名，累计接管878人，已完成辖区内企业退休人员789人以及农垦退休2109人的认证工作。

【残联工作】 2016年，街道与社区卫生服务中心实行资源共享，积极帮助残疾人康复融入基层卫生服务中心，在社区卫生服务中心设立康复站，康复对象建档率达到100%。全年发放重残生活补助金4.86万元，护理补贴金4.05万元，组织22名残疾人参加为期10天的微商培训、组织10名自闭症儿童在助残日开展游园趣味益智活动，对困难残疾人进行节日慰问，共计发放慰问金8000元。

【社区建设】 5月9日，佳美社区居委会挂牌成立；投入619万元从高科房产购买香山美境会所作为香山社区办公用房，投入350余万元对白鹤社区等5个社区的阵地建设进行提升，完成了街道便民服务中心的建设；湘银、小湖塘、大湖塘社区入围全市“最美社区”，小湖塘社区被评为株洲市“最美社区”。

（罗小洋）

栗雨街道办事处

【概况】 栗雨街道办事处位于天元区南部，北、南边临湘江，西与群丰镇接壤，东与泰山办事处和嵩山办事处交界。2015年12月区划调整改革，栗雨街道与原马家河镇合并后，辖区总面积67.5平方公里，下辖20个社区居民委员会；常住居民44795人，居民小组297个；街道党工委下辖26个基层党组织，其中机关支部1个、社区党委1个、社区党支部17个，非公企业党支部7个，党员1220名；街道机关设党政办公室、经济发展办公室、社会事务办公室、人口和计划生育办公室、社会管理综合治理办公室5个内设机构；设财政所1个经济监督部门，设置劳动社会保障和最低生活保障管理服务站、安置房建设办公室、综合文化站、城市管理办公室、征地工作协调管理所5个部门。2016年，街道实现工农业生产总值41.5亿元，同比增长12%，完成财政预算总收入1900万元，居民人均可支配收入3.39万元，同比增长15%。

【项目建设】 2016年，栗雨街道新征和续征项目64宗，总面积617.79公顷，占全区征拆面积总量70%，其中新征项目39宗，面积223.27公顷；续征项目13宗，面积128.91公顷；清零扫尾项目12宗，面积265.6公顷。全年完成签字762个，拆除房屋799栋，完成交地41宗，交地面积314.16公顷，其中清零扫尾项目9宗，新征项目15宗，续征项目11宗，交办任务6宗。百日攻坚期间，全办确定重点项目28宗，其中遗留扫尾项目11宗，市级项目14宗，区交办重点项目3宗。年内完成签字479个，拆房475栋，交地17宗，累计交地137.24公顷。

【城市管理】 加大对辖区市容市貌和环境卫生的整治力度。对王家坪社区夜宵摊和生鱼店下水道堵塞、汽配园、凿石社区建筑垃圾乱堆放、仙岭社区马路市场秩序混乱影响交通、高塘社区门店和渣土车乱堆乱停等现象开展专项整治行动11次，疏通王家坪社区下水道堵塞，清理建筑垃圾5吨。投入资金3万余元组织开展了为期一周的“保护母亲河”河道清洁工作，清理各类垃圾15吨。全年组织三级拆违行动1次，二级拆违行动3次，拆除新增违章建筑114处，建筑面积17294.61平方米；服务项目和二级以上拆违行动40处，建筑面积40676.53平方米。

【社会管理综合治理】 扎实开展“平安创建”系列活动。制作平安建设宣传横幅51余条、平安创建温馨提示牌7480张、宣传板报33块，发放“告居民一封信”1.24万封，通过短信群发“平安创建宣传”3.06万条，街道司法所在9个社区开展“法律进社区”宣传活动，发放宣传资料3000余份、现场接受法律咨询群众400人次、受益群众达3500余人。根据区委、区政府关于开展“下基层、访民情、促平安、提民调”大走访活动的要求，区直机关责任单位干部、街道全体机关干部、社区工作人员、居民组长、小区物业管理工作人员、平安创建志愿者有600余人参加入户走访，发放民情联系卡、平安创建宣传资料1万余份，完成走访1.08万户，走访率87.72%，征求意见建议137条。广泛发动群众积极评选“平安家庭”和“平安模范家庭”活动，全年评选出“平安家庭”5031户，“平安模范家庭”1064户，大力提升了群众的满意率。全年街道、社区两级人民调委会受理各类民间矛盾纠纷87件，调解成功82件，成功率94.25%。

【安全生产】 认真落实领导干部带队安全生产检查制度，全年街道党政领导组织带队检查82次。组织开展安全生产工作检查32次，开展建筑工地、消防、易燃易爆物品等“三大行动”安全隐患专项整治30次，督查、督办各类安全隐患68次，全年未发生一起安全生产事故。

【文化体育】 举办栗雨街道首届民间春晚，为辖区群众献上丰盛的文化大餐；举办“如何与人高效沟通”“如何控制自己的情绪”的知识讲座12场，促进居民自身素养的进一步提升。选送5个节目参加由区文体旅游局组织的“欢乐潇湘．相约栗雨”的文艺演出。

【劳动再就业和社会保障】 2016年，辖区新增城镇就业400人，失业再就业（含失地）100人，城镇零就业家庭实现动态就业援助100%，完成劳动力转移93人。医疗保险参保1万余人，城乡居民养老保险参保人数1.4万人，全年新增参保人数111人，企业养老保险参保人数625人。城市低保发放保障金额54.66万元，农村低保25.87万元，“五保”5.96万元；大病医疗实施分类救助，累计救助城乡大病患者79人，发放救助金18.38万元；按时发放参战人员的优抚费97人，金额34.18万元；开展两批次天元区特困人员救助活动，全办有2人申请了托底救助，1人申请了护理救助，4人申请助学救助。发放重残补贴186人5.84元。发放重度残疾人护理补贴209人6.63万元；发放2016残疾人机动轮椅车燃油补贴42人1.09万元。办理一孩生育证100本，二孩生育证180本，再生育证12本。开具流动人口婚育证明20张。每季度组织育龄妇女免费孕检，应孕检9092人，已孕检8030人，孕检率88.3%。组织辖区居民和机关及社区干部参与义务献血活动，有404名群众参与无偿献血，捐献血液14.10万毫升。

【民生工作】 2016年，仙岭安置房销售180套、新马安置房144套完成建设，现已启动销售；南塘安置房项目交付使用；凿石二期（凤凰城）项目实现销售选房146套；月塘安置房续建项目按计划完成主体施工，年底进入室外附属工程建设阶段。推动社区从事生产性安置，王家坪二期、栗雨二期、凿石04等地块上的生产性安置项目经市政府确认同意土地出让，进行生产安置。栗雨社区探索租用集体土地与当地农民合作经营仓储、停车场、物流中心的生产安置模式。

【党的建设】 扎实开展“两学一做”学习教育活动；深入推进“三联三促”活动，联系基层党员455名，帮助解决党员群众生产生活困难诉求36件；按照“巩固先进、推动一般、整顿后进”的要求，开展基层党组织“星级评定”活动；积极探索实施党员积分制管理，实现对党员考评的精细化、合理化；围绕“创特色、出亮点”，精心打造永安社区“党建+”、高塘社区党建工作展示等一批党建特色品牌。

【党风廉政建设】 排查和受理“雁过拔毛”式腐败问题案件线索10件，追缴清退违纪违规资金31万元；组织作风督查10次，重大节假日专项检查3次，公车使用管理督查3次，党员干部婚丧喜庆事宜现场督查2次，下发督查问题通报8期，扣除违纪干部绩效工资3000元，通报批评违纪工作人员24名；对出现违纪违规问题单位负责人追责1人，诫勉谈话2人，实施廉政谈话66人，提醒谈话13人，立案2件，党纪处分2人；办结上级交办信访件6件，实现纪检信访件办理零积压。

（姚　宇）

群丰镇

【概况】 群丰镇为天元区辖镇，位于天元区中部，东靠湘江西岸，南临雷打石镇，西临湘潭县，北接栗雨街道办事处，属亚热带季风性湿润气候，地貌以岗地为主，并兼有平原、丘陵和水域，总面积为53.96平方公里，人口总数约为2.6万余人。共辖栗山、妙泉、竹溪、江潢、新塘、湘滨、石塘、新文、旗云、合花、响塘、白莲、湘云、长岭、高台岭、新街16个社区，231个居民小组，7844户，全镇共有24个党支部，1027名共产党员。群丰镇人民政府驻栗雨南路响塘安置小区旁，设党政综合办公室、经济发展办公室、卫生和计划生育办公室、社会管理综合治理办公室4个内设机构；设财税所1个经济监督部门（使用财政所行政编制）；设劳动社会保障和最低生活保障管理服务站、农业服务站、综合文化站、城乡统筹协调服务站、征地工作服务中心、社会事务服务中心6个事业单位。在岗行政人员编制16名，事业人员编制核定为15名。2016年，获株洲市社会管理综合治理先进单位、株洲市平安镇、株洲市残疾人工作示范乡镇、株洲市计划生育红旗单位荣誉称号。

镇域经济迅猛增长。抓好湘江大道项目5个安置点建设，江璜、湘云、长岭安置点项目已完成全部基础工程并交付建房。改扩建3个社区便民服务中心，湘云社区政务中心扩建项目深受好评。镇置业公司开发的响塘安置小区全面扫尾，完成招标物业公司进场管理。注重村级道路建设，实施乡村主干道维护美化工程，硬化村组道路10余公里，新建一批路灯、水利和公共设施项目，全镇年度完成固定资产投资8.6亿元。全年新开征项目14个、土地80余公顷，涉征房屋246栋。大力发扬"白加黑""五加二"精神，阳光公开，强势推进，天易科技城自主创业园二期提前交地，武广新城云景里、栗合路、栗塘路、西站南路、湘江大道合花补征段项目按期交地，多个项目被评为红旗项目，荣获年度征地拆迁考核第一的好成绩。

城乡品质持续提升。瞄准"建设美丽群丰"的目标，实行农户负责房前屋后、社区承包环卫清扫、镇上安排垃圾转运处置的镇村共治模式，大力开展湘江风光带整治、街道门面城管整治、农贸市场等重点区域整治等工作。全年投入300多万元，加强清扫保洁和垃圾处理，环境卫生显著改善。新建妙泉垃圾直运站，配备专业车辆3台、大型垃圾斗箱5个，较好地解决垃圾清运问题。加大治违控违工作力度，通过强化信息掌控和源头治理，全年拆除违章建筑179处共计6.7万平方米，其中新增违章建筑3.2万平方米。云景里、响塘老学校等项目拆违行动6次被市电视台、《株洲日报》报道，营造了项目建设的良好环境。

社会环境持续稳定。出台社区维稳工作考核奖励办法，对零上访社区给予重奖，积极调动社区化解矛盾的积极性，成功调解各类纠纷110起，实现全年赴省进京零非访，获得株洲市综治工作先进单位荣誉称号。以创建"平安群丰"为目标，开展"平安家庭"创建活动，全镇1620户挂上平安家庭牌匾。通过组建专业巡防队，实施派出所治安案件考核，全镇社会治安环境持续优化，继续保持株洲市平安镇荣誉。发挥群众工作站作用，密切联系群众，深入开展全镇7782户民情"大走访"，收集处理居民意见建议400余条，提高了群众满意率。深入开展"九打九治""大排查、大管控、大整治"专项行动，组织集中督查行动61次，出动督查人员112人次，检查生产经营单位105家，排查安全隐患124处，排查重大安全隐患1处。消防安全完成16个社区微型消防站建设、消防网格化建设工作；开展辖区密集型加工业、幼儿园、烟花鞭炮店、燃气站点加油站等消防网格化专项检查45次，检查经营单位45家，排查消防安全隐患21处，整改21处，督促落实经营单位配置灭火器160余个。日常监管执法检查44次，出动执法人员95人次，检查生产经营单位74家，下达执法文书74份，责令停产停业一家。全年没有发生安全事故，人民群众安全感普遍增强，获评为天元区安全生产先进单位。按照党管武装的要求，严格落实好党管武装的各项制度，全面完成镇武装阵地、社区民兵营阵地建设。民兵队伍积极训练，坚持管用结合，多次完成急难险重任务。年内完成征兵送检36人，连续5年超额完成征兵任务，被评为全市武装工作先进单位。全年开展文明创建活动30余次，组织党员到韶山进行缅怀先烈活动、春运"暖冬"行动、义务募捐活动、义务献血、"送戏进敬老院"、预防青少年犯罪、法治宣传活动、"凝聚青春力量绽放青春魅力"户外亲子活动、科技活动周、科普活动日活动、"强化禁毒意识共筑拒毒防线"活动。全年上报身边好人线索764人，营造良好的"争当好人"氛围。制作25平方米公益广告4块、政府十字路口处3张立体宣传展架、创文宣传栏68块(含16个社区，每季度更新)、宣传展架18块，节约用电标语100张、党代会宣传横幅27处。加强入户宣传，自行印刷“群丰镇创建全国文明城市宣传”800份，全镇带动16个社区党员入户宣传创文资料。

社会事业协调共进。计划生育主动服务社区居民，免费孕前优生检查全面覆盖，免费孕前优生健康检查覆盖率126.42%。全镇全年出生413人，男孩219人，女孩194人，性别率为112.89%。组织两次大规模的流动人口清查，特别是对外出务工的流出人口的婚姻状况、生育情况及避孕情况等都采集到位，综合到位率100%。开展大型宣传活动2次，共发放避孕套6500盒，口服药12盒，避孕栓7盒。荣获天元区计划生育红旗单位，继续保持株洲市计划生育红旗单位荣誉称号。

加大对居民的社保和救助力度，累计发放农村低保52万元、农村“五保”66万余元；发放救灾金、助学金、临时救助、医疗救助28万元；发放困难群体慰问金20万元；发放公益性岗位补助40万元；对受灾户人员按照自然灾害救济政策及时发放救灾资金9.4万元；对全镇优抚对象62人共发放优抚资金60余万元。年内实有新农保参加人数9911人，其中年度新增126人，年底完成缴费人数7926人，缴费率为79.97%；新增失地农民养老保险493人，发放统一社保卡3864人；实有参加第四年龄段养老保险人员（不含响塘社区）4211人，做到应保尽保。联合麦格米特、长城电脑等企业举办专业招聘会3场，推荐应聘人员300余人，完成农村劳动力转移就业4657人，农民创业创办经济实体8个，解决部分失地劳动力就业问题。做好残疾人服务和扶持残疾人创业工作，残联规范化建设通过市级验收。开展全镇土地确权和房屋调查，推行“裸露山地”造林抚育，加强林地管理工作，确保石塘、竹溪等11个社区生态公益林补偿金及其护林费发放到位，公益林基金28万元。组织开展农田重金属治理，实施农田深翻耕、撒石灰。组织实施春、秋、冬季动物疫病防控，全镇存栏牲猪共计2.1万头、存笼家禽29.86万羽、存栏牛羊1740头，实现免疫率100%，未发生一起口蹄疫、猪瘟、蓝耳病、禽流感、等重大疫病。加强水利防汛抗旱排渍设施管理，核实、清缴排渍站电费，定期对抗旱机台、排灌站、水库、高排渠等水利设施进行检查维修，完成11个社区、21个水利项目总投资共计131.3万元。对全镇5400余户农户农田基本信息进行摸底汇总，完成粮农直补5360户270万元。完成农机服务年检20余台次，办理农机补贴15户（其中专业合作社2户），共计22.5万元，申报门面补贴20万元。完成固定资产投资申报32家企业，投资8.6038亿。以建设“文化强镇”为目标，群众性文体活动开展有声有色，2016年端午龙舟赛吸引10支队伍参赛、5万余人观看；首届百合花艺术节网上爆热，吸引周边县市区居民纷纷前来赏花，形成一股群丰休闲旅游潮流；开展“唱响群丰情，共享群丰梦”合唱活动和“两学一做、弘扬正能量”书画比赛；在神农湖举办以“党建领航、幸福群丰”为主题的大型群众文艺演出，获得了全市人民的好评，打响了群丰品牌。

党的建设强化提升。深入开展“两学一做”学习教育，党员干部宗旨意识明显增强，纪律作风进一步转变，党员队伍得到全面优化。在全区首创社区后备干部选配制度，通过个人自荐、支部举荐、党员群众推荐、组织考察选拔等环节，公开选配社区后备干部。圆满完成2016年乡镇党委、人大、政府换届选举，营造了风清气正的政治环境，镇党政领导班子得到了进一步优化。扎实开展“党建七项重点任务百日攻坚”活动，全镇1027名党员全部落实党组织关系情况，全年发展新党员14名，为党员队伍注入新鲜血液。清补缴党费57737.2元，新建非公党组织1家。狠抓镇党委和社区支部党建基础工作规范化，加强全镇党建业务领导。各社区党支部、直属党支部党建阵地全面规范，党内生活制度健全，党建资料档案完备。不断创新思路，通过建立镇机关干部月度绩效考核制度、首创社区后备干部选配制度、探索镇派第一书记制度、举办“党建领航”文体活动等，使党建工作活了起来。建立健全党组织和党风廉政建设各项制度，规范党内民主生活，提高党员素质。认真履行党委“主体责任”和纪委“监督责任”，结合“纠四风、治陋习”“雁过拔毛”式腐败问题专项行动。加强公用经费支出管理，坚决杜绝违规的公款接待和公费差旅考察。进行深入查纠与整改，对社区财务进行专项审计，落实零招待费，财经制度逐步规范。设立镇绩效考核办公室，狠抓了工作绩效与考勤，进一步规范工作和会场纪律。全年通过全面强化党员的教育和管理，镇纪委立案5件，给予诫勉谈话11人，党纪处分7人，辞退1人。

【开展“两学一做”学习教育】 为掀起“两学一做”学习高潮，先后邀请工委、区委书记谢高进，株洲市委党校基础理论教研部讲师邓文飞等市区级领导讲党课，镇办点领导、社区支部书记等领导干部均带头讲党课，全年组织讲党课30余次。全年组织党员干部开展个人自学和集中学习7次以上；组织全镇各社区开展“讲政治、有信念”“讲规矩、有纪律”“讲道德、有品行”“讲奉献、有作为”等主题学习研讨68次以上；组织生活会和民主评议4次以上；组织开展争当“项目攻坚先锋”专题活动，建党95周年系列活动，带头当好“三个先锋”活动，开展“党建领航，活力群丰”主题微信党课竞赛活动，开展党员干部和党员“立足岗位做贡献”等活动。

【建中南地区最大香料种植基地】 6月15日，省农业厅主任刘宗利，市委副书记、市长阳卫国到株洲众民香料产业科技园指导工作。株洲众民香料产业科技园通过“合作社（公司）+基地+农户”模式，收购当地农民种植的迷迭香干叶、大马士革玫瑰及百合。合作社致力于将株洲众民香料产业科技园建设成为湖南省最大、最有特色的集产、销、研于一体的大型天然香料种植基地、香料高科技产业园区、香料品种齐全的香料产业展示中心、全国一流的智能农业样板工程及湖南一流的农业机械化产业基地。年内合作社完成103.6公顷土地流转、示范片总体规划和香料种植基础工作，并于2016年3月成立湖南慕地生物科技有限公司，注册资金2000万元。

【袁隆平到群丰视察】 9月27日，袁隆平到群丰镇湘云社区泳迪农科视察水稻新品种繁育（种植）示范基地工作。“超优千号”是袁隆平院士团队选育的第五期超级杂交稻，株洲泳迪农业科技园作为“超优千号”超级杂交稻攻关实验田，该试验田是由袁隆平院士发起成立并亲自担任理事长和首席科学家的湖南省国际稻都农业技术研究院与泳迪农科合作打造的水稻新品种繁育（种植）示范基地。“杂交水稻之父”袁隆平院士亲手“拿捏”稻穗的成色和分量，仔细查看水稻的长势。

【“党建领航幸福群丰”大型文艺会演】 10月27日19:30，以“党建领航、幸福群丰”为主题的天元区群丰镇文艺演出在天元区神农湖畔盛大举行。晚会由株洲市天元区群丰镇人民政府主办，镇文化站承办。副区长周天浩，文体旅游局局长宋云辉，副局长吴晖、龙平，镇党委书记刘剑、镇长谌华等领导到现场观看。现场1000余座位无一虚席，人群比肩接踵，共同观赏一场华丽而精彩的视觉盛宴。整场会演历时1小时30分，所有节目均由镇辖区内16个社区自编、自导、自演，代表群丰镇2.6万余名劳动群众的党性意识和时代风采，展示了群丰镇人民创建“党建领航、幸福群丰”的精神风貌。

【完成区、镇两级人大换届选举】 10月30日，为群丰镇区、镇两级人大换届选举日。全镇选民人数21197名，划分区代表选区12个，镇代表选区21个，共设置21个固定投票站，75个流动票箱。选举天元区第五届正式代表18人，群丰镇第十五届人民代表大会代表54人。同年11月10日、11日，群丰镇召开第十五届人民代表大会第一次会议，大会审议通过政府工作报告、人大工作报告，选举产生镇第十五届人大主席、镇人民政府镇长、副镇长。

【市残疾人工作示范乡镇】 根据《城市道路和建筑无障碍设计规范》，设计明显的残疾人图书专柜、残疾人无障碍坡道、无障碍电梯、残疾人专厕，并粘贴无障碍标识。各社区进行无障碍建设，设立残疾人图书专柜。建立群丰镇残疾人志愿者服务联络站，有一支30人的助残志愿者队伍。做好16名社区残疾人专职委员的管理工作，按标准支付每月每人300元的补助费。开展残疾人就业帮扶、残疾人法律知识讲座、残疾人文明、安全驾驶、观看文艺会演等志愿活动。政府财政补贴全镇残疾人100%参保新农合。对全镇38名残疾人进行就业扶持，发放扶持资金1.52万元。

【获市社会管理综合治理先进单位】 2016年出台社区维稳工作考核奖励办法，对零上访社区给予重奖，积极调动社区化解矛盾的积极性，成功调解各类纠纷110起，实现全年赴省进京零非访。（李佩窈）

雷打石镇

【概况】 雷打石镇有400多年历史，遐迩有名。镇东北昔有磨盘山，相传山上有巨石如磨，周围九石似牛，俗称“九牛推磨”，后被雷击，故名雷打石。1953年建镇，隶属湘潭县第十五区，1956年升格为县直属镇。1965年划归株洲县。1995年11月，伞铺乡并入雷打石镇。2011年2月划归株洲市天元区管辖。

雷打石镇位于湘江西岸，与株洲县城隔江相望，西与湘潭县谭家山镇毗邻，南北与三门镇、群丰镇接壤，湘江防洪景观道路贯通胜塘、胜利、青石、公道、沧沙、神龙、霞石等村、居委会，全长9.6公里。建寺1500年的空灵寺以及航电枢纽都坐落在境内。2016年，镇域面积86.96平方公里，人口3.4万人，辖14个行政村、3个居委会，党支部32个，党员1148人。2016年全镇机关干部工作人员50人，其中：行政编制干部19人、事业编制干部31人(含自收自支编制4人)。雷打石镇设党政办公室、经济发展办公室、社会事务办公室、人口和计划生育办公室、社会管理综合治理办公室五个内设机构。设1个经济监督部门——财政所(使用财政所行政编制)；设劳动社会保障和最低生活保障管理服务站、农业服务站、计划生育技术服务站、综合文化站、城乡统筹协调管理办公室、征地工作协调管理所6个事业单位。

2016年，雷打石镇获市计划生育优质服务优秀单位、区计划生育优质服务优秀单位、乡镇街铁路护路微信平台二十佳、铁路护路联防工作先进集体、先进基层武装部、党管武装先进单位等荣誉称号。

【农业生产】 2016年，全镇粮食种植面积3240公顷，粮食总产量4.46万吨，有农民专业合作社27个，家庭农场业主2户；养殖场78户，年产商品鸡、鸭15万羽，年出栏牲猪5万头，年产商品牛、羊0.4万头，年产成鱼20万公斤。举办农业技术培训4场，参加人员300余人次，接受技术咨询115人次。2016年办理农机购置补贴139户140台，发放补贴资金42万元；核发公益林保护基金70.82万元。坚持依法治林，加大了森林资源的管护力度，在全镇建立一套全面有效的防火机制，强化镇、村、组三级巡山管护，全年未发生一起重大森林火灾。

【基础建设】 2016年，完成乡村道路硬化22.7公里和34公里养护工作；砖建路新装路灯200盏；修复“6·15”水毁水利项目42处，以奖代补水利项目11处；完成江陵水库除险保安工程和建强、龙岩两村溪坝拦河坝闸口建设；完成危房改造32户；完成农网改造62公里，新增变压器11台；完成泉丰至响水道路拓宽改造路基工程；完成雷打石老街破损路面修复；完成养鲤至神围的曾家桥改扩建。

【项目建设】 2016年，完成株洲市示范性综合实践基地征拆迁坟、改道等后续工作；湘江大道扩征项目拆除房屋5栋；完成湘江七桥连接线土地补偿；启动龙洲路征拆项目；基本建成龙塘、胜塘、砖桥3个集中安置点；镇敬老院二期和2个村幸福院竣工验收；完成市审计局对湘江大道一期的审计工作。

【综治维稳】 2016年，雷打石镇社会大局和谐稳定。一是挂牌成立雷打石镇派出所，改变常年与三门镇共享一个派出所的局面。二是成立镇专业巡逻队，在镇域范围内设立了30个巡逻报到点，并抓好各村、社区每月4次义务巡逻的考核。三是密切警民、干群关系，联系区检察院开展“一村一警”联点活动，积极开展“大走访”活动。四是平安创建活动广泛开展，评选平安家庭9300户。辖区无重大群体性事故，刑案治安发案率稳步下降。在全市社会治安综合治理民调调查中，雷打石镇整体评价名列全市第三、全区首位。五是完善人民调解工作机制，认真化解各类矛盾，调解各类纠纷60余件。

【安全生产】 2016年，雷打石镇高度重视安全生产工作，严格落实“一岗双责”和“领导干部带队检查”制度，组织执法活动22次，出动执法人员72人次，检查生产经营单位141家，下达执法文书8份。消防安全检查9次，检查单位63家，责令整改23家，依法取缔10余家不合格门店。政策关停龙岩煤矿和福兴鞭炮厂。

【社会事业】 2016年，依托镇、村两级劳动保障平台，推荐就业100人，开办3期创业培训班，100余名学员获得培训合格证书；新增新农保参保224人，新农保缴费人数11374人，参保率97.6%；新农合参保人数25856，参保率92%；办理企业养老保险700余人，对失地农民养老保险300余人开展视频建模及认证。发放农村“五保”金180万元；城镇低保金102万元；优抚资金32万元；发放大病医疗救助资金37.3万元216人；特困人员特殊救助按程序申请托底救助2人，发放救助金18万元；走访慰问残疾人196人，发放慰问金7.84万元，重度残疾人无障碍改造12人，肢体残疾人机动车燃油补贴344人；发放残疾人辅具60件，办理残疾人爱心卡10人；办理助学5人。组织义务献血152人次；举办空灵岸爱心敬老协会募捐活动，募得善款17.2万元。

【文明创建】 2016年，新建的雷打石中学教学楼投入使用，促推“全国诗词教育基地”落户雷打石中学，教育教学环境不断改善；对网吧、游戏室进行了专项整治，学校周边环境得到进一步改善。举办“欢乐潇湘·幸福新区”天元区2016年大型群众文艺会演——相约雷打石、株洲市天元区首届“九九重阳节浓浓敬老情”公益帮扶主题活动和建龙村小年夜文艺晚会。

雷打石镇获得市级文明村镇荣誉，达到省级文明村镇的创建条件，按照创建公共文化服务示范区创建工作的要求，雷打石镇是唯一基础条件符合创建公共文化服务示范乡镇的基层单位。砖桥村申报全省公共文化示范村。

【计生工作】 2016年，围绕“全面二孩”政策和卫计职能整合，坚持抓好育龄群众优质服务各个环节。年内符合政策生育率为98.03%，性别率88.43%，信息更新及时率99.52%。采集录入居民健康卡信息30482条，采集有效率95.2%。共受理咨询办证达400余人次，无一例举报或投诉。违法生育立案及系统录入率100%，加强与综合治理部门协作，配合调查打击“两非”案件1例。整合完善镇卫计办和卫生院办公及医疗设施，完成中心等8个村部卫计阵地建设。

【控违拆违】 2016年，治违控违工作列入村级年度考核，无违必奖、有违必惩，做到奖罚分明。镇治违中队加大巡查防控力度，将治违人员安排在重点时段，重点部位进行日夜巡查并建立台账。全年控制违法建设26处，面积5400余平方米；拆除新增违法建设4处，面积362平方米。

【城乡同治】 2016年，继续推进“湘江治理一号”工程，加强砂石开采和环境整治的巡查。对全镇所有水域集中清理、整治随意丢弃病死畜禽；投入资金150万元新建龙泉、农科2处垃圾中转站；基本完成伞铺街招店牌改造美化工程；91名保洁员对全镇220公里主干乡村道路进行保洁，实现环境卫生全覆盖。

【党建工作】 2016年，坚决执行中央八项规定和区“八个严禁”等作风建设规章制度，镇三公经费较2015年大幅下降。扎实开展“两学一做”学习教育，行政效能和服务水平明显提升。积极稳妥公开财政预决算，进一步完善“村账镇管”财务管理制度，做好财务审计工作，镇村两级账务管理更为规范。加强重点项目全程监督，规范资金管理和权力运行，扎实推进政务、村务公开。主动听取人大代表、政协委员和村（居）干部、群众代表等社会各界的意见建议，办理人大代表意见建议21件，做到事事有回音，件件有落实。认真落实党风廉政责任，加强廉政风险防控，严格执行“三重一大”事项报告、项目建设财政评审、招投标和审计等制度，纪委、人大对行政工作的监督力度进一步加大。年内发展党员16名，发展入党积极分子18名，处置不合格党员1名。流动党员管理做到台账清楚、联系经常。加强党员、干部学习，2月3日、2月4日集中对全镇机关干部、党员村干部、党小组长200余人进行学习培训。

【人民武装】 2016年，积极做好武装工作，保障全镇人民生命财产安全。年初，按照各村地理位置合理安排成立5个分队成立公路护路分队、铁路护路分队、安全警戒分队、作战勤务保障连、预备队伍作机动队5个分队完成民兵整组工作；4—5月组织民兵进行森林灭火及反恐维稳训练，提升民兵整体水平；7月启动征兵工作，通过摸底、上报、体检、政审等工作，投入资金15.4万元完成12个村民兵营办公室规范化建设，其中铁篱、凤凰山2个村达一类标准，民兵队伍建设得到加强。

【换届选举】 4月15日，区镇两级党代表换届选举工作全面完成，选举出雷打石镇党代表93名，区党代表24名。4月25日召开雷打石镇第二届第一次党代表大会，选举罗文斌为党委书记，易作为、冯艳（女）为党委副书记，唐正威、王立强、刘振华、陈绪军、谢成飞为党委委员，张露为纪委书记。10月31日，区镇两级人大代表换届选举工作圆满完成，选举出63名雷打石镇第十三届人大代表，22名天元区第五届人大代表。11月10日召开镇第十三届人大第一次会议，选举唐正威为雷打石镇第十三届人大主席，易作为为雷打石镇人民政府镇长，龙海燕、陈绪军、黄亮为副镇长。

【建制村合并】 2016年，雷打石镇完成建制村合并工作。合并前全镇有：砖桥、神围、盘石、霞石、中心、铁篱、新林、脉湾、胜利、龙岩、胜塘、养鲤、小冲、农科、泉丰、仙鹅、东林、扶椅山、龙泉、建强、金塘、布塘、龙塘23个行政村，沧沙、公道、青石3个居委会；合并后，全镇行政村由23个减少为14个：砖桥与小冲合并为砖桥村，神围与龙塘合并为神龙村，中心与脉湾合并为沙江村，新林与龙泉合并为新龙村，养鲤与农科合并为养鲤村，泉丰与仙鹅合并为先锋村，东林与金塘合并为伞铺村，扶椅山与布塘凤凰山村，建强与龙岩合并为建龙村，霞石、盘石、铁篱、胜塘、胜利5个村及3个居委会未变动，村平均人口由1400人上升到3200人。（易建湘）

三门镇

【概况】 三门镇有1000余年历史。因境内高峰村有石岩洞三座，状似三门，故名三门镇。中华人民共和国成立前，三门镇街区俗称三门市，有“谷米码头”之称。1950年建镇，隶属湘潭县管辖，1956年升格为县属镇，1959年划入株洲市郊区，1961年复为株洲市郊区直属镇，1965年划归株洲县，为县属镇，1986年撤三门乡并入三门镇，2011年划归株洲市天元区管辖。

三门镇位于湘江河畔，与株洲县城隔江相望，西与湘潭谭家山镇毗邻，南北与雷打石镇、堂市乡接壤。全镇有三古线、三潭线、天小线、三门大道4条主干道，境内湘江来往船只频繁，京广铁路隔江而过，京珠高速贯穿全镇，距株洲市区仅16公里，交通极其便利。2016年，镇域面积92.33平方公里，其中，耕地2699.33公顷，林地4015.33公顷；总人口3.5万人；辖14个村、1个居委会，419个村民小组；下设党支部17个，共产党员人数约1071人。

镇设党政综合办公室、经济发展办公室、社会管理综合治理办公室、卫生和计划生育办公室4个内设机构；设财政所1个经济监督部门；设劳动社会保障和最低生活保障管理服务站、农业服务站、综合文化站、城乡统筹协调服务站、征地工作服务中心、社会事务服务中心6个事业单位。全镇机关干部工作人员76人，其中，在编干部45人，区聘人员1人，镇聘人员21人，大学生村干部类人员1人。

2016年，三门镇实现财政收入2508万元，同比增长20.1%；完成固定资产投资5.76亿元，同比增长20%；完成农民人均纯收入2.412万元，同比增长25%。获评市计生工作红旗单位、市安全生产先进单位、区文明建设先进单位、市综治工作先进单位，连续3年获评为市平安乡镇。

【农业工作】 积极探索特色农业发展新模式，启动响水村百蔬园、百草园、百果园、百花园建设，并成功引进1.33公顷多肉植物种植基地，在全区引起广泛关注。

【基础设施建设】 2016年，三门镇启动湖田、湖坪2座拦水坝建设和苍霞、南江等13个村小农水项目，全面修复6·15特大暴雨110余处水毁工程，完成15处冬修水利项目和杨柳、月福等8个村以奖代补工程。推进三潭线、三月线等主要干道改造，完成36公里村道建设和响水大道“白改黑”工程，并在三月线、响水大道全线安装护栏。

【城乡同治】 2016年，三门镇开展主街道整治行动，完成下水道井盖提升加固及路面铺油工程，同时，加大村级环境整治力度，全面完成松柏村、湖田村垃圾直运站建设，切实改善了镇容镇貌。2016年，城乡同治工作综合成绩全区排名第一。

【控违拆违】 2016年，三门镇严格违建拆除机制，全年共审批建房78户，拆除恶性违法建筑2处110平方米，治违工作全区排名第一。

【劳动和社会保障】 积极落实新型养老保险工作，全镇参保缴费率100%。继续开展社会救助阳光行动，全年新增低保对象61户81人，取消低保对象3户3人。全面推行特困人员特殊救助制度，发放救助款791万元，救助困难家庭2800户。完成45户农村危房改造和湖田、苍霞等5个村30套幸福院建设。

【文教卫事业】 全面完成行政村合并工作。加强镇村文化服务中心建设，积极参加天元区大合唱比赛，并举办三门镇第二届广场舞大赛，群众精神文化生活日益丰富。完善村级卫计阵地建设，全面落实二孩政策，积极推行优质服务，卫计工作水平不断提升。

【项目建设】 全面完成三门敬老院大修工程，敬老院面貌焕然一新。积极推进湘潭至古亭500千伏输电项目，已全部完成建设任务，具备送电条件，被评为区征地拆迁红旗项目。全面整修三门大道，改善村民出行及过境车辆的通行问题。

【新农村建设】 编制完成响水村乡村旅游规划，全面打造集餐饮、娱乐、休闲为一体的樱花山庄一期工程，日接待量达200人次。2016年，响水村被评为湖南省美丽乡村示范村。以响水为龙头，辐射带动全镇美丽乡村建设。

【综治维稳】 积极开展平安创建工作，继续推行网格化管理模式，大力开展矛盾纠纷排查调处，全年全镇排查矛盾纠纷46起，调解率100%，实现赴省进京零上访的工作目标，2016年，三门镇被评为市综治工作先进单位，并连续3年获评市平安乡镇。严格落实安全生产一岗双责和领导干部带队检查制度，积极开展安全隐患大检查、大排查，全年排查各类安全隐患100余处，整改到位80余处，确保全镇安全生产零事故。

【建制村合并】 2016年完成建制村合并工作。合并前全镇有：范家州、高岭、杨柳、黄田、松柏、莲花、湖田、马道坪、白石、苍霞、高峰、响水、福星、石亭、护塘、梽木、月形、株木、燕子、金牌、南江、湖坪22个行政村，上节街1个社区居委会；合并后，全镇行政村由22个减少为14个村：金牌、湖田村合并为湖田村；范家洲、苍霞、马道坪村合并为苍霞村；湖坪、高岭村合并为湖坪村；月形、燕子村合并为月形村；南江、莲花村，合并为南江村；石亭、福星村合并为月福村；响水、高峰村合并为响水村；杨柳、黄田、松柏、白石、护塘、梽木、株木村8个村及1个社区居委会未变动。

（周　珣）

人物

株洲高新区、天元区班子成员简介

谢高进　男，汉族，1957年3月出生，湖南新田人，1974年4月参加工作，1976年12月加入中国共产党，本科学历。

1974年4月至1976年3月，新田县茂家乡知青；1976年3月至1984年3月，在新田县商业局工作；1984年3月至1985年4月，在新田县委政研室工作，1984年6月任副主任；1985年4月至1987年6月，任新田县委政研室主任；1987年6月至1989年7月，在湘潭大学中文系秘书专业专科学习；1989年7月至1991年1月，任新田县委廉政办、农村社教办主任；1991年1月至1993年7月，任零陵地委办公室秘书科、文电科科长；1993年7至1994年9月，任零陵地委办公室副处级秘书；1994年9月至1995年6月，任零陵地委办公室副主任；1995年6月至1996年3月，任冷水滩市委副书记；1996年3月至1997年8月，任永州市冷水滩区委副书记（其间：1996年4月至6月湖南省委党校县干班学习）；1997年8月至1999年12月，任江永县委副书记，县人民政府代县长、县长（其间：1999年3月至7月，国防科技大学社会经济系统工程研究班学习）；1999年12月至2000年10月，任炎陵县委副书记，县政府代县长、县长；2000年10月至2001年3月，任炎陵县委书记、县政府县长；2001年3月至2005年8月，任炎陵县委书记（其间：2000年4月至2002年4月，中国政法大学经济法专业研究生课程班学习；2002年3月至7月，在省委党校中青班学习；2003年8月至2005年12月，中央党校法律专业函授本科学习）；2005年8月至2006年8月，任株洲高新区党工委副书记、管委会主任，天元区委副书记、区人民政府区长；2006年8月至2006年11月，任株洲高新区党工委书记、天元区人民政府区长；2006年11月至2016年8月，任株洲高新区党工委书记、天元区委书记；2016年8月至2016年12月，任株洲高新区党工委书记。

李　智　男，汉族，1961年12月出生，湖南株洲人，1978年12月参加工作，1985年1月加入中国共产党，本科学历。

1978年12月至1989年4月，株洲市委办公室机要科、综合科干部（其间：1982年8月至1986年1月，在湖南电大株洲分校语文专业专科学习）；1989年4月至1990年2月，任株洲市委办公室综合科副科长；1990年2月至1993年6月，任株洲市委办公室综合调研室正科级调研员；1993年6月至1994年8月，任株洲市委办公室副处级督查员；1994年8月至1997年7　月，任炎陵县委副书记（其间：1995年9月至1996年12月，湖南省委党校中青班学习）；1997年7月至1998年4月，任株洲高新区党工委副书记，天元区委副书记（其间：1996年6月至1998年6月，中国人民大学区域经济研究所区域经济专业研究生课程班学习）；1998年4月至2001年8月，任株洲市委政法委副书记、综治办主任；2001年8月至2007年1月，任株洲市委政法委副书记（其间：1999年8月至2001年12月，中央党校法律专业函授本科学习；2005年9月至11月，湖南省委党校处干班学习）；2007年1月至2009年1月，任荷塘区委书记；2009年1月至2010年12月，任芦淞区委书记；2010年12月至2011年12月，任芦淞区委书记，董家塅高科技工业园党工委书记（兼）；2011年12月至2016年9月，任株洲高新区党工委副书记，天元区委副书记，市人民政府党组成员；2012年1月，任株洲高新区管委会主任（其间：2012年5月至 2012 年 7 月，湖南省委党校地厅级干部进修班学习）；2016 年 9 月至 2016 年 12 月，任株洲市政府党组成员、株洲高新区党工委副书记、管委会主任，为株洲市人大常委会副主任候选人提名人选。

周建光　男，汉族，1964年8月出生，湖南株洲县人，1982年7月参加工作，1986年11月加入中国共产党，本科学历，工学学士。

1980 年 9 月至 1982 年 7 月，在株洲冶金工业学校稀有金属冶炼专业中专学习；1982 年 7 月至 1990 年 1 月，任株洲冶炼厂八车间班长、调度组长、团支部书记、助理工程师、工程师；1990 年 1 月至 1995 年 2 月，任株洲冶炼厂总工程师办公室专干（其间：1985 年 9 月至 1990 年 7 月，在中南工业大学有色冶金属专业函授本科学习，获工学学士学位）；1995 年 2 月至 1996 年 8 月，任株洲冶炼厂技术改造指挥部计划调度；1996 年 8 月至 1998 年 8 月，任株洲冶炼集团公司锌焙烧厂副厂长；1998 年 8 至 2002 年 2 月，任株洲冶炼集团公司锌焙烧厂厂长，湖南株冶火炬股份有限公司董事（兼）（其间：1999 年 9 月至 2001 年 5 月，中南大学管理工程专业研究生进修班学习）；2002 年 2 月至 2004 年 4 月，任株洲石峰区人民政府副区长，田心高科园产业发展公司董事长（兼）；2004 年 4 月至 2004 年 5 月，任醴陵市委常委；2004 年 5 月至 2006 年 12 月，任醴陵市委常委，市人民政府副市长（常务）；2006 年 12 至 2007 年 10 月，任醴陵市委副书记；2007 年 10 月至 2011 年 4 月，任炎陵县委副书记，县人民政府县长；2011 年 4 月至 2016 年 8 月，任株洲市发改委党组书记、主任（其间：2012 年 2 月至 2012 年 7 月，湖南省委党校中青班学习）；2016 年 8 月至 2016 年 12 月，任株洲高新区党工委副书记、天元区委书记。

董　巍　男，汉族，1980年9月出生，北京人，2002年12月参加工作，2008年8月加入中国共产党，本科学历，经济学硕士。

1998 年 9 月至 2002 年 7 月，在北京大学化学与分子工程学院化学专业学习，获理学学士；2002 年 7 月至 2003 年 3 月，在亨斯迈聚氨酯（中国）有限责任公司实习、任市场助理；2003 年 3 月至 2005 年 1 月，任北京新华信管顾问有限责任公司金融事业部经理；2005 年 1 月至 2009 年 6 月，任金港信托投资有限责任公司办公室副主任兼人力资源部总经理，2006 年 1 月任公司总经理助理，2006 年 10 月任战略发展及执行委员会副主席；2009 年 6 月至 2010 年 7 月，任昆仑信托有限责任公司副总裁；2010 年 7 月至 2011 年 8 月，任中油资产管理有限公司总经理助理（正处），昆仑信托有限责任公司副总裁；2011 年 8 月至 2011 年 12 月，任株洲高新区党工委委员，湖南天易集团有限公司党委书记、常务副总经理，2011 年 10 月任天元区人民政府副区长；2011 年 12 月至 2012 年 2 月，任株洲高新区党工委委员，天元区副区长、党组成员，湖南天易集团有限公司总经理、党委书记；2012 年 2 月至 2012 年 5 月，任株洲高新区党工委委员、管委会副主任，天元区人民政府副区长、党组成员，湖南天易集团有限公司总经理、党委书记；2012 年 5 月至 2012 年 11 月，任株洲高新区党工委委员、管委会副主任，天元区人民政府副区长、党组成员，湖南天易集团有限公司总经理、党委副书记；2012 年 11 月至 2013 年 6 月，任株洲高新区党工委委员、管委会副主任，区人民政府党组成员、湖南天易集团有限公司总经理、党委副书记；2013 年 6 月至 2013 年 11 月，任株洲高新区党工委委员、管委会副主任，天元区委副书记，区人民政府党组成员；2013 年 11 月至 2014 年 2 月，任株洲高新区党工委委员、管委会副主任，天元区委副书记，区人民政府副区长、代区长、党组书记；2014年2月至2016年12月，任株洲高新区党工委委员、管委会副主任，天元区委副书记，区人民政府区长、党组书记。

马立恒　男，汉族，1964年5月出生，湖南株洲县人，1980年6月参加工作，1985年12月加入中国共产党，大专学历，工商管理硕士。

1980年6月至1981年9月，任株洲市人民政府办公室干部；1981年9月至1989年2月，任株洲市公安局解放街派出所民警；1989年2月至1991年8月，任株洲市监察局干部，1991年3月任副科级监察员（其间：1988年9月至1991年6月，湖南省委党校行政管理专业函授专科学习）；1991年8月至1992年4月，任株洲市政府办政工科副科级干事；1992年4月至1993年2月，任株洲市政府办政工科副科长；1993年2月至1996年11月，任株洲市政府办建议提案办理科副科长；1996年11月至2001年11月，任株洲市政府办综合科主任科员，1997年10月兼任市炎帝广场建设总指挥部副指挥长、物业管理办主任；2001年11月至2003年4月，任株洲市政府办副处级督查员；2003年4月至2003年12月，任株洲市自来水公司副经理、党委副书记；2003年12月至2004年7月，任株洲市自来水公司经理、党委副书记；2004年7月至2005年10月，任株洲市自来水公司经理、党委书记；2005年10月至2011年6月，任株洲高新区党工委委员、管委会副主任，天元区委常委、区人民政府副区长（其间：2006年9月获湖南大学工商管理硕士学位）；2011年6月至2012年11月，任株洲高新区党工委委员、管委会副主任，天元区人民政府副区长、党组成员；2012年11月至2016年12月，任株洲高新区党工委委员、管委会副主任、天元区人民政府党组成员。

陈远瑞　男，汉族，1965年7月出生，湖南醴陵人，1984年8月参加工作，1993年6月加入中国共产党，本科学历。

1981年9月至1984年8月，在湘潭农业学校农作专业中专学习；1984年8月至1987年11月，在株洲市郊区蝶屏乡工作；1987年11月至1991年5月，在株洲市郊区农林局工作；1991年5月至1993年9月，任株洲市郊区园艺场副场长（其间：1991年9月至1993年6月，在武汉体育学院运动系运动训练专业大专学习）；1993年9月至1994年12月，任株洲高新区管委会社会工作部计生办副主任；1994年12月至1998年3月，任株洲高新区管委会城市工作处主任（其间：1995年10月至12月，在株洲市委党校科局长班学习；1996年8月至1998年12月，中央党校函授学院经济管理专业本科学习）；1998年3月至2002年3月，任株洲市天元区嵩山路街道党委书记（其间：1998年9月至12月，株洲市委党校中青班学习）；2002年3月至2006年6月，任株洲高新区管委办、天元区政府办主任、天元区人民政府党组成员，天元区委委员；2006年6月至2006年8月，任株洲高新区党工委委员，天元区委常委、政法委书记，区人民政府党组成员、办公室主任；2006年8月至2011年6月，任株洲高新区党工委委员、天元区委常委、政法委书记（其间：2009年2月至4月，市委党校县干班学习）；2011年6月至2011年7月，任株洲高新区党工委委员；2011年7月至2016年12月，任株洲高新区党工委委员、管委会副主任、天元区人民政府党组成员。

姚永告　男，汉族，1971年10月出生，湖南醴陵人，1994年3月参加工作，1994年12月加入中国共产党，研究生学历，法学硕士。

1991年9月至1995年6月，在湖南师范大学政治系思想品德与政治教育专业学习，获法学学士学位；1994年3月至1995年6月，任湖南省学联执行主席，湖南师范大学学生；1995年6月至1997年4月，任湖南师范大学校团委干事；1997年4月至1998年4月，任湖南师范大学校团委宣传部长(副科级)；1998年4月至1998年5月，任湖南师范大学校团委宣传部长(正科级)；1998年5月至2001年5月，任共青团湖南省委学校部大学科科长，1999年4月任办公室综合科科长；2001年5月至2003年7月，任共青团湖南省委机关服务中心副主任(副处级)(其间：2002年7月至2002年12月，任团省委派驻花垣县道二乡建整扶贫工作组组长)；2003年7月至2004年5月，任共青团湖南省委机关服务中心主任(正处级)；2004年5月至2007年7月，任共青团湖南省委联络部部长(其间：2004年6月任湖南省青联副主席兼秘书长，2006年9月至2007年1月，省委党校中青班学习)；2007年7月至2010年12月，任炎陵县委常委，2007年8月任县人民政府副县长，县人民政府党组成员、党组副书记(其间：2007年9月至2009年7月，湖南师范大学公共管理学院社会学专业硕士研究生学习，获法学硕士学位)；2010年12月至2012年2月，任株洲高新区党工委委员，天元区委副书记、区人民政府副区长，湖南天易集团有限公司董事长(兼)；2011年9月任湖南天易集团有限公司党委副书记；2012年2月至2012年11月，任株洲高新区党工委委员、管委会副主任，天元区委副书记、区人民政府副区长，兼湖南天易集团有限公司董事长、党委副书记；2012年11月至2014年12月，任株洲高新区党工委委员、管委会副主任，天元区委副书记，兼湖南天易集团有限公司董事长、党委副书记；2014年12月至2016年12月，任株洲高新区党工委委员、管委会副主任，天元区人民政府党组成员。

施金晨　男，汉族，1982年10月出生，江苏泰州人，2003年7月参加工作，2016年7月加入中国共产党，本科学历。

1999年9月至2003年6月，在西北政法学院国际贸易专业学习；2003年6月至2003年7月，待业；2003年7月至2004年2月，任中国光大银行北京西单支行柜员、客户经理；2004年2月至2008年5月，任中国光大银行北京分行国际业务部、贸易金融部业务主办、业务主管；2008年5月至2011年8月，任中国光大银行北京分行贸易金融部商品融资中心副主任；2011年8月至2012年5月，任中国光大银行北京五棵松支行行长助理(分管公司业务)；2012年5月至2012年11月，任中国光大银行海口分行公司业务部副总经理；2012年11月至2013年9月，任中国光大银行海口分行营业部副总经理兼营业室经理(分管公司业务、运营)；2013年9月至2014年8月，任中国光大银行海口分行中小企业部副总经理(主持工作)；2014年8月至2014年10月，任中国光大银行海口南沙支行副行长(分管公司业务)；2014年10月至2016年6月，任中国光大银行海口南沙支行行长；2016年6月至2016年12月，任株洲高新区管委会副主任兼天元区人民政府副区长(挂职两年)。

罗克俭　男，汉族，1964年7月出生，湖南攸县人，1983年8月参加工作，1984年10月加入中国共产党，研究生学历。

1980年9月至1983年7月，在湖南农学院衡阳分院农学专业学习；1983年8月至1984年5月，在株洲县砖桥乡工作；1984年5月至1986年9月，任株洲县砖桥乡副乡长；1986年9月至1988年7月，在湖南省委党校党政干部培训班本科脱产学习；1988年7月至1989年12月，任株洲县委组织部干部；1989年12月至1990年5月，任株洲县委组织部办公室主任；1990年5月至1992年10月，任株洲县委组织部副科级组织员、办公室主任；1992年10月至1995年2月，任株洲县委组织部副部长（其间：1993年9月至12月，市委党校中青班学习）；1995年2月至1998年4月，任株洲县人事局局长，县委组织部副部长（兼）（其间：1996年9月至1998年7月，中国社会科学院法学系民法经济法专业研究生课程班学习）；1998年4月至2002年11月，任株洲县委常委、县委办主任、县机关工委书记；2002年11月至2011年5月，任株洲县委常委，县人民政府常务副县长，2002年12月任县人民政府党组副书记（其间：2003年9月至2006年6月，中央党校函授学院经济管理专业在职研究生学习，2006年3月至2007年1月，在湖南省经济委员会环境与资源综合利用处挂职任副处长）；2011年5月至2011年12月，任株洲高新区党工委委员，天元区委常委，2011年7月任区人民政府副区长、党组成员，2011年6月任湖南天易集团有限公司总经理，2011年9月任湖南天易集团有限公司党委副书记；2011年12月至2014年12月，任株洲高新区党工委委员，天元区委常委、统战部长，区人民政府常务副区长、党组副书记，湖南天易集团有限公司副董事长（兼）；2014年12月至2016年1月，任株洲高新区党工委委员，天元区委常委、统战部长，区人民政府常务副区长、党组副书记；2016年1月至2016年9月，任株洲高新区党工委委员，天元区委常委，区人民政府常务副区长、党组副书记；2016年9月至2016年12月，任株洲高新区党工委委员、管委会副主任、区人民政府党组成员。

许剑鸣　男，汉族，1963年8月出生，湖南长沙人，1986年7月参加工作，1992年6月加入中国共产党，本科学历。

1983年9月至1986年7月，在长沙基础大学中文系秘书专业学习；1986年7月至1993年2月，长沙市团市委干部，1993年2月任城市工作部副部长（其间：1990年在浏阳社教工作一年）；1993年2月至1994年11月，任共青团湖南省委办公室副主任科员；1994年11月至1997年6月，任共青团湖南省委办公室主任科员，1994年12月聘任为青工部副部长，1996年2月任联络部部长助理（其间：1996年5月至10月，挂职湖南招商对外经贸实业公司综合经营部经理）；1997年6月至1997年10月，任共青团湖南省委联络部副处级干事、省青年实业发展中心副主任；1997年10月至1999年6月，任湘西自治州花垣县县委委员、常委；1999年6月至2002年8月，任湖南省青少年发展基金会常务副秘书长；2002年8月至2003年8月，任共青团湖南省委办公室副主任（正处级）；2003年8月至2004年11月，任石峰区区委副书记；2004年11月至2008年12月，任株洲市招商合作局党组书记、局长（其间：2006年6月，湖南师范大学公共事业管理专业自考本科毕业）；2008年12月至2011年3月，任株洲市信息产业局党组书记、局长（其间：2009年2月至7月，在湖南省委党校中青班学习）；2011年3月至2016年9月，任株洲云龙示范区党工委委员、管委会副主任；2016年9月至2016年12月，任株洲高新区党工委委员、纪工委书记、天元区委常委、纪委书记。

张见平　女，汉族，1976年3月出生，湖南溆浦人，1993年7月参加工作，1999年6月加入中国共产党，研究生学历。

1990年9月至1993年7月，在湖南黔阳师范学校教育学专业学习;1993年7月至2002年10月,任溆浦县大华乡中学教师(其间:1995年9月至1997年9月,湖南教育学院本科脱产学习;1997年9月至1999年8月,在省委党校党建专业研究生脱产学习);2002年10月至2003年11月,湖南省参事室办公室干部;2003年11月至2006年12月,任湖南省参事室办公室副主任科员;2006年12月至2010年5月,任湖南省参事室办公室主任科员;2010年5月至2014年3月,任湖南省参事室办公室副主任(其间:2012年3月至2014年1月,挂任衡阳市珠晖区人民政府副区长);2014年3月至2016年7月,任湖南省参事室办公室主任;2016年7月至2016年12月,任高新区党工委委员、天元区委副书记。

程　燕　女,汉族,1963年1月出生,湖北襄阳人,1979年11月参加工作,1988年8月加入中国共产党,专科学历。

1979年11月至1981年7月,在湖南省安装公司医院工作;1981年7月至1984年7月,在湖南省医学院卫校护士专业中专学习;1984年7月至1992年9月,在湖南省安装公司医院工作;1992年9月至1996年12月,任株洲高新区城建部办公室主任;1996年12月至1998年4月,任株洲高新区城建部副科级干部;1998年4月至1999年3月,任天元区城建部党委委员;1999年3月至2001年3月,任天元区妇联副主席(其间:1996年9月至2000年6月,湖南经济管理干部学院行政管理专业大专学习);2001年3月至2001年9月,任天元区嵩山路街道党委副书记;2001年9月至2002年10月,任天元区泰山路街道党委副书记、主任;2002年10月至2008年4月,任天元区委委员、区人民政府副区长(其间:2007年9月至12月,挂职上海市青浦区赵巷镇人民政府副镇长);2008年4月至2011年6月,任株洲高新区党工委委员、天元区委常委、统战部长,2009年5月,任天元区政协党组副书记;2011年6月至2012年11月,任天元区政协副主席候选人,天元区政协党组副书记,2011年9月,任天元区正县级干部,2012年2月当选区政协副主席;2012年11月至2016年11月,任天元区政协主席、党组书记;2016年11月至2016年12月,任天元区人大常委会党组副书记、人大主任,区政协党组书记。

谈志明　男,汉族,1962年2月出生,湖南宁乡人,1982年8月参加工作,1986年12月加入中国共产党,本科学历。

1979年9月至1982年8月,在益阳师专中文专业学习;1982年8月至1985年9月,任株洲市轻职中专教师;1985年9月至1987年5月,任株洲汽车工业公司团委书记;1987年5月至1992年6月,在共青团株洲市委员会工作,1988年2月任共青团株洲市委学少部副部长,1988年8月任共青团株洲市委组织部副部长,1990年6月任共青团株洲市委办公室副主任,1991年3月任共青团株洲市委办公室主任;1992年6月至1995年3月,在株洲高新区文教卫科工作,1993年10月,任科长;1995年3月至1996年12月,任株洲高新区社会工作部部长;1996年12月至2001年2月,任株洲高新区管委会办公室主任(其间;1996年9月至1998年7月,中国社科院民法经济法专业研究生课程班学习);2001年2月至2007年7月,任株洲高新区创业服务中心主任、党委书记(其间:2003年9月至2005年12月,湖南行政学院行政管理专业函授本科学习);2007年7月至2015年12月,任株洲高新区党工委委员,创业服务中心(留学生创业园)主任、党委书记;2015年12月至2016年9月,任株洲高新区党工委委员、天元区委副书记;2016年9月至2016年11月,天元区政协党组副书记、主席候选人;2016年11月至

2016年12月，天元区政协党组副书记、主席。

谢维红　男，汉族，1974年7月出生，湖南醴陵人，1996年7月参加工作，1998年11月加入中国共产党，本科学历，公共管理硕士。

1993年9月至1996年6月，在株洲教育学院中文系中文教育专业学习；1996年7月至2001年3月，任石峰区检察院书记员、助理检察院，五级检察官（其间：1994年4月至1996年12月，湖南师范大学汉语言文学专业自考本科毕业，获文学学士；1994年9月至 1997年7月，中南政法学院经济法律专业函授本科学习）；2001年3月至2002年2月，任株洲市石峰区委办公室秘书；2002年2月至2002年5月，任株洲市石峰区委政研室副主任；2002年5月至2004年5月，任株洲市财政局副主任科员；2004年5月至2005年4月，任株洲市委组织部副科级组织员（其间：2003年3月至2004年12月，国防科学技术大学信息系统与管理学院公共管理专业学习，获公共管理硕士学位）；2005年4月至2006年7月，任株洲市委组织部办公室副主任（其间：2006年2月至4月，市委党校办公室主任培训班学习）；2006年7月至2009年2月，任株洲市委组织部办公室副主任、正科级组织员（其间：2007年6月，中国浦东干部学院全国组织部门信访工作研讨班学习；2007年9月至2008年1月，在市委党校中青班学习）；2009年2月至2010年12月，任株洲市委组织部办公室主任，2010年12月至2016年12月，任株洲高新区党工委委员，天元区委常委，2011年1月任宣传部部长（其间：2011年5月20日至5月29日，中宣部全国宣传干部学院第九期县委宣传部长培训班学习）。

李征兵　男，汉族，1964年10月出生，湖南邵东人，1985年7月参加工作，1995年9月加入中国共产党，本科学历，经济学学士。

1982年8月至1985年7月，在湖南省煤炭工业学校财会专业学习；1985年7月至1988年10月，在湖南煤矿机械厂工作（其间：1985年10月至1987年12月，湖南财经学院会计专业自考专科毕业）；1988年10月至1996年3月，在株洲市审计局行政事业审计科工作（其间：1987年4月至1989年12月，湖南财经学院会计专业自考本科毕业，获经济学学士）；1996年3月至1999年2月，任株洲市审计局金融审计科副科长；1999年2月至1999年11月，任株洲市审计局正科级纪检监察员；1999年11月至2001年11月，任株洲市审计局行政事业审计科科长；2001年11月至2009年5月，任株洲市审计局党组成员、经济责任审计处处长（其间：2003年9月至10月，株洲市委党校县干班学习）；2009年5月至2011年6月，任株洲市天元区人民政府党组成员、副区长（其间：2010年3月至5月，在株洲市委党校县干班学习）；2011年6月至2016年9月，任株洲高新区党工委委员，天元区委常委、政法委书记；2016年9月至2016年12月，任株洲高新区党工委委员、天元区委常委、天元区人民政府党组副书记、副区长候选人，2016年11月当选天元区常务副区长。

刘铁华　男，汉族，1970年10月出生，湖南炎陵人，1992年12月参加工作，1996年4月加入中国共产党，本科学历。

1990年9月至1992年7月，在湖南广播电视大学株洲分校经济法专业学习；1992年12月至1995年4月，在炎陵县图书馆工作；1995年4月至1996

年6月，任炎陵县文体局办公室副主任、主任；1996年6月至1997年7月，在炎陵县委组织部工作，1997年7月任副科级组织员（其间：1996年7月湘潭大学信息管理专业自考本科毕业）；1997年7月至1998年9月，在株洲市委组织部办公室工作；1998年9月至2001年2月，任株洲市委组织部办公室副科级组织员；2001年2月至2002年10月，任株洲市委组织部组织一科副科长；2002年10月至2004年4月，任株洲市委组织部组织科副科长，正科级组织员；2004年4月至2009年2月，任株洲市委组织部干部监督科科长（其间：2005年9月至12月市委党校中青班学习）；2009年2月至2011年2月，任株洲市委组织部政绩考核科科长；2011年2月至2012年11月，任株洲市委组织部干部二科科长；2012年11月至2013年1月，任株洲市委党建工作领导小组办公室主任，市委组织部干部二科科长；2013年1月至2013年4月，任株洲市委党建工作领导小组办公室主任；2013年4月至2016年1月，任株洲高新区党工委委员、天元区委常委，2013年11月任工委办（区委办）主任，2015年9月任组织部部长；2016年1月至2016年9月，任株洲高新区党工委委员、天元区委常委、组织部长、统战部长、区政协党组副书记；2016年9月至2016年12月，任株洲高新区党工委委员、天元区委常委、组织部部长。

文忠于　男，汉族，1971年3月出生，湖南株洲人，1989年3月参加工作，1991年7月加入中国共产党，本科学历。

1989年3月至1991年9月，广西军区守备三师七团三营八连战士；1991年9月至1993年7月，桂林陆军学院大专学习；1993年7月至1995年1月，任四十一集团军一二三师三六八团三连排长；1995年1月至1998年3月，任四十一集团军一二三师三六八团司令部作训股副连职参谋（其间：1996年9月至1999年7月，中央党校法律专业函授本科学习）；1998年3月至1999年3月，任四十一集团军一二三师司令部作训股正连职参谋；1999年3月至1999年10月，任四十一集团军一二三师三六九团警侦连连长；1999年10月至2001年3月，任四十一集团军一二三师司令部作训股正连职参谋；2001年3月至2003年3月，任四十一集团军一二三师三六九团司令部作训股股长；2003年3月至2006年2月，任四十一集团军教导大队军官队队长；2006年2月至2010年3月，任四十一集团军一二一师司令部作训科科长；2010年3月至2012年5月，任四十一集团军一二一师副参谋长；2012年5月至2014年4月，任天元区人武部部长；2014年4月至2016年12月，任天元区委常委、天元区人武部部长。

杨　宇　男，汉族，1974年4月出生，湖南蓝山人，1995年7月参加工作，1994年6月加入中国共产党，本科学历。

1992年9月至1995年7月，在株洲教育学院理化系化学专业学习；1995年7月至1997年10月，在株洲郊区党校任教；1997年10月至1998年10月，在天元区嵩山路街道办事处工作；1998年10月至2001年8月，在天元区嵩山路街道党委委员、武装部长（其间：1996年8月至1998年12月，中央党校函授学院经济管理专业本科学习）；2001年8月至2003年1月，任天元区泰山路街道党委委员、武装部长；2003年1月至2003年10月，任天元区泰山路街道党委副书记兼纪检书记；2003年10月至2005年3月，任天元区泰山路街道党工委副书记、纪工委书记；2005年3月至2005年7月，任天元区栗雨街道办事处筹备组副组长，2005 年 5 月任栗雨街道党工委副书记；2005 年 7 月至 2007 年 4 月，任天元区栗雨街道党工委副书记、人大办主任、主任科员；2007 年 4 月至 2010 年 3 月，任天元区群丰镇党委副书记、镇长；2010 年 3 月至 2011 年 12 月，任天元区群丰镇党委书记；2011 年 12 月至 2012 年 5 月，任株洲高新区管委会办公室主任、群丰镇党委书记，2012 年 1 月，任区人民政府党组成员；2012 年 5 月至 2012 年 11 月，任株洲高新区管委会办公室主任、天元区人民政府党组成员、区政府办主任；2012 年 11 月至 2014 年 1 月，任天元区政府党组成员、副区长，区人民政府办主任；2014 年 1 月至 2015 年 12 月，任天元区人民政府党组成员、副区长；2015 年 12 月至 2016 年 12 月，任株洲高新区党工委委员、天元区委常委，2016 年 1 月任工委办(区委办) 主任。

何登科　男，汉族，1966年12月出生，湖南株洲县人，1985年7月参加工作，1990年3月加入中国共产党，本科学历。

1982 年 9 月至 1985 年 7 月，在株洲师范学校中专学习；1985 年 7 月至 1991 年 5 月，株洲县委机要科机要员(1985 年 8 月至 1986 年 1 月，湖南省党政机要干部培训班学习)；1991 年 5 月至 1994 年 5 月，任株洲县委办公室副科级秘书；1994 年 5 月至 1995 年 3 月，在株洲开发区管委办公室综合科工作；1995 年 3 月至 1996 年 10 月，任株洲开发区管委办公室党委督查室副主任；1996 年 10 月至 1998 年 3 月，任株洲高新区管委办公室(党委办) 副主任兼综合科科长，1997 年 3 月兼高新区委员会督查室主任；1998 年 3 月至 2001 年 3 月，任天元区区委办公室副主任兼区委政策研究室主任(其间：1998 年 6 月，湖南师范大学汉语言文学专业自考专科毕业)；2001 年 3 月至 2003 年 1 月，任天元区委组织部副部长(其间：2002 年 6 月，湖南师范大学汉语言文学专业自考本科毕业；2002 年 9 月至 12 月，在市委党校中青班学习)；2003 年 1 月至 2006 年 8 月，任天元区泰山路街道党工委书记；2006 年 8 月至 2007 年 1 月，任天元区人民政府党组成员、政府办主任；2007 年 1 月至 2011 年 7 月，任株洲高新区管委会办公室主任，天元区人民政府党组成员、政府办主任；2011 年 7 月至 2012 年 5 月，任天元区人民政府党组成员、副区长、政府办主任；2012 年 5 月至 2016 年 9 月，任天元区人民政府党组成员、副区长，2016 年 3 月任区残联主席团主席(其间：2014 年 3 月至 2014 年 5 月，市委党校县处级干部班学习)；2016 年 9 月至 2016 年 12 月，任株洲高新区党工委委员、天元区委常委、政法委书记。

周玉智　男，汉族，1967年3月出生，湖南安乡人，1989年8月参加工作，1997年2月加入中国共产党，本科学历，工学学士。

1985 年 9 月至 1989 年 8 月，在天津大学计算机系软件专业学习，获工学学士；1989 年 8 月至 1995 年 7 月，在株洲冶炼厂铝料炼分厂工作；1995 年 7 月至 1999 年 7 月，在株洲高新区产业发展局、招商局工作；1999 年 7 月至 2001 年 3 月，任株洲高新区产业发展局产业发展局副局长；2001 年 3 月至 2004 年 4 月，任株洲高新区产业发展局副局长，科技管理科科长(其间：2001 年 9 月至 11 月，市委党校科局长班学习)；2004 年 4 月至 2006 年 11 月，任株洲高新区产业发展局副局长(其间：2006 年 2 月至 6 月，市委党校中青班学习)；2006 年 11 月至 2007 年 1 月，任株洲高新区产业发展局副局长兼天元区科协第一届委员会主席；2007 年 1 月至 2014 年 12 月，任株洲高新区产业发展局局长、天元区科技局、经信局局长，天元区科协主席（其间：2014年9月至11月，市委党校县处级干部进修班学习）；2014年12月至2016年3月，任株洲高新区产业发展局局长、天元区科技局局长、天元区经信局局长、天元区科协主席、株洲中国动力谷科技创新服务中心主任（2015年9月免）；2016年3月至2016年9月，任株洲高新区产业发展局局长、天元区经济科技信息化局党组书记、局长；2016年9月至2016年12月，任株洲高新区党工委委员、天元区委常委、统战部部长、区政协党组副书记。

王太培　男，汉族，1964年5月出生，湖南醴陵人，1984年8月参加工作，1991年8月加入中国共产党，本科学历。

1982年9月至1984年7月，在湖南省建材工业学校水泥工艺专业中专学习；1984年8月至1994年9月，在株洲县乡镇企业局工作（其间：1990年9月至1993年7月，武汉工业大学电函院湖南分院硅酸盐工艺专业专科学习）；1994年9月至1995年5月，任株洲县群丰镇人民政府镇长助理（副科级）；1995年5月至1998年11月，任株洲县群丰镇人民政府副镇长；1998年11月至2001年3月，任天元区群丰镇党委副书记（其间：1998年8月至2000年12月，中央党校函授学院经济管理专业本科学习）；2001年3月至2003年1月，任天元区群丰镇人大主席、党委副书记；2003年1月至2005年7月，任天元区群丰镇人民政府镇长、党委副书记；2005年7月至2011年3月，任天元区农村工作局局长（其间：2008年3月至7月，市委党校中青班学习）；2011年3月2016年12月，任天元区人大常委会党组成员、副主任（其间：2011年5月至2011年7月，市委党校县处级干部进修班学习）。

黄白玉　男，汉族，1962年6月出生，湖南株洲人，1984年7月参加工作，1995年5月加入中国共产党，大专学历。

1981年9月至1984年7月，在湘潭师范高等专科学校化学专业学习；1984年7月至1988年8月，在株洲市郊区云田中学任教师；1988年8月至1993年6月，任株洲市郊区教育局仪器站计划员；1993年6月至1993年10月，任郊区教育局装备站站长；1993年10月至1995年12月，任郊区人大办公室秘书；1995年12月至1997年9月，任郊区人大选举任免联络委副主任；1997年9月至1998年3月，任天元区人大选举任免联络工委副主任；1998年3月至2001年11月，任天元区人大选举任免联络工委副主任、明确正科级；2001年11月至2005年7月，任天元区人大选举任免联络工委主任；2005年7月至2006年2月，任天元区人口和计划生育局局长；2006年2月至2012年11月，任天元区人口和计划生育局局长、天元区计划生育协会常务理事、副会长（其间：2008年3月至7月，市委党校中青班学习）；2012年11月至2016年12月，任天元区人大常委会党组成员、副主任（其间：2013年5月至2013年7月，市委党校县处级干部进修班学习）。

谭红德　男，汉族，1962年8月出生，湖南湘潭县人，1981年7月参加工作，1986年9月加入中国共产党，本科学历。

1979年9月至1981年7月，在衡阳地区供销学校统计专业学习；1981年7月至1984年7月，在郊区供销社工作；1984年7月至1987年10月，任郊区团委干事（其间：1986年12月至1987年9月主持工作）；1987年10月至1992年9月，在醴陵市畜禽水产良种场工作；1992年9月至1995年1月，在株洲高新区商业总公司工作；1995年1月至1996年10月，任株洲高新区城市工作处科员；1996年10月至1998年3月，任株洲高新区城市工作处副主任、党委委员；1998年3月至2003年1月，任天元区嵩山路街道办事处副主任；2003年1月至2005年3月，任天元区嵩山路街道党委副书记(其间：2001年9月至2003年12月，湖南行政学院经济管理专业本科学习)；2005年3月至2005年7月，任天元区栗雨办事处筹备组副组长；2005年7月至2010年2月，任天元区栗雨街道党工委副书记、办事处主任；2010年2月至2012年8月，任天元区栗雨街道党工委书记；2012年8月至2012年11月，任天元区委统战部常务副部长，区政协党组成员；2012年11月至2016年12月，任天元区人大常委会党组成员、副主任(其间：2013年3月至2013年5月市委党校县处级干部进修班学习)。

李海泉　女，汉族，1965年2月出生，湖南醴陵人，1984年8月参加工作，无党派，本科学历。

1981年9月至1984年8月，在湖南省水利学校水工专业大专学习；1984年8月至1992年9月，任株洲市市政工程公司技术员，助理工程师；1992年10月至1996年10月，株洲高新区公用事业管理局城建部干部；1996年10月至2001年3月，任天元区建委建设管理科副科长（其间：1995年9月至1997年12月，中央党校函授学院经济管理专业本科学习）；2001年3月至2001年11月，任株洲高新区建设局副主任科员；2001年11月至2002年6月，任株洲高新区建设局人防环保科科长；2002年6月至2009年2月，任天元区审计局副局长；2009年2月至2011年2月，任天元区审计局副局长、主任科员；2011年2月至2012年11月，任天元区国资局局长；2012年11月至2016年12月，任天元区人大副主任(兼)，株洲高新区创业服务中心副主任。

董运喜　男，汉族，1967年1月出生，湖南茶陵人，1989年7月参加工作，1989年6月加入中国共产党，本科学历。

1986年9月至1989年6月，在岳阳师范专科学校中文专业大专学习；1989年7月至1991年5月，在株洲市郊区五里墩乡教育办工作，五里墩中学任教师；1991年5月至1995年3月，任株洲市郊区教育局人事专干(其间：1990年3月至1993年1月，华中师范大学汉语言文学专业本科学习)；1995年3月至1997年7月，任株洲市郊区人事局办公室主任，工资福利股股长；1997年8月至2001年3月，任天元区人事局工资福利股股长；2001年3月至2003年1月，任天元区委组织部副科级组织员；2003年1月至2007年4月，任天元区委组织部副部长、正科级组织员；2007年4月至2008年6月，任天元区委组织部副部长，区委党校校长(其间：2006年2月至2006年6月，市委党校中青班学习)；2008年6月至2013年12月，任天元区教育局党委副书记、局长；2013年12月至2016年11月，任天元区教育局党委书记、局长；2016年11月至2016年12月，任天元区人大常委会党组成员、副主任，天元区教育局党委书记、局长。

蒋　智　男，汉族，1976年6月出生，湖南郴州人，1999年7月参加工作，1998年6月加入中国共产党，研究生学历，工商管理硕士。

1995年9月至1999年7月，

在湘潭大学建筑工程系建筑工程专业学习，获工学学士学位；1999年7月至2001年8月，芦淞区建宁乡人民政府干部(其间：1999年7月至9月，株洲市委组织部干部四科跟班学习；2000年4月至12月，在芦淞区政府办跟班学习；2001年5月至8月，芦淞区委组织部跟班学习)；2001年8月至2002年2月，任共青团芦淞区委副书记；2002年2月至2003年2月，任共青团株洲市委城市工作部负责人；2003年2月至2003年12月，任共青团株洲市委城市工作部部长(其间：2003年9月至2004年1月，在市委党校中青班学习)；2003年12月至2006年12月，任共青团株洲市委团务部部长；2006年12月至2010年12月，任共青团株洲市委副书记、党组成员(其间：2007年3月至5月，在市委党校县处班学习)；2010年12月至2011年12月，任共青团株洲市委副书记、党组成员，市城市建设发展集团有限公司副总经理(挂职)(其间：2009年9月至2011年6月，湘潭大学工商管理硕士专业研究生学习，获工商管理硕士学位)；2011年12月至2015年7月，任共青团株洲市委党组成员，市城市建设发展集团有限公司副总经理(挂职)(其间：2012年5月至6月，株洲市委党校县干班学习)；2015年7月至2016年12月，任天元区人民政府党组成员、副区长。

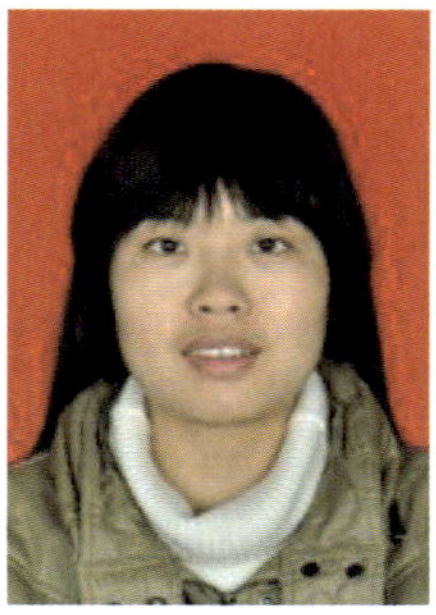

黄　芳　女，汉族，1983年5月出生，湖南长沙县人，2006年7月参加工作，2015年9月加入九三学社，本科学历，公共管理硕士。

2002年9月至2006年6月，在湖南科技大学人文学院汉语言文学专业学习，获文学学士学位；2006年7月至2007年3月，在炎陵县沔渡镇人民政府工作；2007年3月至2009年11月，任炎陵县沔渡镇人民政府副镇长；2009年11月至2011年1月，任共青团炎陵县委书记、县青年联合会主席(其间：2010年9月至2011年1月，在株洲市委党校中青班学习)；2011年1月2016年12月，任天元区人民政府副区长(其间：2014年12月，获湖南师范大学公共管理硕士学位；2011年3月至2011年5月，在市委党校县处级干部进修班学习)。

文树忠　男，汉族，1968年6月出生，湖南株洲县人，1990年7月参加工作，1993年6月加入中国共产党，本科学历。

1987年9月至1990年6月，在湖南省公安专科学校预审专业专科学习；1990年7月至1995年10月，任株洲市公安局五科预审员；1995年10月至1996年4月，任株洲市公安局预审科副科长(科员级)；1996年4月至1997年11月，任株洲市公安局预审支队预审科副科长、副科级侦察员；1997年11月至1999年4月，任株洲市公安局刑侦支队涉税犯罪案件侦查大队长；1999年4月至2001年4月，任株洲市公安局刑侦支队涉税犯罪案件侦查大队长、刑侦三大队正科级侦察员；2001年4月至2001年12月，任株洲市公安局刑侦支队副支队长；2001年12月至2002年1月，任株洲市公安局经侦支队副支队长；2002年1月至2007年11月，任茶陵县副处级侦察员、县公安局局长、党组书记(其间：2001年9月至2004年6月，湖南电大法学专业本科学习)；2007年11月至2012年5月，任醴陵市副县级干部，公安局党组(党委)书记、局长；2012年5月至2012年11月，任株洲市公安局副调研员、天元分局局长；2012年11月至2016年12月，任天元区人民政府党组成员、副区长，公安分局党委书记、局长。

刘建南　男，汉族，1966年2月出生，湖南涟源人，1984年10月参加工作，1989年3月加入中国共产党，本科学历。

1984年10月至1989年7　月，步兵第一二四

师炮兵团一营一连战士(其间：1986年9月至1989年7月，解放军长沙炮兵学院炮兵指挥专业专科学习)；1989年7月至1991年5月，任步兵第一二四师炮兵团一营部指挥排长；1991年5月至1991年11月，任步兵第一二四师炮兵团一营二连指挥排长；1991年11月至1992年4月，任步兵第一二四师炮兵团教导队二区队长兼教员；1992年4月至1993年10月，任步兵第一二四师炮兵团一营一连副连长；1993年10月至1997年4月，任步兵第一二四师炮兵团一营一连连长；1997年4月至1998年4月，任步兵第一二四师炮兵团司令部侦察股长；1998年4月至1999年4月，任步兵第一二四师炮兵团司令部作训股长；1999年4月至2000年4月，任步兵第一二四师炮兵团副参谋长；2000年4月至2000年7月，任步兵第一二四师炮兵团二营营长；2000年7月至2002年4月，任步兵第一二四师122榴炮二营营长(其间：2001年3月至2002年1月，在解放军炮兵指挥学院炮兵中级指挥专业学习)；2002年4月至2003年3月，任步兵第一二四师炮兵团122榴炮一营营长(其间：1999年9月至2002年6月，解放军炮兵指挥学院军事指挥专业本科学习)；2003年3月至2004年2月，任步兵第一二四师炮兵团参谋长；2004年2月至2006年1月，任第二炮兵五十二基地检测团副团长(代职)；2004年3月至2006年1月，任步兵第一二四师炮兵团副团长；2006年1月至2007年2月，任天元区人武部政委；2007年2月至2012年3月，任天元区人武部部长；2007年7月，任天元区委常委；2012年3月至2013年1月，转业待分配；2013年1月至2016年12月，任天元区人民政府党组成员、副区长。

包　剑　男，汉族，1971年12月出生，湖南株洲人，1992年12月参加工作，1996年1月加入中国共产党，

本科学历，管理学学士。

1990年9月至1992年7月，在株洲市广播电视大学财会专业大专学习；1992年12月至1995年11月，任株洲市郊区土地开发公司职员；1995年11月至1997年1月，任市郊区土地开发公司副经理；1997年1月至1997年7月，任市郊区建委副主任；1997年7月至1998年3月，任天元区城建局副局长、城管办主任(兼)；1998年3月至2001年3月，任天元区人事局副局长(其间：1997年9月至2000年7月，株洲工学院经济管理专业专科学习；1998年3月至1998年4月，市委党校科局长班学习)；2001年3月至2004年4月，任株洲高新区劳动人事局副局长兼综合科科长(其间：2000年9月至2003年7月，株洲工学院工商管理专业本科学习，获管理学学士学位；2003年9月至2003年12月，在株洲市委党校中青班学习)；2004年4月至2009年5月，任株洲高新区劳动人事局副局长，2007年4月任党委委员；2009年5月至2011年7月，任天元区重点办主任；2011年7月至2012年8月，任天元区栗雨街道党工委副书记、办事处主任；2012年8月至2016年9月，任天元区栗雨街道党工委书记；2016年9月2016年12月，任天元区人民政府党组成员、副区长候选人，栗雨街道党工委书记，2016年11月当选副区长。

周天浩　男，汉族，1979年11月出生，湖南株洲人，2002年2月参加工作，2008年7月加入中国共产党，本科学历，公共管理硕士。

1998年9月至2001年6月，在湘潭师范学院中文系汉语言文学学习；2001年6月至2002年2月，待业(其间：2001年12月湖南师

范大学汉语言文学专业自考本科毕业)；2002 年 2 月至 2006 年 3 月，任株洲市旅游局市场开发科科员；2006 年 3 月至 2006 年 5 月，任株洲市旅游局市场开发科副主任科员；2006 年 5 月至 2007 年 4 月，任株洲市社会科学界联合会办公室干部，2006 年 6 月任办公室副主任；2007 年 4 月至 2010 年 10 月，任株洲市委督查室干部，2009 年 8 月任副主任；2010 年 10 月至 2013 年 8 月，任株洲市委办公室秘书二科副科长、主任科员(其间：2006 年 10 月至 2010 年 12 月，国防科学技术大学公共管理硕士学习，获公共管理硕士学位)；2013 年 8 月至 2016 年 1 月，任株洲市委办公室常委秘书；2016 年 1 月至 2016 年 9 月，任株洲市委深改办综合调研科科长；2016 年 9 月至 2016 年 12 月，任天元区人民政府党组成员、副区长候选人，2016 年 11 月当选副区长。

曾天青　男，汉族，1962年3月出生，湖南攸县人，1981年9月参加工作，1993年9月加入中国共产党，本科学历。

1979 年 10 月至 1981 年 8 月，在湖南攸县师范学校中师学习；1981 年 9 月至 1986 年 8 月，在攸县丫江乡严湖完小任教师；1986 年 8 月至 1989 年 9 月，在攸县五中任教师，校团委书记(其间：1984 年 9 月至 1987 年 7 月，在湖南省高师专科物理专业函授专科学习)；1989 年 9 月至 1993 年 10 月，在株洲市郊区供销联社工作；1993 年 10 月至 1994 年 10 月，在株洲市郊区龙头铺镇挂职锻炼；1994 年 10 月至 1995 年 4 月，任株洲市郊区区委组织部组织组长；1995 年 4 月至 1997 年 7 月，任株洲市郊区区委组织部副科级组织员；1997 年 7 月至 1998 年 4 月，任天元区委组织部副科级组织员；1998 年 4 月至 2002 年 4 月，任天元区泰山路街道党委副书记(其间：1997 年 8 月至 1999 年 12 月，中央党校函授学院法律专业本科学习)；2002 年 4 月至 2004 年 10 月，任天元区城管局党总支书记、局长；2004 年 10 月至 2006 年 2 月，任天元区城管局局长；2006 年 2 月至 2008 年 6 月，任天元区城管局党委副书记、局长(其间：2004 年 9 月至 2005 年 1 月，市委党校中青班学习)；2008 年 6 月至 2012 年 2 月，任天元区城管局党委书记、局长；2012 年 2 月至 2012 年 7 月，任天元区政协党组成员、副主席，区城管局党委书记、局长；2012 年 7 月至 2016 年 12 月，任天元区政协党组成员、副主席(其间：2012 年 5 月至 7 月，株洲市委党校县干班学习)。

郭　飞　男，汉族，1962年6月出生，湖南永兴人，1983年12月参加工作，1987年7月加入中国共产党，大专学历。

1981 年 9 月至 1983 年 12 月，在湖南省广播电视学校新闻专业中专学习；1983 年 12 月至 1987 年 12 月，在株洲市郊区广播站工作，任记者，副站长，郊区机关团总支书记；1988 年 1 月至 1990 年 5 月，在市郊区区委组织部工作，任干部组干部、组长、部党支部副书记(其间：1985 年 9 月至 1988 年 7 月，北京广播学院新闻编采专业专科学习)；1990 年 5 月至 1993 年 7 月，任郊区团委副书记；1993 年 7 月至 1995 年 4 月，任郊区团委书记；1995 年 4 月至 1997 年 8 月，任郊区司法局局长、党支部书记(其间：1995 年 1 月至 1996 年 5 月，在湖南省法律知识高级培训班学习，1996 年 5 月至 7 月，市委党校科局长班学习)；1997 年 8 月至 1997 年 9 月，任天元区司法局主要负责人，党支部书记；1997 年 9 月至 2003 年 1 月，任天元区政协党组成员，秘书长，2001 年 11 月任办公室主任；2003 年 1 月至 2006 年 8 月，任天元区委宣传部副部长，兼区文化体育局局长(其间：2005 年 9 月至 2006 年 1 月，市委党校中青班学习)；

2006年8月至2011年3月，任天元区马家河镇党委副书记、镇长（其间：2008年9月至10月，市委党校书记班学习）；2011年3月至2012年11月，任天元区建管办主任；2012年11月至2013年4月，任天元区政协党组成员、副主席，建管办主任；2013年4月至2016年12月，任天元区政协党组成员、副主席（其间：2014年3月至5月，市委党校县干班学习）。

李　铭　男，汉族，1972年9月出生，湖南株洲人，1995年7月参加工作，无党派，本科学历，公共管理硕士。

1991年9月至1995年6月，在南京大学商学院数量经济专业学习，获经济学学士学位；1995年7月至1995年9月，在中国银行株洲分行国际部工作；1995年10月至1996年3月，任中国银行株洲分行电焊条储蓄所所主任；1996年3月至1997年11月，在中国银行株洲分行国际部信贷科工作；1997年11月至2001年4月，在中国银行株洲分行国际结算部工作；2001年5月至2002年4月，任株洲高新区招商局联络二科科长；2002年4月至2004年4月，任株洲高新区招商局副局长兼项目管理科科长；2004年4月至2005年3月，任株洲高新区招商局副局长；2005年3月至2006年8月，任株洲高新区招商局副局长、驻上海办事处主任；2006年8月至2009年5月，任株洲高新区产业发展局副局长；2009年5月至2012年11月，任天元区工商联主席（其间：2004年9月至2009年9月，国防科技大学学习，获公共管理硕士学位；2011年9月至2011年12月，株洲市委党校中青班学习）；2012年11月至2016年12月，任天元区政协副主席（兼），区工商联主席。

彭　炯　男，汉族，1968年12月出生，湖南汨罗人，1992年7月参加工作，无党派，本科学历，工商管理硕士。

1988年9月至1992年6月，在湖南大学机械系汽车专业大学学习，获工学学士学位；1992年6月至1995年9月，在湖南有色地质勘探217队工作；1995年9月至1997年2月，任株洲高新区管委会干部；1997年2月至1997年8月，任株洲高新区城市工作处干部；1997年8月至2004年2月，在株洲市天元区嵩山路街道办事处工作（其间：1997年9月至2000年5月，湖南大学商学院MBA硕士研究生学习，获工商管理硕士学位）；2004年2月至2006年2月，任株洲高新区管委办、天元区政府办法制体改科科长；2006年2月至2010年1月，任天元区法制办主任；2010年2月至2012年11月，任天元区商务局局长；2012年11月至2016年12月，任天元区政协副主席（兼），区商务局局长（其间：2013年5月至2013年7月，市委党校县处级干部进修班学习）。

谈培蕾　女，汉族，1970年9月出生，湖南临湘人，1991年7月参加工作，2001年3月加入九三学社，研究生学历，工商管理硕士。

1988年9月至1991年7月，在株洲工学院管理系企业管理专业大专学习；1991年7月至2001年11月，任株化集团公司钛白粉厂会计、公司审计部审计员（其间：1995年9月至1997年6月，湖南大学国际商学院国际金融专业本科学习）；2001年11月至2002年11月，任湖南永利化工股份有限公司财务部副部长；2002年11月至2004年4月，任泰康人寿株洲支公司财务总监兼后勤总管；2004年4月至2012年11月，任株洲高新区财政局副局长；2012年11月至2016年12月，任天元区政协副主席(兼)，财政局副局长(其间：2010年9月至2013年6月，湖南工业大学商学院工商管理专业研究生学习，获工商管理硕士学位)。

杨瑞斌　男，汉族，1968年11月出生，湖南汉寿人，1995年1月参加工作，2000年6月加入中国共产党，本科学历。

1991年7月至1995年1月，株洲市保安服务公司临时工(其间：1993年12月湘潭大学法律专业自考专科毕业)；1995年1月至1997年1月，任南区检察院书记员；1997年1月至1998年1月，任芦淞区检察院反贪局助理检察员；1998年1月至2001年11月，任芦淞区检察院反贪局副局长；2001年11月至2003年1月，任芦淞区检察院副科级检察员、反贪局局长(其间：2001年9月至2003年7月，湖南广播电视大学株洲分校法学专业远程教育本科学习)；2003年1月至2005年2月，任芦淞区检察院党组成员、副检察长；2005年2月至2006年10月，任芦淞区检察院党组成员、副检察长、正科级检察员(其间：2004年9月至2005年1月，市委党校中青班学习)；2006年10月至2011年1月，任芦淞区检察院党组副书记、副检察长；2011年1月至2011年2月，任石峰区检察院党组书记、副检察长、代检察长候选人；2011年2月至2016年9月，任石峰区检察院党组书记、检察长；2016年9月至2016年11月，任天元区人民法院党组书记、副院长、代院长；2016年11月至2016年12月，任天元区人民法院党组书记、院长。

刘仕明　男，汉族，1965年5月出生，湖南醴陵人，1984年8月参加工作，1994年1月加入中共共产党，本科学历。

1982年9月至1984年8月，在浏阳师范学校中专学习；1984年8月至1989年8月，在醴陵四汾中学任教师(其间：1987年12月湘潭大学党政干部专修科自考专科毕业)；1989年8月至1997年12月，任醴陵市人民检察院书记员、检察员、反贪局副局长；1997年12月至2002年3月，任醴陵市人民检察院副科级检察员、反贪局局长，1999年1月，任党组成员(其间：1997年8月至1999年12月，中央党校函授学院法律专业本科学习)；2002年3月至2004年7月，任醴陵市人民检察院党组成员、副检察长；2004年7月至2005年1月，任醴陵市人民检察院党组副书记、副检察长；2005年1月至2007年10月，任醴陵市人民检察院正科级检察员、党组副书记、副检察长(其间：2002年9月至2005年4月，湘潭大学法学院法学专业本科学习)；2007年11月至2010年12月，任炎陵县人民法院党组书记、法院院长；2011年1月至2012年11月，任株洲县人民法院党组书记，2011年2月任院长；2012年11月至2016年9月，任石峰区法院院长、党组书记(其间：2013年5月至2013年7月，市委党校县处级干部进修班学习)；2016年9月至2016年11月，任天元区人民检察院党组书记、副检察长、代检察长，2016年11月至2016年12月，任天元区人民检察院党组书记、院长。　(罗　娟)

株洲高新区、天元区党、政、军及各部门单位负责人

中共高新区工委、天元区委及其工作部门负责人

株洲高新区工委书记　　谢高进

天元区委书记	谢高进（2016年8月免）
	周建光（2016年8月任）
株洲高新区工委副书记	李　智
	周建光（2016年8月任）
天元区委副书记	李　智（2016年9月免）
	董　巍
	谈志明（2016年9月免）
	张见平（女，2016年7月任）
株洲高新区工委委员	谢高进
	李　智
	周建光（2016年8月任）
	董　巍
	马立恒
	陈远瑞
	姚永告
	周小毛（2016年9月免）
	谈志明（2016年9月免）
	罗克俭
	许剑鸣（2016年9月任）
	张见平（女，2016年7月任）
	谢维红
	李征兵
	刘铁华
	杨　宇
	何登科（2016年9月任）
	周玉智（2016年9月任）
天元区委常委	周建光（2016年8月任）
	李　智（2016年9月免）
	董　巍
	许剑鸣（2016年9月任）
	张见平（女，2016年7月任）
	周小毛（2016年9月免）
	谈志明（2016年9月免）
	谢维红
	罗克俭（2016年9月免）
	李征兵
	刘铁华
	文忠于
	杨　宇
	何登科（2016年9月任）
	周玉智（2016年9月任）

株洲高新区工委办公室、天元区委办公室

主　任	刘铁华（2016年1月免）
	杨　宇（2016年1月任）
副主任	唐　芳（女，2016年3月任）
	梁春花（女，2016年4月任）
政策研究室副主任	杨益军（2016年4月免）
党史资料征集办公室主任	唐　芳（女，2016年3月任）
保密局副局长	梁春花（女，2016年4月免）

区纪委、监察局

书　记	周小毛（2016年9月免）
	许剑鸣（2016年9月任）
副书记、局长	王维疆（女）
副书记	谭洪军（2016年3月任）
纪委常委	楚军波（女，2016年4月免）
	姜　凌（2016年9月免）
	苏水明（2016年4月免）
	陶　理（女，2016年4月任）
	董　纯（女，2016年4月任）
	袁　元（女，2016年4月任）
	张建坤（2016年9月任）
监察局副局长	楚军波（女，2016年4月免）
	周文杰（2016年4月免）
	刘　健（2016年4月任）
派驻纪检组组长	苏水明（2016年4月任）
	涂军民（2016年4月任）
	李毅军（2016年4月任）

	张建坤(2016年4月任、2016年9月免)
优化办主任	陶　理(女,2016年4月免)
优化办副主任	涂军民(2016年4月免)
	石小和(2016年4月免)
第一分委书记	张建坤(2016年4月免)
第二分委书记	董　纯(女,2016年4月免)
第三分委书记	袁　元(女,2016年4月免)

区委组织部

部　长	刘铁华
副部长	齐艳辉(女,兼)
	韩　非(女,兼)
	王　旭(女,兼,2016年12月免)
	言　方
	费　珏(女)
	唐　颖(2016年3月任)
党校校长	张思伟(2016年9月任)
党校副校长	唐　颖(2016年3月免)
	伍英纳(女,2016年3月任)
党员教育中心主任	唐长青(2016年4月免)
人才办主任	张思伟(2016年9月免)
党代表联络办主任	陈　瑶(女)
非公有制经济组织和社会组织党工委书记	言　方(2016年12月任)
非公有制经济组织和社会组织党工委副书记	刘振华(2016年12月任)
	朱劲军(兼,2016年12月任)
	龙　畅(女,兼,2016年12月任)
	谢永祥(兼,2016年12月任)

区委宣传部

部　长	谢维红
副部长	傅细生(2016年10月免)
	杨卫国
	易湘锋(2016年9月任)
文明办主任	杨卫国(2016年9月免)
文明办副主任	涂　丹(女,2016年9月免)
新区报编辑部主任	文洁利(女)
新区报编辑部副主任	夏义凤(女)
区委网络安主和信息化领导小组办公室主任	易湘锋(2016年9月免)
	涂　丹(女,2016年9月任)
外宣办、新闻办主任	张　彦(女)

区委统战部

部　长	罗克俭(2016年1月免)
	刘铁华(2016年1月任,2016年9月免)
	周玉智(2016年9月任)
副部长	贺文华
	胡新键(女,兼,2016年9月免)
	袁艳芳(女)
	郭大存(2016年3月任)
	张岳南(兼,2016年9月任)
台办主任	郭大存(2016年3月免)
台办副主任	卢建明(2016年9月免)
民宗办主任	汪建谦(2016年4月免)
侨联副主席、秘书长	叶军明

区委政法委

书　记	李征兵(2016年9月免)
	何登科(2016年9月任)
副书记	童建芳(女)
	李西民
	田　亮(2016年3月任)
	唐亚斌(2016年12月任)
610办公室主任	李西民(2016年3月任)
610办公室副主任	胡　卫(2016年4月免)
维稳办主任	李西民(2016年3月免)
维稳办副主任	杨炽焰
综治办主任	田　亮(2016年3月免)
	童建芳(女,兼,2016年3月任)

综治办副主任 刘 赛（女，2016年10月免）

区直机关工委

书 记 毛丽辉（女）

副书记、工会主席 王新成（2016年4月任）

委员、工会副主席 余 鑫（2016年4月免）

区编办

主 任 王 旭（女）

副主任、事业单位登记管理局局长 唐 芳（女，2016年3月免）

事业单位登记管理局副局长 唐梦君（女）

谭 曦（女，2016年9月任）

区老干部局

局 长 韩 非（女）

副局长 叶 艳（女）

贺振宁

天元区群团及工商联负责人

区总工会

主 席 王雁清

副主席 王征宇（2016年4月免）

刘玉辉（女，2016年4月免）

何 花（女，2016年4月免）

何桂林

区妇联

主 席 袁丽凡（女）

副主席 杨 曦（女）

彭凤英（女）

团区委

书 记 郝陆游（女）

副书记 彭亭颖（女）

区残联

理事长 邬海涛（女）

副理事长 朱劲军（2016年4月免）

程 亮

余 鑫（2016年4月任）

区工商联

主 席 李 铭

党组书记、第一副主席 胡新键（女，2016年9月免）

张岳南（2016年9月任）

党组成员、副主席 陶 涛（女）

朱劲军（2016年4月任）

党组成员 朱育红（女，2016年4月免）

天元区人大常委会及各委办公室负责人

区人大常委会主任 马光辉（2016年11月免）

程 燕（女，2016年11月任）

区人大常委会副主任 唐仁奇（2016年11月免）

王太培

黄白玉

谭红德

李海泉（女，兼）

董运喜（2016年11月任）

法制委员会主任委员 彭子玉（2016年11月任）

内司工委主任 李 炜（2016年11月免）

内司工委副主任 葛 蓉（女）

财政经济委员会（预算工作委员会）主任委员 蔡 亮（女，2016年11月任）

财经预算工委主任 李 逢（女，2016年4月免）

财经预算工委副主任 曾炳炎

城乡建设环境资源保护委员会主任委员 罗晓洪（2016年11月免）

龙泳言（女，2016年11月任）

城环工委副主任 马伟明

办公室主任　彭子玉(2016年4月免)
何东知(2016年4月任)

办公室副主任　龙海燕(女,2016年10月免)
龙泳言(女,2016年4月免)
刘　赛(女,2016年11月任)

农业工委主任　文　宏(女)

农业工委副主任　黄贝清(女)

教科文卫工委主任　易贵斌(2016年4月免)
彭子玉(2016年4月任,11月免)
罗晓洪(2016年11月任)

教科文卫工委副主任　刘松桃(女,2016年4月免)

选举任免联络工委主任　何东知(2016年4月免)
李　霞(女,2016年4月任)

选举任免联络工委副主任　张　楠(女,2016年4月任)

株洲高新区管委、天元区人民政府及工作部门负责人

株洲高新区管委会主任　李　智

副主任　董　巍
马立恒
陈远瑞
姚永告
施金晨(挂职,2016年6月任)
罗克俭(2016年9月任)

天元区人民政府区长　董　巍

副区长　罗克俭(2016年11月免)
张　意(2016年11月免)
李征兵(2016年11月任)
蒋　智
黄　芳(女)
何登科(2016年11月免)
文树忠
刘建南
施金晨(挂职,2016年6月任)
包剑(2016年11月任)
周天浩(2016年11月任)

高新区管委会调研员　宋国武

高新区管委会副调研员　鲁　俊

天元区委副调研员　黄政发

天元区人民政府副调研员　徐清林

天元区正县级干部　易冬林

天元区副县级干部　石备荒
肖桂霞(女,2016年11月退休)
王雁清
张　倩(女)

株洲高新区管委会办公室、天元区政府办公室

主　任　袁哲明

副主任　张珈铭
王胜华(2016年4月免)
徐向荣(2016年3月任)
袁汇湘(女,2016年4月任)

接待科科长　唐　雯(女,2016年4月免)

督查科科长　易倚平(女)

综合协调科科长　周高林

区法制办副主任兼金融办副主任　田　光(女,2016年3月任)

应急管理科科长　杨　静(2016年4月任)

秘书信息科科长　张　露(2016年4月免)
万忠顺(2016年9月任)

法制办主任　徐向荣(2016年3月免)

法制办副主任　田　光(女,2016年3月免)

食安办副主任　郭　森(2016年3月免)

应急办主任　刘树阳(2016年3月免)

区产业发展局

局　长　周玉智(2016年9月免)

副局长　鲁　俊
李向锋
齐　赞(女)

企业管理科科长　宾卫萍(女,2016年4月免)
科技管理科科长　廖　怿(2016年4月任)
金融服务中心主任　齐　赞(女,兼,2016年3月免)
金融服务中心副主任　于　昱(女,2016年3月免)
　刘树阳(2016年3月任)

中国动力谷科技创新服务中心

主　任　鲁　俊
副主任　刘　勇
　周　琦(女)

区财政局

局　长　陈文君(女)
副局长　陈　岚(女)
　谈培蕾(女)
　吴宇丹(女)
工会主席　徐朝晖(女,2016年3月免)
总会计师　赵　穗(女)
行财科科长　程根平(女,2016年4月免)
企业财务管理科科长　何　平(2016年3月任)
国有资产监督管理科科长　唐槐鲜(2016年3月任)
园区财管科科长(评估中心主任)　杨作荣
预算科科长　唐　波
驻高科集团财务总监　罗阳飞(2016年3月免)
驻天易集团财务总监　周　荔(女)
国库科科长　唐党平(女)
社保科科长　谢波勇
综合法规科科长　谭　慧(女,2016年4月免)
国库集中支付核算中心主任　何　平(2016年3月免)
　徐朝晖(女,2016年3月任)
国库集中支付核算中心副主任　尹丽琼(女,2016年4月免)
　谭　慧(女,2016年4月任)
非税收入征收管理办公室主任　易卫平
非税收入征收管理办公室副主任　言小兰(女)
　李红光(女)
乡镇财政服务中心主任　邓　勇(2016年3月任)
财政投资评审中心主任　岳晓明(女,2016年3月任)
政府采购管理办公室(债权债务处置中心)副主任　邓　勇(2016年3月免)
区国有资产管理局副局长　唐槐鲜(2016年3月免)
　岳晓明(女,2016年3月免)

区劳动人事局

局　长　齐艳辉(女)
副局长　何玲宁
　杨艳辉(女)
　贺陈蕾(女,2016年3月任)
党委副书记　文菊林(2016年3月免)
工会主席　夏建清(女,2016年3月免)
党委委员　丁　瑶(女,2016年3月免)
争议调解仲裁科科长　董超光(2016年3月任)
社会保障科科长　曾　伟
考核科(政府绩效评估暨实事考核办)科长　易飞翡(女,2016年4月免)
综合科科长　罗小清
社保中心主任　邓平辉
社保中心副主任　贺陈蕾(女,2016年3月免)
　白　频(女)
　黄宇蓉(女)
　刘峥嵘
　易虹琴(女,2016年11月任)
劳动保障监察大队大队长　张正根(2016年3月免)
　夏君伟(2016年4月任)
劳动保障监察大队副大队长　蒋　为
　夏君伟(2016年4月免)
人才人力资源开发服务中心(劳动就业管理局)主任　冯建波(女)
人才人力资源开发服务中心(劳动就业管理局)副主任　邓荣峰
退管办主任　聂辉林

退管办副主任	周振华

区招商合作局

局　长	聂敏林
副局长	吕军辉
	鲁贤君
	刘　亮
工会主席	王亚军（2016年3月免）
项目管理科科长	张　静（女）
投资促进科科长	吴琼瑛（女）
深圳招商处主任	颜　赛
深圳招商处副主任	叶　鑫
行政审批代理服务中心主任	李　慧（女，2016年3月免）
行政审批代理服务中心副主任	唐明锋
投资促进中心主任	黄小飞（2016年4月免）
投资促进中心副主任	杨益军（2016年4月任）

区开发建设局

局　长	刘卫军
副局长	唐前进
	谭建志
	黄小飞（2016年4月任）
总工程师	夏铁章
综合科科长	谢开祥（2016年3月免）
	吴敏英（女，2016年3月任）
规划管理科科长	叶　琳（女）
建设管理科科长	杨　浩（2016年3月免）
	刘志林（2016年3月任）
住房保障科科长	易胜前（2016年3月免）
	谢开祥（2016年3月任）
工程管理科科长	易胜前（2016年3月任）
市政园林管理科科长	袁　燕（女，2016年3月任）
重点建设工程管理办公室主任	陈　魁
重点建设工程管理办公室副主任	邓成刚
	刘　陈
交管站站长	刘志林（2016年3月免）
交管站副站长	吴敏英（女，2016年3月免）
	杨浩（2016年3月任）
	周　文
市政维护处主任	罗光耀
市政维护处书记	邓　晔（女，2016年3月免）
市政维护处副主任	沈　鹏
	刘东海
绿化办主任	袁　燕（女，2016年3月免）

株洲高科集团有限公司

董事长	巢　亮
总经理	王洪宇
副总经理	刘　倩（女）
	段新宇
	何胜华
纪委书记	罗红群（女）

湖南天易集团有限公司

董事长	陈大雄
总经理	吴　兵
副总经理	贺文辉（女）
	肖　波
	张水平
副书记	贺文辉（女）
纪委书记	赵　凯

区保障住房开发建设公司

董事长	张耀辉
总经理	周　烜
副总经理	黄　勤

区创业服务中心

主任、书记	谭　茗
副书记	易　平（女）
副主任	王力行

	李海泉（女）
	刘怡志
	喻征兵
留学人员管理部部长	曾月玲（女，2016年4月免）
企业管理部部长	曾笑红（女，2016年4月免）
	朱育红（女，2016年4月任）
物业管理部部长	谭　健
天台金谷管理办公室主任	张奕兵（女）
综合管理部部长	石小和（2016年4月任）

区发展和改革局

局　长	徐清林
副局长	杨　文（女）
	赵湘虹（女，2016年3月任）
价格监督检查局局长	赵湘虹（女，2016年3月免）

区教育局

局长、书记	董运喜
党委委员、副局长	易祝明
副书记、副局长	彭　英（女，2016年4月任副局长）
党委委员	马新义（2016年4月免）
副局长	石建设
党委委员、主任督学	黄子金（2016年3月免）
主任督学	傅红军（2016年3月任）
副主任督学	刘先觉（2016年3月免）
	傅红军（2016年3月免）

区民政局

局　长	黄政发
副局长	何　静（女）
	朱剑泽（2016年4月免）
	刘洲辉（2016年4月免）
	周　征
	龙　畅（女，2016年4月任）
社会救助管理局局长	何　静（女，2016年3月免）
慈善办主任	曾庆文（女）
敬老院院长	高秋元（女）
老龄办主任	黄　亮（2016年3月免）
	易柯安（2016年4月任）

区司法局

局　长	唐志明
副局长	何建怀
	管卫国

区城市管理和行政执法局

党委书记、局长	刘根平
党委副书记、副局长	王剑怀
党委委员、副局长	李海东（2016年4月免）
	王正根（2016年4月免）
	刘　伟（2016年3月任）
党委委员	谢南柯（女，2016年4月免）
	董超光（2016年4月免）
	冯正根
	罗光耀（2016年3月免）
城管大队大队长	万新亮
城管大队副大队长	董超光（2016年3月免）
	万新亮（2016年3月免）
	张　宾（2016年3月免）
	冯　骥（2016年3月免）
	李艳国（2016年3月免）
环卫处主任	冯正根
环卫处副主任	符鹏国（2016年3月免）
	周玲芳（女，2016年3月免）
城市管理监督指挥中心主任	王正根（2016年3月免）
	邓　晔（女，2016年3月任）
物业管理处主任	何明伟

区农村工作局

局　长	曾小平

副局长	谭少元(2016年4月免)
	罗俊勋
	周　勇
	杨运芝(女)
	包正洲(2016年4月免)
总农艺师	李　进(2016年4月任)
经营管理办公室主任	周向上
产品质量安全监督检验检测中心主任	张宏中
农技推广中心主任	李　进(2016年4月免)

区水利局

局　长	贺文祥
副局长	张岳南(2016年9月免)
	刘文娟(女)
农村排渍站站长	喻天英(2016年4月免)
移民管理办公室主任	汤光中
杨柳水库管理所所长	文长庚(2016年4月免)

区文化体育新闻出版旅游局

局　长	宋云辉(女)
副局长	吴　晖(女)
	易士强
	龙　平
旅游局副局长	龙　畅(女,2016年4月免)
文化馆馆长	陈　睿(女)

区卫生和计划生育局

局　长	王思永
红十字会常务副会长	王红平
副局长	曹启红(2016年3月任)
	易　芳(女)
	刘湘辉
	殷　卫
妇幼保健计划生育服务中心主任	丁利英(女)
妇幼保健计划生育服务中心副主任	戴　璨(女)
疾病预防控制中心主任	易　华(女)
新农合办主任	易虹琴(女,2016年11月免)
卫生计生综合监督执法局局长	申竹奇

区审计局

局长	刘　蔚(女)
副局长	胡自林(2016年4月免)
	陈良渠
经济责任审计办公室主任	蔡　亮(女,2016年4月免)
建设项目审计监督中心主任	王雪飞(女,2016年4月免)

区商务和粮食局

局　长	彭　炯
书　记	杨忠明(2016年4月免)
	谭少元(2016年4月任)
副局长	黄　坚
	龙小兰(女,2016年4月免)
	丁春辉

区安全生产监督管理局

局　长	言晓波
副局长	朱智勇
	张汉林

区人防办

主　任	文钢举
副主任	龙　斌(2016年4月免)
	谭　宇(2016年4月任)

区信访工作局

局　长	李　霞(女,2016年4月免)
	彭礼刚(2016年4月任)
副局长	彭　攀
	马　翔

区机关事务服务中心

主　任	袁建强

副主任　易虎明
谭　曦(女,2016年9月免)
龙泳言(女,2016年3月任,2016年10月免)

区档案区志局

局　长　田江萍(女)
书　记　李立新
副局长　张卫华(女)
张　楠(女,2016年4月免)
梁　胜(2016年9月任)

区统计局

局　长　何戉钢
副局长　张　伟
文　卉(女)
经济社会调查中心主任　谢子兵
普查中心主任　刘江南(2016年11月免)
常　泓(2016年11月任)

区城市建设和管理委员会办公室

主　任　袁国栋
副主任　王新成(2016年4月免)
冯军湘(女)
梁　胜(2016年9月免)
周　武(2016年4月任)
李艳国(2016年9月任)

区征地工作协调管理办公室

主　任　谭洪军(2016年3月免)
李　帅(2016年3月任)
副主任　王　敏(女)
龙智伟
谭　宇(2016年4月免)
郭腾龙

区土地储备中心

主　任　龙海波(女)
副主任　陈大文(女)
易柯安(2016年4月免)
包正洲(2016年4月任)

区"两型"社会建设综合配套改革领导小组办公室

主　任　夏金文
副主任　王　芳(女)
叶　军(2016年4月任)

区政务服务中心

主　任　袁汇湘(女,2016年4月免)
王胜华(2016年4月任)
副主任　侯晓斌(女,2016年4月免)
郭　森(2016年3月任)
尹　昱(女,2016年3月任)
宋大勇(2016年9月任)

区治理违法建设协调监察大队

队　长　言万红

政协株洲市天元区委员会及各委办公室负责人

政协委员会主席　程　燕(女,2016年11月免)
谈志明(2016年11月任)
政协委员会副主席　曾天青
郭　飞
李　铭(兼)
彭　炯(兼)
谈培蕾(女,兼)
办公室主任　刘江云(女,2016年11月免)
李　炜(2016年11月任)
办公室副主任　卢　洁(女)
文教卫体委主任　付细生(2016年11月任)

文教卫体委副主任 姜应忠

学联群团委主任 袁银美（女）

学联群团委副主任 何君花（女，2016年4月免）

提案法制委主任 谢志毅

提案法制委副主任 杨长江

经科委主任 刘红兵（女，2016年4月免）

刘江云（女，2016年11月任）

经科委副主任 刘 健（2016年4月免）

候晓斌（女，2016年4月任）

天元区法院、检察院负责人

区人民法院

院长、党组书记 黄伟波（2016年9月免）

杨瑞斌（2016年9月任党组书记、11月任院长）

党组成员、副院长 林 媛（女）

谭东云

副院长 黄冬媛（女）

党组成员、纪检组长 姜应龙（2016年10月免）

党组成员、政工室主任 向曲钢

执行工作局局长 唐玉华（女）

区人民检察院

检察长、党组书记 刘新文（2016年9月免）

刘仕明（2016年9月任党组书记、11月任检察长）

党组成员、副检察长 谭向前

马 励（女）

副检察长 何 永

党组成员、政工室主任 周 慧（女）

党组成员、反贪局局长 谭喜民

党组成员 吴大勇

检委会专职委员 陈 凌

吴大勇（2016年10月任）

反渎职侵权局局长 申莉萍（女）

天元区人武部、武警消防部队负责人

区人武部

部 长 文忠于

政 委 彭书红

副部长 张建武

政工科科长 徐曙光

后勤科科长 刘新兵（2016年5月免）

杨 欢（2016年5月任）

天元公安消防大队

政治教导员 刘国其

大队长 邓维民

天元区镇·街道办事处负责人

泰山路街道办事处

书 记 黄志斌

主 任 谭 勇

副书记 彭礼刚（2016年4月免）

吴 丹（女，2016年4月免）

何伟红（2016年4月任）

党工委委员、人大工作委员会主任 文 波（2016年4月任）

党工委委员、副主任 何伟红（2016年4月免）

李鹏程（2016年4月免）

党工委委员、纪工委书记 李鹏程（2016年4月任）

党工委委员、组织委员 谭 珏（女，2016年4月任组织委员）

党工委委员、武装部长 王 攀

党工委委员 谭德向（2016年4月任）

副主任 刘声平

刘俊慧（2016年4月任）

城管办主任 向桂兵（2016年4月免）

劳动社会保障和最低生活保障管理服务站站长 姜新求

征地工作协调管理所所长 易伟洪

嵩山路街道办事处

书　记　李　浩
主　任　齐　华
副书记　邹志伟
王世平(2016年4月免)
党工委委员、人大工作委员会主任　王世平(2016年4月任)
党工委委员兼政协联络工作负责人　胡献忠(2016年4月任)
党工委委员、纪工委书记　文音锦(女,2016年4月任)
党工委委员、组织委员　殷永波(2016年4月任组织委员)
党工委委员　周　武(2016年4月免)
党工委委员、武装部长　朱喜来
党工委委员　何新敏(2016年4月任)
副主任　雷　斌(2016年3月免)
文音锦(女,2016年4月免)
胡献忠(2016年4月免)
刘　双(女,2016年4月任)
唐长青(2016年4月任)
城管办主任　钱俞池
劳动社会保障和最低生活保障管理服务站站长　何新敏(2016年4月免)
征地工作协调管理所所长　龙　飞

栗雨街道办事处

书　记　包　剑
主　任　王建国
副书记　胡　晓
易跃云(2016年4月免)
党工委委员、人大联络工作委员会主任　易跃云(2016年4月任)
党工委委员、纪工委书记　龚清泉(2016年4月任)
党工委委员兼政协联络工作负责人　陈永红(女,2016年4月任政协联络工作负责人)
党工委委员、组织委员　胡　岚(女,2016年4月任组织委员)
党工委委员、副主任　彭曦辉(女)
陈灿星(2016年4月免)
龚清泉(2016年4月免)
党工委委员　刘洪涛
党工委委员、武装部长、副主任　李　加(2016年9月任副主任)
副主任　郭剑峰
袁玉峰(2016年4月任)
征地工作协调管理所所长　石振宇
城管办主任　刘东峰

群丰镇

书　记　何胜华(2016年1月免)
刘　剑(2016年3月任)
镇　长　刘　剑(2016年3月免)
谌　华(2016年3月任)
党委副书记　刘文立(2016年4月任)
党委委员、人大主席　张正根(2016年3月任)
人大主席　李　帅(2016年3月免)
副书记、纪委书记　刘文立(2016年4月免)
党委委员、纪委书记　袁建红(2016年3月任)
党委委员兼政协联络工作负责人　王　锋(2016年4月任)
党委委员、武装部长、副镇长　姚泽元(2016年4月任武装部长)
党委委员、武装部长　王　锋(2016年4月免)
党委委员、组织委员　唐子淇(女,2016年4月任组织委员)
党委委员　郭罗先(2016年4月免)
李思思(女,2016年4月任)
副镇长　陈建林
刘　真(2016年11月任)
征地工作协调管理所所长　刘　真(2016年10月免)
城乡统筹协调管理办公室主任　刘　兵

雷打石镇

书　记　罗文斌
镇　长　易作为
党委副书记、纪委书记　冯　艳(女,2016年4月免纪委书记)
党委委员、人大主席　唐正威(2016年4月任人大主席)
人大主席　谌　华(2016年3月免)
党委委员、纪委书记　张　露(2016年4月任)
党委委员兼政协联络工作负责人　王立强(2016年4月任政协联络工作负责人)

党委委员、组织委员	刘振华(2016年3月任,12月免)
党委委员、武装部长、副镇长	陈绪军(2016年4月任副镇长)
党委委员	谢成飞(2016年4月任)
副镇长	唐正威(2016年4月免)
	刘振华(2016年3月免)
	黄 亮(2016年3月任)
	龙海燕(女,2016年11月任)

三门镇

书 记	雍建敏
镇 长	周敦奎
副书记、纪委书记	张定富(2016年4月免)
党委副书记	赵 勇(2016年4月任)
党委委员、人大主席	吴 丹(女,2016年4月任)
人大主席	文 波(2016年4月免)
党委委员兼政协联络工作负责人	张定富(2016年4月任)
党委委员、纪委书记	陈灿星(2016年4月)
党委委员、组织委员	丁 丹(女,2016年4月任组织委员)
党委委员、武装部长	杨 静(2016年4月免)
党委委员、武装部长、副镇长	周理平(2016年4月任)
党委委员	袁建红(2016年3月免)
	赵 勇(2016年4月免)
	刘耀华(2016年4月任)
副镇长	胡志清
	丁 丹(女,2016年4月免)
	易双聪(女,2016年11月任)

天元区“双管”机构负责人

市国税局天元分局

党组书记、局长	彭学里
副局长	王林军(2016年4月免)
	陈建军(2016年4月任)
副局长	赵纯之
副局长	唐可华
纪检组长	彭 俊

市国土局天元分局

局 长	青凤明(2016年1月任)
党支部书记	彭树军
征地拆迁所所长	王立明
副局长	邓艳平(女)
	言胜利
纪检监察员	邓学锋
工会主席	易万成
执法监察大队大队长	周树松

市地税天元分局

党组书记、局长	唐 明
党组成员、副局长	陈泽润
党组成员、副局长兼纪检组长	罗 洁(女,2016年4月免)
	刘国平(2016年4月任)
党组成员、副局长	周赫赫(2016年4月免)
	谭青锋(2016年4月任)
	何安世
工会主席	贺雪翔

市食药局天元分局

局 长	张喜文
副局长	易新建
	龙友良

市规划局天元区分局

局 长	陈 韬
副局长	尤 红(女)
	刘国旺
	李 礼(兼马家河规划中心所所长)

市天元区工商分局

局长、党委书记	聂放军(2016年1月免)
	陈雪桃(2016年9月任)

副局长、党委副书记	陈雪桃(2016年1月任，2016年9月免)
	张志中(2016年4月免)
副局长	谢永祥
	何伏佳
	秦建国
	谭　华
纪检书记	张　谦

市环保局天元分局

局长、党组书记	刘　辉
副局长	言少杰
	文　峰
	钟艳玲
	李　明
工会主席	张晓平

天元公安分局

局　　长	文树忠
政　　委	贺吾晋(2016年5月任)
副局长	赵　和(2016年7月任)
	刘塘文(2016年7月任)
	邹　军(2016年7月任)
	李清果(2016年7月任)
	曾晓明(2016年7月任)
纪委书记	郑文军(2016年7月任)
政工室主任	罗　强(2016年7月任)
工会主席	郭瑞光
政工室副主任	吴　佩
团总支书记	刘峥嵘(女)
纪委副书记	艾　国
	贺永昇
办公室主任	谭小松
警务保障室主任	张　新(女)

天元交警大队

大队长	谢　焕(2016年9月任)
教导员	张志军
副大队长	唐建群
	曹　亮(2016年9月任)
	张灿晖(2016年9月任)
	陈昱名(2016年9月任)

天元区信用联社

党委书记、理事长	何联兵
党委副书记、主任	王晓红
纪委书记、监事长	欧阳昌盛
党委委员、副主任	田　英(女)
党委委员、副主任	曾亿彬

株洲高新区 · 天元区
ZHUZHOUGAOXINQU · TIANYUANQU
2017 年鉴

荣誉谱

2016年株洲高新区、天元区综合荣誉

表18

单　　位	称号名称	授予部门
天元区	长株潭自主国家创新示范园	国务院
	全国义务教育发展基本均衡县市区	国家教育部
	长江经济带国家级转型升级示范开发区	国家发改委
	国家计划生育优质服务区	国家计生委
	国家第二批科技服务区域试点	国家科技部
	国家高端装备（轨道交通装备）制造业标准化试点	国家标准委、工信部
	中国中小城市新型城镇化质量百强区	中国中小城市经济发展委员会、中小城市发展战略研究院等
	湖南省综治工作先进县市区	省委、省政府
	湖南省首批实现小康社会县市区	省委、省政府
	湖南省平安区	省委、省政府
	湖南省文明城区	省文明委
	全省“六五”普法依法治理先进县市区	省委宣传部 省司法厅
	省创新创业带动就业示范区	省人社厅
	文明建设先进县市区	市文明委
	2016年度株洲市城市交通畅通行动路网工程考核排名第一	市城市交通畅通行动路网工程工作领导小组
	2016年“项目攻坚年”活动考核排名第一	市人民政府

2016年株洲高新区、天元区各单位获市级以上先进荣誉

表19

单　　位	称号名称	授予部门
湖南移动通信有限责任公司株洲分公司	全国文明单位	中央文明委
雷打石镇砖桥村	全国文明村镇	中央文明委
区司法局	全国人民调解宣传工作先进集体	中华全国人民调解员协会
区工商业联合会	2015年全国“五好”县级工商联	中华全国工商业联合会
区民政局	全国社会救助领域创新实践活动单位	民政部社会救助司
动力谷创心中心	轨道交通国家专业化众创空间	国家科技部
动力谷创心中心	新动力众创空间获评国家级众创空间	国家科技部
株洲钻石切削刀具股份有限公司、株洲时代新材料科技股份有限公司、湖南省地矿局四一六队、株洲高科集团有限公司	省标兵单位	省文明委
区国税分局、株洲时代电子技术有限公司、湖南科瑞变流电气股份有限公司、株洲高科集团有限公司、株洲市质量安全监督管理处、区财政局、嵩山路街道、天元区地方税务局	省文明单位	省文明委
嵩山路街道湘银社区	省文明社区	省文明委
株洲市天台路	省文明道路	省文明委
神农城景区	省文明风景旅游区	省文明委
区国税分局服务大厅、株洲高新区创业服务中心	省文明窗口	省文明委
三门镇响水村	省文明村镇	省文明委
区财政局	省财政工作先进单位	省财政厅、人社厅
区农村工作局	省农机行风政风建设先进单位	省农机局
区国税分局	省依法办事示范窗口单位	省依法办事建设领导小组办公室
区教育局	平安校园建设先进县市区	省教育厅
区创业服务中心	省第一批众创空间	省科技厅

续表 19

单　　位	称号名称	授予部门
区司法局	省司法行政工作先进集体	省人力资源和社会保障厅、省司法厅
区政法委	全省铁路护路工作先进单位	省综治委护路护线联防专项组铁路护路联防工作办公室
区人武部	全面建设先进单位	省军区
动力谷创新中心	省双创示范基地	省发改区
	省科技企业孵化器	省科技厅
区民政局	全省农村社区建设示范区	省民政厅
区工商分局	省烟草市场综合治理先进集体	省烟草局
区水利局	省抗洪抢险先进单位	省防汛抗旱指挥部、省人社厅、省水利厅
区老干局	省老干部工作先进集体	省组织部、省老干局
区三门镇响水村	省卫生村（社区）	省爱国卫生运动委员会
区疾病预防控制中心	省文明卫生单位	省爱国卫生运动委员会
区审计局	审计技术成果应用奖	省审计厅
湖南天易集团有限公司	市文明标兵单位	市文明委
区发展和改革局、区教育局、区创业服务中心、株洲麦格米特电气有限责任公司、区农村信用合作联社、区公安分局、区国土分局、株洲市中心医院、湖南省有色地质勘查局二一四队	市文明建设先进单位	市文明委
区财政局	全市先进基层党组织	中共株洲市委
区文化馆	市文明窗口	市文明委
泰山路街道大岭社区	市文明社区	市文明委
区城管局、区委宣传部	文明城市创建先进单位	市创建文明城市工作领导小组
雷打石镇	市计划生育优质服务优秀单位	市委、市政府
群丰镇	市计划生育红旗单位	市委、市政府
区安监局	安全生产先进县市区	市委、市政府
区工商分局	市工商行政管理工作先进集体	市工商局

续表 19

单　　位	称号名称	授予部门
区国税分局	市国税系统绩效管理先进单位	市国税局
	市国税系统营改增先进单位	
区教育局	2015年度市教育工会工作目标管理单位	市教育工会
区妇联	市妇女工作红旗单位	市妇联
区公安消防大队	安全工作先进单位 监督执法先进单位	市公安消防支队
区“两型”办	2016年度“两型社会”建设先进单位	市“两型”办
泰山路街道徐家冲社区	市科普示范社区	市科学技术协会
雷打石镇	乡镇街铁路护路微信平台二十佳	省综治委护路护线联防专项组铁路护路联坊工作办公室
	铁路护路联防工作先进集体	市综治委护路护线联防专项组
	先进基层武装部	市军分区
雷打石镇	市文明村镇	市文明委
区创业服务中心	2016年度株洲市优秀基层工会	市总工会
区政法委	全市国安工作先进单位	市政法委
区总工会	2016年度工会工作先进单位	市总工会
区开发建设局	2016年度绿化养护考核排名第一	市城市绿化委员会
	2016年度住房和城乡建设系统工作目标管理先进单位	市住房和城乡建设局
	2016年度住房和城乡建设系统计划生育综合治理工作先进单位	市住房和城乡建设局
群丰镇	市社会管理综合治理先进单位	市综治委
	市平安镇	市委、市政府
	市残疾人工作示范乡镇	市残联
区城管局	城市管理优秀城区	市城管委
	城市管理先进单位	市城管局

2016年株洲高新区、天元区级先进集体（单位）

续表20

单位	称号名称	授予部门
泰山路街道、三门镇、区人力资源和社会保障局、区检察院、区工商联、区直机关工委、区征地工作协调管理办公室、区档案区志局、区水利局、区工商分局、区市政工程维护处、区城市管理监督指挥中心、泰山路街道张家园管理处、嵩山路街道桥北社区、栗雨街道浅塘社区、群丰镇新塘社区、雷打石镇砖桥村、株洲高科汽车园投资发展有限公司、株洲天易建设发展有限公司、泰山街道社区卫生服务中心、株洲市中医伤科医院、湖南立德电子浆料股份有限公司、湖南永盛新材料股份有限公司、株洲振邦科技实业有限公司、湖南澳维环保科技有限公司、华融湘江银行株洲分行、长沙银行株洲分行、株洲老工匠精密合金有限公司、株洲银城酒店管理有限公司、株洲盛世芙蓉耕食记河西餐饮有限责任公司	文明建设先进单位	工委、管委、区委、区政府
栗雨街道、群丰镇、工委办（区委办）、区委政法委、管委办（区政府办）、区人武部、区残疾人联合会、区民政局、区文化体育和旅游局、区卫生计生综合监督执法局、天元消防大队栗雨中队、泰山路街道广场社区、泰山路街道金锦社区、嵩山路街道大湖塘社区、嵩山路街道隆兴管理处、雷打石镇公道街居委会、三门镇上节街社区、湖南高科园创企业管理服务有限公司、株洲神农城文化旅游发展有限公司、天台小学	创建文明城市工作先进单位	工委、管委、区委、区政府
区卫生和计划生育局、泰山路街道、栗雨街道、群丰镇、三门镇	无偿献血工作红旗单位	工委、管委、区委、区政府
工委办（区委办）、管委办（政府办）、区产业发展局、区财政局、区招商合作局、区开发建设局、株洲高科集团、区教育局、区民政局、区城管局、区信访工作局、区机关事务服务中心、区治违大队、嵩山路街道、雷打石镇	无偿献血工作先进单位	工委、管委、区委、区政府
雷打石镇铁篱村、雷打石镇胜利村、三门镇湖坪村、三门镇护塘村	文明村镇	区文明委
嵩山路街道尚格社区、嵩山路街道小湖塘社区、栗雨街道农科社区、栗雨街道南塘社区、群丰镇白莲社区	文明社区	区文明委
建宁实验中学、白鹤小学、天元小学、长岭中心小学	文明校园	区文明委
区政务服务中心、区人民法院诉讼服务中心、泰山路街道泰园社区、嵩山路街道劳动保障站、嵩山街道社区卫生服务中心、栗雨街道中路社区、雷打石镇便民服务中心、三门镇民政办、株洲天虹百货有限公司、广发银行株洲支行、天台小学王家坪分校、迎春幼儿园	文明窗口	区文明委

续表 20

单　　位	称号名称	授予部门
区城市管理行政执法大队、泰山路街道泰山公馆志愿者工作站、嵩山路街道花园里社区、株洲高科物业管理有限公司常驻民兵应急分队、湖南天易集团神农城文化旅游公司神农坛分公司义工群团、滨江小学、区青莲志愿者服务队、区空灵岸爱心敬老协会、中建信和地产株洲公司青年服务集体	学雷锋志愿服务先进集体	区文明委
区安监局、区卫计局、区城管局、区治违大队、群丰镇人民政府、三门镇人民政府、栗雨街道办事处、泰山街道办事处	依法行政工作先进单位	工委、管委、区委、区政府
区财政局、区教育局、区农村工作局、区卫计局、区商务粮食局 、区食药分局	人感染 H7N9 禽流感防治工作先进单位	工委、管委、区委、区政府
区委宣传部、区委政法委、区卫计局、泰山办事处、区公安分局、区应急办、区城管大队	人感染 H7N9 禽流感现场处置先进单位	工委、管委、区委、区政府
区教育局、群丰镇、三门镇、泰山路街道办事处、区征管办、区卫计局、团区委、雷打石镇、区纪委、区食药监分局、区妇联、嵩山路街道办事处、区民政局、区城管局	人民政府门户网站建设工作先进单位	工委、管委、区委、区政府
泰山路街道、栗雨街道、群丰镇、雷打石镇	计划生育工作优质服务优秀单位	工委、管委、区委、区政府
嵩山路街道、三门镇	计划生育工作优质服务良好单位	二委、管委、区委、区政府
嵩山路街道桥北社区、莲花管理处；泰山路街道金锦社区、家园社区、谢家冲社区；栗雨街道金龙社区、农科社区、月塘社区；群丰镇合花社区、竹溪社区、湘云社区；雷打石镇东林村、沧沙埠居委会、胜塘村、龙泉村；三门镇马道村、南江村、范家洲村	全区计划生育工作优质服务优秀村（社区、管理处）	工委、管委、区委、区政府
嵩山路街道东湖管理处、小湖塘社区、花园里社区；泰山路街道泰西社区、张家园管理处、大岭社区；栗雨街道南塘社区、浅塘社区、万丰社区、大石桥社区；群丰镇石塘社区、高台岭社区、栗山社区、新文社区；雷打石镇建强村、扶椅山村、公道居委会、霞石村；三门镇码头口居委会、石亭村、湖坪村、上节街居委会、杨柳村	全区计划生育工作优质服务良好村（社区、管理处）	工委、管委、区委、区政府
区财政局、区委组织部、区公安分局、区人力资源和社会保障局、区开发建设局、区工商分局、区委宣传部、区教育局、区卫生和计划生育局	计划生育综合治理工作红旗单位	工委、管委、区委、区政府
区民政局、区农村工作局、区委统战部、区工商联、区水利局、区人民法院、区城市管理和行政执法局	计划生育综合治理工作先进单位	工委、管委、区委、区政府
泰山路街道计划生育协会、栗雨街道计划生育协会、三门镇计划生育协会	计划生育协会红旗单位	工委、管委、区委、区政府

续表 20

单　　位	称号名称	授予部门
嵩山路街道计划生育协会、群丰镇计划生育协会、雷打石镇计划生育协会	计划生育协会先进单位	工委、管委、区委、区政府
中共株洲市委机关、株洲市政府机关、株洲市发展和改革委员会、株洲市经济和信息化委员会、株洲市信访局、株洲市人民政府法制办公室、株洲市住房公积金管理中心、株洲市交通运输局、株洲市人力资源和社会保障局、株洲市农业委员会、株洲市妇女联合会、株洲市人民防空办公室、株洲市国家税务局、株洲市统计局、株洲市商务和粮食局、株洲市规划局、株洲市国土资源局、株洲市科技局、株洲市档案局、株洲市中心医院、株洲市教育局、株洲市公安局、株洲市住房和城乡建设局、株洲市财政局、株洲市民政局、株洲市卫生和计划生育委员会、株洲市国家安全局、株洲市司法局、株洲市林业局、湖南工业大学、株洲市公共资源交易中心、株洲市工商行政管理局	辖区计划生育工作红旗单位	工委、管委、区委、区政府
雷打石镇沙江村、神龙村；三门镇苍霞村、月形村；群丰镇栗山社区；泰山路街道泰园社区、张家园管理处	综治工作平安村（社区）	工委、管委、区委、区政府
嵩山路街道、泰山路街道	综治工作先进镇、街道	工委、管委、区委、区政府
区产业发展局、区财政局、区人力资源和社会保障局、区政协机关、区人民法院、区人民检察院、区公安分局、区民政局、区司法局、区妇联、区信访局	综治工作先进单位	工委、管委、区委、区政府
雷打石镇砖桥村、沙江村、神龙村、胜塘村、沧沙居委会、盘石村、公道居委会、胜利村、青石居委会；三门镇苍霞村、上节街居委会、株木村、湖坪村、桎木村、湖田村、月形村、响水村；群丰镇旗云社区、白莲社区、新塘社区、栗山社区、新文社区、江璜社区、响塘社区、新街社区；嵩山路街道小湖塘社区、花园里社区、白鹤社区、大坪管理处、莲花社区、东湖管理处；泰山路街道谢家冲社区、泰西社区、张家园管理处、泰园社区、新塘管理处、徐家冲管理处；栗雨街道太高社区、高塘社区、泉源社区、南塘社区、金龙社区、永安社区、万丰社区	综治工作先进村、社区	工委、管委、区委、区政府
区稳定办、区信访局、区交警大队、区城市管理行政执法大队、区治违大队、区公安分局巡警大队（辅警基地）、区公安分局嵩山派出所、嵩山路街道隆兴管理处	维护稳定工作先进单位	工委、管委、区委、区政府
嵩山路街道、三门镇、群丰镇新塘社区	防范处理邪教问题工作先进单位	工委、管委、区委、区政府
三门镇综治办、区教育局、雷打石镇铁篱村	铁路护路联防工作先进单位	工委、管委、区委、区政府
栗雨街道、泰山路街道新塘管理处、栗雨街道高塘社区	国家安全人民防线工作先进单位	工委、管委、区委、区政府
区公安分局法制大队、区人民法院立案庭、区司法局法律援助中心	化解涉法涉诉信访问题工作先进单位	工委、管委、区委、区政府

续表 20

单　　位	称号名称	授予部门
区消防大队、区委政法委办公室、区人民检察院公诉科、区人民法院刑事审判庭、区司法局嵩山司法所、区公安分局刑侦大队、区交警大队二中队	政法工作先进单位	工委、管委、区委、区政府
雷打石镇、三门镇、栗雨街道、群丰镇、嵩山路街道、区公安分局、区交警大队、区消防大队、区开发建设局、区教育局、高科集团、区创业服务中心、区水利局、区产业和发展局、株洲钻石切削刀具股份有限公司	安全生产工作先进单位	二委、管委、区委、区政府
栗雨街道、群丰镇、三门镇、雷打石镇、嵩山路街道、泰山路街道	征拆征收综合考核先进单位	工委、管委、区委、区政府
栗雨街道：凿石指挥部、南塘指挥部、农科指挥部、万丰指挥部、老屋组遗留问题攻坚指挥部；群丰镇：天易科技城二期项目指挥部	征拆征收综合考核突出贡献奖	工委、管委、区委、区政府
区人民法院、区城市建设和管理委员会办公室、区征地工作协调管理办公室、区治理违法建设协调监察大队、区公安分局、区国土分局、区规划分局、区征地拆迁所	征拆征收综合考核先进职能部门	工委、管委、区委、区政府
区委办公室、区监察局、区委组织部、区委宣传部、区委政法委、区政府办公室、区人力资源和社会保障局、区人大机关、区政协机关、区信访局、区档案区志局、区土地储备中心、高科集团征拆部、天易集团征拆部	征拆征收综合考核先进协作单位	工委、管委、区委、区政府
泰山路街道：神农大道A段 嵩山路街道：神农生态隔离带二号地块 栗雨街道：559项目、栗塘路、湘江大道补征地、汽车园储备地块三和地块四、首创水务代征、农科②地块、汽车零配件新马①②地块、第十和十一批次统征地、万丰湖6号地块 群丰镇：天易科技城自主创业园二期、建筑节能及环保辅料研发中心、高端精密轴承生产基地 雷打石镇：湘江七桥临时连接线 三门镇：湘潭到古亭500千伏输电工程	征地拆迁“红旗项目”	工委、管委、区委、区政府
三门镇、雷打石镇、泰山路街道、嵩山路街道、群丰镇、栗雨街道	控违治违综合考核先进基层单位	工委、管委、区委、区政府
区三门镇月形村支部委员会、区三门镇马道村支部委员会、区雷打石镇铁篱村支部委员会、区雷打石镇公道社区支部委员会、区群丰镇高台岭社区支部委员会、区悠移庄园支部委员会、区栗雨街道高塘社区委员会、区栗雨街道栗雨社区支部委员会、区浙江商会支部委员会、区泰山路街道家园社区支部委员会、区泰山路街道张家园管理处支部委员会、株洲高科发展有限公司支部委员会、株洲天易房地产开发有限公司支部委员会、株洲高新区创业服务中心机关支部委员会、区审计局支部委员会、区三门中学支部委员会、区城市管理行政执法大队支部委员会、区公安分局巡逻警察大队支部委员会	“动力引擎”——先进基层党组织	工委、区委

续表 20

单　　位	称号名称	授予部门
工委（区委）办公室、区委组织部、区信用联社、区纪委（监察局）、管委（政府）办公室、区老干局、区水利局、区机关事务管理局、区人民检察院、区财政局、株洲高科集团、区建设局、区委宣传部、区直机关工委区产业发展局、区机构编制办、区城管局、区卫计局、区民政局、区审计局、区招商合作局、区地税分局、区工商分局、区统计局、区发改局、区农村工作局、区妇联、区档案区志局、三门镇、区征管办、嵩山路街道办事处	《株洲高新区·天元区年鉴（2016）》编纂工作先进单位	管委、政府办

2016 年株洲高新区、天元区个人获市级以上先进个人荣誉

表 21

姓名	称号名称	授予部门
李冬至	中国好人	中国文明网
唐璐云	全省“六五”普法依法治理先进个人	省委宣传部、省司法厅
彭　攀	2010—2015 年度全省信访工作先进个人	省信访局
黄志斌、彭培珍、王建国、张义书、陈芝兰、吴乐、李毅军、熊炬之、张涧欣	文明公民	市文明委
何忠、文波、钱俞池、胡晓、曾正佳	文明城市创建工作先进个人	市创建文明城市工作领导小组
童建芳、朱明华	政法工作先进个人	市委、政法委
吴敏英	企业帮扶先进个人	市委、市政府
龙智伟	市征拆征收先进个人	市征拆征收办
陈　南	信访工作先进个人	市信访局
刘晋强	市法院办案能手	市中级人民法院
刘祥宇、刘晋强	市法院先进个人	市中级人民法院
郭庆林、罗昀、欧阳建新、刘伟良、张水松	市法院岗位标兵	市中级人民法院
杨婷、唐晓琛、刘杰、易卫红、李淑春、彭雅南、邓晔、易波	城市管理工作先进个人	市城管委
贺文祥	全市抗洪抢险先进个人	市防汛抗旱指挥部
李璇	市首届十佳军嫂	市妇女联合会、军分区政治部、市民政局

2016年株洲高新区、天元区个人获区级先进个人荣誉

表22

姓　名	称号名称	授予部门
易治国、夏义凤、周高林、姜应忠、彭凤英、陈智、龙平、陈南、谢子兵、欧阳红、刘忠、罗拥军、袁良鸿、陈麒、刘三良、唐可华、林军、林勇、寻娇、罗佳瑜、尹彩虹、孙姝、郭德利、程琳	建设文明城市工作先进个人	工委、管委,区委、区政府
范利群、孙琳、李兵旅、齐华、陈能、罗江、刘琳、黄冬元、欧建赛、王泽强	无偿献血组织工作先进个人	工委、管委,区委、区政府
周赴湘、陈学明、肖永忠、张情、罗长胜、董兆基、朱雄辉、胡志勇、易柯安、易向前、唐秋珍、谢芳、陈南、郭慧、易阳、蔡敏、严玉辉、罗艳、刘翠英、罗小洋、王刁良、罗清芝、舒伟、徐丝、刘建松、袁恒鹏、杨瑞莲、姜志波、曾任平、吴建英	无偿献血先进个人	工委、管委,区委、区政府
付小敏、曹方平、王飞兵、袁光辉、李思、谈琳、黄映红、王犀、刘慧、殷付明、成护娥、孙曙霞、蔡灿、周小海、彭艳军、陈海山、殷良友、王扬其、谢带娣、刘婷、曹群、沈自然、王魁、周运奎、邹冬梅、郭纯、易国文、罗亿英、仇永红、罗亚铃、郑立新、郭春华、罗丹利、郭文科、刘术辉、易杏花、刘应兰、王灿、包志强、罗星杉、刘映霞、袁亚明、刘自轩、刘银辉、谭广兰、彭珍、胡梦妮、陈希、万建明、罗利、李安炎、李艳红、刘文清、彭佩初、万建国、肖淑恒、谢颖、唐菊元、齐令、马育坤、杨勇兴、刘光明、苏振华、唐金华、曹子兰、唐胜贤、龙子美、曾任平、文忠莲、向意平、刘秋红、肖立红、欧阳家玉、杨志、成立志、柳聪、苏骞、张光群、李峰、蔡扬、黎志军、何滔、李光华、殷伟、黄霜妮、龙秀芝、罗娟、徐洋、郭海燕、黄陈丽、莫微、齐姿、于芳、刘洁、李玉圆、郭灿、张赛、郑伟	文明公民	区文明委
刘菊怀、李述清家庭　黄　为、王玲峰家庭　谭跃光、陈光华家庭 刘　杰、刘　洋家庭　杨积军、罗金芝家庭　罗梦春、黄利英家庭 龚洵辉、王翠元家庭　黄　静、袁义军家庭　钟瑞红、刘少怀家庭 刘　笑、易　卫家庭　罗绍云、彭美华家庭　罗咏梅、王立秋家庭 刘雅、张杨明华家庭　易银杏、殷必成家庭　黄静元、龙灿云家庭 曹雅丽、龙森林家庭　曹春兰、李国良家庭　聂秋莲、吴新华家庭 雷　丹、王　静家庭　易美玲、李　洁家庭　龙新平、张　勇家庭 罗　升、王胜华家庭　任静华、王构平家庭　陈正果、冯冬华家庭 李红斌、单湛君家庭　张丽辉、吴恒亮家庭　吴铁根、文翠娥家庭 陈东旭、易祝明家庭　王　辉、尹海坤家庭　包慧江、夏铁章家庭 邓　宁、梁　平家庭　龙　灿、罗　坤家庭　殷顺玲、徐文超家庭 陈向阳、何　忠家庭　田江萍、冯　卫家庭　姜朝希、胡社奇家庭 唐发科、李爱甫家庭　李立军、易喜容家庭　张国民、皮竹枚家庭 黄　军、姜美莲家庭　董兵娥、陈冬苟家庭　付小敏、曹方平家庭 刘伏秋、谭世民家庭　龙凤仙、刘　彪家庭　袁　郦、谭德向家庭 谭　珏、严建华家庭　胡　畅、唐继武家庭　杨　峥、颜　亮家庭 熊顺林、罗水林家庭　郭艳辉、黄庆大家庭　黄立红、刘文健家庭 黄南英、黄其文家庭　唐梦南、龙新民家庭　龙　妙、包　晓家庭 郭金凤、王永忠家庭　谭秋香、彭弟元家庭　严春霞、罗传贵家庭	文明家庭	区文明委

续表 22

姓名	称号名称	授予部门
彭孟蓉、陈佳健、罗春桃、唐明揪、刘潭雄燕、王虎、陈睿、傅红宇、罗映雪、张丹凤、张楠楠、仇民主、张婷、龚思、洪献珍、陈帅、罗正初	学雷锋志愿服务先进个人	区文明委
李冬至、刘利平、易虎明	敬业奉献模范	区文明委
殷术高、王献忠	见义勇为模范	区文明委
张少辉、刘金斗	孝老爱亲模范	区文明委
苏虎、李曙光	助人为乐模范	区文明委
黄娜	诚实守信模范	区文明委
张志军、马江、钱新文、袁银玉夫妇、何东安、罗伏秋、龙自力、唐亮、唐勇、易铁奇	第四届道德模范提名奖	区文明委
冯骥、莫徽、殷卫、何玲宁、袁汇湘、姚泽元、言晓波、吴宇丹、田光、张成、刘文、王攀、郭军、罗佳如、易平、何建怀、郭炼光、叶琳	依法行政先进个人	工委、管委，区委、区政府
杨炽焰、易湘锋、吴焱、朱建泽、刘树阳、殷卫、彭礼刚、李思、李艳国、易华、江旭高、曾明浩、汤雄、吴志辉	人感染H7N9禽流感现场处置先进个人	工委、管委，区委、区政府
刘锦明、李思思、易凯、毛鑫、殷俊、罗灵、龚思、李希、杨浩博、马杰、胡一鸣、彭凤英、陈颖、漆敏、张慧、陈灿华、郭炼光、漆中虎、胡骞尹、金小龙、袁思锐、邹林、殷平、罗婕、朱育红、唐研、陶瑶、程晖、李程、易治国、吉容、孙丽娟、袁愿、陶戈飞	人民政府门户网站建设工作先进个人	工委、管委，区委、区政府
刘卫军、杨益军、袁汇湘、张定富、刘赛、谢永祥、刘湘辉、朱明华、蒋洪波、姚进、张成、刘锦明、孙曙霞、罗佳瑜、赵红梅宫志强、罗海军	综治工作先进个人	工委、管委，区委、区政府
李浩、罗文斌、谭东云、谭向前、李清果、张正根、谭德向、龚清泉、胡卫、马翔、易治国、黄威、李树林、宁湘兰、肖小春	维护稳定工作先进个人	工委、管委，区委、区政府
郭罗先、唐正威、王文杰、罗军	防范处理邪教问题工作先进个人	工委、管委，区委、区政府
陈为、周芳、罗卫国	铁路护路联防工作先进个人	工委、管委，区委、区政府
邹志伟、陈耕良、黄添亮	国家安全人民防线工作先进个人	工委、管委，区委、区政府
周金科、马励、吴大勇、梁峰、王伟、陈贤义	化解涉法涉诉信访问题工作先进个人	工委、管委，区委、区政府
田亮、邓维民、喻鑫、佘淑华、胡劲松、闫柱俊、王琴	政法工作先进个人	工委、管委，区委、区政府
殷术高、仇小毛	见义勇为先进个人	工委、管委，区委、区政府
黄亮、杨文礼、邹静、陈贤义、黄乾、吴家、杨孟魁、王扬辉、金小龙、张洁明、易娜、邵明、刘湘辉、龙平、崔天光	安全生产工作先进个人	工委、管委，区委、区政府

续表 22

姓名	称号名称	授予部门
金鑫、张银燕、聂秋莲、王妹芬、许光辉、姜干文、包小军、龙海螺、姜朝希、王国文、殷应池、冯勇成、张亚海、包铁军、殷炼、李正江、罗海军、蒋顺田、胡开治、罗立恒、龙飞、易汉杰、易萍、易润仁、易丽君、谭勇、刘慧、廖娟、王灿、罗清、黄宇蓉、周海涛、周晟、汤雅玲、李向锋、邓婵娟、殷平、谭飞鸿、施艳林、文俊熙、王雅丽、周灿、罗拥军、马江、廖明、汤永乔、易伟仁	“动力先锋”——优秀共产党员	工委、区委
丁丹、杨锋、易玉嫦、易志兵、刘振华、张利清、李朵双、陈洛英、刘永恒、罗俊玲、杨战立、黄岚、姚宇、黄仲明、殷合云、彭霞林、邹志伟、王艳、杨沅珍、郭新宇、谢勤建、刘新田、谭学辉、罗小清、陈大文、唐贝、易平、王虎、刘腾、刘锦明、王剑怀、蒋瑶红	“动力先锋”——优秀党务工作者	工委、区委
龚寻芳、徐芳、程晖、姜婷、周高林、程保民、邓稳、马杰、彭凤英、王婷、邓婵娟、周彪林、肖斌、彭雅愉、卢桂霞王文武、蔡华章、林琳、旷野、易治国、陈亮、张力群、易建湘、欧阳晓玲、谢梓彬、顾星、黄雨、何卫红、刘鑫、毛鑫、苏联城、殷辉、李倩、罗娟、张慧、施艳林、漆敏、陶瑶、罗艳、罗尚、曾令华	《株洲高新区·天元区年鉴(2016卷)》编纂工作先进个人	管委、政府办

株洲高新区 · 天元区
ZHUZHOUGAOXINQU · TIANYUANQU
2017年鉴

重要文件选登

中共株洲市天元区委 株洲市天元区人民政府 印发《关于加快构建现代公共文化服务体系建设“文化强区”的实施意见》的通知

株天发〔2016〕1号

各镇、街道，区直各单位：

《关于加快构建现代公共文化服务体系建设“文化强区”的实施意见》已经工委委员会议、区委常委会议审议通过，现印发给你们，请各单位、各部门结合工作实际，认真贯彻执行。

中共株洲市天元区委
株洲市天元区人民政府
2016年6月3日

关于加快构建现代公共文化服务体系建设“文化强区”的实施意见

为深入贯彻落实中央、省、市关于加快构建现代公共文化服务体系有关文件精神，围绕进一步落实“文化强省”战略部署，加速我区创建国家公共文化服务体系示范区进程，着力建设“文化强区”目标，全面促进新区经济社会和谐发展，结合实际，现提出如下实施意见。

一、明确目标和责任

1. 明确主要目标。到2017年年底，基本建成“覆盖城乡、便捷高效、保基本、促公平”的现代公共文化服务体系，完成国家公共文化服务体系示范区创建任务，达到中部标准要求。到2020年，逐步形成“文化设施完善，服务体系健全，文化特色鲜明，文化产品丰富”的发展新局面，实现公共文化设施网络全面覆盖，公共文化服务的内容和手段更加丰富，品牌和亮点更加突出，服务质量显著提升，公共文化管理、运行和保障机制进一步完善，服务均等化水平稳步提高，把我区建设成为独具地方特色的区域性现代文化中心和“文化强区”。

2. 加强组织领导。区委、区政府将构建现代公共文化服务体系、打造“文化强区”目标纳入区国民经济和社会发展总体规划，由区文体和旅游局结合区内实际制定创建国家公共文化服务体系示范区实施方案，成立创建工作领导小组，落实责任清单，明确时间和任务，集中力量推进工作落实。做好宣传和舆论引导工作，形成全社会关心支持建设“文化强区”目标，参与和推动现代公共文化服务体系建设的良好氛围。

二、提档公共文化设施建设，提高资源配置效率

3. 抓好各类文化设施建设。重点是提质公共文化场馆，抓好神农文化艺术中心、神农大剧院等区内市级重点文化项目建设，确保顺利实现对外开放。抓好区级重点文化设施建设，新建区图书馆，确保区图书馆、文化馆均达到部颁三级以上标准。充分整合资源，新建区文体中心等主题场馆，打造文化设施特色品牌。推动镇（街道）和村（社区）基础性设施建设及提档升级，充分利用现有公共设施，统筹建设多功能的基层综合性文体服务中心，配套建设群众文体活动场地。

4. 提升城乡公共文化服务水平。建立公共文化服务城乡联动机制，以区文化馆、图书馆为中心推进总分馆制建设，实现农村、城市社区公共文化服务资源整合和互联互通。加强对农家书屋的统筹管理使用，完善农家书屋出版物补充更新机制，实行定期配送。加大对农村民间文化艺术的扶持力度，让民间文化和乡土文化焕发生机。推进城乡“结对子、种文化”，加强城市对农村文化建设的帮扶，形成常态化工作机制。

5. 保障特殊群体基本文化权益。设立针对老年人、未成年人、残疾人、农民工、农村留守妇女儿童、生活困难群众的公共文化服务项目，积极开展公益性文化艺术培训、展演和科普活动等。开展学龄前儿童基础阅读促进工作和向中小学生推荐优秀出版物、影片、戏曲工作。将中小学生定期参观博物馆、美术馆、纪念馆及科普基地纳入中小学教育教学活动计划。加强乡村学校少年宫建设。加强对残疾人文化艺术的扶持力度，公共文化服务机构要有无障碍设施。加强农民文化组织建设和农村科普示范基地建设，广泛开展农村广场文化和科普教育培训活动，丰富留守人群文化生活。

三、加强产品和服务供给，提升公共文化层次

6. 实施公共文化服务效能提升工程。制定全区各类公共文化设施运行管理规范和服务标准，规范服务项目和服务流程。深入推进区图书馆、文化馆等公共文化设施免费开放工作，保证每周开放时间不少于48小时。鼓励党政机关、国有企事业单位和学校的各类文体科普设施，在特定时段向社会免费或优惠开放。指导镇（街道）和村（社区）基层公共文化设施经常性开展活动。保障青少年校外活动场所免费提供基本公共文化服务项目。制定公共文化服务提供目录，开展“菜单式”“订单式”服务。

7. 实施文化进村入户工程。创新公共文化服务方式，加强戏曲等优秀文化艺术的普及推广工作，推进送戏、送书、送电影下乡等项目和优秀出版物推荐活动。在区图书馆、文化馆配备1台以上流动服务车，常年开展定时、定点、定线路的常态化流动服务，区图书馆流动服务次数每年不少于40次，区文化馆流动演出每年不少于10场。建立区内图书通借通还制度，以区图书馆为中心节点，整合区内各级图书资源，形成总分馆体系，实现全区域通借通还。采取政府购买服务或者群众自办文化活动等方式，确保每个行政村每月放映1场以上电影、每年观看4场以上戏剧或文艺演出。

8. 实施本土文化精品工程。丰富优秀公共文化产品供给，加强文化品牌建设，挖掘本土文化精华。扶持民间文化艺术，传承和发展民族民间传统体育，广泛开展形式多样的群众性体育活动，办好民族节会文化活动。坚持“因地制宜、一地一品”的原则，建设有历史记忆、地域风貌、文化魅力、民族特点的特色人文城镇。实施“一区一品”工程，依托神农大剧院、神农艺术中心、神农湖水秀情景演出、市体育中心等大型文体设施资源优势，引进高端艺术表演，发展文化娱乐演艺业，重点打造高端“演艺娱乐文化”特色品牌。充分发挥文化精品带动效用，推出1～2个优秀剧目，着力打造2～4个在全省、全市有重大影响的公共文化服务项目和品牌。继续做好天元故事、天元人物、天元照片系列的发掘宣传，打造“天元印象”文化名片。

9. 有效推进法制文化建设。实施“法治惠民”工程，积极构建法律知识普及、法治观念引导、用法能力培养、守法行为养成“四位一体”的工作体系，传播社会主义法治理念，弘扬社会主义法治文化。加强法治文化阵地建设，推动法治文化与机关文化、社区文化、村镇文化、民俗文化等有机融合，法治文化设施与公共文化服务设施功能互补，构建覆盖城乡的法治文化服务体系。广泛开展法治文化活动，依托重大节庆和民族民间文化资源，积极开展法治文艺演出、法律知识竞赛等群众喜闻乐见、形式多样的法治文化活动。

10. 不断繁荣群众文化生活。推进“文化惠民百千万”工程，开展形式多样的基层群众文化活动，通过组织公益讲座、文化演出、电影进村（社区）等形式，开展全民艺术普及、全民健身、全民科普和群众性法治文化活动。围绕新区艺术节、新区大众体育运动会、万丰湖主题文体活动和全民健身日活动，重点打造一批新区文化特色品牌。以“我们的节日”为主题，组织开展群众性节日民俗文化活动。鼓励群众自办文化，支持成立各类群众文化团队，为民间

文化队伍提供展示交流的平台。依托神农大剧院、城市各大文化广场和影院等固定场所，积极组织承办或参加株洲艺术节、株洲合唱节、全民健身节、公益电影展映月、“欢乐潇湘·欢乐株洲”大型群众文化演出等活动，进一步丰富群众文化生活。

四、推动数字文化建设，实现服务与科技融合发展

11. 加快文化机构数字化建设。建设数字文化馆和数字图书馆，构建标准统一、互联互通的公共数字文化服务网络，实现共建共管共享。区级图书馆可用数字资源要确保不低于3TB。镇(街道)和村(社区)公共文化服务场所要统一配备网络及计算机等数字文化设备，具备数字文化服务能力。鼓励在公共文化设施内免费提供无线上网服务。

12. 构建公共数字文化服务体系。统筹实施全区文化信息资源共享、数字图书馆建设、直播卫星广播电视公共服务、农村数字电影放映、数字农家书屋等项目建设。启动数字农家书屋建设试点工作，按要求完成“广播村村响”、“电视户户通”、农村和城市数字公益电影放映等任务。实施文化信息资源共享工程，加快推进数字文化资源在智能社区中的应用，实现“一站式”服务。

13. 打造文化信息服务平台。围绕提升公共文化服务现代传播能力，灵活运用宽带互联网、移动互联网等手段，拓宽公共文化资源传输渠道。加强公共文化大数据采集、存储和分析处理，推动区级公共文化机构网站建设。发展基于手机终端软件(APP)、微信、微博等新媒体的公共文化服务形式，通过开设区文化微信公众号，打造文化线上线下相结合的生态体系，使群众足不出户即可完成各类场馆预约、查询、文化交流等服务，实现区域文化共建共享。

五、优化区域布局，推动文化产业转型升级

14. 发展区域性特色文化产业带。加强整体规划，推动产业要素有效配置，促进区域特色文化产业协调发展，鼓励发展优势互补、相互促进的特色文化产业带。城区范围内，充分整合神农城、湘江风光带、栗雨休闲谷等公共文化设施资源要素，重点做好“神农绿轴”文化体育服务集聚区和河西湘江风光带旅游经济带的规划建设，打造神农特色文化产品街和特色文化演艺品牌。乡镇地区，要围绕特色文化产业镇(街道)、村(社区)建设，立足各地区现有的文化资源，积极扩展文化与旅游、体育、观光农业紧密融合的文化休闲领域，打造别具特色的乡村文化品牌。群丰镇要着重做好湘云悠移庄园创AAAA级景区工作，雷打石镇要连片发展布塘村和空灵岸景区休闲旅游，三门镇要依托响水村现代农业基地发展乡村观光农业。

15. 打造主题文化产业示范园区。充分发挥高新区产业资源优势，积极发展园区产业文化，立足六大百亿工程，努力打造主题文化产业示范园区。一是打造科技园区。围绕实施创新驱动发展总战略，打造中国动力谷和“世界动力谷”的目标，加快中国动力谷自主创新园建设，不断完善园区公共文化服务设施，引进创新项目和科技团队，壮大园区科技文化产业规模。二是构建汽车文化。充分利用发展千亿汽车产业集群契机，加快构建新区汽车主题文化。重点建设好汽车博览园，发展集汽车文化博览、汽车赛事、汽车商贸、汽车旅游、现代物流、汽车教育于一体，主题鲜明、特色突出的汽车小镇及汽车文化博览公园，打造文化新地标。

六、加强社会化建设，发展壮大社会服务力量

16. 鼓励和引导社会投入。建立健全政府向社会力量购买公共文化服务机制，制定出台政府购买公共文化服务指导性意见和目录，将政府购买公共文化服务资金纳入财政预算。采取政府购买、项目补贴、定向资助、贷款贴息等政策措施，鼓励和支持社会各类文化机构通过投资或捐助设施设备、兴办实体、资助项目、赞助活动、提供产品和服务等方式，提供公共文化服务，参与公共文化服务体系建设和公共文化设施的运营。

17. 发展文化志愿者队伍。建立和完善文化志愿者注册招募、服务记录、管理评价和激励保障机制，探索具有地方或行业特色的文化志愿服务模式，探索开展文化志愿者评星定级的考核管理工作。开展文化志愿者“暖流行动”，实施社会体育指导员发展工程，对文化志愿者和社会体育指导员实行注册制度，进行动态管理。区图书馆、文化馆每馆要成立1支登记注册、管理规范的文化志愿者队伍，各村、社区也要组建1支文化志愿者队伍。

18. 培育和促进文化消费。出台相关扶持政策，完善公益性演出补贴制度，通过票价补贴、剧场运营补贴等方式，支持艺术表演团体提供公益性演出。鼓励在商业演出和电影放映中安排低价场次或门票，持续开展电影放映月等公益活动。积极发展与公共文化服务相关联的教育培训、体育健身、演艺会展、旅游休闲等产业，引导和支持各类文化企业开发公共文化产品和服务。

19. 培育和发展文化类社会组织。加强对文化体育类行业协会、民办非企业单位等社会组织的引导、扶持和管理，促进规范有序发展。实施群众文化团队扶持项目，壮大基层业余文体队伍，确保到2020年年底，全区业余文体团队达到300家以上。鼓励符合登记条件的镇（街道）和村（社区）文化服务队伍按照城乡社区服务类社会组织进行登记并开展活动。开展业余文体团队星级评定工作，建立星级评定标准，长期开展年度评定工作，形成群众文化团队建设运行长效管理机制。

七、深化文化体制改革，加强体制机制建设

20. 建立科学的领导体制。完善党委领导、政府管理、部门协同、权责明确、统筹推进的公共文化服务体系建设管理制度，明确政府在构建现代公共文化服务体系中的主导作用。建立由党政主要领导牵头、相关职能部门参与的公共文化服务体系建设协调机制，加强对各类重大文化项目的统筹实施，探索整合基层公共文化服务资源的方式和途径，实现共建共享，提升综合效益。

21. 健全高效的运行机制。加快公益性文化事业单位改革，探索建立事业单位法人治理结构，进一步落实公益性文化事业单位法人自主权，强化公共服务功能，增强发展活力。完善年度报告和信息披露、公众监督等基本制度。探索在区图书馆、文化馆等组建理事会，吸纳有关方面代表、专业人士、各界群众参与管理。加强和改进公益性文化事业单位党组织建设，充分发挥基层党组织的战斗堡垒作用和共产党员的先锋模范作用。

22. 创新民主的管理机制。发挥城乡基层群众性自治组织的作用，推动开展公共文化服务参与式管理，推广居民、村民评议等行之有效的做法，健全民意表达和监督机制，引导城市社区居民和村民参与公共文化服务项目规划、建设、管理和监督，维护群众的文化选择权、参与权和自主权。推进将公共文化服务纳入基层社区服务网格进行管理，培育城乡社区互助文化，营造社区和谐环境。

23. 建立严格的考核机制。制定政府公共文化服务考核指标，作为考核评价领导班子和领导干部政绩的重要内容，纳入科学发展考核体系。建立公共文化机构绩效考评制度，考评结果作为确定预算、收入分配与负责人奖惩的重要依据。加强对重大文化项目资金使用、实施效果、服务效能等方面的监督和评估。完善服务质量监测体系，研究制定公众满意度指标，建立群众评价和反馈机制。探索建立公共文化服务第三方评价机制，增强公共文化服务评价的客观性和科学性。

八、加大公共文化服务的保障力度

24. 加强财政经费保障。建立健全公共文化服务财政保障机制，确保公共财政文化事业费投入增幅高于财政经常性支出增长幅度，公共文化支出占财政支出的比例稳步提高，确保我区人均公共文化支出在全省、全市处于先进行列。设立农村文化建设专项资金，着力支持农村和城市社区基层公共文化服务设施建设，保障基层城乡居民公平享有基本公共文化服务。积极落实上级文化产业扶持优惠政策，探索并制定适合新区文化产业发展的相关政策。

鼓励社会资金建立镇(街道)、村(社区)文化活动基金。加强对公共文化服务资金管理使用情况的监督和审计,开展绩效评价。

25. 加强人才队伍保障。按照控制总量、盘活存量、优化结构、有减有增的要求,加强对农村文化队伍的管理和使用,在现有编制总量内,保障每个乡镇综合文化站(中心)编制配备不少于3名。设立城乡基层公共文化服务岗位,每个村(社区)至少配备1名由公共财政补贴的工作人员。区级公益性文化事业单位业务人员占职工总数比例要达到80%以上。实施人才倍增计划,加强业余文化骨干队伍建设,每个村(社区)组建2个以上业余文体团队。稳步推进基层公共文化服务队伍培训,区公益性文化事业单位在职员工参加脱产培训时间每年不少于15天,各镇(街道)、村(社区)基层文化专兼职人员参加集中培训时间每年不少于5天,区、镇、村基层文化专兼职人员参加全国基层文化队伍远程网络培训时间每年不少于50课时。

天元区基本公共文化服务实施标准

(2015—2020年)

表22

服务项目	服务内容	实施标准
基本服务项目	读书看报	1. 公共图书馆(室)、文化馆(站)、村(社区)(村指行政村,下同)综合文化服务中心(含农家书屋)等配备图书、报刊和电子书刊,并免费提供借阅服务。 2. 公共图书馆人均占有藏书0.8册以上,人均年增新书0.05册以上,年开展流动图书服务不少于40次;农家书屋可供借阅的图书不少于1600种、2000册,报纸期刊不少于5种、音像制品和电子出版物不少于100种(张),年新增图书不少于60种,年组织读书活动不少于4次。 3. 在城镇主要街道、公共场所、居民小区等人流密集地点设置阅报栏或电子阅报屏,及时提供时政、"三农"、科普、文化、生活等方面的信息服务。
	收听收看广播电视	4. 为农村居民提供直播卫星广播电视公共服务,实现农村"电视户户通"。 为全民提供突发事件应急广播服务。
	观电影	5. 为农村群众提供数字电影放映服务,每村每月免费观看1场数字电影,其中每年国产新片(院线上映不超过2年)比例不少于1/3。 6. 为中小学生每学期免费放映2部爱国主义教育影片。
	送地方戏	7. 区级专业艺术团体每年坚持开展送戏下乡活动。 8. 区文化馆每年组织流动演出10场以上。 9. 根据群众实际需求,采取政府购买服务或群众自办文化活动等方式,每年为每个行政村免费送戏剧或文艺演出不少于4场。
	设施开放	10. 区公共图书馆、文化馆(站)等公共文化设施免费开放,每周开放时间不少于48小时,基本服务项目健全。 11. 区级以上公共体育场所、全民健身活动中心每周免费开放时段不少于14小时。 12. 区级以上科技馆、妇女儿童活动中心、青少年校外活动场所等设施免费提供基本公共文化服务项目。 13. 未成年人、老年人、现役军人、残疾人和低收入人群参观文物建筑及遗址类博物馆实行门票减免,文化遗产日免费参观。

续表 22

服务项目	服务内容	实施标准
基本服务项目	文体活动	14．城乡居民依托村（社区）综合文化服务中心、文体广场、公园、健身路径等公共文化设施就近方便参加各类文体活动。 15．区公共图书馆、文化馆（站）等开展经常性的文化艺术知识普及和培训讲座活动，培养群众健康向上的文艺爱好。
	数字服务	16．区公共图书馆、文化馆（站）建有公共电子阅览室并提供免费上网服务，区级公共文化服务机构建有信息服务平台。 17．建设数字图书馆，区级公共数字图书馆数字资源量不低于3TB。以区图书馆为中心推进总分馆制建设，建立公共文化服务城乡联动机制。 18．建设数字文化馆。运行好“文化天元”微信公众号，适时提档升级，打造文化线上线下相结合的生态体系。
	品牌培育	19.加强文化品牌建设，挖掘本土文化精华，扶持民间文化艺术。 20.实施“一区一品”工程，重点打造高端“演艺娱乐文化”特色品牌。 21.发挥文化精品带动效用，每年推出1～2个优秀剧目，着力打造在全省、全市有重大影响的文化品牌。 22.继续发掘宣传“天元故事”“天元人物”“天元照片”系列，打造“天元印象”；扎实推进全民阅读，打造“书香天元”。
	特色活动	23.继续定期举办好株洲新区艺术节、大众体育运动会、万丰湖主题文体活动等全区大型节会活动，办出水平，办出特色，群众喜爱，参与度高。
硬件设施	区级	24.新建区图书馆，达到部颁三级以上标准。 25.充分整合资源，新建区文体中心等主题场馆，打造文化设施特色品牌。
	镇（街道）	26．设置综合文化站（中心），建筑面积不少于300平方米，站（中心）内应设立图书阅览室、教育培训室、管理和辅助用室、多功能活动厅，其他设施设备完善。
	村（社区）	27．结合基层公共服务综合设施建设，整合闲置中小学校等资源，统筹建设综合文化服务中心，因地制宜配置文体器材。村（社区）综合文化服务中心面积不低于200平方米，应设有1间多功能文化活动室、1间图书阅览室（可与农家书屋整合）、1个文化广场、1套简易音响设备，其他设施设备完善。
	体育设施	28．区级以上设立公共体育场所；镇（街道）和村（社区）配置群众体育活动器材设备，或纳入基层综合文化设施整合配置。
	流动设施	29．根据基层实际，配备用于图书借阅、文艺演出、电影放映等服务的流动服务车，开展流动文化服务。
	辅助设施	30．各级公共文化设施为残疾人配备无障碍设施，有条件的配备安全检查设备。
	特色文化产业	31．充分整合神农城、湘江风光带、栗雨休闲谷等公共文化设施资源要素，打造神农特色文化产品街和特色文化演艺品牌。 32.围绕特色文化产业镇（街道）、村（社区）建设，立足现有的文化资源，积极扩展文化与旅游、体育、观光农业紧密融合的文化休闲领域，打造别具特色的乡村文化。

续表 22

服务项目	服务内容	实施标准
产业发展	主题文化产业	33. 充分发挥产业资源优势，加快中国动力谷自主创新园建设，不断完善园区公共文化服务设施，壮大园区科技文化产业规模。 34. 充分利用发展千亿汽车产业集群契机，构建新区汽车主题文化。
人员配备	人员编制	35. 区级以上公共文化机构按照职能职责、国家和省有关要求、当地有关部门核准的编制数量，配齐工作人员。其中，业务人员占职工总数不低于80%。 36. 镇（街道）综合文化站（中心）每站（中心）配备人员3人以上。 37. 村（社区）综合文化服务中心至少配置1名公共财政补贴的工作人员。
	业务培训	38. 区级以上公共文化机构从业人员每年参加脱产培训时间不少于15天，镇（街道）、村（社区）文化专兼职人员每年参加集中培训时间不少于5天。
	文化志愿者队伍	39. 建立和完善文化志愿者注册招募、服务记录、管理评价和激励保障机制，探索具有地方或行业特色的文化志愿服务模式。
	文化类社会组织	40. 实施群众文化体育团队扶持项目，壮大基层业余文体队伍，促进规范有序发展，确保到2020年全区业余文体团队达到300家以上。

株洲市天元区人民政府办公室关于印发特殊救助若干实施细则的通知

株天政办发〔2016〕1号

各有关单位：

为深入推进天元区特困人员特殊救助工作，根据《天元区特困人员特殊救助实施方案》（株天办〔2015〕4号）的要求，经区人民政府研究同意，出台《天元区特困人员托底保障实施细则（试行）》《天元区护理补贴发放实施细则（试行）》《天元区特困学生救助实施细则（试行）》《天元区特困人员就业帮扶实施细则（试行）》，现印发给你们，请认真组织实施，并提出如下要求：

一、对特困人员实施特殊救助。

是在现有各项救助体系的基础上，我区实施的特殊救助政策，执行过程中要充分体现精准扶贫济困、共同奔赴小康、切实关注民生的执政理念，不搞锦上添花，只做雪中送炭。各相关职能部门、各镇（街道）务必切实履行好自己的职责，保证救助政策执行准确，落实到位。

二、特殊救助工作必须坚持正确导向。

申请救助的对象必须拥护党的领导，维护国家和集体利益，支持当地党委、政府的工作，遵纪守法，团结友爱，邻里和谐，家庭和睦，且无非正常上访行为。

有下列情形之一的，不列为特殊救助保障对象：

1. 家庭有就业能力的成员无正当理由拒绝劳动、就业，不自食其力的。

2. 法定赡（扶、抚）养人未按规定履行义务的。

3. 因酗酒伤害、打架斗殴、吸毒等违法违规行为或自杀、自伤等自身原因造成家庭生活困难的。

4. 属于责任事故，且得到责任人或保险机构足额赔偿的。

5.不按要求提供申请资料，拒绝相关组织调查，隐瞒或不提供家庭真实收入和资产情况，虚报支出情况，出具虚假证明的。

以上原则如有违反，可以取消对象受助资格，已领取救助金的对象政府有权追回。

三、特殊救助工作必须做到公开、公平、公正。

区领导小组办公室要逐步规范公开、公示机制，接受社会监督。各镇（街道）、各村（社区）负责各自辖区内特困人员特殊救助的申报、核实、比对、评价，确保对象情况真实、准确。

附件：

1、《天元区特困人员托底保障实施细则（试行）》

2、《天元区护理补贴发放实施细则（试行）》

3、《天元区特困学生救助实施细则（试行）》

4、《天元区特困人员就业帮扶实施细则（试行）》

株洲市天元区人民政府办公室

2016年1月18日

天元区特困人员托底保障实施细则（试行）

为贯彻落实《天元区特困人员特殊救助实施方案》（株天办〔2015〕4号），做好特困救助托底保障工作，特制定本细则。

一、救助对象

天元区户籍家庭人均收入低于城乡低保标准2倍以下的（株洲市确定的低收入家庭标准）或因重大疾病、突发事件个人自付费用达10万元以上，且导致家庭基本生活出现严重困难的对象。

二、救助条件

1.特殊疾病类：因家庭成员患重大疾病，在领取各种医疗保险金、医疗救助金、临时救助金后，达到救助封顶线，因各种原因无法负担医疗费用的人员。

2.意外事故类：因各类灾害、交通事故、人身伤害等意外情况（第（二）条规定不列为特殊救助托底保障对象的除外），经现行救助政策救助后，基本生活仍有严重困难的人员。

3.特困高中、大学生：因家庭成员丧失劳动能力或身患重大疾病无力承担完成学业所需费用，并在正规高中、大学接受教育的特困适龄青少年（含孤儿）。

三、救助程序

（一）申报。凡认为符合享受特困人员特殊救助托底保障的家庭或个人均可以通过以下途径申报：1.通过区领导小组办公室设立的特困救助专线电话28665773申报；2.通过村（社区）、镇（街道）逐级申报；3.卫计、人社、教育、信访、残联等部门针对服务对象中的特困人员，经核实情况后，向区领导小组办公室提出申报。申请救助应提供申请书、户口簿、身份证、单位出具的困难情况证明、医疗诊断证明、费用证明、意外事故需提供责任认定及赔付证明等相关材料。

（二）镇（街道）审核。所有申报特殊救助托底保障的对象先由镇（街道）初审，镇（街道）在村（社区）协助下，对申请人的家庭经济状况、人口状况、遭遇困难类型等逐一调查，视情况组织民主评议，对拟上报到区领导小组办公室申请救助的人员在组、村（社区）、镇（街道）张榜公示5个工作日。

不符合条件的，将申请资料退回申请人，并告知原因。

（三）上户核查。区领导小组办公室组织相关成员单位上户进行复查核实。通过入户调查、邻里走访、信息核对等方法，对申请人的困难类型、救助类别和家庭经济状况等有关情况进行调查核实，对拟上报到区领导小组联席会议集体研究的对象，通知申请人居住地所在组、村（社区）、镇（街道）张榜公示5个工作日。

不符合条件的，通知镇(街道)将申请资料退回申请人，并告知原因。

(四)集体研究。区领导小组联席会议集体研究确定特困救助托底保障名单及金额。对联席会议集体研究通过的对象，通知申请人居住地所在组、村(社区)、镇(街道)张榜公示5个工作日，将救助公示书面资料送达到对象所在村(社区)的每家每户。

不符合条件的，通知镇(街道)将申请资料退回申请人，并告知原因。

(五)实施救助。对公示无异议的给予救助。

四、救助标准

特殊救助托底保障标准为3万～20万元，综合家庭困难程度、种类、目前的生活状况、自付损失或费用金额、后续治疗费用情况、因病或意外造成家庭困难及收入减少程度等因素，由区领导小组成员单位上户核实相关情况，报领导小组联席会议集体研究确定救助金额。所有被救助家庭原则上只救助一次。

特困高中、大学生：按高中生5000元/年、大学生8000元/年给予困难补贴。

天元区护理补贴发放实施细则(试行)

为贯彻落实《天元区特困人员特殊救助实施方案》(株天办〔2015〕4号)，做好对生活完全不能自理且无法定赡养、扶养、抚养义务人，或者其法定赡养、扶养、抚养义务人无护理能力的散居五保户、重度残疾人、失能人员的护理补贴发放工作，特制定本细则。

一、发放对象

具有天元区户籍且同时符合下列条件的人员可享受护理补贴：

(一)完全丧失基本生活自理能力，日常生活行为完全依赖他人护理的；

(二)属于低收入人员，家庭人均收入低于城乡低保标准2倍以下；

(三)无法定赡养、扶养、抚养义务人，或者其法定赡养、扶养、抚养义务人无护理能力。法定赡养、扶养、抚养义务人属未满16周岁的少年儿童、65周岁以上的老人、二级以上残疾人、重大疾病患者视为无护理能力。

二、申办流程

(一)申请。凡认为符合享受护理补贴条件的城乡居民家庭或个人均可以向户籍所在地镇(街道)提出申请，受申请人委托村(社区)或其他单位、个人可代为提出申请，镇(街道)和村(社区)应主动发现帮助符合条件的辖区居民提出申请。申请护理补贴应提供申请书、户口簿、身份证、单位出具的困难情况证明、医疗诊断证明等相关证明材料。

(二)镇(街道)审核。镇(街道)在村(社区)协助下，对护理补贴申请人的家庭经济状况、人口状况、遭遇困难类型等逐一调查，视情况组织民主评议，对拟上报到区领导小组办公室申请救助的人员在组、村(社区)、镇(街道)张榜公示5个工作日。

不符合条件的，将申请资料退回申请人，并告知原因。

(三)上户核查。区领导小组办公室组织相关成员单位上户进行复查核实。通过入户调查、邻里走访、信息核对等方法，对申请人的困难类型、救助类别和家庭经济状况等有关情况进行调查核实，对拟上报到区领导小组联席会议集体研究的对象，通知申请人居住地所在组、村(社区)、镇(街道)张榜公示5个工作日。

不符合条件的，通知镇(街道)将申请资料退回申请人，并告知原因。

(四)集体研究。区领导小组联席会议对申请护理补贴对象进行集体研究审批。对审批通过的对象，通知申请人居住地所在组、村(社区)、镇(街道)张榜公示5个工作日。

不符合条件的，通知镇（街道）将申请资料退回申请人，并告知原因。

（五）实施救助。对公示无异议的发放护理补贴。

三、补贴发放

（一）护理补贴标准按每名需护理对象每月400元执行。

（二）护理补贴领取对象的确定。村（社区）征求被护理人和护理人的意见，确定领取对象，双方签字认可，村（社区）见证签署意见盖章后交区领导小组办公室备案。被护理人无民事行为能力的，可委托村（社区）代为领取，款项只能用于被护理人的护理开支，不能挪作他用。

（三）发生下列情况之一的，从次月起停止发放护理补贴：

1. 户籍迁出天元区的；

2. 被护理人死亡的；

3. 申报材料不实的；

4. 因家庭条件改善或身体状况好转不再符合发放条件的。

（四）对护理补贴发放对象每半年复核一次，符合条件的继续发放，不符合条件的予以停发。

天元区特困学生救助实施细则（试行）

为贯彻落实《天元区特困人员特殊救助实施方案》（株天办〔2015〕4号），建立健全家庭经济特别困难学生助学机制，切实保证学生不因贫困而失学，特制定特困学生救助实施细则。

一、救助对象

天元区户籍，且在义务教育阶段就读的家庭经济特别困难的学生。

二、救助条件

1. 学生本人患重大疾病或绝症造成经济特别困难的家庭子女；

2. 因父母患重大疾病或因天灾人祸丧失劳动能力造成经济特别困难的家庭子女；

3. 家庭经济特别困难的孤儿或父母有一方因病去世特别困难的学生；

4. 人均收入低于城乡低保标准2倍以下的学生家庭。

三、救助程序

（一）申报。1. 通过区领导小组办公室设立的特困救助专线电话（28665773）申报。2. 通过村（社区）、镇（街道）逐级申报。3. 卫计、人社、教育、信访、残联等部门针对服务对象中的特困人员，经核实情况后，向区领导小组办公室提出申报。申请特困学生救助应提供申请书、户口簿、身份证、单位（村、社区）出具的困难情况证明、医疗诊断证明、医疗费用证明，意外事故需提供相关责任认定及赔付证明等资料。

（二）镇（街道）审核。所有申报特困学生救助的对象先由镇（街道）初审，镇（街道）在村（社区）协助下，对申请人的家庭经济状况、人口状况、遭遇困难类型等逐一调查，视情况组织民主评议，提出审核意见。对拟上报到区领导小组办公室申请救助的人员在村（社区）、镇（街道）张榜公示5个工作日。

不符合条件的，将申请资料退回申请人，并告知原因。

（三）上户核查。区领导小组办公室组织相关成员单位上户进行复查核实。通过入户调查、邻里走访、信息核对等方法，对申请人的困难类型、救助类别和家庭经济状况等有关情况进行调查核实，对拟上报到区领导小组联席会议集体研究的对象，通知申请人居住地所在村（社区）、镇（街道）张榜公示5个工作日。

不符合条件的，通知镇（街道）将申请资料退回申请人，并告知原因。

（四）集体研究。区领导小组联席会议集体研究确定特困学生救助名单及金额。对联席会议集体研究通过的对象，通知申请人居住地所在村（社区）、镇（街道）张榜公示 5 个工作日。

不符合条件的，通知镇（街道）将申请资料退回申请人，并告知原因。

（五）实施救助。对公示无异议的对象给予救助。

四、救助标准

审核通过的特别贫困义务教育阶段学生救助金额为每人 3000 元 / 学年。

五、发放及年审

（一）发放。初补：第一年按申报时所在的学段标准进行救助。续补：第二年起按实际就读情况学段计算救助金额。

（二）复审。救助对象实行动态管理，每年第三季度进行复审，根据家庭经济状况和学段情况，经领导小组审定后，确定续补或终止救助。

天元区特困人员就业帮扶工作实施细则（试行）

为贯彻落实《天元区特困人员特殊救助实施方案》（株天办〔2015〕4 号），建立健全贫困家庭就业帮扶机制，帮助贫困家庭劳动力通过就业脱贫，结合我区贫困家庭实际，特制定特困人员就业帮扶工作实施细则如下。

一、帮扶对象

经区领导小组联席会议认定的帮扶对象、在劳动年龄范围内且具有就业愿望、就业能力、就业时间的人员。

特困人员就业帮扶方式主要有：

1. 购买公益性岗位。在帮扶对象所属镇（街道）辖区内购买公益性岗位实现就业，对用人单位给予帮扶就业补贴。

2. 推荐就业。帮扶对象在社区劳动保障服务中心进行求职登记，社区劳动保障服务中心、街道劳动保障站、区就业局结合区内企业需求和个人求职意愿，通过职业介绍、推荐参加招聘会等积极推荐就业。

二、就业帮扶救助程序

1. 村（社区）负责对帮扶对象情况进行摸底，并将摸底情况报送区领导小组办公室。

2. 领导小组联席会议认定公益性岗位帮扶对象，下发至镇（街道）、区人社局。

3. 镇（街道）组织用人单位与公益性岗位帮扶对象签订公益性岗位劳动合同。

4. 镇（街道）提交公益性岗位救助情况至领导小组办公室，并向区人社局报备。

5. 在区政府门户网站上公示贫困家庭公益性岗位救助情况。

6. 属城镇户籍的帮扶对象，帮扶就业补贴资金从区人社局就业专项资金中列支，由区人社局负责落实；属农村户籍的帮扶对象，帮扶就业补贴资金从区特困人员创业就业扶持专项资金中列支，由领导小组办公室负责落实。

7. 帮扶对象救助就业期满，由镇（街道）通知用人单位解除劳动合同关系。

三、就业帮扶补贴项目和标准

1、岗位补贴。按照区领导小组联席会议审定的人数，在其范围内以实际安排公益性岗位的人数给予株洲市最低工资标准的岗位补贴。岗位补贴期限根据区领导小组联席会议认定帮扶的时间确定。

2、社会保险补贴。社会保险补贴单位缴费部分由帮扶就业补贴资金列支，养老保险单位缴费部分按全省上年度在岗职工平均工资的 60% 的标准进行补贴；医疗保险单位缴费部分按全市上年度在岗职工平均工资的 60% 的标准进行补贴，个人缴费部分由个人负责。

株洲高新区·天元区

ZHUZHOUGAOXINQU · TIANYUANQU

2017 年鉴

统计资料

2016 年株洲天元区主要经济指标完成情况

表 24

指标名称	计量单位	2016 年	同比增减（±%）
高新区			
地区生产总值	亿元	722	8.5
技工贸总收入	亿元	2027	9.0
天元区			
一、地区生产总值			
1. 总量	万元	3008854	10.8
第一产业	万元	108713	3.1
第二产业	万元	1458473	11.3
工业(部分划入第三产业)	万元	1330032	11.8
建筑业	万元	129372	6.2
第三产业	万元	1441668	10.8
批发和零售业	万元	88679	3.5
交通运输、仓储和邮政业	万元	126576	24.8
住宿和餐饮业	万元	80008	6.9
金融业	万元	168576	10.4
房地产业	万元	161287	7.6
营利性服务业	万元	464052	16.2
非营利性服务业	万元	351001	4.5
2. 产业结构			
第一产业	%	3.6	-0.1
第二产业	%	48.5	-0.3
#工业	%	44.2	-0.6
第三产业	%	47.9	0.9
3. 对GDP增幅贡献率			
#第一产业	%	1.1	-0.2
第二产业	%	51.7	10.2
#工业	%	49.1	10.3
第三产业	%	47.2	-10.1
4. 经济质量			
财政收入占GDP比重	%	23.3	0.9
二、人民生活			

续表 24

指标名称	计量单位	2016 年	同比增减（±%）
1.居民人均可支配收入	元	39638	8.4
#城镇居民	元	44887	8.2
农村居民	元	23032	7.5
2.居民文教娱乐服务消费支出	元	5659	–
其中：占居民消费总支出比重	%	18.7	–
3.人均现住房家庭建筑面积	平方米	57.5	–
城镇居民人均现住房家庭建筑面积	平方米	46.2	–
农村居民人均现住房家庭建筑面积	平方米	93.4	–
三、农业			
1.农林牧渔业总产值	万元	145462	3.2
农业产值	万元	86628	3.1
牧业产值	万元	49732	3.2
2.主要农产品			
粮食	吨	89284	–3.3
肉猪出栏	头	133100	–40.7
牛出栏	头	1000	25.0
羊出栏	只	16100	0.6
家禽出笼	万羽	132.51	–2.6
水产品	吨	5052	–1.0
四、工业			
1.规模工业总产值	万元	4142406	23.7
#国有及国有控股企业	万元	2048347	71.5
#大中型工业企业	万元	3352755	23.7
#中小微型工业企业	万元	789651	23.8
#非公有制工业企业	万元	2088791	–2.8
按经济类型分			
#国有企业	万元	38271	13.2
股份制企业	万元	3625472	33.8
外商及港澳台投资企业	万元	474492	–20.9
其他经济类型企业	万元	3139	–9.8
按主要行业分			
#农副食品加工业	万元	176720	–22.4

续表 24

指标名称	计量单位	2016 年	同比增减（±%）
酒、饮料和精制茶制造业	万元	23467	−52.3
橡胶和塑料制品业	万元	10502	−87.0
非金属矿物制品业	万元	30988	16.5
有色金属冶炼和压延加工业	万元	49540	−5.9
金属制品业	万元	207911	11.3
通用设备制造业	万元	64194	−27.1
专用设备制造业	万元	43874	1.9
汽车制造业	万元	1682931	105.8
铁路运输设备制造业	万元	1239762	−0.2
电气机械和器材制造业	万元	249944	28.5
计算机、通信和其他电子设备制造业	万元	134358	32.7
仪器仪表制造业	万元	7520	−9.9
电力、热力生产和供应业	万元	22561	−16.6
燃气生产和供应业	万元	72414	−11.9
2. 规模工业销售产值	万元	4063960	19.1
#出口交货值	万元	76048	2.8
3. 规模工业增加值	万元	1277442	12.9
#非公有制经济		628752	0.2
4. 规模工业主要经济指标			
主营业务收入	万元	4043478	19.7
利税总额	万元	244172	22.3
利润总额	万元	150969	34.9
五、固定资产投资与房地产业			
1. 固定资产投资额	万元	4271757	13.6
#公有制经济投资	万元	2108678	32.6
非公有制经济投资	万元	2163079	−0.4
#第一产业投资	万元	37452	−49.5
第二产业投资	万元	941500	13.6
#工业投资	万元	941500	13.6
#轨道交通装备产业	万元	107863	20.7
汽车及零部件产业	万元	237672	832.7
第三产业投资	万元	3292805	15.2

续表 24

指标名称	计量单位	2016 年	同比增减（±%）
#房地产开发投资	万元	1018617	6.0
#保障性住房投资	万元	1976	−89.2
#高新技术产业投资	万元	170505	88.1
#战略性新兴产业	万元	886928	25.9
#民生工程投资	万元	136247	−1.3
#基础设施投资	万元	1532829	−0.5
#施工项目个数	个	422	24.1
其中：亿元及以上项目个数	个	130	51.2
# 亿元项目完成投资额	万元	3008068	41.5
#本年新开工项目个数	个	346	32.6
其中：亿元及以上项目个数	个	61	165.2
2. 房地产业			
房屋建筑施工面积	万平方米	1287.8	16.0
房屋建筑竣工面积	万平方米	250.8	70.7
商品房屋销售额	万元	1300840	27.7
商品房销售面积	万平方米	260.9	24.4
六、贸易			
社会消费品零售总额	万元	1344610	10.0
#限额以上企业	万元	1108134	−3.8
按行业分			
限额以上批发业	万元	4956	10.3
限额以上零售业	万元	1033454	−3.3
限额以上住宿业	万元	32370	−19.2
限额以上餐饮业	万元	37354	−2.1
限额以上批零企业商品零售类值			
粮油、食品类	万元	9266	−34.3
饮料类	万元	19390	23.6
服装、鞋帽、针纺织品类	万元	32996	20.0
日用品类	万元	2364	−5.4
中西药品类	万元	9008	31.0
石油及制品类	万元	571059	−10.6
汽车类	万元	390244	7.6

续表 24

指标名称	计量单位	2016 年	同比增减（±%）
七、财政			
1. 公共财政预算收入	万元	700638	9.6
2. 地方收入	万元	477508	11.8
3. 公共财政预算支出	万元	432594	55.1

2016 年天元区重点规模工业企业生产情况

表 25　　单位：万元

指标名称	2016 年	同比增减（±%）
重点企业合计	3642882	31.0
1. 株洲时代新材料科技股份有限公司	1007091	0.4
2. 株洲北汽汽车系统科技有限公司	984157	98.0
3. 湖南南车时代电动汽车股份有限公司	436726	82.0
4. 株洲钻石切削刀具股份有限公司	177242	8.5
5. 唐人神集团股份有限公司	167105	−23.4
6. 株洲时菱交通设备有限公司	166085	4.3
7. 南车株洲电力机车研究所有限公司风电事业部	105923	3.4
8. 株洲海纳川汽车底盘系统有限公司	103244	1493.5
9. 株洲麦格米特电气有限责任公司	78717	321.7
10. 湖南炎帝生物工程有限公司	78482	2.1
11. 株洲新奥燃气有限公司	72414	−11.9
12. 株洲时代电子技术有限公司	68562	10.6
13. 湖南光华荣昌汽车部件有限公司	40140	53.5
14. 株洲欧格瑞传动股份有限公司	29407	48.5
15. 博戈橡胶塑料（株洲）有限公司	25229	
16. 湖南太子奶集团生物科技有限责任公司	23467	−52.3
17. 株洲航电枢纽空洲水电站	22561	−16.6
18. 湖南长城计算机系统有限公司	19856	
19. 株洲旭阳机电科技开发有限公司	18882	2.4
20. 株洲汇隆实业发展有限公司	17592	59.4

2016年天元区5000万以上项目投资完成情况

表26

单位：万元

项目名称	计划总投资	累计完成投资	2016年完成投资
5000万以上项目合计	**6999484**	**2229481**	**2080688**
1. 株洲汽车博览园项目	2011068	178523	178523
2. 天易科技城自主创业园	1200000	180135	170135
3. 高性能超细硬质合金生产线技术改造（株硬精密工具产业园）	400000	28149	27228
4. 北京股份有限公司株洲基地技改扩能建设项目	387716	187394	187394
5. 动力谷（二）	350000	99538	89648
6. 株洲高新区汽车博览园北部基础设施项目	322153	161739	159739
7. 中国动力谷新马动力创新园	292500	134412	98418
8. 株洲八达电子信息产业智慧谷	210000	9624	9624
9. 年产3200台全自动禽类脱毛加工工作间智能化生产线建设项目	109000	11608	11608
10. 月塘生态新城市政基础设施建设工程	100000	68850	68850
11. 首鹏汇隆汽车板材加工配送及车身制造	100000	6800	6800
12. 高科新马金谷	100000	87372	78922
13. 欧洲工业园新马组团2基础设施开发项目	86071	92757	92757
14. 湘水湾片区城中村改造项目	85080	39730	39730
15. 湘水湾片区二期工程项目	78000	73900	73900
16. 神农大剧院	68916	68916	25617
17. 新马金谷三期	60000	44480	44480
18. 汽车服务中心	56000	41963	41963
19. 长城电脑基地	50000	50000	50000
20. 风电产业园项目	45000	41934	41934
21. 汽车交易中心	44000	40113	40113
22. 神农绿轴提质改造建设	42000	23500	23500
23. 自主创业园二期基础设施工程项目	39490	3000	3000
24. 工厂二期生产线更新改造	38000	38129	38129
25. 机器人焊接生产线项目	35500	35488	35488
26. 日望精工轨道交通电器屏柜及成套设备	34920	35080	34780
27. 天易科技城一期路网建设	33000	18900	18900

续表 26

项目名称	计划总投资	累计完成投资	2016 年完成投资
28. 北汽大道	31180	28800	28800
29. 新马创新城污水处理工程建设项目	30000	12900	12900
30. 天易科技城自主创业园生态景观轴工程	28864	5592	5592
31. S330 武广高铁株洲站沪昆高铁韶山站连接站株洲段工程	26810	27210	6804
32. 新东路工程建设项目	26350	22650	22650
33. 新马小学建设	26297	25646	25646
34. 兴湖家园项目二期安置小区建设工程	23000	23933	7400
35. 新马北路工程建设项目	22910	18690	18690
36. 智能阀门智能制造新模式应用项目	22000	21929	21929
37. 万丰安置小区一期	18841	2540	2540
38. 钽电容生产线改造	18144	5600	5600
39. 高性能精密复杂硬质合金生产线改造	18000	18056	18056
40. 高端工程机械装备研发基地项目	17000	17000	17000
41. 1000 吨硬质合金工程材料和 2000 万片精密数控刀片项目	17000	16200	16200
42. 株洲市示范性综合实践基地	15473	8938	8938
43. 泉源安泰小区一期	15312	15312	15312
44. 冲压生产线改造项目	15133	2108	2108
45. 五十四区新材料技术改造	15000	15004	15004
46. 宏大高功能塑料产业园	15000	6513	6513
47. 株洲汽车博览园二手车交易中心	14972	4320	4320
48. 自动化生产线改造项目	13166	2105	2105
49. 神农城拓展区市政道路工程项目	12929	7279	7279
50. 大汉惠普工业云服务平台项目	12000	12000	12000
51. 天瑞高速铁路配套及生产线	12000	12000	12000
52. 高分子水处理膜生产线项目	11545	2615	2615
53. 月塘生态新城祠堂路项目	11196	3445	3445
54. 智能 LED 系统开发	9912	6000	6000
55. 保健品物流基地	9135	6047	6047
56. 发酵型乳酸菌制备生产线项目	9018	2015	2015
57. 传送机械生产线改造	8027	8027	8027

续表 26

项目名称	计划总投资	累计完成投资	2016 年完成投资
58. 五十三区规划十路一二街区工程建设	7650	6400	6400
59. 数控生产线改造项目	6560	2731	2731
60. 工装模具开发项目	6535	2235	2235
61. 黄山路四街区工程建设项目	6350	6350	6350
62. 万水路工程建设项目	6330	5080	5080
63. 防腐设备研发项目	6038	1150	1150
64. 长江北支路三街区	6029	6029	6029
65. 天元区养老医疗服务中心建设项目	6010	4500	4500
66. 食品加工生产线更新项目	5675	2180	2180
67. 长江南路三街区工程建设项目	5600	5600	5600
68. 弘高光伏项目	5576	5000	5000
69. 泰黄支路一街区工程建设项目	5500	5150	5150
70. 月塘生态新城竹山路项目	5412	2888	2888
71. 全自动生产线改造项目	5211	5500	4500
72. 水心路立体停车场	5200	1000	1000
73. 株洲大道南辅道	5180	5180	5180

2016 年天元区保障性住房及房地产项目投资情况

表 27　　单位：万元

项目名称	计划总投资	累计完成投资	2016 年完成投资
一、安置房等保障性住房项目	**63000**	**112485**	**1976**
1. 新泰小区安置房三期	10000	62720	1800
2. 金彩明天公租房	53000	49765	176
二、房地产项目	**1970581**	**1492434**	**575361**
3. 奥园广场	184300	123420	45120
4. 武广国际学苑	53032	51082	43807
5. 神农养生城	173261	139995	32391
6. 万丰上院左岸	133401	31422	31422
7. 大汉惠普信息产业园	69517	32704	30704
8. 中泰财富湘江三期	50000	30579	30579
9. 栗雨湖景名城一期	33220	58306	30416

续表 27

项目名称	计划总投资	累计完成投资	2016 年完成投资
10. 栗雨湖住宅小区	250000	255936	30254
11. 华晨国际商业中心	128000	42268	29265
12. 融创提香蓝岸	45500	43399	28707
13. 晋合·湘水湾二期高层	87681	68517	28312
14. 中泰财富湘江二期	50000	31389	26541
15. 晋合湘水湾三期高层住宅	106872	45764	26358
16. 天河广场一期	34375	24193	24193
17. 西郡佳园	132549	24350	21220
18. 山水洲城 I	124021	99213	20272
19. 建设家园	35372	25055	20051
20. 大拇指商业广场	46000	28257	19967
21. 领秀香江	157041	142125	19387
22. 睿泰康桥美郡三期	35000	31565	18262
23. 中建御山和苑	41439	162895	18133

2016 年天元区重点商贸企业销售情况

表 28　　单位：万元

指标名称	2016 年	同比增减（±%）
一、批发零售业		
1. 株洲北汽汽车销售有限公司	899399	22.8
2. 中国石油化工股份有限公司湖南株洲石油分公司	432255	−15.9
3. 中国石油天然气股份有限公司湖南株洲销售分公司	164077	7.2
4. 株洲南方航空机械进出口有限公司	120917	−0.7
5. 湖南千金医药股份有限公司	75559	22.0
6. 株洲市美宝行汽车销售服务有限公司	52637	−5.8
7. 株洲和信丰田汽车销售服务有限公司	47112	11.2
8. 株洲市宏骏汽车贸易有限公司	47689	14.4
9. 株洲湘奥汽车销售服务有限公司	39926	10.8
10. 株洲市飞跃体育用品有限公司	31297	13.4
11. 株洲溢华汽车销售服务有限公司	28058	22.8
12. 株洲润锦汽车销售服务有限公司	25447	15.0
13. 株洲市兰天天元汽车销售有限公司	20784	19.5

续表 28

指标名称	2016 年	同比增减（±%）
二、住宿餐饮业		
14. 株洲新西苑宾馆发展有限公司	10030	13.2
15. 株洲天台山庄	6971	14.6
16. 湖南大碗先生餐饮连锁管理有限公司	3593	333.1
17. 株洲市盛世芙蓉餐饮管理有限责任公司	3482	15.9
18. 株洲市天伦大酒店有限公司	3014	10.7
19. 株洲市江洋海鲜餐饮有限公司	2914	26.4
20. 株洲市铭逸酒店管理有限公司	2453	14.5
21. 株洲市红花树餐饮管理有限公司	2379	18.7
22. 株洲市惟楚大厨房	2200	27.2
23. 株洲银城大酒店有限责任公司	2036	11.4
24. 株洲市新塘晴溪餐饮管理有限公司	1783	1.7

株洲市县（市）区主要经济指标（一）

表 29　　单位：万元

县（市）区名称	生产总值（GDP）		其中：第一产业		第二产业		第三产业		高新技术产业增加值	
	2016 年	同比增减(%)	2016 年	同比增减(%)	2016 年	同比增减(%)	2016 年	同比增减(%)	2016 年	同比增减(%)
荷塘区	2169451	8.4	42119	3.5	1148524	6.9	978808	10.6	612646	26.8
芦淞区	3376569	8.4	63020	3.3	1328838	7.3	1984711	9.3	636017	29.7
石峰区	3118437	3.1	20384	3.2	2359698	2.0	738355	9.7	1798283	0.1
天元区	3008854	10.8	108713	3.1	1458473	11.3	1441668	10.8	1140609	20.8
云龙区	232114	8.1	34709	3.2	106021	6.1	91384	12.5	63878	3.0
株洲县	1270289	8.2	213762	3.7	665046	7.5	391480	11.8	173958	31.0
攸　县	3731018	8.1	526539	3.6	1917462	7.3	1287016	11.2	495794	22.6
茶陵县	1737824	8.0	342741	2.7	685171	7.4	709912	11.2	41778	30.2
炎陵县	672522	8.0	87864	3.6	336482	7.3	248176	10.6	46697	15.9
醴陵市	5808067	8.5	531837	3.7	3629884	7.7	1646346	12.1	1226387	31.7

株洲市县（市）区主要经济指标（二）

表 30　　单位：万元

县（市）区名称	规模工业增加值		其中：园区规模工业占全部规模工业比重 (%)	固定资产投资		社会消费品零售总额		规模工业综合能源消费量同比 (%)
	2016 年	同比增减 (%)	2016 年	2016 年	同比增减 (%)	2016 年	同比增减 (%)	2016 年
荷塘区	685954	7.5	91.1	1871321	13.9	643730	12.3	−0.3
芦淞区	523646	7.6	82.3	3194486	14.1	2449733	11.7	−6.1
石峰区	2079640	1.9	93.4	1919669	13.6	516827	11.8	−0.2
天元区	1280016	12.9	96.7	4271757	13.6	1344610	10.0	−11.0
云龙区	61743	7.4	33.3	1755592	13.5	71725	11.7	1.4
株洲县	373771	8.0	74.4	1063656	14.0	414406	12.4	20.4
攸　县	1735795	7.8	36.6	3020790	13.2	1247987	12.2	54.9
茶陵县	543416	7.8	56.7	1392176	13.2	655596	12.2	1.9
炎陵县	255093	7.9	71.2	1050208	13.3	202860	12.4	−0.5
醴陵市	3510502	8.1	70.1	3902107	13.4	1837380	12.5	3.6

索引

说明：

1. 本索引采用分析索引方法，按索引词首字汉语拼音顺序排列（阿拉伯数字开头的索引引词转成对应的汉语再按拼音顺序排列），首字母音序相同者，按第二音序排列，依次类推。

2. 类目、分目、人名作索引词的用加粗黑体字标明。

3. 索引词后的阿拉伯数字表示内容所在页码，拉丁字母 a、b 表示左、右栏，索引词后括注“表”字样的为表。

4. 特载、大事记、文件选登、统计资料，未作索引。

A

B

C

D

E

F

G

H

J

K

R

S

T

W

X

Y

Z

株洲高新区天元区年鉴

ZHU ZHOU GAO XIN QU TIAN YUAN QU NIAN JIAN

2017

株洲高新区·天元区年鉴编辑委员会 编

方志出版社
Publishing House of Local Records

图书在版编目（CIP）数据

株洲高新区·天元区年鉴.2017/《株洲高新区·天元区年鉴》编辑委员会编.-- 北京：方志出版社，2017.8

ISBN 978—7—5144—2481—2

Ⅰ. ①株… Ⅱ. ①株… Ⅲ. ①区（城市）—株洲—2017—年鉴 Ⅳ. ① Z526. 44

中国版本图书馆 CIP 数据核字（2017）第 187856 号

株洲高新区·天元区年鉴（2017）

编　　者：《株洲高新区·天元区年鉴》编辑委员会

责任编辑：齐　笑

出 版 人：冀祥德

出 版 者：方志出版社

地址　北京市朝阳区潘家园东里 9 号（国家方志馆 4 层）

邮编　100021

网址　http://www.fzph.org

发　　行：方志出版社图书经销中心

电话（010）67110500

经　　销：各地新华书店

印　　刷：株洲学园印刷有限公司

开　　本：889×1194　　1/16

印　　张：25.625

字　　数：592 千字

版　　次：2017 年 8 月第 1 版　2017 年 8 月第 1 次印刷

印　　数：0001 ～ 1000 册

ISBN　978-7-5144-2481-2　　定价：268.00 元